Werner Fuld
Wilhelm Raabe

Eine Biographie

Carl Hanser Verlag

1 2 3 4   96 95 94 93

ISBN 3-446-17313-7
Alle Rechte vorbehalten
© Carl Hanser Verlag München Wien 1993
Satz: Reinhard Amann, Aichstetten
Druck und Bindung: Friedrich Pustet, Regensburg
Printed in Germany

Inhalt

Ordnung und frühes Leid
7

Krise und Krankheit
49

In dem Getümmel eine eigene Welt
67

Schriftsteller in Wolfenbüttel
99

Die glücklichsten Jahre
163

Der lange Abschied von Stuttgart
207

Rückkehr in die Isolation
247

Meisterschaft und falscher Ruhm
283

Die letzten Jahre
341

Anhang

Verzeichnis der benutzten Literatur
367

Zu einzelnen Werken
373

Register
377

Ordnung und frühes Leid

DER HERZOG HATTE HUMOR. Ihm gefiel dieser tüchtige Kandidat der Theologie, August Heinrich Raabe, aber er konnte ihm leider keine Pfarrstelle überlassen: Es war keine frei. »Mein lieber Raabe«, gab Herzog Karl Wilhelm Ferdinand von Braunschweig also leutselig zu bedenken, »man kann dem Vaterlande ebensogut in einem blauen wie in einem schwarzen Rock dienen.« Der Untertan Raabe verstand diesen freundlichen Hinweis und wechselte widerspruchslos in den Postdienst. Das war im Jahre 1784.

August Heinrich Raabe lernte zwei Jahre lang bei seinem Onkel, dem Postmeister von Holzminden, bis dieser starb, worauf er die Stelle kurze Zeit selbständig verwaltete. Wiederum zwei Jahre später, 1788, wurde er zum Sekretär des Fürstlichen Hofpostamtes befördert und nach Braunschweig versetzt. 1798 nahm er die Tochter seines Holzmindener Nachfolgers zur Ehefrau und wurde 1807 seinerseits dessen Nachfolger. Es folgten nach einigen Jahren die Beförderung zum Postdirektor und als Krönung seines soliden Lebensweges die Verleihung des Titels »Postrat« zum 75. Geburtstag im Jahr 1834. Vier Jahre später feierte er sein fünfzigjähriges Dienstjubiläum unter der Teilnahme von ganz Holzminden. Von seinen Kollegen erhielt er als Geschenk einen silbernen Pokal, aus dem sein siebenjähriger Enkel Wilhelm einen großen Schluck nahm und sich so, wie er später noch gerne erzählte, den ersten Rausch antrank.

Daß er nicht Pfarrer geworden war, hat August Raabe vermutlich niemals bereut. Wenn er auch nicht von der Kanzel herab wirken konnte, so teilte er sich doch dem Publikum regelmäßig im »Holzmindener Wochenblatt« mit, in dem er zahlreiche Aufsätze zur Orts- und Landesgeschichte veröffentlichte, die sein Enkel Wilhelm dann vielfach benutzte. Dessen Roman »Das Odfeld« verdankt einem solchen Aufsatz nicht nur die Beschreibung des Handlungsortes, sondern Wilhelm Raabe wählte als anonymes Motto auf dem Titelblatt des im Spätherbst 1887 beendeten Romans auch einen Satz des Großvaters, den dieser fast auf den Tag genau hundert Jahre zuvor veröffentlicht hatte und der sich heute immer noch bedenkenswert genug liest: »So ist es also das Schicksal Deutschlands immer gewesen, daß seine Bewohner, durch das Gefühl ihrer Tapferkeit hingerissen, an allen Kriegen teilnahmen; oder, daß es selbst der Schauplatz blutiger Auftritte war. Daß, wenn über die Grenzen am Orinoco Zwist entstand, er in Deutschland mußte ausgemacht, Kanada auf unserm Boden erobert werden« (Holzmindisches Wochenblatt, 45. Stück, den 10. Novbr. 1787).

Auch mehrere Bücher verfaßte der tüchtige Postrat, und nicht nur berufsbedingte über »Postgeheimnisse, oder was man beobachten muß, um beim Reisen und Versenden auf den Posten Verlust und Verdruß zu vermeiden«, sondern auch solche allgemein belehrenden Inhalts, die er – man bewundere des Herzogs Weitblick – als Pfarrer gewiß ebenso geschrieben hätte: »Beiträge zur Verteidigung der guten Sache der Religion«, eine »Geschichte Italiens«, aber auch über die »Ursachen der Getreideteuerung und Mittel, ihr zu steuern.« Seinem 620 Seiten starken »Leitfaden zur Weltgeschichte« sind folgende Sätze vorangestellt: »Die Geschichte ist die Fürstin aller Wissenschaften, eine allgemeine Lehrerin und Richterin. Indem sie die Vergangenheit ins Licht stellt, erhellet sie die Gegenwart und enthüllt die Zukunft. Wer sich ohne ihren Beistand auf den Schauplatz wagt, findet bald die Strafe seines Leichtsinns.« Wilhelm Raabe hat sich an diese Worte gehalten. Seine historischen Erzählungen sind, von den ersten Versuchen abgesehen, keine Geschichtsgemälde, wie sie in der Mode des Historismus von seinem Freund Jensen zu Dutzenden geliefert wurden, sondern sie fordern immer auch die Erinnerung der Geschichte als Gegenwart.

Des Großvaters humoristische Aufsatzsammlung »Attische Morgen« ist leider verschollen (die Anspielung auf die

»Attischen Nächte« des Gellius war zu jenen Zeiten, als das Wissen noch geholfen hat, jedem Leser verständlich), erhalten ist aber sein »Hannoverischer Briefsteller, zugleich Handbuch der notwendigsten Kenntnisse für junge Leute und Ungelehrte.« Der barock anmutende, elf Zeilen lange Untertitel verspricht neben dem Unterricht im Briefstil auch »Nachrichten vom Wechselwesen, vom Gelde, Münzen, Maße und Gewichte, vom Postwesen, Reiserouten und Meilenzeiger, Unterricht in der Rechenkunst und Handelsgeographie, Erklärung kaufmännischer Zeichen und Wörter, nebst manchen geographischen, historischen und physikalischen Bemerkungen.« Ganz zutreffend hat Wilhelm von seinem Großvater gesagt, er sei ein unermüdlicher Aufklärer gewesen: Sein fast fünfhundert Seiten dickes Handbuch enthält sorgsam zusammengetragen und allgemeinverständlich dargestellt nahezu alles, was damals einem Ungelehrten an praktischen Hinweisen für das tägliche Leben nützlich sein mochte – vorausgesetzt, er hätte wenigstens lesen gelernt. Die didaktische Absicht des Buches ist außerdem unterhaltsam eingekleidet in die Form eines weit ausholenden Briefromans mit dem schönen Titel »Liebe und Pflicht; ein Bruchstück aus einer Familiengeschichte«, wobei freilich der Zusatz »mit nützlichen Nachrichten« die belehrende Absicht nicht verleugnet. Der Leser soll wissen, daß »auch hierin die Lehre, des Lebens ernstes Führen wichtiger zu nehmen ist, als die bescheidene Kunst zu fabulieren.«

Die Anregung zur Erfindung einer weitverzweigten Familie, deren Reisebriefe aus fremden Städten und fernen Ländern »nützliche Nachrichten« befördern, hatte August Raabe durch ein Buch erhalten, das 1797 im selben Hannoveraner Verlag der Gebrüder Hahn wie die meisten seiner eigenen Werke erschienen war: »Merkwürdige Reisen der Gutmannschen Familie«, ein pädagogischer Kinderroman von dem Hohenbosteler Pastor Christian Dassel. In der Bibliothek des 1841 verstorbenen Großvaters vererbte sich auch dieses Buch auf den Enkel, und Wilhelm Raabe setzte die Reihe fort und wählte 1890 für seinen pädagogisch-politischen Bismarckroman den Titel »Gutmanns Reisen«.

Nicht allein die umfassend aufklärerische Gelehrsamkeit des Postrates, der neben Latein, Griechisch und Hebräisch (der Ertrag seines Theologiestudiums) auch die englische, französische und italienische Sprache gelernt hatte, kam dem Enkel zugute, sondern auch seine satirische Neigung. In einem Notizbuch (»Collectanea«) August Raabes fand er zahlreiche Anregungen, die er in seine 1794 spielende Revolutionsburleske »Die Gänse von Bützow« übernahm, darunter auch folgenden Vers, der beweist, daß der gelehrte Postrat nicht nur ein beflissener Untertan gewesen war:

> »Der Adel und die Clerisey
> Schreyn über Pöbelraserey
> Und Tollwuth aller Democraten.
> Woher sie rührt, ist flugs errathen:
> Vom Bisse der Aristokraten«
> (BA 9/2, 98).

Solch kritischen Geist konnte August Raabe auf seinen am 14. Mai 1800 geborenen Sohn Gustav leider nicht vererben. Das Vorbild eines allzu tüchtigen Vaters führt beim Kind bekanntlich häufig entweder zur Überanpassung oder zur Auflehnung, zum Querkopf oder zum Streber. Gustav Raabe war ein Streber, der seinem Vater in allem nacheifern und ihn sogar übertreffen wollte. Mit gerade siebzehn Jahren hatte er bereits das Gymnasium in Holzminden absolviert, ein Jahr zu früh für die Universität. Pflichteifrig füllte er diese Zeit mit dem Besuch juristischer und historischer Vorlesungen auf dem Collegium Carolineum in Braunschweig, bevor er in Göttingen 1818 sein Jurastudium begann. Seine exakt und regelmäßig geführten Kolleghefte zeigen ihn als strebsamen Studenten, der sich in seiner freien Zeit – dem Vorbild des Vaters verpflichtet – nur den Luxus erlaubte, eine ziemlich umfangreiche »Geschichte der Guelfischen Lande Braunschweig und

Hannover und ihrer Fürsten im Zusammenhang mit der allgemeinen deutschen Geschichte, von Karl dem Großen an« zu schreiben. Sie ist zwar erhalten, aber nie gedruckt worden.

Nach dem Examen wollte Gustav Raabe eigentlich Rechtsanwalt werden, fand aber weder Praxis noch Klienten und entschied sich deshalb für den Staatsdienst. Er war zunächst Gerichtsauditor in Holzminden, d. h. er nahm als Beamtenanwärter ohne Sitz und Stimme an den Verhandlungen teil. Einen privaten Ausgleich zu solcher gewiß nicht befriedigenden Tätigkeit suchte Gustav Raabe am Stammtisch. Bierernst muß es dort zugegangen sein, in jener »Souveränen Republik der fidelen Brüder zu Holzminden«. Unter der Organisation dieser deutschen Michel verwandelte sich die private Freiheit prompt in die peinlichste Ordnung. Man plante einen Ausflug ins Grüne, aber nicht ohne zuvor einen in penibler Behördensprache abgefaßten Vertrag mit einem Stammtischbruder geschlossen zu haben, der die Versorgung mit Lebensmitteln und vor allem Getränken zu unveränderlich festgelegten Preisen übernehmen mußte. Als dieser einmal etwas vergaß, wurde seine protokollarisch dokumentierte Entschuldigung mit einem Satz, der sich über fünf Folioseiten hinzog, zurückgewiesen.

Natürlich war das alles als Parodie auf die Bürokratie des Obrigkeitsstaates gemeint, aber in der Übernahme ihrer Formen zeigt sich, daß sie als verbindlich anerkannt wurde und so auch das gesellige Leben durchdrang und bestimmte. Weniger förmlich, aber ebenfalls nicht ohne schriftliche Fixierung ging es zu, als 1825 das bankrotte Stammlokal der Runde von einem jüdischen Gläubiger übernommen wurde. Ein »Lied zum Auszuge aus dem Gasthofe zum Goldenen Perpendikel« wurde verfaßt, in dem »das Judengesindel« heftig attackiert wurde, weil es aus der Stätte gemeinsamen Frohsinns nun einen Ort des Schachers machen wolle. Solche Töne gehörten zum damals alltäglichen Antisemitismus; man dachte sich nichts Böses dabei: Wichtiger als das Thema des Liedes war es, dafür einen Anlaß zu haben. Gustav Raabe lud auch mit eigenen Reimen zu einer fröhlichen Bootsfahrt ein oder schmiedete Verse zur Holzmindener Fastnachtsfeier.

Als er 1829 am Amtsgericht Eschershausen eine besoldete Stelle als Protokollrat (»Aktuar«) bekam, heiratete er die 22jährige Tochter des verstorbenen Stadtkämmerers Jeep. War es ein liebesblinder Zufall, daß der Sohn des August Raabe sich als Frau eine »Auguste« wählte? Wohl kaum. Gustav Raabe war auf den Vater, auf dessen Lebensleistung und Erfolg in einem gleichfalls anfangs ungeliebten Beruf fixiert und wollte sich auch dessen Lebensmaximen zu eigen machen. Der Postrat hatte in seinem »Leitfaden zur Weltgeschichte« geschrieben, daß die Menschen vor den Tieren den Vorteil hätten, aus ihren Erfahrungen zu lernen: »sie können also immer mehr lernen, klüger und besser werden und sich immer glücklicher machen.« Solche Gedanken gehörten zum naiven Fortschrittsglauben der Aufklärung und lesen sich eher als optimistische Predigt des verhinderten Theologen denn als Instruktion staatsbürgerlichen Verhaltens. So aber mißverstand der Sohn diese Worte; überliefert ist sein Lieblingssatz: »Der Mensch kann alles lernen, was er will.« Hier wird die Evolution privatisiert und der ihr innewohnende Gedanke des Fortschritts zur individuellen Pflicht gemacht. Jedes objektive Unvermögen erhält nun als Gegenargument den Vorwurf: Du hast nur nicht gewollt! – und wird damit zur persönlichen Schuld des Versagens. Wenn ein Kind das oft genug zu hören bekommt, will es am Ende wirklich nichts mehr.

Damit sind wir fast schon mitten in der Geschichte; nur das Kind, Wilhelm heißt der Knabe, mußte am 8. September 1831, Donnerstag abends sechs Uhr, noch geboren werden. Das Eschershausener Kirchenbuch nennt als Taufpaten den Bruder seiner Mutter, Herrn Subrektor Justus Jeep aus Holzminden, den Postschreiber und Bruder des Vaters Karl Raabe aus Braunschweig und die Jungfer Minna Leiste aus jener Wolfenbütteler Juristenfamilie, in die Wilhelm Raabe später selbst einheiraten wird.

Das zum Herzogtum Braunschweig gehörende Eschers-

Wilhelm Raabes Geburtshaus in Eschershausen

hausen, ungefähr 50 km südlich von Hannover und 60 km nördlich von Kassel, war ein kleiner Flecken mit noch nicht tausend Einwohnern und ein Zentrum des Salzschmuggels. Daran erinnert sich noch der Erzähler am Anfang von Raabes spätem Roman »Alte Nester«: »Mein erstes Aufblicken in dieser Welt fällt in die Zeit der Gründung des deutschen Zollvereins ... Da war nun so ein Stätlein (auf die Landkarte bitte ich dabei nicht zu sehen), das diesem ›preußischen Verein‹ beigetreten war (das Herzogtum Braunschweig, W. F.), aber seine Planetenstelle nicht verändern konnte, sondern liegenbleiben mußte, wo es lag, nämlich ganz und gar umgeben von einem anderen Staat, der nicht beigetreten war« – nämlich dem Königreich Hannover. In Eschershausen befand sich die staatliche Salzniederlage, und in unmittelbarer Nähe auf dem Bergrücken des dichtbewaldeten Ith verlief die Hannover-Braunschweigische Grenze. Dort wird der Vater des Erzählers in »Alte Nester«, der reitende Steuerkontrolleur Langreuter, ein Opfer seines Berufs: »Die Salzschmuggler haben mir nämlich meinen Vater erschossen. Um einen Sack voll Salz mußte er damals sein Leben im Walde auf der lächerlichen Grenze lassen.« Solcher Erinnerung fügt der Erzähler sechs Jahre nach der Gründung des Deutschen Reiches noch eine kritische Spitze an: »Der Donner der tausend Kanonen in den großen Siegesschlachten der Gegenwart hat die Schüsse, die seinerzeit hinüber und herüber gewechselt wurden, nicht übertönen können. Gottlob ist es heute nur höchstens ein Drittel der Nation, das sich jenes brüderliche Nachbargeplänkel zurückwünscht, was in Anbetracht des Nationalcharakters merkwürdig wenig ist ...« (BA 14, 9).

Raabes Impfzeugnis

Schon Anfang 1832 übersiedelte die Familie im Zuge einer Versetzung des Vaters in die damals schon über 3000 Einwohner zählende Kreishauptstadt Holzminden am rechten Weserufer. Hier erlebte Wilhelm Raabe zehn glückliche Kinderjahre. Mit der zwei Jahre jüngeren Schwester Emilie und dem vier Jahre jüngeren Bruder Heinrich wuchs ein sorgloser Dreierclub heran, dessen Kindheitsidylle später von Raabe in manchen seiner Werke poetisch verklärt wurde. Eigentlich wissen wir von Raabes Kindheit nur, was er als Rückprojektion später über die jungen Gestalten seiner Romane erzählt hat, und selbst da war er angesichts eines anonymen Leserpublikums zurückhaltend, denn: »Wer läßt sich gern von unberufenen, gleichgültigen Personen in die Heiligkeit und Heimlichkeit seines Kindheitslebens schauen!« (BA 1, 177). Sicher ist aber, daß er kein mutwilliger Draufgänger und Raufbold war, sondern ein stilles, manchmal fast vergrübeltes Kind. Daß er sich die historisch bedeutsame Umgebung, den Ith, das Odfeld, den Solling, erwandert haben soll, ist eine Interpretation aus dem Verehrerkreis der Wandervogelgeneration. Aber es gab die obligaten Sonntagsausflüge mit den Eltern, und so findet sich im Gästebuch des Besucherhauses auf dem Brocken die Eintragung vom 12. Juli 1840: »Raabe, Kreisgerichtsassessor aus Holzminden, Auguste Raabe, Wilhelm Raabe.« Wie er viele Jahrzehnte später erzählte, ist ihm von dieser ersten Brockenbesteigung nur eine Maus im Gedächtnis geblieben, die im Zimmer zutraulich hin und her lief. Als Raabe seine Erzählung »Das Odfeld« schrieb, hat er weniger die eigene Erinnerung als vielmehr die historischen Landkarten benutzt.

Einem Kind bedeutet die geschichtsträchtige Landschaft nichts gegen den Garten der Nachbarskinder, in dem die wahren Heldentaten zu bestehen sind und sich ihre Träume in Spiele verwandeln. »Kindern ist alles Symbol, und alles – Blumen, Kiesel, Blätter, Grashalme, Insekten – wird ihnen zu Abbildern des Lebens, und im Spiel mit Blumen, Kieseln und Grashalmen zupfen sie an dem Schleier der Zukunft« (BA 2, 98). Einige Seiten lang beschwört Raabe in den »Kindern von Finkenrode« die versunkene Idylle noch einmal herauf und zeigt zugleich, daß man sich solches Aufwachsen nicht begrenzt genug vorstellen kann, denn hinter der Gartenhecke war die sorglose Kinderwelt zu Ende: »›Höre, kleine Cäcilie‹, sagte der Knabe wichtig, ›der Bach bleibt ja aber nicht immer bei eurem Garten und Hause, siehst du, er geht ja immer weiter; da unten hinter der Stadt fließt er in das große Wasser, und dann geht er mit den Schiffen und den Holzflößen weiter, immer weiter hinab, bis er in das große Meer kommt... die Walfische sind darin, und hunderttausend Menschen sind darin ertrunken.‹« (BA 2, 100).

Die hier etwas altklug vorgetragene Entzauberung der Idylle verdankt sich keineswegs allein der Illusionslosigkeit eines gereiften Mannes; vielmehr hat Raabe einmal ein Erlebnis aus jener Kinderzeit erzählt, das ihn tief beeindruckte: »In meinem Elternhause wurde ein zahmer Rabe gehalten, der uns Kinder auf unseren Streifzügen wie ein Hund begleitete, uns in der Schule besuchte usw. Als wir mit unserer Wohnung wechselten, blieb der Rabe an der alten Stätte zurück; er besuchte uns zwar oft, war aber in der neuen Wohnung nicht zu halten. Da er aber ziemlich verwaiste, so schloß er eine enge Freundschaft mit einem an der Kette liegenden Fuchs des von Campeschen Hauses, mit dem er die Mahlzeiten teilte. Er trieb von Tag zu Tag mehr Unfug, und es wurde deshalb beschlossen, dem Raben den Garaus zu machen; da ihm aber sonst schwer beizukommen war, benutzte der junge von Campe die Gelegenheit ihn abzuschießen, als er gerade bei dem Fuchse zu Gaste war. In dem Augenblick, da der Rabe tödlich getroffen zusammenbrach, stürzte sich der Fuchs über ihn her, um ihn auszuweiden« (BAE 4, 17f). Die grausige Szene vom zweifachen Tod seines Haus- und Familientieres belehrte Raabe sehr früh darüber, daß in der Welt »die Gemeinheit eine schreckliche Herrscherin« (BA 4, 59) ist – und diese in seinen reifen Romanen gestaltete Erkenntnis wird zeitlebens deren Erfolg beim Publikum verhindern.

Der Blick des kleinen Jungen mit den vielen Sommersprossen, die er von der Mutter geerbt hatte, ging früh über die Hecke hinaus. In der am Markt gelegenen Poststube seines Großvaters, des verhinderten Theologen, hat er manchen Regentag vertrödelt und sich die exotischen Sammlerstücke des Postrats angesehen: Die alten Bilder und Folianten, die er allein kaum hochheben konnte, das riesige, an den Spitzen schon arg zerfledderte Palmenblatt, das August Raabes

Schwiegervater, der als englischer Söldner im amerikanischen Unabhängigkeitskrieg kämpfen mußte, als Erinnerungsstück mitgebracht hatte. Auch dessen Säbel hing noch an der Wand, und der Knabe konnte stundenlang tagträumend vor dem verrosteten Mordeisen stehen. Das Soldatenschicksal des Vorfahrs, der vom Braunschweiger Herzog Karl I an die britische Armee König Georgs III verkauft worden war, wird Raabe zur Figur des Leutnants Bart (»Nach dem großen Kriege«) anregen.

MIT FÜNF JAHREN kommt er 1836 auf die Holzmindener »Bürgerschule«, nachdem ihm seine Mutter bereits anhand des »Robinson Crusoe« das Lesen beigebracht hatte, und wechselt 1840 auf das Herzogliche Gymnasium, dessen kauziger Rektor Billerbeck nur durch eine Verwechslung mit dem damals berühmten Altphilologen gleichen Namens in diese Stellung berufen worden war. In der Gestalt des Konrektors Eckerbusch ist ihm von Raabe im »Horacker« ein Denkmal gesetzt worden. »Deo et litteris«, für Gott und die Wissenschaft, stand am Giebel des Gymnasiums zu lesen, aber für beides zeigte der Pennäler kaum Interesse; er war ein höchst mittelmäßiger Schüler, und nach seinen eigenen Worten hat er »wenig gelernt in Holzminden«, sondern meistens aus dem Fenster auf die breit und gelb dahinziehende Weser geschaut. Der energische Vater scheint ihm freilich die Leviten gelesen zu haben, als er das Zeugnis am Ende des ersten Gymnasialjahres sah, denn im folgenden Jahr zeigt das »Zensurbuch« eine deutliche Verbesserung.

Fächer	1840	1841
Aufmerksamkeit	mittelmäßig	fast gut
Ausarbeitungen	mittelmäßig	fast gut
Vorbereitung	mittelmäßig	fast gut
Wiederholung	mittelmäßig	fast gut
Religion	fast gut	fast gut
Deutsche Sprache	mittelmäßig	fast gut
Latein	mittelmäßig	mittelmäßig
Geschichte	mittelmäßig	fast gut
Geographie	mittelmäßig	mittelmäßig
Mathematik	kaum mittelmäßig	kaum mittelmäßig
Naturkunde	mittelmäßig	fast gut
Schreiben	mittelmäßig	mittelmäßig
Zeichnen	kaum mittelmäßig	kaum mittelmäßig
Gesang	fast gut	fast gut

Diese Entwicklung wurde unterbrochen, weil der Vater 1842 als Justizamtmann an das Herzogliche Amtsgericht nach Stadtoldendorf berufen wurde. Zwar brachte diese Beförderung ein auskömmliches Jahresgehalt von 700 Talern mit sich, aber der Umzug in den kleinen Ort mit noch nicht 2000 Einwohnern bedeutete für die Familie, die hier keinen gesellschaftlichen Anschluß fand, doch auch eine Verschlechterung. Besonders die Ausbildungssituation für die Kinder war miserabel. Es gab kein Gymnasium, sondern nur eine Art zweistufiger Zwergschule: Der Rektor hielt für die älteren Knaben Unterricht, der Kantor für die größeren Mädchen, und für die Kleinen beiderlei Geschlechts mußten die bescheidenen Kenntnisse des Küsters genügen. Die Kinder fanden den eingeschränkten Schulbetrieb eher erfreulich: »Über vielle Stunden in der Schule habe ich mich nicht zu beklagen. In die Rectorschule ist Heinrich noch nicht inne den er ist noch zu junge«, schreibt der elfjährige Wilhelm an die Großmutter. Der Quartaner kam zwar in die Klasse des Rektors, aber dessen Unterrichtsmaterialien beschränkten sich auf die Bibel und das Gesangbuch. Besonderer Wert wurde nur auf die Reinlichkeit gelegt, deshalb ließ der Rektor jeden Sonnabend seine Schüler zur großen »Krätzeparade« antreten, bei der ihm ein Schüler die Läuseträger nennen mußte. Wenn in der Erinnerung des Geheimrats Dr. Feyerabend in Raabes letztem autobiographischen Romanfragment »Altershausen« Ludchen Bock petzend kräht: »Herr Rektor, Feyerabend ist unrein!«, dürfte dahinter wohl ein solches demütigendes Erlebnis stehen. »Zu Hause gab es dann selbstverständlich bei den Müttern viel Ekel und ein großes Geschrei, während die Väter unbegreiflicherweise nur lachten und nicht mit dem Rektor über die Schande reden wollten« (BA 20, 220). Übrigens hat der alte Raabe diese peinliche Erinnerung listig in die höchst feierliche Szene einer Ordensverleihung an sein *alter ego* Feyerabend hineinmontiert und damit gezeigt, was er von öffentlichen Ehrungen hielt.

In der Schule lernte der Junge nichts – und in die Singstunde, so erklärte ihm der Lehrer, brauche er überhaupt nicht mehr zu kommen, weil er zu unmusikalisch sei. Das stimmte zwar, hatte aber zur Folge, daß der Vater nach seiner Maxime, man könne alles lernen, wenn man nur wolle, den Organisten beauftragte, solchem Mangel an Begabung durch intensiven Klavierunterricht abzuhelfen. Offenbar war der Organist auch kein pädagogisches Genie, denn er quälte den Jungen drei Jahre lang vergeblich damit, den Hochzeitsmarsch aus Bellinis Oper »Norma« nachzuspielen. Das für diese Tortur eigens angelegte Zensurbuch verzeichnet die mangelhaften Leistungen ebenso wie das meist versäumte Üben; die letzte Eintragung vom 25.2.1845 lautet »schlecht« – und der Vierzehnjährige schrieb sarkastisch darunter: »das ist recht.«

Tatsächlich hatte Raabe zeitlebens wenig Sinn für Musik und ging allenfalls in die Oper, weil es zum gesellschaftlichen Leben gehörte. Immerhin bekannte er 1863: »Erst kürzlich in der Oper Fidelio ... ist mir klargeworden, was Musik ist. Bis dahin hat mich der Klang einer Straßenorgel in dunkler Gasse mehr bewegt als die trefflichste Beethovensche Sonate« (BAE 4, 16). Weil seine Frau musikalisch interessiert war, mußte er sie zu Anfang ihrer Ehe nicht selten ins Konzert und in die Oper begleiten, aber als die Kinder kamen, entfiel zu seiner Erleichterung diese lästige Pflicht. Es gibt eine späte Ausnahme: 1878 und 1879 sah sich Raabe in Braunschweig »Das Rheingold« und »Die Walküre« an, aber nicht aus musikalischer Neugier, sondern weil er in dem umstrittenen Wagner eine künstlerische Wahlverwandtschaft vermutete: »Mich (hat) Richard Wagner eigentlich nur als Mensch, Kämpfer und Charakter beschäftigt, aber in dieser Beziehung im herzerfreuenden Maße. Der Mann hat es auch erkannt, wie und was die Welt ist, und mit Frohlocken sah man wieder einmal Einem nach, der ›von Berge zu Bergen‹ hinüberschritt; – *a difficult journey to a splendid tomb*!« (BAE 2, 242). Wagner hingegen pflegte in Wahnfried aus Raabes Werken vorzulesen und lud den Autor sogar einmal zu den Bayreuther Festspielen ein, allerdings erfolglos.

Raabes Sinn für Musik konnte durch den Schulunterricht nicht geweckt werden, aber sein Zeichentalent, in Holzminden noch als »kaum mittelmäßig« beurteilt, begann sich zu entfalten. Um die Ausbildung des Jungen, die von der Zwergschule nicht geleistet werden konnte, kümmerte sich die Mutter, die ihm freilich bei Latein und Griechisch nicht helfen konnte; der Vater nahm sich dazu nicht die Zeit. Er hatte das Kreisamt von Stadtoldendorf in völliger Verwahrlosung übernommen und sollte neben der täglichen Routinearbeit in Justiz und Verwaltung besonders das vernachlässigte Grundbuch neu erstellen, wozu er jahrelang verschleppte und fast undurchschaubar gewordene Hypothekenfragen klären mußte.

Mit seinem Pflichteifer und seiner Unbestechlichkeit gewann er bei den Angestellten des kleinen Amtes, die natürlich in alle strittigen Fälle auch familiär verwickelt waren, keine Freunde. Sie ließen den ortsfremden Vorgesetzten auflaufen, blockierten die Arbeit und verließen sich auf ihre bürokratische Routine des Liegenlassens. Der Vater beschwerte sich darüber bei seinen Vorgesetzten, aber da man bisher mit dem Kreisamt keine Konflikte gehabt hatte, fühlte man sich von seiner Pedanterie eher belästigt und lastete die kleinlichen Streitereien eher seiner diplomatischen Ungeschicklichkeit an. Gustav Raabe ist im Recht, er hält die Akten in der Hand, aber er kann dieses Recht nicht durchsetzen. Eine Kindheitserinnerung Raabes hält fest, wie sehr sein Vater an diesem verfilzten Dorf verzweifelte: »Da lag ich einmal spät abends noch wach in meinem Bette in der Nebenkammer und hörte meinen Vater in der Wohnstube in heftiger Erregung auf- und abgehen, die Tür war nur angelehnt. Dann sagte er plötzlich zu meiner Mutter: ›Auguste, ich halte es nicht mehr aus, ich gehe zugrunde bei dieser endlosen, schauderhaften Arbeit!‹ Da hörte sie auf mit dem Nähen und sagte: ›Gustav, ich bitte dich; dann wirf doch lieber alles weg und laß uns nach Amerika gehen; es gehen ja jetzt so viele dahin...‹« (BAE 4, 18). Den Nachhall dieser Worte hört man in Raabes Jugendroman »Die Leute aus dem Walde«: »Es finden so viele Tausende, Hunderttausende ihr Glück drüben, weshalb sollten wir es nicht auch dort finden?« (BA 5, 277).

Für den Knaben war »Auswandern« ein durchaus vertrauter Begriff, auch wenn er die politischen und sozialen Zusammenhänge noch nicht durchschaute. Täglich hatte er in Holzminden, vom Schulfenster aus oder am Weserufer sitzend, die Auswandererschiffe gesehen, große Raddampfer, auf denen sich Hausrat türmte und Menschen herüberwinkten, die sich in Bremen zur großen Überfahrt einschiffen wollten. »Hunderte von Auswanderern trug der Dampfer an mir vorüber, hinunter den Strom, der einst so viele Römerleichen der Nordsee zugewälzt hatte. Ein Männerchor sang: ›Was ist des Deutschen Vaterland‹, und die alten Eichen schienen traurig die Wipfel zu schütteln; sie wußten keine Antwort darauf zu geben, und das Schiff flog weiter«, heißt es später in Raabes Erstlingsbuch »Die Chronik der Sperlingsgasse«, und er fügt bitter hinzu: »Die Weser trägt keine fremden Leichen mehr zur Nordsee hinab, wohl aber murrend und grollend ihre eigenen unglücklichen Söhne und Töchter!« (BA 1, 148). Nicht allein die Armut zwang zur Auswanderung, sondern auch die politischen Verhältnisse.

In den Freiheitskriegen hatten sich die Deutschen gegen die Herrschaft Napoleons vereint und ihn geschlagen; nun hofften sie auf einen deutschen Nationalstaat, dessen Gründung der österreichische Staatskanzler Metternich mit allen Mitteln zu verhindern suchte. Unter seinem Vorsitz kam es als Ergebnis des Wiener Kongresses (1815) zu einem »Deutschen Bund«, der zunächst 34, zuletzt (1866) immer noch 28 souveräne Fürstentümer und vier freie Städte umfaßte. Dieses Staatsgebilde entsprach in keiner Weise den nationalen Erwartungen, da durch die Souveränitätsgarantien für die Kleinfürsten eine Weiterentwicklung vom Staatenbund zum Nationalstaat schon juristisch ausgeschlossen war. In seinem frühen Roman »Die Leute aus dem Walde« kommentiert Raabe diese Politik mit deutlichem Sarkasmus: »Über die Blutflecke fuhren die Kongreß-Herren mit ihren Pinseln voll blauer, grüner, gelber Farbe, zeichneten Grenzen und teilten Nationen im Namen der Einen und unteilbaren Dreieinigkeit und forderten die Völker auf, demütig Gott zu preisen und ihm Lob zu singen. Sie selbst freilich priesen nur ihre eigene Schlauheit und Gewandtheit; Gott aber sah, daß nicht alles gut war« (BA 5, 84).

Noch bevor das zentrale Organ des »Deutschen Bundes«, die in Frankfurt tagende Bundesversammlung (auch »Bundestag« genannt), am 5. November 1816 durch den präsidierenden österreichischen Gesandten eröffnet wurde, hatte sich in Jena mit der Gründung der Deutschen Burschenschaft eine politische Opposition organisiert. Ihre Fahne trug die Farben Schwarz-Rot-Gold, die im Kampf gegen Napoleon die Farben des Lützowschen Corps gewesen waren. Am 18. Oktober 1817 luden die Burschenschaften zum »Wartburgfest« ein, das zur Erinnerung an die Völkerschlacht bei Leipzig und aus Anlaß des 300jährigen Jubiläums der Reformation gefeiert werden sollte und das zur ersten großen Demonstration gegen das Metternich-Regime wurde. Aus der Wahl des Ortes wird deutlich, daß die Hoffnung auf eine großdeutsche Lösung mit Einbeziehung Österreichs schon nicht mehr bestand; man befürwortete inzwischen eine Staatsgründung unter preußischer Führung.

Das Fest verlief bei schönem Wetter und Gottesdienst zunächst sehr ruhig. Erst als am Abend ein großes Oktoberfeuer entzündet wurde, begann ein Berliner Student in Analogie zu Luthers Verbrennung der päpstlichen Bulle damit, Bücher ins Feuer zu werfen, die den reaktionären Zeitgeist symbolisieren sollten: Da es sich, entgegen allen später verbreiteten Darstellungen, um eine spontane Aktion handelte, wurden von den Studenten rasch alle zufällig mitgebrachten Bücher eingesammelt und die Titel eilig mit den Namen der Gegner übermalt. Auf diese symbolische Weise wanderten ins Feuer: Die berüchtigte Denunziationsschrift des Berliner Beamten Schmalz, dessen Name damals zum abfälligsten Schimpfwort wurde, der Code Napoleon, Hallers »Restauration der Staatswissenschaft«, Kamptz' Polizeiordnung (er hat das Wort »Polizeistaat« in Umlauf gebracht) und Titel von Kotzebue, zuletzt auch, von allen begeistert beklatscht, ein Corporalstock und ein Schnürrock.

Besonders in der Person des Stückeschreibers und Staatsrates in russischen Diensten August von Kotzebue hatte die Opposition ein Angriffsziel gefunden. Kotzebue galt als ein im Sinne Rußlands meinungsbildender Agent, da er in seinem

»Literarischen Wochenblatt« regelmäßig die liberalen und nationalen Bestrebungen angriff und verhöhnte. Und er war indirekt für die Verschärfung der bisher recht liberalen Pressezensur im Großherzogtum Weimar verantwortlich, nachdem 1818 eines seiner Geheimbulletins für den Zaren Alexander veröffentlicht worden war und, wahr oder unwahr, für eine nationale Entrüstung gesorgt hatte. Die Zeitschrift, in der jenes Dokument erschienen war, das Kotzebue in den Augen der Opposition endgültig als russischen Agenten entlarvte, trug den Namen der griechischen Rachegöttin »Nemesis«, deren ausführendes Organ nun der Burschenschaftler Sand wurde. Er tötete Kotzebue am 23. März 1819 durch einen Dolchstoß.

Nichts konnte Metternichs Staatsmacht gelegener kommen als dieser Terroranschlag. Sofort wurde die Fiktion verbreitet, der Attentäter hätte als Mitglied einer jederzeit zu weiteren Anschlägen gerüsteten Geheimorganisation gehandelt, und die wichtigsten Teilnehmer des nachträglich als staatsgefährdend erkannten Wartburgfestes wurden verhaftet. Am Ende des Juli 1819 trat auf Veranlassung Metternichs eine Ministerkonferenz im böhmischen Karlsbad zusammen, deren Beschlüsse gegen die nationalen und liberalen Bestrebungen am 20. September vom Bundestag als Gesetz verabschiedet wurden. Sie enthielten eine Verschärfung der Zensur für alle Schriften bis 320 Seiten, die Überwachung der Presse durch Vorzensur, ein fünfjähriges Berufsverbot für jeden Redakteur einer verbotenen Zeitung, das Verbot der Burschenschaften und die Aufhebung der Universitätssouveränität, weil die Studenten angeblich als »Ersatz für die in ganz unbrauchbaren Studien erschöpften Kräfte« einen Ausgleich in geheimen Verbindungen suchten. So hatte man einen bequemen Vorwand für die Verschulung des Vorlesungsbetriebs.

Die nachhaltigste Wirkung aber zeigte die Einsetzung einer zentralen Untersuchungskommission in Mainz, deren Aufgabe es war, Belastungsmaterial gegen der Opposition verdächtigte Individuen zu sammeln. Auf Anfrage der Kommission mußten die jeweiligen Regierungen das bei ihnen möglicherweise gegen einzelne Personen bereits vorliegende Material unverzüglich und vollständig zur Verfügung stellen. Sie verpflichteten sich auch, Lehrer auf Dauer aus dem Dienst zu entlassen, denen unterstellt wurde, sie gefährdeten »die Grundlagen der bestehenden Staatseinrichtungen«. Jede Einwirkung des Bundestags auf deren Arbeit oder gar eine Kontrolle waren ausgeschlossen. Die Souveränität der Bundesstaaten war auch dadurch unterlaufen, daß die Kommission in Artikel 7 berechtigt wurde, Verhaftungen eigenmächtig durchzuführen und Verdächtige nach Mainz bringen zu lassen. Erst das 1860 veröffentlichte Buch von Leopold Ilse, »Geschichte der politischen Untersuchungen«, zeigte einer breiteren Öffentlichkeit die polizeistaatlichen Arbeitsmethoden und fragwürdigen Untersuchungsergebnisse dieser Kommission. Es handelte sich um eine autonome Behörde, die zwar von einem Teil der Bundesregierungen eingesetzt wurde, aber den ohnehin geringen Möglichkeiten und Kompetenzen des Bundestages entgegenarbeitete. Mit ihrer Einrichtung und jahrelangen Tätigkeit zerrann die politische Vision eines deutschen Nationalstaats, die nicht nur die Studenten seit 1813 begeistert hatte, für lange Jahrzehnte zu einer vagen Utopie. Prinz Wilhelm von Preußen, der spätere Kaiser Wilhelm I, fragte sich 1824 resigniert: »Hätte die Nation 1813 gewußt, daß nach elf Jahren von einer damals zu erreichenden und wirklich erreichten Stufe des Glanzes, Ruhms und Ansehens nichts als die Erinnerung übrig bleiben würde, wer hätte damals wohl alles geopfert solches Resultates halber?«

Die bittere Sehnsucht blieb und trug Trauerfarbe. Davon handelt eine kleine, aber wichtige Episode in Raabes erstem Buch. Die Großmutter Karsten erzählt vom sonderbaren Verhalten ihres Mannes, des »alten Gottfried mit dem eisernen Herzen« – dies ist ein Verweis auf den Selbsthelfer Götz von Berlichingen. Der alte Karsten hatte die Französische Revolution begrüßt und beteiligte sich 1806 nicht am allgemeinen Lamento über die einfallenden französischen Soldaten, da er in ihrem Gefolge eine Änderung der deutschen Zustände erwartete. In seinem Haus bewirtet er die Einquartierten zunächst auch sehr gastfreundlich: »Solche mußten's sein! Wenn nur genug von ihnen da sind!« Als ein Soldat aber meint, nun bliebe es für immer bei der Besatzung, wird der alte Karsten eigensinnig. Nein, meint er, »Ihr seid zwar da, und unsereins kann unserm Herrgott nur dankbar sein, daß er euch geschickt hat, aber immer –«. Die Großmutter erzählt, wie ihr Alter dann beide Söhne in die Befreiungskriege schickt und wie sie beide 1806 und 1813 fallen. Bis zu dieser Stelle ist das eine recht patriotische Geschichte vom Heldentod fürs Vaterland, und so findet man sie auch in zahlreichen alten Schullesebüchern unter den Rubriken »Vom deutschen Ringen« oder »Aus der vaterländischen Geschichte«. Aber es ist nur die halbe Erzählung, nur eben jene erste Hälfte, die den Ideologen bequem dazu diente, aus Raabe einen patriotischen Idylliker zu machen.

»Nun will ich noch was erzählen!«, ruft nämlich die alte Karsten in die Andacht ihrer Zuhörer: »Ich will was erzählen, was lange nachher geschah und doch mit dazu gehört!« (BA 1, 102). In der Dorfkirche hatte man den gefallenen Freiheitshelden eine Gedenktafel gewidmet, und wenn der Vater zunächst stolz zu sein schien, dort auch die Namen seiner Söhne zu lesen, so blieb es dabei nicht. »Es kam eine Zeit, da schlich er an der Tafel vorbei, ohne aufzukucken, und wenn wir an unserm Platze saßen und sein Blick fiel mal drauf hin, sah er schnell weg oder auf den Boden oder murmelte etwas, was ich nicht verstand.« Eines Abends schlägt bei einem Gewitter der Blitz in die Kirche ein; sie brennt ab und mit ihr die Tafel. Der alte Karsten schwieg dazu den halben Abend, aber schließlich sagte er: »»Mutter, gottlob, die Tafel ist verbrannt! Mutter, ich konnt' sie nicht mehr ansehen! Gute Nacht, Mutter!‹ – Ich verstand ihn gar nicht und fragte, was das bedeuten solle, aber er schüttelte nur mit dem Kopf und ging zu Bett.« Nun ist die ganze Geschichte erzählt, aber noch nicht zu Ende. Raabe läßt die Großmutter hinausgehen und ihre Zuhörer lange schweigen. Dann, aus seiner Ecke heraus, sagt der Altgeselle laut und deutlich: »Ich weiß, warum der Meister Karsten die Tafel nicht mehr ansehen konnte!« Zustimmend »ich auch« ruft der zweite Geselle. »›Ich auch!‹ rief Strobel aufspringend. ›Wieviel Wissende noch?‹ ›Ich auch!‹ rief der Meister. ›Ich auch!‹ sagte ich. ›In *dem* Wissen liegt die Zukunft – Gott segne das Vaterland!‹ Und dann – kam die Meisterin mit den Kartoffeln.«

Drastischer geht es kaum. Der kleine Kreis der Zuhörer vertritt hier den Leser. Man versteht, daß der alte Karsten erkannt hatte, wie sinnlos das Opfer seiner Söhne gewesen war: Die Hoffnung auf politische Einheit und verfassungsmäßig garantierte Bürgerrechte hatte sich nach der Erhebung gegen Napoleon nicht erfüllt. Kunstvoll baut Raabe in dieser kleinen Episode einen Spannungsbogen auf, den er mehrfach – analog zur historischen Entwicklung – nur scheinbar abbrechen läßt. Auf dem Höhepunkt schlägt die Verbitterung und Resignation um in eine neue politische Hoffnung: Wenn die Opfer der Freiheitskriege doch nicht sinnlos gewesen sein sollen, müssen die Nachgeborenen die alten Ideen bewahren und zu realisieren versuchen. Diese Überzeugung eint den kleinen Zuhörerkreis und zieht den zeitgenössischen Leser nach 1848, als deutsche Einheit und Demokratie wieder nicht gelungen waren, in eine leise Verschwörung hinein. Nicht Freiheitslieder werden hier gesungen, auch nicht lauthals politische Parolen verkündet, sondern – das Essen wird aufgetragen. Das utopische Ideal wird mit der Alltagsrealität konfrontiert, aber deswegen nicht vergessen. Es bedarf in diesem Kreis keiner mahnenden Erinnerung, daß diejenigen, die in der Metternich-Ära die alten Forderungen nach Verfassung und Nationalstaat allzu laut und deutlich geäußert hatten, verfolgt und eingesperrt worden sind oder emigrieren mußten.

Seit Gewährung der Ausreisefreiheit 1815 wanderten jährlich bis 1829 nur ca. 5000 Deutsche aus, von 1830 bis 1843 waren es durchschnittlich 22 000 Auswanderer pro Jahr, dann 1844 allein 43 000 und 1845 schon 67 000. Einer Aufstellung des kleinen Holzmindener Gymnasiums zufolge ist in den vierziger Jahren jeder dritte Primaner ausgewandert, die meisten nach Amerika. In jenen Jahren haben die politische Reaktion und die schlechten sozialen Verhältnisse in Deutschland den Vereinigten Staaten von Amerika mindestens 90 Prozent ihrer gesamten Einwanderer geliefert. Die Zahl erhöht sich in den Hungerjahren 1846/47 und dann nochmals in der zweiten Reaktionsperiode der fünfziger Jahre: Ein deutscher Bevölkerungsverlust von 1,5 Millionen Menschen zwischen 1846 und 1857. In Texas mußten um die Jahrhundertmitte alle Gesetze und Verordnungen auf Englisch und Deutsch veröffentlicht werden. Die meisten Einwanderer kamen nach Amerika, weil sie durch die beginnende Industrialisierung verarmten. Hier fanden sie billiges Land ohne Abgabenzwang, das sie meist selbst erst urbar machten und so die Grundlage für den raschen wirtschaftlichen Aufschwung weiter Regionen schufen. Eine amerikanische Studie von 1970 hält fest, daß 672 000 Farmen mit ca. 100 Millionen Morgen Land von deutschen Einwanderern gegründet worden sind, und die Volkszählung von 1979 ergab, daß jeder vierte Amerikaner einen Deutschen zu seinen Vorfahren zählt. Verständlich also, wenn in Raabes Werk nicht weniger als fünfzig Emigrantenschicksale gestaltet sind, beginnend in der »Chronik« mit dem von den Behörden verfolgten Lehrer Roder.

Besonders die aus politischen Gründen emigrierten Deutschen waren in Amerika hochwillkommen, da sie unter den Einwanderern eine intellektuelle Elite bildeten. Mit gewohnter Gründlichkeit machten sie sich an den Aufbau von Schulen, Bibliotheken und Universitäten – wie Georg Bunsen, dem ab 1856 das gesamte Erziehungswesen des Staates Illinois unterstand. Allgemein beredet wurde auch die Karriere eines Gustav Körner, der vom Farmer zum Rechtsanwalt aufstieg, dann Richter am Obersten Gerichtshof von Illinois wurde und später als Berater von Abraham Lincoln diente. Der intellektuelle Verlust, den Deutschland durch diese Auswanderung erlitten hat, ist nicht meßbar, aber aus diesen Verlusten erklärt sich wesentlich die geistige Öde, die politische und kulturelle Friedhofsruhe nach 1848, die eine widerspruchslose Durchsetzung der »Realpolitik« Bismarcks erst ermöglichte. Nietzsche nannte das angeekelt die »Exstirpation des deutschen Geistes zu Gunsten des deutschen Reiches«.

Auch Gustav Raabe, der als Justizamtmann über den verwahrlosten Grundbüchern verzweifelte und die Emigration erwog, hätte die Begabung und den Fleiß zu einer amerikanischen Karriere gehabt. Sein Sohn meinte später, er wäre sogar in Deutschland vielleicht einmal Minister geworden – und das war nicht als Lob gemeint. Aber am 31. Januar 1845 stirbt Gustav Raabe plötzlich an einem Blinddarmdurchbruch. Zwei Tage lang hat er noch zu Hause gelegen und vor Schmerzen geschrieen, daß man es in der ganzen Straße hörte. Nun ist die Mutter mit ihren drei Kindern allein. Auf der Beerdigung rächen sich die Honoratioren von Stadtoldendorf für die bürokratische Strenge ihres Justizamtmanns mit giftigen Grabreden: Er hätte sich mit seinem schlichten, geraden Wesen oft einer falschen Beurteilung ausgesetzt, und der Pfarrer bemäkelt, daß es dem Verstorbenen an der öffentlichen Bekundung seines Glaubens gefehlt habe. Als Raabe im hohen Alter diese Leichenpredigten wiederfindet, kommentiert er sie spöttisch: »Der Selige kriegt es tüchtig für seine Starrsinnigkeit ...« (BF, 414).

Wilhelm Raabe hat den Tod seines Vaters nicht als Verlust empfunden, sondern im Gegenteil als die Chance seines Lebens. Alles an ihm war dem Sohn zuwider: die Strenge und Durchsetzungskraft ebenso wie seine pflichtbewußte Anpassungsfähigkeit und seine laute, kompensatorische Geselligkeitssucht in diversen Vereinen. Dabei war Gustav Raabe kein schlechter Vater gewesen, nur der falsche für diesen Sohn. »Der frühe Tod meines Vaters war mein Schicksal. Hätte er länger gelebt und mich erzogen, so wäre ich vielleicht ein mittelmäßiger Jurist geworden ... Einer von uns mußte weichen« (BAE 4, 18).

Diese Sätze des alten Raabe aus einem Gespräch mit seinem

Der Vater Gustav Raabe

Schwiegersohn klingen hart und unbarmherzig, aber sie wiederholen nur, was Raabe auch schon seinen Romanfiguren in den Mund gelegt hatte. So sagt im »Meister Autor« der Erzähler von seinem Vater: »er starb früh genug, um mir auf meinem Lebensgange und bei meinen Liebhabereien nicht hindernd in den Weg treten zu können« (BA 11, 17). Mit den »Liebhabereien« sind die schriftstellerischen Neigungen des Erzählers gemeint, der im übrigen nicht mit Raabe identifiziert werden kann. Vor allem die Worte »Einer von uns mußte weichen« scheinen eine fast brutale Emotionslosigkeit zu verraten, dabei ist das Gegenteil der Fall, denn sie enthalten ein verdecktes Zitat aus Werthers hinterlassenem Brief an Lotte: »Eins von uns dreien muß hinweg.« Raabes Aggressivität gegen den Vater entsprang also nicht allein der gänzlichen Ablehnung seines Wesens, sondern begründet sich auch in einem Rivalitätskonflikt um die geliebte Mutter. Wenn Raabe im »Lar« beiläufig schreibt, der Leser solle sich selbst einmal fragen, wer aus der eigenen Bekanntschaft einem das Leben wirklich gönnt, dann rechtfertigt er mit diesem Hinweis auf die Nor-

Die Mutter Auguste Raabe

malität nicht nur seinen gegen den Vater gerichteten Tötungswunsch, sondern ebenso die eigene Lakonie nach dessen Tod, wie sie auch der Erzähler in »Alte Nester« beweist, der als Kind das Sterbezimmer seines Vaters gerne als Spielplatz benutzte: »und es hat mich wenig gekümmert, daß man einst meinen sterbenden Vater dahin ... bettete« (BA 14, 18).

So wenig der junge Raabe seinen Vater als Vorbild anerkennen oder zu ihm Vertrauen entwickeln konnte, so stark fühlte er sich der Mutter zeit ihres Lebens in einem ungewöhnlich engen, von erotischen Unterströmungen nicht freien Verhältnis verbunden. Auguste Raabe war eine anmutige und liebenswürdige Frau, deren Güte, Sensibilität und Schönheitssinn der Sohn rühmt und damit zu verstehen gibt, daß sie zu ihrem Ehemann überhaupt nicht paßte. Wohl aber zu ihm: »Ich habe unendlich viel verloren«, schreibt Raabe kurz nach ihrem Tod 1874, »denn ich habe geistig ununterbrochen mit ihr gelebt, und was ich getan habe, habe ich für sie getan« (BAE 3, 232). Unter dieser Fixierung mußte dann Raabes Frau leiden, wie es ein Brief an die Schwiegermutter andeutet: »Wilhelms größtes Wohlgefallen errege ich, wenn ich zufällig etwas tue, wie Du es gemacht haben würdest oder eine Ansicht äußere, die der Deinigen gleicht« (BAE 2, 90). Da eine solche Mutter in den Augen ihres Sohnes weder Fehler hat noch macht, wird der junge Raabe es auch nicht ihr angelastet haben, daß seine idyllische Kinderzeit in Stadtoldendorf abrupt beendet wurde, sondern nachträglich dem ungeliebten Vater, dessen Tod nun einen Umzug nach Wolfenbüttel erzwang. Aus der Sicht der Mutter ein höchst vernünftiger Schritt, denn dort lebten ihre beiden Brüder, Justus und Christian Jeep, die als Rektor und Deutschlehrer an der »Großen Schule«, dem Gymnasium für das gehobene Bürgertum, arbeiteten und wenigstens die beiden Söhne in ihre Obhut nehmen konnten – aber gerade damit begann für den dreizehn Jahre alten Wilhelm in einer der entwicklungspsychologisch wichtigsten Lebensphasen eine vierjährige Leidenszeit.

Er schneidet in der Aufnahmeprüfung für das Gymnasium so schlecht ab, daß er in die Quarta zurückgestuft wird, die er in Holzminden schon als Elfjähriger erreicht hatte. Sein Bruder Heinrich hingegen kann problemlos in die Sexta eintreten. Er ist also zwei, und weil er einmal sitzenbleibt, schließlich sogar drei Jahre älter als seine Klassenkameraden, mit denen der hochaufgeschossene, blasse und häufig kranke Raabe keinen Kontakt haben will. Ihre Kindereien kann er nicht mehr teilen, aber auch der Unterricht interessiert ihn nicht. Es könnte ihm so ergangen sein wie Hans Unwirrsch im »Hungerpastor«: Da erklärt der Lehrer die Satzkonstruktionen des Thukydides, aber Hans sieht »die blauschimmernde Fläche des Ionischen Meeres« vor sich, und als der Professor eine grammatikalische Frage an ihn richtet, weiß er nicht zu antworten (BA 6, 86). Vermutlich hat es Dutzende solcher peinigenden Situationen gegeben, in denen die rege Phantasie des Jungen in Konflikt geriet mit dem starren Unterrichtsschema – nur diese eine nicht: Thukydides gehörte nicht zum Lehrplan des Schülers Raabe. Eine Notiz aus dem Jahr 1862 (Jb. 1967, 111) zeigt, daß Raabe hier ein aktuelles Lektüreerlebnis in die Schulzeit zurückprojizierte, was freilich der Szene nichts von ihrer autobiographischen Repräsentanz nimmt.

Natürlich haben die Onkel Jeep den beruflichen Ehrgeiz, ihren jungen Verwandten an der eigenen Schule nicht als Versager scheitern zu lassen; sie wollen auch vor der Mutter nicht als schlechte Pädagogen erscheinen, deshalb gehen sie mit ihm pflichtbewußter um als mit anderen Schülern. Der Junge fühlt den Druck und verweigert sich den Anforderungen um so mehr. Er kapselt sich ab, sieht sich angegriffen und ausgelacht. Sein Verhalten muß den Lehrern unbegreiflich gewesen sein, denn außerhalb der Schule kennen sie ihn als fleißigen, umgänglichen Jungen, der nur in der Klasse eine befremdliche Unzugänglichkeit, ja geradezu eine provokante Verstocktheit gegen alle pädagogischen Bemühungen zeigt.

Noch ist ihm der eigentliche Grund seiner Verweigerung nicht bewußt, aber zehn Jahre später in den »Kindern von Finkenrode« wird er rückblickend erklären: »Es gibt eine Art Leute, welche von frühester Jugend eine solche Gleichgültigkeit gegen jede Autorität zeigen, daß sie die leisesten Anforderungen in dieser Beziehung täuschen. Die gütige Mutter Natur rüstet sie daher auch in der Regel mit einer größern Fähigkeit aus, Püffe, Stöße, Ohrfeigen, Ermahnungen, Verweise, Hunger, Einsamkeit und andere Hilfsmittel der Erziehung zu ertragen, als andere Geschöpfe derselben Gattung. Sie wachsen heran, sich selbst ein Rätsel, ihren Eltern, Lehrern, Tanten, Oheimen und Nachbarn aber ein stetes Thema schlagender und beißender Erörterungen. Die Redensarten: du bringst es dein Lebtag zu nichts! – an dir ist Hopfen und Malz verloren! – Junge, ich haue dich, daß du den Himmel für einen Dudelsack ansehen sollst! – nimm dich in acht, du endest gewiß noch mal am Galgen, ins Zuchthaus kommst du gewiß! – ich werde dich aus der Klasse schicken, ein räudiges Schaf steckt die ganze Herde an! – du bist ein Nagel zu meinem Sarge! und so weiter und so weiter, bekommen sie so oft zu hören, daß dieselben zuletzt wirkungslos an dem verstockten, brütenden Phlegma des Sünders abgleiten.

Gewöhnlich offene, ehrliche Naturen, behalten diese Unglücklichen selten das klare, lebensfreudige Auge, mit dem sie anfangs in die Welt hineinsahen« (BA 2, 35 f).

Da haben wir das ganze Arsenal der Erziehungsmethoden, vom Verweis über die Prügel bis zum Hausarrest und Strafhungern, mit dem die stellvertretende väterliche Autorität auf den Knaben einzuwirken versuchte. Und je weniger dies alles nutzte, desto drastischer und sarkastischer dürften die Ermahnungen und Kommentare im weiteren Familienkreis ausgefallen sein. Die jüngeren Mitschüler aber haben den hilflos Schweigenden einfach ausgelacht, wenn er wieder einmal vor der Klasse versagte und ihn dadurch noch mehr in die Isolation getrieben: »ich war eine sensitive Natur und klappte meine Blütenblätter bei der leisesten Berührung zusammen«, heißt es im »Alten Proteus« (BA 12, 285).

HIER BEGINNT EINE psychische Krise; das Trauma vom verlachten Versager frißt sich fest, und niemand in Raabes Umgebung scheint die tiefe seelische Verwundung bemerkt zu haben. Der Junge wehrt sich weder gegen die Niederlagen noch gegen das verspottende Gelächter, aber er wird beides sein Leben lang nicht vergessen können. Die Angst, ausgelacht zu werden, taucht als wesentliches Motiv in jedem der 67 Werke Raabes auf, mit den Ausnahmen dreier unbedeutender Skizzen (»Auf dem Altenteil«, »Ein Besuch«, »Ein Geheimnis«). In »Frau Salome« ist den Worten des Bildhauers Querian ein fast flehentliches Bemühen um Anerkennung und die verwurzelte Furcht vor spöttischer Zurückweisung deutlich ablesbar: »Treten Sie doch gefälligst ein, aber lachen Sie nicht – o bitte, lachen Sie nicht!« (BA 12, 87). Das Verlachtwerden raubt dem Menschen den Glauben an sich selbst, an die eigenen Fähigkeiten und zerstört sein Vertrauen zu den Mitmenschen. Es macht ihn einsam, weil er sich vor dem Unverständnis der Welt zurückzieht und schließlich nur noch im Tod Sicherheit findet: »Jetzt ist niemand mehr da, der über mich lacht«, sagt der verhöhnte Geiger Wallinger auf dem Sterbebett, »wer lacht über die Toten?« (BA 2, 158).

Nur bei einer Gelegenheit ließ sich Raabe gerne auslachen: beim Turnen. Es war gewiß nicht allein sportliche Begeisterung, sondern auch ein gewisser oppositioneller Trotz, der den schlaksigen Jungen bewogen hat, sich der freien Turngemeinde des Gymnasiums anzuschließen, denn solche Vereinigungen galten in den Augen der staatlichen Obrigkeit als »Pflanzstätten des Demagogentums«. Noch vor dem Mord an Kotzebue hatte Friedrich Gentz in einem Brief an Adam Müller (15. 12. 1818) gefordert: »Fürs erste muß das Turnen wieder aus der Welt; dies sehe ich wie eine Art von Eiterbeule an, die geradezu weggeschafft werden muß, ehe man zur gründlichen Kur schreitet.« Sands Attentat bot dann vier Monate später den Anlaß, den »Turnvater« Jahn zu verhaften und alle Turnplätze zu schließen. Bis 1842 blieb das Turnen in Preußen verboten, aber nicht im Herzogtum Braunschweig, nur durfte man es nicht so nennen; folglich »turnte« man nicht, sondern absolvierte »gymnastische Übungen« im Geiste eines humanistischen Bildungsideals. Die Teilnahme war freiwillig; die Schüler trafen sich im Sommerhalbjahr jeden Mittwoch- und Samstagnachmittag auf einer Wiese in der Nähe des Schlößchens Antoinettenruh, und sie dürften mit ihrer damals recht ungewöhnlichen körperlichen Betätigung den spazierengehenden Familien manche Gelegenheit zum Spott geliefert haben. Mit welcher Lust an der Provokation Wilhelm Raabe an diesen Übungen teilgenommen hat, verrät noch 1872 eine kleine Bemerkung in seinem Vorwort zur zweiten Auflage seines Romans »Ein Frühling«: Dort nämlich heißt es, »eine Ehre und ein Vergnügen« seien es gewesen, »daß auch wir einmal mitten im Grünen auf dem Kopf standen und uns nicht schämeten.«

Für die demütigenden Erfahrungen im Schulunterricht findet Raabe einen kleinen Ausgleich im Zeichnen. Unter der Anleitung eines invaliden Soldaten, der mitgebrachte Vorlagen wie Stadtansichten und Bilderbögen pedantisch genau abzeichnen läßt, entfaltet sich dieses Talent Raabes, das noch wenige Jahre zuvor in Holzminden als »kaum mittelmäßig« benotet worden war, plötzlich zu einer erstaunlichen Gewandtheit. Für die Onkel Jeep ist es natürlich eine brotlose Kunst, aber die Mutter bestärkt und unterstützt diese unerwartete Begabung, indem sie dem Jungen von ihren 107 Talern Witwenrente neben dem teuren Schulgeld eine regelrechte Ausbildung bei dem in Braunschweig nicht unbekannten Maler Carl Schröder bezahlt. Wie die erhaltenen Studienblätter zeigen, mußte Raabe wie jeder Akademieschüler Ornamente und Köpfe nach Gipsabgüssen klassischer Vorbilder zeichnen, obwohl er lieber frei skizzierte und kolorierte. Die Zielstrebigkeit, mit der die Mutter die bisher einzige offenkundige Begabung ihres Sohnes unterstützte und fördern ließ, legt die Vermutung nahe, daß sie für den Jungen den Beruf eines Kunstmalers in ernsthafte Erwägung zog, während die Onkel Jeep immer noch, der Familientradition folgend, eine Beamtenkarriere als Jurist oder in der Stadtverwaltung für angemessen hielten.

Gegen die Starrheit des Unterrichtssystems, das auf einem sturen Auswendiglernen und Abfragen beruhte, fand Raabe in jener Zeit noch eine zweite künstlerische Ausdrucksmöglichkeit: Er lernte, seine regen Phantasiebilder in Worte zu fassen. Im Nachlaß erhalten ist ein Aufsatzheft aus dem Schuljahr 1847/48 mit sechs Hausaufgaben des sechzehnjährigen Raabe. An der »Erklärung des Begriffes Garten« hat er sich zwei Seiten lang abgemüht, die sagenhafte Semiramis und das Paradies als Beispiele ausgewählt und sogar mit vorsichtiger Ironie den Garten des reichen Mannes geschildert, in dem es »dem menschlichen Witz gelungen ist, die Natur so herzurichten, daß man sie kaum wiedererkennt« – nur zum »Begriff« ist er nicht gekommen. Auch die nüchterne Erörterung »Verschiedene Benutzung des Holzes« machte ihm ersichtlich so wenig Freude, daß der Lehrer zu beiden Aufsätzen nur bemerkte: »Die Arbeiten müssen durchaus deutlicher geschrieben werden.« Das historische Thema »Die Einnahme Roms

durch Karl von Bourbon 1527« regte Raabes Phantasie ungleich stärker an: ohne Umschweife und stilistische Schnörkel erzählt er vom sacco di Roma, von den plündernd in der Stadt herumziehenden Landsknechten und der willkürlichen Verwüstung: »die bei ihrer Ankunft so blühende Stadt ließen sie in Ruinen und in Armut zurück.« Raabes Sinn für dramatische Szenen – die betrunkenen Landsknechte rufen einen Kameraden als Doktor Luther zum Papst aus – wurde vom Lehrer zwar mit einem »bene« (gut) benotet, aber seine eigentliche Begabung zeigte Raabe erst in der freien Erfindung.

Das gestellte Thema hieß: »Die Schwalben und die Sperlinge«, und höchstens hat der Lehrer noch hinzugefügt, man solle sich vorstellen, was passiert, wenn die Schwalben im Frühling zurückkehren und ihr Nest besetzt finden. Denn, so schreibt der junge Raabe, ein Sperling hatte nicht an den Winter gedacht, besitzt kein eigenes Nest »und fliegt draußen jammernd und piepend in der Kälte hin und her«. Als er das leere Schwalbennest findet, richtet er sich darin ein »und wirtschaftet, vor Kälte und Nässe geborgen, den ganzen Winter darin herum«. Mit der Wärme aber kehren die Schwalben zurück und erzählen von ihren Abenteuern im fernen Afrika und Ägypten, »wo die Pyramiden aus dem Sande ragen, wo der Beduine auf seinem schnellen Rosse die Wüste durchjagt« – von jenem Ägypten also, das Raabe eben aus den Gedichten Freiligraths kennengelernt hatte: die zehnte Auflage der Gedichte war gerade in diesem Jahr 1848 bei Cotta erschienen, und Raabe benutzt hier Freiligraths »Schwalbenmärchen« für sein erstes literarisches Zitat. Das heimliche und noch sehr indirekte Zitieren war natürlich als Affront des Sechzehnjährigen gegen das öde Schulreglement gedacht, denn Freiligrath galt seit seinem Bekenntnis zum Liberalismus (»Ein Glaubensbekenntnis«, 1844) als verpönter Dichter, und wie deutlich oppositionell Raabe dies gemeint hat, bekräftigen noch die Sätze – fast fünfzig Jahre später! – in den »Akten des Vogelsangs«: »Und wenn sich alle Schulmeister der Welt auf den Kopf stellen oder vielmehr fest hinsetzen aufs Katheder: sie erobern die Welt zwischen dem sechzehnten und zwanzigsten Lebensjahre doch nicht durch moralisch, ethisch und politisch gereinigte Anthologien.« Und nach zwei Versen fährt er fort: »das ist wieder aus einem Poeten, den man um diese Lebenszeit sehr gern zitiert... Aus dem Ferdinand Freiligrath ist's, der auch nicht von den Herren Lehrern zu den Klassikern gezählt wird...« (BA 19, 241 f).

Da die Lehrer in Raabes Jugendzeit außerordentlich schlecht besoldet wurden und keine Gelegenheit hatten, sich über einen klassischen Grundkanon hinaus literarisch weiterzubilden, dürfte jener versteckte, aber unverkennbar oppositionell gemeinte Hinweis ungehört verhallt sein – wie jeder spätere auch. Schon hier ist festzuhalten, daß die besonders im Spätwerk zur Virtuosität entwickelte Zitier- und Verweiskunst Raabes von keinem seiner zeitgenössischen Leser erkannt worden ist. Kein Rezensent hat gemerkt, daß unter der Oberfläche eines gängigen Verkaufsartikels, wie es Raabes Erzählungen und Romane notwendigerweise sein mußten, ein ebenso kompliziertes wie kunstvolles Verweissystem existiert, das die eigentlichen Inhalte transportiert. An der äußeren Handlung einer Geschichte zeigte Raabe immer weniger Interesse; die Kritik und seine Verleger haben ihm dies häufig vorgeworfen, und er bestätigt es in mehreren privaten Aufzeichnungen, aber kein Leser kam auf die Idee, zwischen den Zeilen zu lesen. Durch das völlige Versagen einer Literaturkritik, die dem Publikum keine Hinweise auf die Vielschichtigkeit der Texte geben konnte, geriet Raabe nicht nur in den Ruf eines wenig erfindungsreichen Autors, sondern wurde auch in das verhängnisvolle Klischee vom »humoristischen Schriftsteller« gedrängt. Raabe hat später auf diese Vorurteile zunehmend sarkastisch reagiert und schließlich das Genre selbst gründlich ad absurdum geführt – freilich stets in einer Verpackung, die sich noch verkaufen ließ, und jeder Leser identifizierte die kauzig-verschrobene Hülle mit dem Inhalt, weil man die Härte und Herbheit nicht wahrhaben, sondern in Raabe ausschließlich einen deutschen Humoristen sehen wollte.

Auch der Schulaufsatz über die Schwalben und den Sperling wurde bei seiner ersten Veröffentlichung (Mitt. 1913) durch den Freund Wilhelm Brandes so zusammengefaßt: »– und schließlich der Humor..., der im Bunde mit einer den geborenen Erzähler verratenden naiven Darstellungskunst das Ganze zur Einheit wirkt.« Die Geschichte jedoch, die der Schüler Raabe erzählt, geht folgendermaßen weiter: Nachdem die Schwalben ausführlich von ihren Reiseabenteuern erzählt haben, finden sie ihr Nest von dem zwei Jahre alten Sperling besetzt, der es mit dem Argument verteidigt, er hätte es vor fünf Jahren selbst gebaut. »Da steht nun das arme Schwalbenpaar und weiß nicht, was es anfangen soll; endlich aber fällt ihm ein, den Storch, der eben aus Ägypten zurückgekommen war und dort die alten Hieroglyphen an den Sphinxen und Obelisken studiert hatte, um Rat zu fragen. Dieser nimmt eine gravitätische Stellung an, zieht das eine Bein in die Höhe und kratzt sich damit am Kopfe, an der Stelle, wo das Ohr sitzen könnte und sagt: Ja, dieses Jahr weiß ich keinen Rat, aber nächsten Herbst, wenn ich wieder nach Ägypten gehe, will ich nachforschen, ob an irgend einem alten Steine etwas darüber aufgezeichnet ist. Wollt ihr bis dahin warten? Ohne Antwort fliegen die Schwalben davon und lassen die gravitätische Weisheit auf dem Dache stehen, die aber steckt den Kopf unter die Flügel, um – zu schlafen.« Das ist natürlich wieder ein ironischer Seitenhieb gegen die trockene philologische Schulgelehrsamkeit, die für aktuelle Probleme keine Lösung weiß, sondern sich auf versteinerte Exempel zurückzieht und die drängende Gegenwart verschläft.

Den Schwalben gibt nun eine Katze den Rat, den Sperling einfach mit Erde und Dreck im Nest einzumauern. »Die Schwalben fliegen hin und wieder, kleben einen Dreckklumpen nach dem anderen in den Eingang und treiben den sich wütend wehrenden Sperling in das Innere zurück. Bald ist das ganze Loch zugekleistert, und kein Lichtstrahl, kein Lufthauch dringt herein, aber dennoch wühlt, kratzt, piept und rumort es inwendig noch eine ganze Zeit lang, bis endlich das Geräusch allmählich erstirbt und zuletzt ganz aufhört. Der Spatz erstickt ...«

Die Brutalität der Szene ist erstaunlich; von Humor kann hier wohl kaum die Rede sein. Gewiß ist die Begründung des erst zweijährigen Sperlings, man könne ihm das Nest nicht nehmen, weil er es sich vor fünf Jahren selbst gemacht hätte, vordergründig recht lustig, aber fünf Jahre zuvor hatte Raabe die idyllisch ruhige Schule in Stadtoldendorf bezogen und vor zwei Jahren war sein Vater gestorben. Der auf der Schule in

Wolfenbüttel um zwei Klassen zurückversetzte, zum Sperling reduzierte Raabe beharrt darauf, in seinem Nestrefugium bleiben zu dürfen. Die beiden Schwalben jedoch, die Onkel Jeep, handeln mit unbegreiflicher Härte an dem Jungen. Da sie ihn nicht hinauswerfen können, isolieren sie ihn; sie mauern ihn in dem Nest ein, er bekommt keine Luft mehr und erstickt. Der Schüler Raabe liefert hier ein Psychogramm, das als Notsignal von der Familie aber nicht verstanden wurde, und der Deutschlehrer August Scholz fand die Arbeit so schön, daß er darunter bemerkte: »Dieser Aufsatz ist mit dem allergrößten Fleiße gearbeitet und berechtigt bei fortgesetzter Anstrengung zu den schönsten Hoffnungen für den Verfasser.« Möglicherweise hat dieses seltene Lob Raabe dann in dem Entschluß bestärkt, sich als Schriftsteller zu versuchen. Wie nachhaltig es ihm im Gedächtnis blieb, zeigt noch fünfzehn Jahre später die Szene im »Hungerpastor«, in der Hans Unwirrsch sich vergeblich an einem Manuskript abmüht und schließlich die Blätter zerreißt, weil sein Talent eben doch »nicht zu den ›schönsten Hoffnungen für die Zukunft‹ berechtigte« (BA 6, 336).

Raabe glaubte noch 1848 an seine Begabung als Maler und wurde darin von seiner Mutter unterstützt. Seine Aquarelle und Zeichnungen aus dieser frühen Zeit lassen indes nicht erkennen, ob sich mit weiterer Ausbildung eine künstlerische Selbständigkeit und ein eigener Stil entwickelt hätten. Eines der wenigen Blätter, das nicht nach einer Vorlage entstand, sondern durch die Tagesaktualität angeregt wurde, zeigt einen Barrikadenkämpfer aus den Aufständen des Jahres 1848. Die stark heroisierende Darstellung läßt die volle Sympathie des Jungen für die Revolution ahnen, die er allerdings nur aus Zeitungsberichten kannte. Das Herzogtum Braunschweig hatte bereits nach den Aufständen 1830 eine verhältnismäßig liberale Verfassung bekommen, so daß es hier nicht zu Unruhen kam. In Vechelde, fünfzehn Kilometer nordwestlich von Wolfenbüttel, gründete man immerhin einen »Vaterländischen Verein«, zu dessen Programm ein »einiges, freies Deutsch-

land« gehörte, in dem aber bezeichnenderweise auch die »unbedingte Anerkennung der Beschlüsse und Anordnungen der Centralgewalt« verlangt wurde. Die Revolution, die in Berlin blutig niedergeschlagen wurde, ohne ihr Ziel der Reichseinheit erreicht zu haben, fand in Wolfenbüttel nicht statt. Zwar rekrutierte man unter der Aufsicht des Schuldirektors Jeep eine Bürgergarde, die höheren Klassen bekamen schulfrei und sollten sich bei Gefahr an der Verteidigung öffentlicher Gebäude beteiligen, aber der Schüler Raabe wird wegen seiner Kurzsichtigkeit als unbrauchbar wieder nach Hause geschickt – ein neuerliches, von den Schulkameraden vermutlich wieder mit Spott und Gelächter quittiertes Versagen.

Im späteren Werk erscheint die Erinnerung an 1848 nur selten. Mit sanfter Resignation spricht Raabe in seinem zweiten Buch »Ein Frühling« (1857) von jenem Jahr »der Gnade ..., wo wir so anmutig gegen die Mauer rannten« (BA 1, 272), und entsprechend hängt beim Apotheker Kristeller (»Zum Wilden Mann«, 1873) »zwischen zwei Straßenszenen aus dem Jahre 1848« (BA 11, 166) vielsagend Dürers Kupferstich »Melancholia«. Diese Verbindung wird in der Erzählung »Deutscher

Mondschein« (1872) von Raabe mit vollem Sarkasmus vorgeführt, wenn ein bislang unbescholtener preußischer Beamter 1849 nach dem Besuch einer politischen Versammlung plötzlich »einen ausgesprochenen Ekel an manchen Dingen und Menschen« bekommt und ihm so sehr die Galle ins Gemüt steigt (BA 9/2, 393), daß er von seinen Akten zur Poesie überlaufen möchte. Der arme Beamte kann sich solche Geistesverwirrung einzig durch die verhängnisvolle Wirkung des Vollmonds erklären, der ihm unberechenbare Träume eingibt.

In der Zeit der Reaktion mußte die abgebrochene Revolution aus dem öffentlichen politischen Bewußtsein verdrängt werden und konnte nur noch als kurzer Traum erinnert werden. So erscheint sie, deutlich autobiographisch, im letzten Fragment »Altershausen« (um 1900): »Als es achtundvierzig in der deutschen Geschichte schlug, war der Vater schon tot und konnte nicht mehr seinem Sohn die Hand auf das Haupt legen, auf die Gegenwart den Finger setzen und aus Vergangenem auf Kommendes hinweisen« – und nun träumt der Greis »von dem Schwarzrotgold, den Fahnen, Glocken..., dem flüchtigen Niedersteigen des Reichs der Himmel auf die Erde... Nur hier, hier und des Nachts im Traum ließ sich das alles wieder sehen, hören und empfinden mit den Gefühlen des Jungen, der die schwarzrotgoldene Kokarde an die Sekundanermütze steckte und zum erstenmal von seinen Lehrern mit ›Sie‹ angeredet wurde, wie das deutsche Volk von seinen Fürsten oder sonstigen Regimentsinhabern« (BA 20, 257).

Die politischen Ereignisse, auch wenn und vielleicht gerade weil sie im verschlafenen Beamtenstädtchen Wolfenbüttel keine Auswirkungen zeigten, haben Raabes Interesse an der Schule gewiß nicht gesteigert. Er war, gelinde gesagt, ziemlich faul. »Was mich betrifft, so bin ich von frühester Jugend auf mit der unwiderstehlichsten Neigung behaftet gewesen, mein Leben auf dem Rücken liegend hinzubringen und im Stehen und Gehen die Hände in die Hosentaschen zu stecken«, sagt der Zeichner Strobel in der »Chronik«, und mit Raabes List fügt er an: »was ich bin, bin ich dadurch geworden« (BA 1, 35 f).

Raabe hat auch später nie bedauert, daß seine mehrfach abgebrochenen Bildungswege ihm eine sogenannte bürgerliche Karriere unmöglich gemacht haben. Er hielt sein frühes Scheitern für sein Glück und sagte im alles verklärenden Alter: »Ja, so wie jetzt, stramm, stramm – alles über einen Kamm, so bin ich nicht heraufgekommen« (BAE 4, 19). Die schulische Leistungsverweigerung hört man auch in der Nörgelei von Strobels Schützling Gustav: »ich möchte nur wissen, wozu ein Maler, und ich *will* einer werden, Latein braucht?????« (BA 1, 109). Die Hausaufgaben lassen stark zu wünschen übrig, nur das Löschpapier ist wie in Raabes eigenem Aufsatzheft über und über mit Römern, Pferden und Karthagern vollgekritzelt. Der freundliche Strobel wägt ab: »Als Schulmeister müßte ich ausrufen: ›Was *soll* aus dem Jungen werden?‹ Als Nichtschulmeister aber halte ich mich an das – Löschblatt und rufe aus: ›Was *kann* aus dem Jungen werden!‹« (BA 1, 112) – er wird ihm Zeichenunterricht geben.

Das dürfte eine recht genaue Wiedergabe der Überlegungen sein, die man im Familienrat über Raabes Zukunft anstellte, allerdings mit umgekehrtem Ergebnis. Die von der Mutter begünstigte Idee des Jungen, er könnte Maler werden, wurde von den Brüdern Jeep vereitelt: Er sollte einen ordentlichen

Beruf erlernen, der ihn ernähren und damit auch die Onkel aus der Verantwortung für die Witwe und ihren schwierigen Sohn entlassen würde. Außer für das Zeichnen zeigte Wilhelm aber nur noch Interesse fürs Lesen; seine meiste Zeit verbrachte er über Büchern. Die ererbten Bibliotheken des Vaters und des Großvaters förderten eine Leselust, die sich bei dem vor den Anforderungen der Schule Flüchtenden zu einer introvertierten Lesewut auswuchs: »Meine Eltern waren natürlich in der Leihbibliothek und einem Journalzirkel abonniert, und so habe ich schon als 10–11jähriger Junge die ›Geheimnisse von Paris‹ und den ›Ewigen Juden‹ mit schauderndem Entzücken gelesen. Nachher alles, war mir in die Hände fiel, W. Scott, A. Dumas und was im Deutschen in den dreißiger Jahren noch ziemlich neu lag, Hauff, E. Th. A. Hoffmann usw. – na, Alles!« (BAE 2, 484).

Die Erinnerung Raabes verlangt eine kleine Korrektur: Sues »Geheimnisse von Paris« waren 1842/43 als einer der ersten Fortsetzungsromane im »Journal des Débats« erschienen und lagen 1843 auf Deutsch vor; »Le Juif Errant« wurde nahezu zeitgleich 1844/45 aus dem »Constitutionnel« übersetzt: Er las Sue also frühestens mit zwölf, eher mit dreizehn Jahren. Der Mutter nahm er ihren Liebling Dickens vom Tisch, ließ sich von Freiligraths üppigen Bildern in den Orient entführen und versank bis über beide Ohren in den Schriften Heines, der sein Lieblingsdichter wurde. Vor allem aber verschlang er die französischen Belletristen, neben Sue besonders die Sensationsromane des älteren Dumas und von diesen mit stets besonderer Vorliebe den »Grafen von Monte Christo«. Wenn er im Alter nach seiner prägenden Jugendlektüre gefragt wurde, antwortete er immer mit dem gleichen Hinweis: »Was ist doch dieser Dumas ein Prachtkerl! Den lese ich bis auf diesen Tag immer wieder« (BAE 4, 20). Hartnäckig behauptete er, daß er Dumas künstlerisch am meisten zu verdanken habe und hielt zeitlebens den 1846 ins Deutsche übersetzten »Grafen von Monte Christo« für ein »ganz vortreffliches« Buch.

Solch ein emphatisches Lob lohnt einen Blick auf diesen eher vordergründig sensationellen Roman, dessen Bedeutung für Raabe sich offensichtlich nicht darin erschöpfte, daß er zwei Figuren, nämlich Héloise de Villefort und ihren mißlichen Sohn Edouard als Geheimrätin Aurelia Götz mit dem Söhnchen Aimé in den »Hungerpastor« übernahm. Es gibt kaum einen größeren Gegensatz zwischen dem Roman von Dumas, in dem Gift und Gegengift verabreicht, von Dächern gesprungen und hinter geheimen Türen gemordet wird, und Raabes eigener Produktion, auch wenn ein geheimnisvoller Unbekannter mit bedrohlichen Femebriefen durch »Unseres Herrgotts Kanzlei« schleicht. Die von Raabe behauptete künstlerische Beeinflussung ist jedenfalls äußerst gering, um so ergiebiger ist jedoch der zweite Blick auf die Inhaltsstruktur des Buches. Dumas erzählt die Geschichte eines Verbrechens: Der unschuldige Seemann Edmond Dantès wird dem Egoismus dreier Männer geopfert, ohne jede Berechtigung denunziert und im Kerker des Chateau d'If lebendig eingemauert. Bis zu diesem Zeitpunkt war er ein gutmütiger Charakter, voller Vertrauen in die Harmonie der Welt und die Freundlichkeit seiner Mitmenschen. Erst in der totalen Isolation und Einsamkeit des Kerkers revidiert er diese Meinung, nachdem er alle Qualen der Verzweiflung, vom Anflug des Wahnsinns bis zum Gedanken an Selbstmord durchlitten hat. Durch einen glücklichen Zufall kann er nicht nur sein Leben retten, sondern aus dem Kerker auch das Geheimnis eines Schatzes mitnehmen, der offenbar unerschöpflich ist.

Mit Hilfe dieses Schatzes verwandelt sich der einfache Seemann Dantès in den Grafen von Monte Christo, der all diesen Reichtum und seine ganze Lebensenergie in den Dienst einer einzigen Aufgabe stellt: Er will sich an seinen drei Peinigern rächen. Allerdings straft er sie nicht durch simple Gewaltakte, sein Plan gleicht vielmehr dem Versuch, eine verlorene Ordnung wieder in die Welt zu bringen. Er nimmt keine private Rache, sondern die Übeltäter gehen an den Sünden ihrer Vergangenheit zugrunde. Als Graf von Monte Christo sucht er eigentlich nur die Versöhnung mit dem Glück, das er als Edmond Dantès vor seiner Einkerkerung im fraglosen Einklang mit der Welt empfinden konnte.

Wenn man diese Handlungsstruktur betrachtet, erscheint die vom alten Raabe behauptete Wichtigkeit des Romans für seine Entwicklung weniger rätselhaft. Sie erklärt sich freilich nicht durch künstlerische Beeinflussung, sondern durch eine enge Verwandtschaft mit seiner psychologischen Situation. Er fühlte sich durch drei Männer (den Vater und die Onkel Jeep) ungerecht behandelt, beim Schulwechsel nach Wolfenbüttel durch die Zurückstufung als Versager denunziert und im Schulgefängnis eingemauert, wie er es im Aufsatz vom Sperling schon vergeblich hilfesuchend beschrieben hatte. Er kann sich aber aus der Isolation befreien, mit dem Bewußtsein, über einen unerschöpflichen Schatz, nämlich seine schriftstellerische Begabung, zu verfügen. Gleich zu Beginn der Ehe, die mit dem Honorar von vierhundert Talern für »Unseres Herrgotts Kanzlei« gegründet wurde, fragte ihn seine Frau, ob ihm auch künftig etwas einfallen würde, und Raabe antwortete: »Das ist wie ein voller Topf, in den ich nur hineinzugreifen brauche und der nie leer wird« (BAE 4, 49).

Kaum ist er im Besitz dieses Schatzes, wechselt er den Namen (Raabe – Corvinus) und arbeitet fortan für eine Ordnung in der Welt, die seine alten Peiniger des Unrechts überführt und dem eigenen Verlangen nach dem einstigen Glück zur Erfüllung verhilft. Die Sehnsucht »nach einem verlorenen irdischen Glück« sei gleichbedeutend mit »Heimweh«, schrieb Raabe (BA 2, 237) im Jahr 1857, und Heimweh nannte er die »Quelle aller Poesie« (BA 14, 21) – noch im letzten Fragment hat er dies, »vor dem furchtbaren Geheimnis des Selbstbewußtseins« (BA 20, 240) erschreckend und deshalb die Erzählung abbrechend, mit bitterster Melancholie bestätigt.

»Einen Vorsatz, Plan, Wunsch gebe ich selten auf. Ich komme hartnäckig auf den Gedanken zurück, wenn auch Jahre seit dem ersten Auftauchen vergangen sind« (BAE 2, 67) – diese Selbstanalyse hat nicht allein ihre Parallele im langfristigen Plan des Grafen von Monte Christo, sondern findet ihre biographische Bestätigung in der Rache, die Raabe nach langen Jahren am problematischen Freund Glaser vermittels seines Schatzes der Erzählkunst (genauer gesagt: seines Zitatenschatzes) im »Lar« üben wird. Und sie entspricht auch der langwierigen Taktik Stopfkuchens, der in dieser »See- und Mordgeschichte« (auch dies ein Hinweis auf den Seemann Dantès) zwar den Mörder kennt, aber den Gerichtstag so lange hinauszögert, bis er selbst mit seiner belasteten Vergangenheit aufgeräumt hat. Erst mit diesen Bezügen und Verweisen kann man Raabes begeistertes Urteil über den Kolportageroman »Der Graf von Monte Christo« nachvollziehen, das seinen Zeitgenossen und Biographen immer rätselhaft geblieben ist. Er hatte hier ein Lebensthema gefunden.

Krise und Krankheit

DIE BEFREIUNG AUS der von ihm als Isolationshaft empfundenen Schule kommt für Raabe zu Ostern 1849. Mit siebzehn Jahren – da hatte sein Vater bereits das Abitur bestanden – verläßt er das Wolfenbütteler Gymnasium als Sekundaner. Vor seinen schlechten Leistungen, die im Abgangszeugnis mit den Worten umschrieben sind, er habe sich »in den Schulwissenschaften fleißig zu vervollkommnen gesucht«, kapitulieren die Onkel Jeep zwar, verweigern ihm jedoch eine Ausbildung als Maler. Trösten kann er sich allenfalls mit dem knappen Lob, daß er »im deutschen Stile und im freien Handzeichnen einen Grad der Vollkommenheit erlangt (hat), wie sie auf der Bildungsstufe, auf welcher er steht, nicht häufig ist.« Dieser Satz muß ihm das Reifezeugnis ersetzen. Er ist auf der Schule gescheitert; die Entscheidung über seine nächste Zukunft erlebt er als Opfer des Familienrats. Da er außer für das Zeichnen nur Interesse an Büchern zeigt, berät man sich mit der befreundeten Buchhändlerfamilie Hahn in Hannover, die schon die meisten Werke seines gelehrten Großvaters verlegt und vertrieben hatte. Sie vermittelt dem Jungen eine Lehrstelle, und wie wenig er an dieser Entscheidung beteiligt war, zeigt seine spätere Formulierung: »ich ... wurde 1849 nach Magdeburg geschickt« (BAE 2, 66). In der Hofbuchhandlung Hahn war übrigens 1836 »Sanchuniathons Urgeschichte der Phönizier« erschienen, angeblich entdeckt aus einer längst verschollen geglaubten Handschrift von dem jungen Forscher Friedrich Wagenfeld, die aber bald als geniale Fälschung entlarvt wurde, was in der deutschen Gelehrtenrepublik für einen bis dahin unerhörten Skandal sorgte. Als Raabe in Stuttgart den Schriftsteller Otto Müller kennenlernte, der diese Fälschergeschichte in seinem Roman »Der Klosterhof« verarbeitete, versäumte auch er es nicht, im »Abu Telfan« (BA 7, 290) an jene Blamage zu erinnern, denn schließlich hatte sich Hahns Entscheidung für Wagenfeld als ebenso falsch herausgestellt wie seine Empfehlung, Raabe solle Buchhändler werden: »Dieser Versuch mißlang vollständig« (BAE 2, 66).

Über die vier Jahre in Magdeburg, aber auch über die anschließende Zeit bis zur Rückkehr aus Berlin, wissen wir sehr wenig. Es ist kein einziges schriftliches Zeugnis Raabes überliefert, keiner der vermutlich zahlreichen Briefe an die Mutter hat sich erhalten, es gibt keine Aufzeichnung in irgendeinem Notizbuch. Zwischen dem letzten Schulaufsatz und dem ersten Buch »Die Chronik der Sperlingsgasse« klafft eine Lücke von reichlich sechs Jahren. Es ist aber äußerst unwahrscheinlich, daß Raabe keine Briefe an seine Mutter geschrieben oder von ihr bekommen haben sollte; im Gegenteil belegt der erhaltene spätere Briefwechsel eine ungewöhnliche Häufigkeit des schriftlichen Austauschs: Kaum ist er auf seiner sogenannten »Bildungsreise« 1859 von Wolfenbüttel bis nach Leipzig gekommen, teilt er ihr dies mit und nennt gleich die Anschrift, »wohin Du Deine Briefe zu addressieren hast« (BAE 2, 30). Das Ausbleiben einer Nachricht von ihr war ihm »ärgerlich und betrübend«; er freute sich auf ihre Briefe und schrieb ihr regelmäßig, damit sie sich nicht »unnötige Sorgen« (BAE 2, 40) machte. Das gilt ebenso später für die Stuttgarter Zeit, wo er ihr noch mitten im Umzugschaos ausführlich den Zustand der Wohnung schildert. Da sich aber bisher kein einziger Brief aus Magdeburg oder Berlin gefunden hat, ist zu vermuten, daß Raabe jedes Lebenszeugnis aus diesen Krisenjahren vernichtet hat, nachdem er aus Berlin wieder ins Haus der Mutter zurückgekehrt war und sich durch die bevorstehende Veröffentlichung seines Erstlingswerks bereits als Schriftsteller fühlte. Was in der Magdeburger Zeit passiert ist, wissen wir hauptsächlich indirekt durch Erinnerungen der Mutter, die sie – sehr zum Ärger Raabes – einigen seiner Freunde in Wolfenbüttel anvertraut hat. Er selbst hat Dritten nur wenig erzählt.

Wilhelm Raabe trat zu Ostern 1849 als Lehrling in die Creutz'sche Buch- und Musikalienhandlung ein und wur-

de nach damaliger Sitte auch in die Familie des Inhabers Kretschmann aufgenommen. Die sächsische Provinzhauptstadt Magdeburg war nach ihrer Zerstörung 1631 im Barockstil wieder aufgebaut worden und bot ein von vielen Reisenden gerühmtes Bild architektonischer Geschlossenheit und

Harmonie. Besonders die Hauptgeschäftsstraße, der »Breite Weg«, machte mit seinen vornehmen Patrizierhäusern einen prächtigen Eindruck und galt als eine der schönsten Straßen Europas. Hier stand das erst im 2. Weltkrieg zerstörte Eckhaus, das seit dem 17. Jahrhundert den Namen »Zum goldenen Weinfaß« trug und seit langem schon die Buchhandlung der Stadt beherbergte. Raabe bewohnte vier Jahre lang eine kleine Stube im zweiten Stockwerk, deren Fenster auf die Seitengasse zeigten.

Trotz seiner untergeordneten Position als Lehrling fühlte sich Raabe von der Familie Kretschmann ernstgenommen; er durfte sogar an einem Gesprächskreis teilnehmen, den der Inhaber regelmäßig bei sich versammelte. Karl Gottfried Kretschmann war ein »Liberaler«, und diskutiert wurde bei ihm über Literatur und Philosophie der Gegenwart, aber sicherlich auch über die aktuelle Politik, denn gerade als Raabe 1849 in den Kreis eintritt, beginnt der letzte Akt in der Tragikomödie jener deutschen Revolution. Nach heftigen Debatten hatte sich in der Frankfurter Nationalversammlung die kleindeutsche Lösung des Reichsgedankens durchgesetzt, also ohne Einbeziehung Österreichs, eine Verfassung war erarbeitet worden, und im März erwählte das durch Austritte einzelner Fraktionen, die sich für keine der angebotenen Lösungen entscheiden wollten, schon erheblich geschwächte Parlament den preußischen König Friedrich Wilhelm IV zum künftigen Kaiser.

Der von seinem Gottesgnadentum überzeugte Monarch, auf den die meisten der liberalen Intellektuellen ihre Hoffnungen gesetzt hatten, erkannte jedoch die Schwäche des Parlaments und ließ den Abgeordneten schriftlich mitteilen, was er von ihrer demokratischen Kaiserwahl hielt: »Einen solchen imaginären Reif, aus Dreck und Letten (= bunte Tonerde. W. F.) gebraten, soll ein legitimer König von Gottes Gnaden, und nun gar der König von Preußen sich geben lassen, der den Segen hat, wenn auch nicht die älteste, doch die edelste Krone, die niemandem gestohlen ist, zu tragen ... Soll die tausendjährige Krone deutscher Nation, die 42 Jahre geruht, wieder einmal vergeben werden, so bin Ich es und Meinesgleichen, die sie vergeben werden, und wehe dem, der sich anmaßt, was ihm nicht zukommt.« Mit dieser höhnischen Absage war alle Arbeit des Parlaments zunichte gemacht, das Verfassungswerk gescheitert und der Reichsgedanke begraben. Zwar kommt es im Mai noch zu einzelnen Aufständen in Dresden und Baden, aber sie werden nach der Devise »Gegen Demokraten helfen nur Soldaten« rasch und blutig niedergeschlagen. Die preußische und die sächsische Regierung rufen ihre Abgeordneten aus der Paulskirche zurück, das Rumpfparlament flüchtet nach Stuttgart und wird dort im Juni vom Militär aufgelöst.

Der demokratische Traum von Einigkeit und Recht und Freiheit verwandelte sich nun für die nächsten Jahre in den Alptraum der politischen Verfolgung aller Personen, die der Sympathie mit dem liberalen Gedankengut der Revolution verdächtig waren. Das Geschäft der Denunzianten blüht, Hausdurchsuchungen und Ausweisungen sind an der Tagesordnung. Da Magdeburg Festungsstadt ist, gibt es hier besonders viele politische Häftlinge, von denen nur wenige Prominente die Vergünstigung zum bewachten Ausgang erhalten. Zu ihnen gehört der wegen seiner aus Protest gegen die Auflösung der Frankfurter Nationalversammlung praktizierten Steuerverweigerung inhaftierte Abgeordnete Schulze-Wanzleben, der regelmäßig in Begleitung eines Soldaten die Creutz'sche Buchhandlung aufsucht und sich dort mit Lektüre versorgt. Die Buchhandlungen unterlagen besonderer staatlicher Aufsicht. Da Kretschmanns Laden an den »Allgemeinen Novitäten-Versand« angeschlossen war, also generell sämtliche Neuerscheinungen erhielt, wurde entsprechend häufig kontrolliert, ob die Bestände den preußischen Verbotslisten angepaßt waren. Nicht verkauft werden durften zum Beispiel die Werke von Karl Gutzkow oder August Heinrich Hoffmann von Fallersleben, von Eugène Sue und Victor Hugo. Raabe wußte sich im Alter »noch sehr gut der gewaltigen Aufregung zu erinnern, die Heines ›Romanzero‹ 1852 hervorrief. Er wurde sofort massenhaft bestellt, aber beinahe ebenso schnell polizeilich verboten. Die Polizei war dazumal überhaupt literarisch ungemein interessiert. Aller Augenblicke mußten die Buchhandelsbeflissenen gewärtig sein, ihren hohen Besuch zu empfangen und sich all ihrer Bücherschätze, unter denen die zahlreichen Exemplare des einer hohen Polizei wohlgefälligen ›Amaranth‹ von Redwitz dominierten und vorsichtig stets zuoberst lagen, nach plötzlich verbotenen Büchern durchstöbern zu lassen« (BAE 4, 21).

Wie rasch ein Autor mit den willkürlich operierenden Behörden in Konflikt kommen konnte, zeigte der Fall des liberalen Historikers Georg Gottfried Gervinus, der 1853 in seiner »Einleitung in die Geschichte des neunzehnten Jahrhunderts« den inkriminierten Satz schrieb: »Die Emanzipation aller Gedrückten und Leidenden ist der Ruf des Jahrhunderts.« Das brachte ihm nicht nur ein Verbot des Buches, sondern auch einen aufsehenerregenden Prozeß wegen Hochverrats ein. Raabes Erfahrung mit einer ständig präsenten Zensur und staatlichen Überwachung, die in Berlin nochmals vertieft wurde, ging dann als wesentliches Motivgeflecht in sein erstes Buch ein. Fast wäre er 1852 selbst verhaftet worden: Bei seinem Wegzug aus Wolfenbüttel hatte er vergessen, sich bei der Musterungsbehörde abzumelden. Er wurde in der Zeitung ausgeschrieben: »Im Betretungsfall zu verhaften!« Also reiste er eilends nach Braunschweig, um sich der Musterung zu stellen und erhielt im Frühjahr 1854 wegen seiner Kurzsichtigkeit endgültig die Untauglichkeitsbescheinigung für den Militärdienst.

Die Lehrlingszeit verlief anfangs recht gemütlich; in den ruhigen Sommermonaten glich die Arbeit, wie Raabe sich später ausdrückte, eher einem »Faulenzen mit Hindernissen« (BAE 4, 21). Aber diese Erinnerung verdeckt, daß Raabe in jeder arbeitsfreien Minute zu den Neuerscheinungen griff und las: Gutzkow, Freiligrath, Heine, Wienbarg, Alexis, Storm und Andersen – er verschlang alles. Da er in dem Gesprächskreis des Prinzipals Kretschmann sehr rasch gemerkt hatte, daß ihm die elementarsten Grundkenntnisse zur Beurteilung der neueren Lyrik fehlten, kaufte er sich das Lehrbuch »Deutsche Metrik« des Berliner Gymnasiallehrers Friedrich W. Rückert, das noch heute in seiner Bibliothek erhalten ist. Auf dem Titelblatt trug er ein: »Wilhelm Raabe, Magdeburg, den 23sten April 1849.« Dieser Vermerk ist das einzige bekannte schriftliche Zeugnis aus jenen Jahren.

Vor der Lesewut des Lehrlings Raabe war nichts sicher, und kein Werk schien ihm zu umfangreich. Mit höchstem Vergnügen verschlang er die »Menschliche Komödie« Balzacs, die ihn lange fesselte, ohne jedoch im späteren Werk erkennbare Spuren zu hinterlassen. Daß ein Germanist noch 1958 schreiben konnte, Raabe hätte bei Balzac »die tiefe Verderbtheit der französischen Gesellschaft als Gegenbild zum deutschen Wesen« (Pongs, 74) kennengelernt, ist symptomatisch für eine Raabe-Forschung, die seit 1914 für die Fälschung seiner Biographie verantwortlich war und durch die blinde Festlegung auf einen nationalistischen Provinzautor die Entdeckung Raabes als einen Erfinder des modernen Romans planmäßig verhindert hat.

Er liest die historischen Romane Walter Scotts, aber im Gegensatz zur Balzac-Lektüre scheint er sich dabei bald gelangweilt zu haben, denn Scott ist sofort vergessen, als er den großen Satiriker Thackeray für sich entdeckt. Dessen »Geschichte von Arthur Pendennis« umfaßte in der gerade erschienenen Übersetzung (Leipzig 1849–51) immerhin acht Bände – eine Taktik der Verleger gegenüber den Leihbibliotheken, denn für jeden Band mußte der Entleiher neu bezahlen, aber die Gesetze dieses Marktes kannte Raabe noch nicht. Raabe liebte diesen Roman so sehr, daß er Englisch lernte, um ihn im Original lesen zu können. Kein Wunder, denn hier glaubte er, sein eigenes Schicksal gestaltet zu sehen: Pendennis ist der verwöhnte Lieblingssohn seiner verwitweten Mutter, der von einem Onkel auf eine Erziehungsanstalt geschickt wird, die ihm nicht gefällt, und obwohl er begabt ist, besteht er die Examina nicht und kehrt nach Hause zurück. Eigentlich sollte er Jurist werden, aber er veröffentlicht einen Roman, der ihm den Zugang zur Gesellschaft öffnen wird.

Spätestens seit der Lektüre dieses Romans, dessen biographische Parallelen zu seinem eigenen Werdegang für Raabe unübersehbar waren – aber das gab er erst sechzig Jahre später zu: »Der junge werdende Autor in dem Dinge reizte mich« (BAE 2, 484) –, spätestens jetzt muß er sich der Möglichkeit bewußt gewesen sein, sich mit einem einzigen Buch freischreiben zu können von allen Verpflichtungen, seine demütigende Vergangenheit als Versager korrigieren zu können und vielleicht sogar durch einen Erfolg des Buches frei zu werden von den lästigen Ansprüchen anderer Leute auf seine Zeit. Denn so bequem die Buchhändlerlehre sein mochte: da gab es doch zuweilen gewisse Zudringlichkeiten des Alltags wie das Sortieren von Rechnungen oder mühsames Zusammenstellen von Bücherpaketen. Mit einem erfolgreichen Buch könnte er sich all dieser fremden Anforderungen entledigen: Raabe hat daran gedacht und seine Umgebung mit neuen Augen gesehen, auf der Suche nach Motiven und Themen. Aber erst vierzig Jahre später, 1889, wird Raabe im Vorwort zur zweiten Auflage seines Magdeburg-Romans »Unseres Herrgotts Kanzlei« davon sprechen, daß er sich »um die Ostern 1849 herum« in dieser Stadt, »aus ihren Gassen und von ihren Märkten, im Schatten und im Mondlicht, allerlei Gestalten und Bilder zusammen(suchte), die späterhin in den lauten Hörsälen zu Berlin und auf der stillen Bibliothek in Wolfenbüttel sich ihm zu dem vorliegenden Bilderbuche verdichteten« (BA 4, 143). Schon 1849 dachte er also an den Roman, den er erst 1861 schreiben wird, weil ihm unerwartet ein ganz anderes Buch, die »Chronik«, den Weg öffnen und ihn gleichzeitig jahrelang verstellen wird.

Die Lektüre des »Pendennis« veränderte nicht allein Raabes Blick auf seine Umwelt, sondern auch auf die Literatur. In einer Erweiterung seines Satzes »Man erlebt nicht das, *was* man erlebt, sondern *wie* man es erlebt« (Einfälle, 194) läßt sich für ihn sagen, daß es von nun an weniger wichtig für ihn war, *was* er las, als *wie* er las: nichts zur bloßen Unterhaltung, sondern jedes Buch in engem Bezug zur eigenen Lebenswirklichkeit, immer schon mit dem Blick auf die spätere Verwertbarkeit. Da konnte er in Fieldings »Tom Jones« (12. Kap.) die schönste Rechtfertigung für seine spätere Kunst des verdeckten Zitats finden: »Ich betrachte alle Gedanken von dem Augenblick an, wo ich sie in meine Schriften aufnehme, durchaus als mein Eigentum.« Tatsächlich entwickelte er eine Begabung, sich obskurste Stoffe und Materialien für die eigene Produktion nutzbar zu machen, die man im deutschen Sprachraum allenfalls mit den Methoden Arno Schmidts vergleichen kann. Raabes Leselust endete zunächst dort, wo ihn Erinnerungen an die Schulzeit abschrecken: Goethes »Faust I« mußte er im Gymnasium Satz für Satz auswendig lernen, also ignoriert er Goethe jahrelang. Auch die Romantiker liest er nicht. Als die »Chronik« erschienen ist, wird Hebbel in einer sehr kurzen Kritik von den verwandten »Tönen Jean Pauls« sprechen, und zahlreiche seiner Freunde haben daraufhin die stilistische Verwandtschaft mit Jean Paul beschworen, aber tatsächlich hat Raabe vor 1854 nur »Dr. Katzenbergers Badereise« gelesen. Erst als ihm der ständige Vergleich unangenehm wurde, versuchte er die Lektüre seines vermeintlichen Vorbildes nachzuholen, aber weder den »Titan« noch den »Siebenkäs« oder gar den »Hesperus« hat er je zu Ende gelesen.

Seine Lektüre war völlig unsystematisch und planlos, aber ergiebig. Als Autodidakt brauchte er keinem Lernpensum zu folgen, sondern konnte sein aufgestautes Nachholbedürfnis befriedigen. Er orientierte sich nicht an Bildungsnormen, die eine Kenntnis bestimmter Klassiker vorschrieben – von den französischen Dramatikern wie Corneille und Racine fühlte er sich gelangweilt –, sondern er entdeckte die Welt der Bücher nach eigenen Gesetzen. Zu den Lagerbeständen der Buchhandlung gehörte ein längst vergessener Haufen loser Bogen aus den letzten zweihundert Jahren, die nun endlich aussortiert und makuliert werden sollten. Mit der lästigen Aufgabe wurde der Lehrling betraut, und er machte das Beste daraus: er las sie. So fand er nicht allein Rollenhagens »Froschmeuseler« wieder, den er schon in der Büchersammlung seines Großvaters gesehen hatte, sondern er entdeckte in dem zur Makulatur bestimmten Haufen auch die Magdeburger Chroniken des Johannes und des Elias Pomarius (1587 und 1622), sogar die seltene »Historie des Magdeburger Krieges« von Sebastian Beselmeyer (1561). In diesen vergessenen Büchern fand er die Vorlage für seine erste Novelle »Der Student von Wittenberg«, die er noch vor der »Chronik der Sperlingsgasse« schrieb und die folglich als sein eigentliches Erstlingswerk zu gelten hat, aber Selbststilisierung und Legendenbildung um den Tag der »Federansetzung« haben die Chronologie überwuchert – und vor allem fand er hier das historische Gerüst und die Figuren für seinen Roman »Unseres Herrgotts Kanzlei«, mit dem er seinen Dank an die Stadt abstattete, in der ihm durch seine intensiven Leseabenteuer die ersten schriftstellerischen Impulse vermittelt wurden. Nicht nur die bereits zitierte Vorrede zur 2. Auflage des Buches bezeugt das, sondern auch eine nicht genau datierbare Notiz: »Ich habe einige Male von einem Stück Makulatur, das mir der Zufall in die Hände wehte, mehr Anregung gehabt als von jahrelangem Studio sämtlicher Klassiker aller Nationen, soweit meine Sprachkenntnis reichte« (Einfälle, 218).

Nichts deutet bisher darauf hin, daß Raabe in Magdeburg unglücklich gewesen wäre. Im Gegenteil: Er wurde in der Familie seines Lehrherrn Kretschmann ebenso akzeptiert wie in dessen literarischem Zirkel; er konnte seinen eigenen Lektüreinteressen folgen, ohne die täglichen Pflichten eines Zwölfstundentages zu vernachlässigen, und er gewann in dem Kollegen Albert Rüdiger sogar einen Freund, mit dem er später noch (nicht erhaltene) Briefe wechselte. Wenn sich Raabe schon in Magdeburg zum Schriftsteller berufen gefühlt haben sollte, dann konnte ihm der Beruf des Buchhändlers dafür kaum als Hindernis erscheinen, denn beides hätte sich bequem vereinbaren lassen. Dennoch brach Raabe die Lehre

1853 ab und kehrte fluchtartig zu seiner Mutter nach Wolfenbüttel zurück. Was war geschehen?

Ein Jahr nach Raabes Einzug war der Prinzipal des Hauses gestorben, sein Sohn Reinhold führte jedoch die Geschäfte ohne jede Veränderung weiter. Mit dessen Bruder, einem Lehrer, hatte sich der zurückhaltende Lehrling in dem regelmäßig stattfindenden literarischen Zirkel angefreundet, so daß ihn der Selbstmord dieses Mannes 1852 um so tiefer traf. Die offizielle Todesversion lautete auf einen Unglücksfall beim Entladen des Gewehrs, aber Raabe, der es besser wußte, sprach von Selbstmord, als er dieses Ereignis in hohem Alter ein einziges Mal erwähnte. Nur durch die Gesprächsaufzeichnung eines Freundes haben wir Kenntnis von den näheren Umständen.

Reinhold Kretschmanns Bruder hatte sich in der Nacht erschossen, und Raabe »wurde geweckt, den Toten aufs Lager bringen zu helfen. Er wurde so erregt von dem schauerlichen Tun, daß er nicht im Hause blieb, sondern den Nachtrest auf dem Sofa eines nachbarlichen Freundes durchschauderte. Am anderen Abend suchte er sich wenigstens durch einen tiefen Trunk gegen ängstelnde Schlaflosigkeit zu feien. Als er drauf heimkehrend über den finsteren Flur tappte, fühlte er sich plötzlich gerade am Totenzimmer mit brutaler Wucht vor die Brust gestoßen. Wie gelähmt stand er, nur ein Angstschrei gellte durch das Haus« (BAE 4, 20). Dieser Bericht wurde nach Raabes eigener mündlicher Darstellung niedergeschrieben und gibt mit einiger Sicherheit die Fakten wieder. Was danach geschah, wissen wir nicht. Unklar ist auch, wer sich außer Raabe (und vermutlich Reinhold Kretschmann) noch im Haus befand – vermutlich nur die Köchin und die Dienstmagd. Hätten noch andere männliche Personen in dem Haus gewohnt, wäre in der Nacht zuvor die Hilfeleistung des Lehrlings beim Bergen des Toten nicht nötig gewesen. Möglicherweise ist Raabe nach dem vermeintlichen Schlag und seinem unwillkürlichen Schrei, der alle aus ihren Zimmern herausstürzen ließ, ohnmächtig geworden, ohne noch ein Wort der Erklärung abgeben zu können. Raabe suchte seine Panik verständlich zu machen, doch der Schlag vor die Brust wurde ihm recht banal erklärt: Vermutlich hätte sich eine Ratte beim Vertilgen der Abendbrotreste gestört gefühlt und ihn angesprungen – das klingt sehr nach den beruhigenden Worten einer Köchin, aber Raabe hat diese nachträgliche Rationalisierung im Alter selbst übernommen.

Solche Erklärung ist für alle Beteiligten bequem, weil sie im ersten Moment naheliegend scheint. Bei näherer Betrachtung dürfte es jedoch höchst unwahrscheinlich sein, daß eine Ratte, die sich im hinteren Küchenparterre niedergelassen hatte, einem nächtlichen Heimkehrer durch die Tür über die Treppe in den ersten Stock folgt und sich dort im Flur auf ihn stürzt. Die Ratte ist übrigens nicht gefunden worden.

Raabes akuter Schock vor der Zimmertür des Toten erklärt sich eher als psychische Reaktion auf den Selbstmord des Freundes. Möglicherweise hat eine unbewußte Identifizierung des von der Mutter getrennten, vaterlosen Lehrlings mit dem verwaisten Freund zu einer plötzlich körperlich empfundenen Analogie zwischen dem Schuß ins Herz und einem Schlag vor die Brust geführt. Wie nachhaltig dieser Selbstmord Raabes Innerstes berührte, zeigt sich allein daran, daß er trotz seiner zahlreichen gedemütigt und einsam sterbenden Figuren gerade diese Todesart – mit einer einzigen Ausnahme – im gesamten Werk vermieden hat. Ihm selbst war der Gedanke an Selbstmord nicht fremd. Als er in einer depressiven Phase 1865 die autobiographisch unterlegte Erzählung »Theklas Erbschaft« schrieb, deutete er seine Meinung über diese an der Welt Verzweifelten an: Ihre Hirndecken »zeichneten sich sehr abnorm durch Gewicht und Textur vor denen der Leute [aus], welche eines sogenannten natürlichen Todes oder durch die Hand des lieben Nächsten zu sterben berufen sind« (BA 9/2, 147) – es seien also die besseren Hirne, die rechtzeitig ein Ende machen.

Der Selbstmord erschütterte den sensiblen Raabe derart, daß er vier Wochen lang wegen eines nervösen Fiebers sein Zimmer nicht verlassen konnte. Danach beginnt er zu schlafwandeln und sieht Gespenster im Haus. Schwere Migräneanfälle wechseln mit Zuständen apathischer Schwäche. Er muß nachts bewacht werden und ist tagsüber unfähig, seiner Arbeit nachzugehen. Seine verstörte Psyche verweigert heftig die geforderte Rückkehr zu den Anforderungen des Alltags. Über den akuten Krankheitsverlauf in der Krise weiß man wenig, weil die Familie später jedes Zeugnis unterdrückte. Von Psychosen sprach man damals noch nicht, also reduzierte man die Krankheit auf das relativ harmlose Schlafwandeln, den Somnambulismus, der zudem mit seinem Reiz des Romantischen alle weiteren Gefährdungen verschleiern konnte. Aber weder die Kenntnis noch gar die Weitergabe dieser wesentlich verharmlosten Deutung war später erwünscht. Nur der frühe Freund Adolf Glaser ließ sich nach Raabes Tod nicht daran hindern, seine noch aus erster Hand stammenden Kenntnisse wenigstens in Andeutungen zu veröffentlichen: »Im Hause der Mutter, wenn ich an manchem Abende mit Wilhelm, der Mutter und den zwei anderen Geschwistern zusammen war, wurde öfters von Wilhelms somnambulen Anlagen zu früherer Zeit gesprochen. Von anderer Seite war mir erzählt worden, daß diese Anlage mit ein Grund zu der Rückkehr von Magdeburg gewesen, wo der Chef der Buchhandlung in Besorgnis geraten sei. Sei es, wie es wolle: Wilhelm Raabe kam in späteren Jahren – nachdem ich früher öfter mit ihm eingehend darüber gesprochen hatte – nicht gern auf dies Thema zurück; ich finde es jedoch zu wichtig, um es ganz zu umgehen … Jedenfalls erfuhr ich aus dem Munde von Wilhelms Mutter, in Gegenwart der Geschwister, höchst merkwürdige Einzelheiten über diese Eigenart« (BAE 4, 39 f).

Als der achtzigjährige Glaser vier Jahre nach Raabes Tod diese sehr zurückhaltenden Erinnerungen gegen den Widerstand der Familie veröffentlichte, war die Stilisierung Raabes zum patriotischen Propheten, die verhängnisvoll auch die Rezeption seines Werks beeinflußt hat, bereits in vollem Gange; da sollte keine Erwähnung psychischer Gefährdungen das im falschen Glanz leuchtende Idol überschatten. Dabei ist es geblieben, das Thema war tabu: Die Krise wurde seither in allen Lebensdarstellungen verharmlost oder überhaupt nicht erwähnt. Dabei hatte Raabe selbst die tiefe, existenzielle Bedrohung erkannt, als er 1861 in einem Lebensabriß, dessen Offenheit er allerdings wenig später bereute, von seiner Buchhändlerlehre schrieb: »Dieser Versuch mißlang vollständig, und fast wäre ich daran zu Grunde gegangen, wenn ich mich nicht durch einen kühnen Sprung gerettet hätte. Krank kam ich nach Hause zurück« (BAE 2, 66).

Mit seinem Leiden, das keineswegs auf eine romantische Schlafwandlerei reduzierbar ist, wußte man damals noch nicht umzugehen. Heute läßt es sich als beginnende Schizophrenie diagnostizieren, die bei Raabe zwar nie ganz zum Ausbruch kommt, weil er sie bald mit schriftstellerischer Arbeit produktiv bewältigen kann, obwohl ihn psychotische und psychosomatische Warnsignale sein Leben lang begleiten werden. Die Psychose, deren akute Initialphase Raabe nach dem auslösenden Selbstmorderlebnis durchleidet, ist noch keine manifeste Krankheit, sondern erst das Signal, daß eine krisenhafte Situation ohne Hilfe von außen nicht mehr zu bewältigen ist. Die Schizophrenie-Forschung hat festgestellt, daß solche ersten Signale meist genau in Raabes Alter, nämlich im 20.–22. Lebensjahr auftreten, doch davor liegt bereits eine längere latente Phase, die – wie bei Raabe – nicht selten mit einer merklichen Verschlechterung der schulischen Leistungen beginnt. Besonders der Übergang zu einer höheren Schule oder von der Schule zum Beruf kann den Anstoß zu einer schizophrenen Episode geben; ihre erfolgreiche Sublimierung erfolgt in der Regel durch eine verstärkte Hinwendung zur Literatur oder Philosophie, zur Religion oder anderen esoterischen Systemen. Auf die Initialphase, die durch Selbstwertminderung und Situationsinadäquates Verhalten nach einer großen nervlichen Anspannung gekennzeichnet ist, folgt meist eine Zeit der Konsolidierung.

Diese Beruhigung erreichte Raabe durch das abrupte Abbrechen seiner Buchhändlerlehre, wozu ihm wohl auch sein

Lehrherr geraten hatte. Als 22jähriger kehrt er im Frühjahr 1853 nach Wolfenbüttel ins Haus seiner Mutter zurück – ohne Gesellenbrief, von neuem gescheitert und dem Spott aller Verwandten und Bekannten ausgeliefert. Es war gewiß keine leichte Heimkehr. Im »Abu Telfan« räsoniert Vater Hagebucher über den unerwartet wieder auftauchenden Sohn: »Der Bursche lief fort, weil er einsah, daß man ihn hier nicht gebrauchen könne; man hat ihn auch dort nicht gebrauchen können, er ist heimgekommen, und ich habe ihn wieder auf dem Halse« (BA 7, 42). Solche Sätze hat Raabe wahrscheinlich von seinen Onkeln Jeep gehört. Nur die Mutter hält, scheinbar wider jede Vernunft und sicher gegen die Einsprüche der Verwandten, zu dem Versager, der sich zu Hause wieder unter Büchern vergräbt, allein über die Wiesen läuft und nicht weiß, wie es mit ihm weitergehen soll.

Wie stark ihn diese Heimkehr nach drei Jahren vor allem im Hinblick auf sein inniges Verhältnis zur Mutter im Widerstreit zu den Onkeln bewegt und beschäftigt hat, zeigt seine historische Erzählung »Unseres Herrgotts Kanzlei«, auf deren Titelblatt er Magdeburgs Wappen drucken ließ: Es zeigt über einem geöffneten Festungstor eine Frau zwischen zwei sehr männlichen Türmen. Diese Magde-burg, den Hort des Weiblichen, will der verlorene Sohn Markus Horn in der Schlacht zurückerobern gegen seinen Kontrahenten Adam, der mit diesem Namen den Urnamen aller Väter trägt. Es gelingt ihm, freilich um den Preis der völligen Hilflosigkeit; als Verletzter ist Markus auf den Status eines Kindes reduziert, das ganz der liebenden Pflege der Mutter bedarf. Hier ist Raabes Wunschphantasie konstitutiv für das Grundkonzept der Erzählung geworden – er hatte unbewußt alles dafür getan, daß sie in Erfüllung ging.

Raabe berät sich mit dem Onkel Karl Raabe in Holzminden, schildert sich in der halb ironischen, halb verzweifelten Zitatmaske des Odysseus als »weit gereisten Mann«, der durch diverse Mißgeschicke durch so viele Gefahren gegangen sei, doch er erhält keine praktische Hilfe. Wie ein Besessener liest er sich durch Klassik und Moderne, aber es bleibt »eine ziemliche Menge sehr verworrenen Wissens« (BAE 2, 66), mit der in Wolfenbüttel nichts anzufangen ist oder zu Ende gebracht werden kann: Der Versuch, sich für ein Studium durch ein externes Abitur zu qualifizieren, mißlingt bereits im Ansatz. Ein ganzes Jahr hängt Raabe so zwischen Baum und Borke; er sieht seine damaligen Klassenkameraden wieder, die von der Universität kommen und in jene kleinstädtischen Ämter und Würden gelangen, die für ihn bestimmt gewesen wären; manche haben schon Frau und Kinder, nur er kennt noch nicht seinen Weg, wohl kaum sein Ziel, und dennoch: »Wenn man der unbestrittene Liebling der Mutter gewesen ist, so behält man fürs Leben jenes Eroberergefühl, jene Zuversicht des Erfolgs, welche nicht selten den Erfolg nach sich zieht«, schreibt Freud in seiner Studie über eine Kindheitserinnerung

Goethes. Auch wenn die von den peniblen Brüdern bedrängte Mutter ihrem Sohn kaum mehr bieten konnte als ein verschwiegen sorgenvolles Gewährenlassen, muß sich doch ihr Urvertrauen auf ihn übertragen haben, das sich durch keinen Mißerfolg erschüttern ließ. Wie sonst ließe es sich erklären, daß Raabe in Wolfenbüttel nicht die Chance zu einem Leben in bürgerlichen Konventionen sucht, sondern wieder den Bruch mit allen an ihn gestellten Erwartungen wagt und ohne Aussicht auf einen regulären Abschluß als Gasthörer an die Berliner Universität geht?

In den Augen der Brüder Jeep mußte das zwangsläufig als unnötiger Aufwand für einen fragwürdigen Zeitvertreib erscheinen, denn wenn der junge Raabe unbedingt auf einer Universität seiner lückenhaften Bildung nachhelfen will, dann könnte er doch ebensogut ins nähere Göttingen ziehen und bräuchte sich nicht drei Tagesreisen weit in die preußische Hauptstadt zu entfernen. Bis Göttingen immerhin, wo der

Vater studiert hatte, hätten die Verbindungen gereicht, um ihn im Auge zu behalten, aber vermutlich gerade aus diesem Grund wählt Raabe die Anonymität einer Großstadt, in der ihn niemand kennt. Eine Tante hatte ihm einen Beutel antiker Münzen aus dem Harz vermacht, den er nun verkauft, um sich damit für einige Zeit ein unabhängiges Leben im großen Berlin leisten zu können.

In dem Getümmel eine eigene Welt

»NB. Vor 25 Jahren unt(er) d(en) Linden.« Welches Erlebnis versteckt sich hinter dieser lakonischen Notiz, die Raabe am 29. November 1879 in sein Tagebuch eintrug? Wenn er sich nach so langer Zeit noch an den Tag – es war ein Mittwoch – erinnern konnte, muß damals etwas für ihn sehr Wichtiges passiert sein. Der Boulevard »Unter den Linden« war die beliebteste Flaniermeile des Berliner Mittelstandes, während die vornehmeren Bürgerfamilien die Promenade eher mieden. Denn bereits Heines Zeilen: »Blamier mich nicht, mein schönes Kind, / Und grüß mich nicht unter den Linden« verraten, daß das Publikum hier sehr gemischt war. Unter den »Scherzhaften Liedern« eines nicht weiter bedeutenden Karl Müchler findet sich sogar eine Strophe (das Vorbild des bekannten Kollo-Schlagers »Unter'n Linden«), die auf einen sehr eindeutigen Zweck des Promenierens schließen läßt:

>»Unter den Linden, wie ihr wißt,
>Wandeln die da rufen: Pst!
>Mild gesinnte Herzen finden
>Kannst du immer Untern Linden.«

Der große Lessing hatte sich noch darüber entrüstet: »Alles, was man da sieht, muß einem die Galle ins Geblüt jagen«, und Clemens Brentano schrieb an seine Geliebte Sophie Mereau (17.11.1804) über die »sich gewissermaßen gar nicht über sich selbst verwundernde Unzucht dieser Stadt« einen ausführlichen Brief, der mit pikanten Details nicht sparte, aber die Berliner wunderten sich über ihren leichten Umgang mit diesem Thema schon lange nicht mehr. Als der Journalist Hesslein 1854 seine »Berliner Pickwickier« veröffentlichte, konnte er ohne moralische Entrüstung von Berlin als einem »modernen Babylon« schreiben.

Allerdings wurde »Unter den Linden« gewöhnlich am Sonntag und nicht an einem Wochentag flaniert. An jenem Mittwoch jedoch, dem 29. November 1854, fand im Königlichen Schloß die Vermählung des Prinzen Friedrich Carl von Preußen mit der Prinzessin Marie von Anhalt-Dessau statt. Der festliche Zug der Kutschen führte vom Schloß Charlottenburg auf dem Königsweg »Unter den Linden« zum Stadtschloß, und natürlich flankierten zahlreiche Neugierige, wie stets bei solchen Anlässen, den Weg, um dem Brautpaar zuzujubeln oder um nur dabeigewesen zu sein.

Hat also Raabe, dieser gutaussehende junge Mann von 23 Jahren, wie ihn eine Photographie aus dem Jahr 1854 zeigt, bei dieser Gelegenheit hier »Unter den Linden« auf unkomplizierte Weise eine Frau kennengelernt, in die er sich vielleicht sogar hoffnungslos verliebte – hoffnungslos deshalb, weil diese Frau aufgrund ihrer »Vergangenheit« von seiner Familie niemals als Lebensgefährtin und Ehefrau akzeptiert worden wäre? Es gibt dafür keine eindeutigen Beweise, weil Raabe alle Lebenszeugnisse aus jener Zeit vernichtet hat, aber sein Werk zeigt verräterische Spuren. Vom Erstling bis zu der wieder in Berlin spielenden Erzählung »Im alten Eisen«, genau dreißig Jahre lang, bis ihm das Motiv durch den Naturalismus als triviales Klischee verleidet wurde, hat Raabe immer wieder eine Figur gestaltet: das durch die Liebe erhöhte kleine Ballettmädchen.

Rosalie in der »Chronik« war ein »hübscher, leichtsinniger Schmetterling« (BA 1, 124); sie muß, während ihr vaterloses Kind stirbt, zu Ehren der Königin tanzen. In den »Kindern von Finkenrode« hat der Erzähler Bösenberg, der deutlich Raabes Züge trägt, in Berlin ein Verhältnis mit einer »kleinen Ballettänzerin«, die freilich als Ehefrau nicht in Frage kommt (BA 2, 9 u. 13). Übrigens beginnt der Roman an jenem ominösen Datum: »Es war der neunundzwanzigste November, und gestern hatte ich meinen neunundzwanzigsten Geburtstag gefeiert: genug, um in der Stimmung zu sein, sich eine Kugel durch den Kopf zu jagen oder an seinem eigenen Halstuch

Wilhelm Raabe in Berlin, 1854

sich aufzuhängen« (BA 2, 7). Ein sonderbarer Satz, der eine Erklärung verlangt. Zunächst ist die Koppelung des bewußten Datums mit dem kürzlich begangenen 29. Geburtstag kein allgemein plausibler Grund für eine selbstmörderische Stimmung, denn kein Leser konnte mit dem privaten Datum eine Deutung verbinden. Falls jedoch jener Tag des Jahres 1854 für den 23jährigen Raabe mit dem Beginn einer hoffnungslosen Liebe verknüpft war, hätten trübe Gedanken in diesem Zusammenhang durchaus ihr Recht.

Was aber bedeutet der darauf folgende deprimierte Hinweis auf den kürzlichen Geburtstag? Auch er ist für einen zeitgenössischen Leser völlig unverständlich, denn ein 29. Geburtstag ist gewöhnlich kein Anlaß, mit der Welt zu hadern. Aber dieser Satzteil ist eine raffiniert versteckte Anspielung: »Dreiundzwanzig Jahre,/ Und nichts für die Unsterblichkeit getan!« Das sagt Schillers Don Carlos (II, 2), der seinen Vater haßt, weil dessen herrische Erziehung in frühen Jahren so sehr seine Gefühle verletzt hat, daß er ihn als verhaßten Widerpart empfindet: »Zwei unverträglichere Gegenteile/ Fand die Natur in ihrem Umkreis nicht« (I,3), und der seinen Vater auch nicht der Mutter für würdig hält: »Hat er / Ein fühlend Herz, das Ihrige zu schätzen?« (I, 5).

Die Parallele zu Raabe ist deutlich. Wenn er nun den gleichaltrigen Don Carlos herbeizitiert, dann durchaus selbstkritisch, denn er hatte 1854 in Berlin wirklich noch nichts für seine Unsterblichkeit, noch nicht einmal etwas für seine bürgerliche Existenzsicherung getan. In Verbindung mit einer Liebesbeziehung, die wegen ihrer gesellschaftlichen Problematik nur in materieller Unabhängigkeit fortgeführt werden könnte, wäre jenes versteckte Zitat allerdings ein Anlaß für melancholische Anwandlungen. Der Gleichklang der Daten in jenem sonderbaren Satz blieb für den zeitgenössischen Leser ebenfalls unerklärlich, aber Raabe war eben 23 Jahre alt geworden, als er sich – vermutlich – in eine Tänzerin verliebte, und sein Manuskript der »Kinder von Finkenrode« begann er an einem 23. November – nicht am 29., wie der Text suggeriert.

Doch zurück zum Motiv des verführten Mädchens: Rosalie aus der »Chronik« sollte 1859 als »Röschen« die Hauptfigur eines im Theatermilieu spielenden Großstadtromans werden, doch Raabe brach aus unbekanntem Grund die Arbeit daran ab und schrieb dem mahnenden Verleger: »Ich kann nichts darüber erwähnen« (BA 2, 617). Er rettete die Figur jedoch in die kleine Erzählung »Wer kann es wenden?« und läßt sie dort in jungen Jahren an der Schwindsucht sterben. Am Ende dieser Geschichte, die im Untertitel »Eine Phantasie« genannt wird, beharrt der Ich-Erzähler seltsamerweise auf der Wirklichkeit des Dargestellten: »Es ist so geschehen« und schließt mit den traumverlorenen Worten: »dem Zauber bin ich verfallen, und das, was ihr laset auf diesen Blättern ist eine Folge von dem Zauber, einem bösen, bösen Zauber –« (BA 2, 518). Die Tänzerin Luise Winkler wird in »Drei Federn« »Hexchen« genannt; sie ist »das denkbar hübscheste und leichtfertigste Nymphchen« und gleicht einem »bunten Stadtschmetterling« (BA 9 / 1, 334) – das Bild taucht im »Alten Eisen« wieder auf, wenn das als polizeibekannte Tänzerin, aber auch als Aktmodell arbeitende »Rotkäppchen«, dessen wirklichen Namen der Leser nie erfährt, als »Gassenschmetterling« (BA 16, 450) bezeichnet wird. Und hier steht im letzten Kapitel wieder ein auf der Realität beharrender Satz, der sich wie ein spätes Bekenntnis liest: »Erfinden konnte das kein Poet, kein Dramenschreiber; aber erleben konnte man es« (BA 16, 509).

Hatte Raabe »es« erlebt? Vermutlich. Immerhin verkaufte er seine Schiller-Ausgabe, um Tanzunterricht zu nehmen (BA 1, 426), und der schüchterne, introvertierte und jede größere Gesellschaft meidende Raabe hätte dies ohne eine private Anregung gewiß nicht getan. Aber wirklich wichtig ist diese Frage nur, weil sie Aufschluß über ein schriftstellerisches Defizit geben kann. Denn vielleicht hat Raabes Erfahrung einer ersten hoffnungslosen Liebe, die durch den frühen Tod des Mädchens tragisch überhöht und nie bewältigt wurde, die er niemals offenbaren durfte und nur in Andeutungen in seinem Werk verarbeiten konnte, es ihm unmöglich gemacht, überhaupt eine realistische Liebesbeziehung darzustellen. In seinem gesamten Werk gibt es kein glaubwürdig gestaltetes Liebespaar.

Besonders im Frühwerk wird die Liebe als zerstörerisch, als mörderischer Zauber dargestellt, dem später eine erstaunliche Desinteressiertheit folgte. Mehr noch: Raabe entwickelte eine bemerkenswerte Abneigung gegen dieses Sujet und verweigerte später nicht selten das in der zeitgenössischen Erzählliteratur obligate Happy-End. Seine Leser reagierten auf solche Defizite mit Protestbriefen, die über die Verleger an ihn weitergereicht wurden. Auch seine Kritiker und Interpreten haben diese erzählerische Schwäche bemerkt, ohne sie freilich erklären zu können, weil sie nicht annahmen, daß ein ebenso heftiges wie heimliches Liebeserlebnis aus Raabes Jugend eine solche Blockade bei ihm bewirkt haben könnte.

»Ich war ein Student«, schreibt Raabe 1865 in der Erzählung »Theklas Erbschaft« vielsagend und verschweigend, »und ich studierte in Berlin die schönen Wissenschaften und die häßlichen für das Vergnügen und ums liebe Brot. Ich studierte aber auch das Leben und in ihm das Schöne und das Häßliche von demselben Blatt – o großer Gott, was studierte ich nicht alles« (BA 9/2, 149). Wegen des Universitätsstudiums war er nach Berlin gekommen; auf den Provinzler machte die Großstadt mit ihren fast 450000 Einwohnern natürlich einen überwältigenden Eindruck, dem noch in der Erinnerung immer eine Folie von Furcht und Grauen unterlegt blieb. So schildert er im »Hungerpastor« Hans Unwirrschs Einzug ins große Berlin zwar aus einer unrealistischen Perspektive, nämlich vom Kreuzberg herab, aber mit dem eigenen wollüstigen Schauder: »Es treibt mich mit unwiderstehlicher Gewalt hinab, und doch fürchte ich mich. Ich fürchte mich vor der Gewährung meiner Wünsche; – was mich vordem mit so tiefem Verlangen erfüllt hat, macht mir jetzt ebenso tiefes Grauen« (BA 6, 202). Raabe leiht ihm rückblickend die eigene Erfahrung, er »stehe allein dem drohenden Untier da unten gegenüber. Es war das Gefühl, welches die gefangenen Sklaven hatten, wenn das dunkle Tor hinter ihnen zugefallen war und der unentrinnbare Kreis der Arena mit seinem zerstampften Sande, seinen Blutlachen, seinem Gebrüll, Hohngelächter und Geheul sich vor ihnen dehnte« (BA 6, 201). Und dann geht es hinunter durch die neuen Vorstädte, »in eine Wüstenei von Häusern, die man abzubrechen schien, die aber erst aufgebaut wurden. Fertige Häuser standen ungemütlich und frostig zwischen Pfahlgerüsten und unvollendeten Mauern oder auf kahlen Flecken. Selbst der Lichterschein, der aus diesen Häusern in die Nacht hinausfiel, hatte nichts von Gemütlichkeit und Behaglichkeit. Dies tolle Durcheinander mit seinem Geruch nach Kalk und frisch behauenen Balken schien kein Ende nehmen zu wollen ... Die Menschen und die Laternen auf ihrem

Wege hatten sich von Minute zu Minute vermehrt... Menschen im Überfluß – ungeheuer viele Menschen!« (BA 6, 202). Es ist verständlich, daß den jungen Raabe diese Menschenmassen irritierten, denn was war sein gewohntes Wolfenbüttel oder selbst Magdeburg gegen die Metropole Berlin?

Hier also, in der Stadt der »zusammengedrängten Hunderttausende« (BA 2, 477) sollte er auf sich allein gestellt ein neues Leben beginnen. Wie sich die rasch wachsende Großstadt Berlin einem Ankömmling im Jahr 1854 darbot, wissen wir aus einem Reisebericht Gutzkows, der in journalistischer Verkürzung gewiß auch Raabes Eindrücke von dieser gerade aus dem Provinziellen zur Industrie- und Kulturmetropole aufbrechenden Stadt wiedergibt: »Berlin wächst an Straßen, mehrt sich an Menschen, aber man kann des Abends um neun Uhr doch noch im Anhaltischen Bahnhofe ankommen und wird ... glauben, in Herkulanum und Pompeji zu sein. Denn selbst die große Friedrichsstraße gleicht um diese Zeit schon einer verlängerten Gräberstraße ... Regen und Schnee, Sturm und Kälte lassen die großen Schmutzflächen der Berliner Plätze und Straßen doppelt schauerlich erscheinen ... Die Zunahme Berlins an Straßen, Häusern, Menschen, industriellen Unternehmungen aller Art ist außerordentlich ... Wo sonst die blaue Kornblume im Felde blühte, stehen jetzt großmächtige Häuser mit himmelhohen geschwärzten Schornsteinen« (Gutzkow, 261 ff).

Obwohl Wilhelm Raabe nur wenige Jahre in Berlin wohnte, konnte er das unkontrollierte Wachstum der Stadt, die krebszellengleiche Wucherung immer neuer Arbeitersiedlungen über die alten Vorstadtgemeinden hinaus sehr genau beobachten und erwähnt diese Entwicklung auch mehrfach in seinen Werken: »In der Bonifaziusvorstadt hatte das Mauerwerk noch nicht alles Grünende und Blühende verschlungen, wenn es auch auf dem besten Wege dazu war, da ja noch viel weiter hinaus schon die Gegend von einem Netz imaginärer Straßen, Plätze, Kirchen, Rat- und Krankenhäuser und Gefängnisse überspannt war« (BA 2, 512). Auf diesen Satz kommt Raabe 25

Aus der ersten illustrierten Ausgabe der »Chronik«, 1877

Jahre später noch einmal zurück: »Ein Kirchhof! Wenn nicht im Mittelpunkte der beträchtlichen Stadt Berlin, so doch inmitten einer der Vorstädte, und zwar nicht einer der ältesten! Ein grüner, busch- und baumreicher Fleck, im Viereck von neuer modernster Architektur umgeben und von praktisch zwar noch imaginären, aber in der Theorie fest auf dem Papier des Stadtbauplans hingestellten Straßenlinien überkreuzt« (BA 16, 34). Anders als in der Realität kann freilich hier in »Pfisters Mühle« der bereits verplante Kirchhof wenigstens für einige Jahrzehnte gerettet werden, weil der Schwiegervater einen amtlichen Berechtigungsschein für eine Grabstätte auf diesem Gelände vorlegen kann.

Rund um den Stadtkern siedelten sich neue Industriebetriebe an, um die herum ebenso rasch wie billig die Mietskasernen hochgezogen wurden, damit die Arbeiter sich nicht bereits auf einem langen Fußweg zum Arbeitsplatz erschöpften. Raabe scheint solche ärmlichen Quartiere recht gut kennengelernt zu haben, sonst hätte er in seinem zweiten Roman »Ein Frühling« kaum die Dunkelgasse und ihre Bewohner so eindringlich schildern können: »Eng, steil und dunkel sind in der Dunkelgasse die Treppen der Häuser, die Wände salpeterglänzend, der Boden feucht und moderig. Feucht und moderig ist alles hier, und das Geschlecht, welches auf solchem Boden vegetiert, steht meistens in demselben Verhältnis zu den begünstigteren Schichten der menschlichen Gesellschaft, wie die wunderbare Pilzwelt, die im Schatten, in der Feuchte unendlich aufschießt und verwest, zu den gepflegteren Gewächsen in den Gärten, auf sonnigen Wiesen und Äckern sich verhält. Wahrlich, wie die phantastischsten aller Gebilde, wie das unübersehbare, unberechenbare Geschlecht der Pilze – das Proletariat der Pflanzenwelt! – schießt es hier empor, das – Proletariat der Menschenwelt, in der Feuchte und im Dunkel, ungepflegt und ungehegt, vergehend im Sonnenlicht, massenhaft aneinandergedrängt... Bleich und abgemagert sind die Gesichter der meisten Bewohner der Dunkelgasse; Haufen schmutziger, zerlumpter Kinder – Pilzgeschlecht! – kauern auf den Treppenstufen der Häuser...« (BA 1, 190). Für den jungen Raabe war diese Erfahrung, von der wir nur vermuten können, daß sie mit einer privaten Bekanntschaft verknüpft war, außerordentlich wichtig, denn auf sie gründet sich nicht allein seine grundsätzliche antibürgerliche Skepsis, sondern vor allem seine Weigerung, sich nach 1871 am allgemeinen Jubel über den industriellen Boom der Gründerzeit zu beteiligen.

Er studierte in Berlin das Leben, und in ihm das Schöne ebenso wie das Häßliche –: zum Schönen gehörten die Theaterangebote der Stadt. Die Spielpläne boten zwar Abwechslung, aber das künstlerische Niveau war keineswegs so hoch, wie man es von der »Hauptstadt der Intelligenz« erwarten konnte. Das lag zum Teil daran, daß eine Theaterkonzession leichter zu erwerben war als eine Kneipenlizenz, zum anderen Teil aber am schlechten Geschmack eines ungebildeten adligen Publikums. »Was ist das aber für eine Unsitte«, tadelt Gutzkow, »daß die Kammerherren auch jeder durchreisenden prinzlichen Herrschaft die Stücke bestellen, welche diese zu sehen wünschen! Die geistigen Armutszeugnisse, die sich Prinzen, Prinzessinnen, ab- und zureisende Dynasten und Dynastinnen mit ihren Wünschen um dieses Ballett, um jene Oper, um eine kleine Posse geben dürfen, sind schon an sich kläglich ...; aber der Gang der Geschäfte wird dadurch auf eine Art unterbrochen, unter welcher Kunst und Publikum leiden« (Gutzkow, 269). Das seriöse Schauspiel hatte wenig Chancen, um so zahlreicher war die leichte Kost des Lustspiels, der kleinen Operette und der Schwänke vertreten.

Im November 1854 wurde im Könglichen Opernhaus die 186. Vorstellung von »Aladin oder Die Wunderlampe, Großes Zauberballett in drei Akten« gegeben, im »Friedrich-Wilhelm-Städtischen Theater« die Posse mit Gesang »Die Bummler von Berlin«, und das »Vorstädtische Theater« bot das Lustspiel in einem Akt »Strudelköpfchen«. Kleinere Etablissements gaben mehr oder weniger frivole Ballette mit Gesangseinlagen. Ermöglicht wurde dieser breite Einsatz leichter Stücke durch das Überangebot an Musikern, Chormädchen und Tänzerinnen. Was Gutzkow vom Opernhaus schreibt, gilt verstärkt für alle anderen Theater: »Auf dreißig Tänzerinnen, welche die Verwaltung besoldet, kommen ebensoviel junge, hübsche, talentvolle Mädchen, die unentgeltlich mitwirken, nur um der Anstalt anzugehören und vielleicht einmal in die besoldeten Stellen einzurücken. Vor der Auswahl von jungen Leuten, die Eltern und Angehörige ›um Gottes willen‹ der Verwaltung zu Gebote stellen, kann diese sich kaum retten« (Gutzkow, 271). Daß die Mädchen »unentgeltlich« mitgewirkt hätten, ist ein verharmlosender Ausdruck: Sie mußten dafür bezahlen, denn sie hatten alle Kostüme für die fast täglich wechselnden Aufführungen zu stellen, und dies konnten sie nur, wenn sie im Saal einen möglichst adligen Gönner fanden, dem sie auch nach Theaterschluß zur Verfügung standen. Solche entwürdigenden Verhältnisse hat Friedrich Wilhelm Hackländer in seinem 1854 erschienenen Roman »Europäisches Sklavenleben« beschrieben. Dort findet sich im 7. Kapitel auch eine kurze Szene, die Raabe dann ausführlicher in die »Chronik« übernommen hat: Die Tänzerin Clara muß in der Premiere eines Balletts auftreten, während ihre kleine Schwester todkrank zu Hause liegt und stirbt.

Das herausragende Theaterereignis der Berliner Saison 1854/55 war das Märchenballett »Satanella« in der Königlichen Oper. Die Handlung ist belanglos: Eine Teufelin verführt einen schüchternen Studenten, der sich ohnehin über seinen Büchern und mit seiner steifen Verlobten langweilt und sich mit neuentdeckter Sinnenfreude in die Annehmlichkeiten der Hölle entführen läßt. In ihr gibt es keine armseligen Dachstuben, sondern die schimmernde Marmorwelt eines Wasserschlosses, auf dessen Treppen nicht bleiche, hustende Kinder hocken, sondern kleine Teufelchen mit Satanshörnern anmutige Spiele treiben. Das offizielle Berlin nahm dieses einfältige, aber großartig ausgestattete Ballett begeistert auf, weil es jenseits aller preußischen Nüchternheit seine heimlichen Sehnsüchte artikulierte. Gutzkow meinte, daß »Berlin in ›Satanella‹ seine wahre Physiognomie zeigt«, weil hier seine sinnliche Genußsucht für alle verständlich und unverbrämt auf die Bühne komme: »Die Prinzen und Prinzessinnen sind anwesend. Hinten auf der Szene funkelt ein Ordensstern neben dem andern, jede Kulisse ist mit einem Prinzen besetzt, der sich mit den kleinen Teufelchen des Corps de ballet unterhält. Der erste Rang zeigt die Generale und Minister, das Parkett den reichen Bürgerstand, die Tribüne und der zweite Rang die Fremden, die den Geist der Residenz in der Provinz verkünden werden, die obern Regionen beherbergen die arbeitenden Mittelklassen, und selbst die halbe Armut, der man sonst nur Traktätchen in die Hand gibt, hat hier das Frivolste aller Textbücher mühsam nachzustudieren, um die stumme Handlung der Szene zu verstehen« (Gutzkow, 272 f). Sie alle wollten den Star der Aufführung, Maria Taglioni, in der Rolle der verführerischen »Satanella« sehen: »Sie tanzt die Hölle, aber sie ist der wahre Himmel des Publikums« (Gutzkow, 272). In ihrem scheinbar durchsichtigen Trikot, dem rosaseidenen, kurzen Flatterröckchen verkörperte sie genau jenes Bild, das sich die wenig anspruchsvollen Berliner von der Sünde machten. Ein Nebensatz in der »Chronik« läßt darauf schließen, daß auch Wilhelm Raabe die Taglioni in diesem Stück gesehen hat: Die Tänzerin Rosalie eilt nach der Geburtstagsgala nach Hause zu ihrem sterbenden Kind, noch »im phantastischen Kostüm der Teufelinnen, wie wir es in Satanella sahen« (BA 1, 126).

Vermutlich hat Raabe eine Vorstellung von »Satanella« nicht deshalb besucht, weil ihn das Stück besonders interessierte, sondern weil er eine Freikarte bekam, denn Maria Taglionis Vater, der vom Tänzer zum Direktor des Königlichen Opernballetts avancierte, war Stammkunde in der Leihbücherei Stülpnagel, die auch der lesehungrige Raabe regelmäßig besuchte.

Da die öffentlichen Bibliotheken keine belletristischen Werke führten, spielten solche privaten Leihbüchereien, wie sie der Buchhändler August Stülpnagel 1846 eröffnet hatte, eine außerordentlich wichtige Rolle bei der Vermittlung zeitgenössischer Literatur. Denn Bücher waren teuer, und das Publikum kaufte keine Romane, sondern lieh sie, Band für Band, aus der Bücherei. Solche Lesegewohnheiten hatten erhebliche Rückwirkungen auf die literarische Produktion, denn da von den Leihbibliothekaren dem Leser jeder Band einzeln verliehen und berechnet wurde, verlangten sie von den Verlegern, die diese Bitte nachdrücklich an ihre Autoren weitergaben, mindestens dreibändige Romane. Dadurch erklärt sich die ermüdende Länge der meisten Romane dieser Zeit, die eben nicht für den direkten Absatz im Buchhandel, sondern in erster Linie für Leihbibliotheken geschrieben wurden. Durch die Entstehung der zahlreichen Romanzeitschriften nach

1848 sank zwar die Bedeutung der Büchereien, aber nun war für die Autoren ein zweites Hindernis entstanden. Sie mußten einwilligen, daß ihr Roman stückweise in einer Zeitschrift vorabgedruckt wurde, sonst hatten sie keine Chance auf eine Buchveröffentlichung, die für den Verleger durch die Tantiemen aus dem Vorabdruckhonorar wenigstens teilweise finanziell abgesichert war. Raabe wird damit seine Erfahrungen machen. In Stülpnagels Laden hätte er sie aus erster Hand sammeln können, aber es scheint, als ignorierte der künftige Schriftsteller die zeitgenössischen Verlagspraktiken völlig.

Zunächst ist er nur einer von vielen Kunden in Stülpnagels Geschäft, ein namenloser junger Mann, der mit Respekt auf die prominenten Besucher blickt. Denn hier, so erinnerte sich der Enkel Adolph Stülpnagel, »in dieser Leihbibliothek, traf sich einmal das geistige Berlin. Hier, in der Markgrafenstraße, in unmittelbarer Nähe der Universität, kamen Morgen für Morgen die Professoren ihres Wegs, hier machten die Studenten halt und liehen sich die neuesten Erscheinungen der Literatur ... Hier in der Bücherei, die der Großvater von dem alten Buchhändler Louis Quien gekauft hatte, las Savigny, hier holte sich der Universitätsprofessor Stahr seinen Lesestoff, hier erschienen der Ballettdirektor Taglioni und sein Kollege Graeb, hier fanden sich die Brüder Grimm ein, hier sprach ihre Schwiegermutter Bettina von Arnim vor, die bei den Brüdern in der Linkstraße Wohnung genommen hatte« (BAE 4, 30).

August Stülpnagels Laden vereinte eine Leihbücherei deutscher, französischer und englischer Neuerscheinungen mit einem Antiquariat. Der junge Raabe hat sicher beide Abteilungen eifrig genutzt. Daß er sich stets gierig durch die neueste Produktion von Romanen und Übersetzungen las, wissen wir seit den Wolfenbütteler Jahren, aber hier im Antiquariat muß ihm beispielsweise der Jahrgang 1852 von Gutzkows Zeitschrift »Unterhaltungen am häuslichen Herd« in die Hände gefallen sein, in dem eine anonyme Polemik gegen die Emigranten erschienen war: »Die Auswanderer treibt nicht die Not, nicht eine Betrachtung über das deutsche Vaterland hinweg; nur die deutsche Abenteuerlust und der uralte Hang unseres Volkes zum nichtsnutzigen Weltwandern« (Jg. 1852, Heft 4, S. 63f). Darauf antwortet Raabe sehr deutlich in der »Chronik«, und seiner späten Entgegnung ist noch die Empörung der unmittelbaren Lektüre ablesbar: »Es ist nicht mehr die alte germanische Wander- und Abenteuerlust, welche das Volk forttreibt ... Not, Elend und Druck sind's, welche jetzt das Volk geißeln, daß es mit blutendem Herzen die Heimat verläßt« (BA 1, 166).

Vielleicht hat der vierzigjährige Buchhändler seinen jungen Kunden erst auf jenen Zeitschriftenartikel hingewiesen, nachdem er in manchen Diskussionen erkannt hatte, daß Raabe ebenso ein Liberaler war wie er selbst. Über die politische Gemeinsamkeit hinaus entwickelte sich zwischen ihnen eine Freundschaft: Raabe war ein gerngesehener Gast im Haus Stülpnagels, für dessen Kinder er Figuren zu einem Schattentheater entwarf, das sie Weihnachten 1855 geschenkt bekamen. Näheres über die freundschaftliche Beziehung zur Familie Stülpnagel, die nur durch die Erinnerung eines Enkels überliefert ist, wissen wir nicht, aber es scheint, als habe Raabe mit niemandem sonst in Berlin so regelmäßigen Kontakt gepflegt. Auch auf der Universität gewann er keinen Anschluß an akademische Kreise, vermutlich mied er sie sogar, um seine Außenseiterrolle als Gasthörer nicht bekannt werden zu lassen.

»Eine ziemliche Menge sehr verworrenen Wissens hatte ich im Hirn zusammengehäuft; jetzt konnte ich Ordnung darein bringen und tat es nach Kräften« (BAE 2, 66). Raabe besuchte die von ihm belegten Vorlesungen zur Literaturgeschichte, Kunstwissenschaft und Ästhetik sehr gewissenhaft, wie die erhaltenen Testate der Professoren zeigen, die von »Fleißig besucht« bis »Mit größtem Fleiß gehört« reichen. Die Auswahl dieser Vorlesungen bestimmte Raabe nicht allein nach sachlichen, sondern auch nach finanziellen Kriterien: Zu Beginn, im Sommersemester 1854, besuchte er noch zwei gebührenpflichtige Veranstaltungen, später nur jeweils eine, alle anderen der insgesamt 21 Vorlesungen, die Raabe in den vier Semestern besuchte, waren öffentlich und gebührenfrei. Sicherlich ebenfalls aus finanziellen Gründen erfolgte im zweiten Berliner Jahr der Umzug aus dem komfortablen Zimmer im ersten Stock beim Schneidermeister Wuttke, Spreegasse 11, in die Dachstube der nahen Oberwallstraße, in der er mit der »Chronik« begann. Jener universitäre Versuch, »die disjekten Membren meiner Weltkenntnis mehr in ein übersichtliches Ganzes zusammenzubringen« (BAE 2, 473), ist von Raabe später selten erwähnt worden und hat auch für sein Werk keine Bedeutung.

Weitaus wichtiger und prägender war für ihn die Erfahrung des Großstadtlebens: »Ohne Bekannte und Freunde in der großen Stadt war ich vollständig auf mich selbst beschränkt und bildete mir in dem Getümmel eine eigene Welt« (BAE 2, 66). Er habe in Berlin das Leben studiert, das Schöne und das Häßliche von demselben Blatt, schreibt er später – »o großer Gott, was studierte ich nicht alles« (BA 9/2, 149). Das klingt, als wollte Raabe hier unangenehme Erinnerungen abwehren, die ihn noch Jahrzehnte später bedrängten: »Wer hat es noch nicht an sich selber erfahren, was für einen eisernen Griff die Erinnerung haben kann, wenn sie emportaucht aus dem bunten Spiel der Gegenwart?« (BA 16, 359).

Raabe wurde in Berlin vor allem mit sich selbst, mit seinen Schwächen und seiner Einsamkeit konfrontiert. Er wußte zwar aus Magdeburg, daß er psychisch gefährdet war, aber das Ausmaß seiner Krankheit konnte er nur selbstanalytisch ahnen. Man hatte ihm erklärt, daß er mondsüchtig sei und sich vor Aufregungen zu hüten habe: das steht dann auch in der »Chronik«: »Es ist eine gefährliche Sache, in den Momenten ungewöhnlicher Aufregung – sei es Freude oder Schmerz, Haß oder Liebe – sich dem klaren, weißen Licht des Mondes auszusetzen. Das Volk sagt: Man wird dumm davon.« Nur scheinbar bestätigt der Erzähler solchen Aberglauben, wenn er – nun aber aus deutlich subjektiver Perspektive des Autors

Raabe – dem Mond die Kraft bescheinigt, »sich des Geistes zu bemächtigen und ihn unfähig zu machen, fürderhin gemütlich auf der ausgetretenen Straße des Alltagslebens weiterzutraben« (BA 1, 21). Vom poetischen Sprachgestus halb verschleiert ist hier von einer tiefen Krise die Rede, einem erneuten psychotischen Schub, der Raabe jede Alltagskleinigkeit zum schier unlösbaren Problem werden ließ und dem Kranken seine Fremdheit in der Großstadt Berlin um so stärker ins Bewußtsein hob: die Stadt »ist bevölkert und lebendig genug, einen mit nervösem Kopfweh Behafteten wahnsinnig zu machen und ihn im Irrenhaus enden zu lassen« (BA 1, 17). Noch zwanzig Jahre später heißt es in »Theklas Erbschaft«: »Es ist mir heute noch ein Mirakel, daß ich nicht mit einem Riß, einem Sprung im Hirnkasten oder einem darum gelegten eisernen Bande herumlaufe« (BA 9/2, 149).

Die Rettung aus diesem zweiten Schub seiner beginnenden Schizophrenie gelang Raabe ebenso unbewußt wie spontan: Aus seiner leergerauchten Zigarrenkiste riß er das Einlegepapier und schrieb darauf die ersten Sätze zur »Chronik der Sperlingsgasse«. Diese Flucht in die Kreativität, sein Schreiben als Selbsttherapie hat ihn vielleicht vor dem Selbstmord bewahrt, wie er es in »Pfisters Mühle« von einem schlichteren Gemüt andeutet, dem die Bücherwelt verschlossen ist: »Er hätte nicht seine Gefühle zu Papier gebracht; höchstens würde man ihn nach längerem Suchen und Rufen aus dem Bach aufgefischt oder von einem Strick ... abgeschnitten haben« (BA 16, 27f). Raabe war sich solcher besonderen Voraussetzungen und Entstehungsbedingungen seines Erstlingswerkes sehr wohl bewußt; er nannte dieses Buch, das später richtungweisend für sein ganzes Leben wurde, »eine pathologische Merkwürdigkeit« (BAE 2, 66).

DIE GESAMTE RAABE-FORSCHUNG ist seit über 100 Jahren einhellig der Überzeugung, daß Raabe am 15. November 1854, dem ersten Berichtstag der »Chronik«, auch tatsächlich mit der Abfassung seines Erstlingswerkes begonnen hätte: So steht es auch im Kommentar der Werkausgabe, der diesen Termin durch späte Äußerungen Raabes als »verbürgt« ansieht und sich dabei vor allem auf die jährliche Feier dieses Datums seit 1889 durch Raabes Braunschweiger Stammtischfreunde beruft. Er hat diese Inszenierungen nicht allein deshalb toleriert, weil er dadurch die wahren Entstehungsbedingungen des Werkes verbergen konnte, sondern er hat in einem Akt der Selbststilisierung dieses Datum dann sogar selbst anerkannt.

Seine ursprüngliche Datierung jedoch lautet ganz anders. An seinen ersten Rezensenten Ludwig Rellstab schrieb er 1856: »Ich habe das Büchlein, als ein Student, im vorletzten Sommer in Berlin geschrieben« (BAE 2, 11) – diesen offensichtlichen Rechenfehler korrigiert Raabe 1861: »Im Sommer 1855 schrieb ich meine ›Chronik der Sperlingsgasse‹« (BAE 2, 66). Seine sehr sorgfältig geführte Werkliste datiert die Arbeit auf »Frühjahr und Sommer 1855«, und erst später hat Raabe über diese Zeilen ein »(Wint. 1854)« gesetzt (BAE 4, 382). Es ist tatsächlich möglich und sogar wahrscheinlich, daß Raabe in jenem Winter mit einer schriftstellerischen Arbeit begonnen hatte, nämlich mit der Novelle »Der Student von Wittenberg«, die er dann in die »Chronik« einfügen wollte, auf Anraten Stülpnagels oder seines Verlegers aber glücklicherweise durch die Skizze des verfolgten Lehrers Roder ersetzte.

Niemand hat sich jemals gefragt, warum gerade dieser 15. November ein authentisches Datum sein soll, obwohl auch andere Daten im Text nicht stimmen: Am 28. Februar muß Rosalie im Theater auftreten, auch wenn ihr Kind im Sterben liegt, denn es ist »heute der Geburtstag der Königin« (BA 1, 124) – aber die preußische Königin Ludovica Elisabeth hatte am 13. November Geburtstag, was jeder Berliner nicht zuletzt deshalb wußte, weil die Zeitungen über die Feierlichkeiten ausführlich berichteten. Und die letzte Eintragung der »Chronik« vom 1. Mai spricht vom »morgenden Sonntag« (BA 1, 168), müßte also an einem Sonnabend geschrieben sein, obwohl der 1. Mai 1855 tatsächlich ein Dienstag war.

Wenn schon diese für die zeitgenössischen Leser leicht überprüfbaren Daten »falsch«, d.h. rein fiktiv sind, warum sollte man dann dem 15. November trauen? Raabes Beschreibung ist präzise: »ein feiner, kalter Vorwinterregen rieselt schon wochenlang herab auf die große Stadt«, und kaum hat der Erzähler dies niedergeschrieben, da fällt der erste Schnee: »In großen wäßrigen Flocken, dem Regen untermischt, schlägt er an die Scheiben« (BA 1, 11 f). Die Glocke der nahen Kirche läutet vier Uhr nachmittags: »Erst vier? und schon fast Nacht!« (BA 1, 13), und da überfällt den einsamen, alten Erzähler der Gedanke, endlich eine »Chronik der Sperlingsgasse« zu schreiben.

Ein hübsches, sentimentales Bild, und alle Interpreten haben es bislang für die Realität gehalten, aber die sieht anders aus: Die »Meteorologischen Beobachtungen« der »Vossischen Zeitung« verzeichnen, wie für die vorangegangenen Tage auch, an jenem 15. November in Berlin »heiter« bei Frostgraden um −5 Grad Celsius. Keine Spur also von wochenlangem Vorwinterregen, keine einzige Schneeflocke fiel vom Himmel: Die Raabeforschung hat sich mit einer bequemen Legende begnügt.

Die »Sperlingsgasse« um 1900

In Wahrheit besteht der Beginn der »Chronik« aus einem verdeckten Zitatsystem. Bereits die Bezeichnung »Chronik« ist ein Verweis auf die 1854 erstmals vollständig erschienene »Kaiserchronik« aus dem 12. Jahrhundert, auf die Raabe anspielt, wenn er schreibt: »Eine *Chronik* aber nenne ich diese Bogen, weil ihr Inhalt, was den Zusammenhang betrifft, gar sehr jenen alten naiven Aufzeichnungen gleichen wird, die in bunter Folge die Begebenheiten aus Vergangenheit, Gegenwart und Zukunft erzählen; die jetzt eine Schlacht mitliefern, jetzt das Erscheinen eines wundersamen Himmelszeichens beobachten; die bald über den nahen Weltuntergang predigen, bald wieder sich über ein Stachelschwein, welches die deutsche Kaiserin im Klostergarten vorführen läßt, wundern und freuen« (BA 1, 15). Die Nennung des Stachelschweins scheint hier sonderbar willkürlich zu sein, aber in der »Kaiserchronik« wird es als Haustier der Gemahlin Rudolf von Habsburgs erwähnt.

Der Bezug zur Chronik der Kaiser und Könige wird von Raabe kontrapunktiert – der Erzähler freilich beteuert listig, er könne sich »wenig um den schriftstellerischen Kontrapunkt bekümmern« (BA 1, 15) – indem er das Leben in der Sperlingsgasse dokumentiert, wobei die Vogelart nicht nur anknüpft an den Aufsatz des Schülers Raabe, sondern jetzt auch im Bild des ebenso schmuck- wie respektlosen Vogels die einfachen Bewohner der Gasse meint: Es soll eine Chronik der um ihre Existenz kämpfenden kleinen Leute sein.

Die grundlegende Idee dazu vermittelte Raabe wohl das »Bilderbuch ohne Bilder« des von ihm hochgeschätzten Hans Christian Andersen, auf das er selbst hinweist, wenn sein Erzähler eingangs noch den Titel »Bilderbuch der Sperlingsgasse« (BA 1, 13) erwägt. Unter dem Motto »Auch das Alltagsleben hat seine Tragödien« läßt bei Andersen ein junger Maler den Mond in fremde Zimmer blicken, aber die Szenen wechseln zwischen Indien und Upsala, Paris und Pompeji – der Blick ist also nicht auf eine bestimmte Gasse beschränkt. Doch die vom Maler stammende Einleitung der impressionistischen Bilderfolge konnte Raabe auf sich beziehen: »Ich bin ein blutarmer Teufel und wohne in einer sehr engen, kleinen Gasse. Aber an Licht fehlt es mir nicht, denn ich hause hoch oben und blicke über alle Dächer. In den ersten Tagen, die ich in der Stadt verlebte, fühlte ich mich recht einsam und beklommen. Statt des Waldes und der grünen Hügel standen jetzt rußige Schornsteine am Himmel. Nicht einen Freund besaß ich hier, und kein vertrautes Antlitz grüßte mich ...«

Solch aufschließende Analogie zur eigenen Erfahrung konnte eine formale Anregung sein für den Beginn der »Chronik«, aber bevor diese einsetzt, zitiert Raabe noch einen Geburtshelfer herbei: den Dichter Matthias Claudius, dessen Werk er aus der Bibliothek seines Vaters kannte. Der Erzähler blättert in dem alten, von Chodowiecki illustrierten Buch, bis er zu dieser Stelle im 4. Teil der »Sämtlichen Werke des Wandsbecker Boten« kommt: »Gestern schießen mir auf einmal zwei neue Festtage aufs Herz, der *Herbstling* und der *Eiszäpfel*, beide gar erfreulich und nützlich zu feiern. Der Herbstling ist nur kurz, und wird durch Bratäpfel gefeiert. Nämlich: wenn im Herbst der erste Schnee fällt, nimmt man ...« Chodowieckis Kupferstich zeigt dazu eine Mutter, die Bratäpfel in den Ofen schiebt, während vor der offenen Haustür sich ein Kind über den dichten Schneefall freut. Raabe paraphrasiert diese Szene: »der Herbstling, so anmutig zu feiern, wenn der *erste Schnee* fällt, mit Kinderjubel und Bratäpfeln« – und prompt geschieht das Wunder in der Sperlingsgasse: »wie ich in diesem Augenblick wieder einmal einen Blick zur grauen Himmelsdecke hinaufwerfe, da – kommt er herunter – wirklich herunter, *der erste Schnee*« (BA I, 12).

Er kam als literarisches Zitat, nicht in Raabes Berliner Wirklichkeit, denn der erste Schnee des Jahres 1854 war bereits am 10. November gefallen. Auch die daran anschließende Szene, in der sich der alte Erzähler zurückerinnert an seine Jugendliebe, die einen anderen Mann geheiratet hat, ist eine literarische Übernahme: So beginnt nämlich Storms Frühwerk

»Immensee«. Die Heftigkeit, mit der er Storm später angriff, ist sicherlich auch damit begründet, daß Storm sich nicht wie Raabe von seiner sentimentalen Jugendsünde distanzierte.

Wenn also weder an jenem 15. November der erste Schnee fiel, noch Raabe an diesem Tag mit seinem Buch begonnen hat und die von der Forschung bisher als »verbürgt« angenommene Entstehungsgeschichte sich nun als Legende erweist – wann wurde die »Chronik« tatsächlich geschrieben? Gleich zu Beginn gibt Raabe einen Hinweis, wenn er nicht allein vom fernen Krimkrieg, sondern auch von einer heimatlichen Bedrohung spricht: »über die Nähe haben Krankheit, Hunger und Not ihren unheimlichen Schleier gelegt« (BA 1, 11). Damit ist die Cholera gemeint, die von Osten kommend Berlin am 26. Juli 1855 erreicht hatte und bis zum Ende am 26. November in der Stadt 1385 Tote forderte. Der Beginn der »Chronik« datiert also kurz vor dem Ausbruch der Seuche in Berlin.

Einen zweiten Hinweis haben wir in der Geschichte des schreibenden Lehrers Roder, von dem es heißt: »sie haben ihn im Jahr Achtzehnhundertundneunundvierzig nach Amerika gejagt, *sie fürchteten* sich gewaltig vor ihm« (BA 1, 122). Die Berliner »Nationalzeitung« brachte am 6. September 1855 eine Notiz, daß der ehemalige Lehrer Rösler, der wegen seiner oppositionellen Tätigkeit von der Reaktion nach 1848 zur Emigration nach Amerika gezwungen worden war und sich als Journalist durchbrachte, im Staat Illinois gestorben war. Da diese Zeitungsmeldung die deutlich erkennbare Anregung für Raabes Roder-Episode gewesen ist, hat er noch im Herbst 1855 an der »Chronik« gearbeitet. Und da er zweimal Lebensumstände Jean Pauls erwähnt, die er nur der Biographie von Richard Spazier entnommen haben kann, er aber dieses Buch erst Ende 1855 gelesen hat, wie man aus einem datierten Exzerptheft weiß (Hoppe, 21 ff), muß man den endgültigen Abschluß der »Chronik« für den Dezember 1855 annehmen. An diese Terminierung schließt sich organisch das nächste gesicherte Datum an: Die Übergabe des fertigen Manuskripts an den Freund Stülpnagel zu Beginn des Jahres 1856.

Raabe hat also nur halb so lange an der »Chronik« gearbeitet, wie man bisher annahm; das erklärt einige Unstimmigkeiten: Als er den in sich geschlossenen, vermutlich noch vor der »Chronik« entstandenen Text, »Der Student von Wittenberg«, den Roder vorzulesen hatte, aus dem Ganzen wieder herauslöste, glättete Raabe nicht die Anschlüsse, so daß es von dem neuen Einschub »Ein Tag im Walde« immer noch heißt, es wäre eine Geschichte vorgelesen worden (BA 1, 88). Auch ein sonderbarer Bruch in der Zeitstruktur ist nicht bereinigt worden: Als der Zeichner Strobel beim greisen Erzähler Wacholder aus dem Fenster blickt, sieht er das Kind der Tänzerin nach den ersten Schneeflocken greifen und meint, auch solch ein Bild gehöre in die »Chronik der Sperlingsgasse«. Wacholder jedoch lehnt den Vorschlag ab: »In meinen Blättern würde es eine dunkle Seite bilden« (BA 1, 36) – aber diese Begründung wäre nur plausibel, wenn man unterstellt, daß der Erzähler den Tod des Kindes voraussahnt. Hier hat der Autor den Chronisten mit einem Wissen ausgestattet, das nur er selbst über den Fortgang des Geschehens haben konnte.

Mit einer sorgfältigen Durchsicht hätte Raabe solche kompositorischen Fehler vermeiden können, aber ihm blieb keine Zeit. Seine finanziellen Mittel gingen zur Neige. Er schrieb die »Chronik« zur Vorlage bei einem Verleger ab und datierte die Abschnitte nachträglich, was die Fehler bei den empirischen Daten erklärt. Dann wäre also jener legendäre 15. November nur ein Zufall poetischer Willkür? Keineswegs. Dieses Datum ist ein literarischer Hinweis, der offensichtlichste von allen, den man deshalb am leichtesten übersieht, denn kein Leser vermutet dahinter ein Zitat. Wir wissen aber, daß Raabe die Vorlesungen des Literaturhistorikers Köpke hörte, der als Freund und Nachlaßverwalter Tiecks dessen Schriften herausgab und die maßgebliche Biographie über den Dichter schrieb. In diesem 1855 erschienenen Buch wird eine sonderbare Novelle Tiecks erwähnt, die Köpke auch in den dritten Band der »Gesammelten Novellen« (1853) aufgenommen hatte – ihr Titel ist: »Der fünfzehnte November«. Die außerordentliche symbolische Bedeutung dieses Titels für den angehenden Schriftsteller Raabe erschließt sich unmittelbar aus dem Inhalt des Textes.

Wilhelm, der Sohn eines Kaufmanns, ist »ein zarter, schlanker Knabe, fein gebaut, heiter und tätig, aber über sein Alter hinaus verständig und begabt. Bücher machten seine ganze Freude aus.« Dieser Knabe, der nicht den selben Beruf wie sein Vater erlernen will, erleidet plötzlich einen »Nervenschlag« – war er zuvor »höchst reizbar und empfindlich« gewesen, so entwickelt er sich nun zu einem robusten, eher apathischen »Riesentier«, das seine Katze mehr zu lieben scheint als seine Familie. Zwei Jahre lang lebt er, seiner Umgebung entfremdet, nur für eine fixe Idee: er baut im Garten »ein großes, sehr großes Boot«. Der Familie muß diese Arbeit begreiflicherweise als »unnütze Anstrengung« erscheinen, denn niemand braucht ein Boot im Garten. Wegen seiner Eigensinnigkeit wird Wilhelm ausgelacht und vom Nachbarsjungen bis aufs Blut gehänselt, aber er baut dieses Boot zu Ende. Der Vater erwartet einen Freund, den er seit zwölf Jahren nicht mehr gesehen hat, weil dieser als Kapitän die Weltmeere befährt. Ihm wird das eigenartige Verhalten des Sohnes erklärt, er besichtigt das Schiff und findet es vortrefflich. In der Nacht vor seinem Geburtstag, dem 15. November, beginnt nun der Sohn alles Geld und wichtige Papiere aus dem Haus ins Boot zu tragen, schließlich treibt er die verständnislose Familie selbst in seine Arche, denn schon setzt heftiger Regen ein, ein Damm bricht, und die Fluten überschwemmen das ganze Land. Dank der zuvor unnütz erscheinenden Anstrengung kann sich die Familie retten, der Sohn reagiert seit jenem Glücks- und Geburtstag wieder völlig normal, weil er sich selbst durch seine Arbeit von der psychischen Störung befreit hat. Wer ihn zuvor wegen des Bootsbaus im Garten ausgelacht hatte, erweist ihm nun Respekt und Anerkennung.

Die Parallelen zur Lebenssituation Raabes sind offensichtlich. Er konnte sich mit dem verspotteten Wilhelm identifizieren, der so hartnäckig alle Hilfsversuche der Familie abweist und sich eigensinnig einer scheinbar unnützen Beschäftigung widmet. So wie der 15. November der Novelle der Geburtstag Wilhelms ist, so schafft sich Raabe mit dem Beginn der »Chronik« seinen Geburtstag als Schriftsteller und setzt als Zitat jenes Datum der Errettung vor dem drohenden Untergang. Denn mit der »Chronik« erwirbt Raabe nicht allein endlich die familiäre Anerkennung, sondern er kann sich auch mit dieser Arbeit aus einer gefährlichen psychischen Krise herausschreiben.

Das Sintflutmotiv der Novelle wird von Raabe im ersten Chronik-Eintrag variiert: Der Anfangssatz »Es ist eigentlich eine böse Zeit!« bezieht sich keineswegs nur auf Cholera und Krimkrieg, sondern verweist auch auf Genesis 6,5: »der Herr sah, daß der Menschen Bosheit groß war auf Erden und alles Dichten und Trachten ihres Herzens nur böse«, deshalb schickt er jenen Regen von vierzig Tagen und vierzig Nächten, den auch Raabe niedergehen läßt: »ein feiner, kalter Vorwinterregen rieselt schon wochenlang herab auf die große Stadt; es ist eine böse Zeit« (BA 1, 11). Wie Noah wegen seines Entschlusses, eine Arche zu bauen, verspottet wurde, so fühlt sich auch der Erzähler, als er mit der »Chronik« beginnt, von den Folianten in seiner Dachkammer spöttisch angesehen: »Grinst nur, ihr Meister in Folio und Quarto ...« (BA 1, 13). Der angehende Schriftsteller muß mit der überlegenen Tradition in Konkurrenz treten und ihr standhalten.

Dreißig Jahre später, 1886, zu Beginn des »Odfelds«, wird Raabe diese Szene wieder aufgreifen, aber nun muß der gereifte Autor die gelehrte Vergangenheit nicht mehr fürchten, sondern er verfügt über sie, indem er sie als Quelle für die eigene Arbeit benutzt – und der ausdrückliche Hinweis auf jenes Buch »in Duodez mit abgegriffenem Sammeteinband, Goldschnitt und Kupfern von Daniel Chodowiecki« (BA 17, 7) beschwört wohl auch jene erste Anregung durch Matthias Claudius noch einmal herauf. Mit der angelesenen Inspiration allein ist es freilich nicht getan, wie Raabe hier zugibt, denn der Autor muß »nachher eben bei seinem Niederschreiben die

Augen offen und die Feder fest in der Hand behalten« (BA 17, 8). Er ahnte das schon zu Beginn seiner Laufbahn, denn in einem Heft, dessen Eintragungen aus dem Jahr 1855 anders als in der bisherigen Raabeforschung jetzt in direktem Kontext zur »Chronik«-Niederschrift gelesen werden müssen, notierte er sich als Schreibanweisung: »Wichtige Regel: Verknüpfung des Lebens, des Lebendigen der Welt mit dem Stillleben ... Niemals eine bloß ins Kleine malende Schilderung, sondern stets durchwoben mit lebenden Bildern. – Leben! Leben! Leben! – Plastik!« (Hoppe, 25).

Das klingt wie eine dringende Selbstermahnung, aber auch wie ein Hilferuf aus den papiernen Fluten. Betrachtet man das Bild seines späteren Braunschweiger Arbeitszimmers, so sieht man gerade noch den Sessel und den Besucherstuhl frei von Büchern; längst nicht mehr alle haben in den Regalen Platz; die Truhe ist überhäuft und läßt sich nicht mehr öffnen, auf den Tisch paßt kein Weinglas mehr, und selbst auf dem Boden stapeln sich die Bücher. Für Dienstmädchen und Hausfrau dürfte dieser putzfeindliche Zustand ein Ärgernis gewesen

Raabes Arbeitszimmer in Braunschweig

sein, aber Raabe brauchte die Bücher, weil er ohne sie keine eigenen hätte schreiben können. Er erfand seine Figuren, indem er Züge ihres Charakters bei verschiedenster Lektüre fand und sie zu einer Person zusammensetzte. Zwanzig Jahre lang plante er, eine Erzählung über die Schlacht von Hastenbeck zu schreiben, aber ihm fehlte der organisierende Mittelpunkt, den er erst im Buch seines Freundes Stegmann über die Porzellanmanufaktur in Fürstenberg fand. Raabe schrieb nicht aus der unmittelbaren Anschauung des Lebens; stets transformiert er eigenes Erleben durch Zitate in seine Texte. Deshalb geht seine Verweiskunst über die banale Einsicht, daß Literatur sich von Literatur nährt, wesentlich hinaus. Zwar nimmt auch Raabe an dem Gesellschaftsspiel einer heimlichen Kommunikation mit dem gebildeten Leser durch versteckte Zitate teil, aber an einigen wichtigen Stellen sieht man, daß er kein Interesse an einer Entschlüsselung hatte und dem Leser dazu auch keine Chance gab.

So konnte das Publikum nur den offensichtlichen Teil des Sintflutmotivs im »Stopfkuchen« verstehen, weil das versteckte Anspielungspotential in diesem Roman, mit dem Raabe seine Laufbahn als Schriftsteller eigentlich beenden wollte, zurückweist auf den nicht dechiffrierten Code des Erstlingswerks. Erst der Schlüssel des »15. November«, also die erste Eintragung der »Chronik« eröffnet auch den Zugang zu den palimpsesthaften Untergründen des geplanten letzten Werkes: Dessen Ausgangssituation eines Treffens zweier Freunde, die sich sehr lange Zeit nicht gesehen haben, ist identisch mit dem Beginn der Novelle Ludwig Tiecks. Raabe hat im »Stopfkuchen« weitere Hinweise auf Tieck versteckt: die »große, weiße Katze« der Novelle, der Wilhelms einzige Zuneigung gilt, taucht als »der wirklich fleckenlos weiße Kater« (BA 18, 52) wieder auf, den Stopfkuchen »Kapitän Hinze« nennt – das aber ist der Name des Gestiefelten Katers in Tiecks Komödie. In der Novelle hieß die Katze »Mus«, und Stopfkuchen ruft zärtlich seine Frau »Müschen«.

Als einzigen seiner Romane hat Raabe »Stopfkuchen« in

Briefen interpretiert und erläutert, aber diese Hinweise waren keineswegs eine Hilfe, sondern dienten im Gegenteil der Verschleierung, weil Raabe unsicher war, ob sein kryptischer Rückgriff auf die Anfänge nicht doch erkannt werden würde. Solche Bereitwilligkeit zur Selbstinterpretation ist deswegen so auffällig und gleichzeitig verdächtig, weil Raabe sonst jede Auskunft über sich und über literarische Bezüge verweigerte. Repräsentativ für zahlreiche ähnliche Zeugnisse ist sein Brief des Jahres 1896 an einen Redakteur: »Seit 1856 liegt mein literarisches Wesen und Treiben dem Publikum und der Literarhistorie offen vor. Wer Lust gehabt hat, sich damit abzugeben, der hat im Jahre 1896 wohl reichlichste ›Unterlagen‹. Mein persönliches, bürgerliches usw. Dasein bietet durchaus nichts Außergewöhnliches, und habe ich es stets ablehnen müssen, mich darüber des Weiteren vor dem deutschen Volke auszubreiten oder ausbreiten zu lassen. Was davon im Konversationslexikon zu erfahren ist, genügt vollkommen« (BAE 2, 381).

Diese Forderung einer Trennung von »bürgerlichem Dasein« und »literarischem Wesen« bedeutet für den Leser eine Konfrontation mit zwei Lebensformen: dem Künstler und dem Bürger – beide wollen gesondert bleiben und nichts voneinander hören, obwohl sie, wie Raabe wußte, stets einander bedingen. Auf die Frage nach einer Autobiographie antwortete er einmal: »Was wollen Sie? Ich habe nichts erlebt – oder was ich erlebt habe, steht längst in meinen Büchern« (BAE 4, 193). Wer allerdings darüber genauere Auskünfte erbat, wurde brüsk abgewiesen, besonders wenn es um die Entstehung der »Chronik« ging. Als Karl Emil Franzos in seiner Zeitschrift »Deutsche Dichtung« 1894 eine Essayreihe »Die Geschichte des Erstlingswerks« plante, für die er auch Fontane, Heyse, Spielhagen, Felix Dahn und C. F. Meyer gewinnen konnte, fragte er bei Raabe an und erhielt diese Abfuhr: »Meines Erachtens darf so eine, für den literarischen Menschen gewaltig schwer wiegende Frage nicht durch eine Art von mehr oder weniger anmutigem und wahrhaftigem Feuilletonartikel be-

Raabes erstes Domizil in Berlin, Spreegasse 11. Vermutlich für die Mutter als Beilage eines nicht erhaltenen Briefes gezeichnet.

antwortet werden« (BAE 2, 359). Der Redakteur hatte vermutlich eine durch die Erinnerung verklärte Anekdote erwartet; er konnte nicht ahnen, daß Raabe dieses Thema unter allen Umständen vermeiden wollte. Eine ehrliche Darstellung der Entstehung seines Erstlingswerks hätte nicht allein die inzwischen etablierte sentimentale Legende einer plötzlichen Inspiration durch den angeblich ersten Schnee an jenem ebenso fiktiven 15. November zerstört, sondern Raabe wäre auch gezwungen gewesen, seine damalige psychische Krise zu erwähnen, die in der Niederschrift der »Chronik« ihr Ventil fand. Im Gegenteil hat er jedes Lebenszeugnis aus den Jahren 1848 bis 1855 vernichtet und erreichte damit eine direkte inhaltliche Verbindung zwischen der Beurteilung des letzten Schulaufsatzes, der »bei fortgesetzter Anstrengung zu den schönsten Hoffnungen für den Verfasser« berechtigte und der an diese Hoffnung anknüpfenden »Chronik«.

Warum Raabe überhaupt nach Berlin gegangen war, ist niemals hinreichend erklärt worden. Er wußte, daß es ihm nach seinem gescheiterten Abiturversuch als Gasthörer an der Universität nicht möglich sein würde, einen akademischen Abschluß zu erreichen. In den Vorlesungen hörte er nur, was er auch in den Büchern seiner Professoren nachlesen konnte; es scheint sogar, als hätte er die Vorlesungen danach ausgewählt, ob er die Namen der Professoren aus ihren Veröffentlichungen bereits kannte. Deshalb ist seine nachträgliche Erklärung, er hätte Ordnung in eine »ziemliche Menge sehr verworrenen Wissens« (BAE 2, 66) bringen wollen, auch nur eine Rationalisierung des tieferen Grundes: Raabe war nach Berlin geflohen, um die in Magdeburg mißlungene Identitätsbildung durch die von der Gesellschaft anerkannte Karenzzeit zwischen Jugend und Erwachsensein – die Rolle des Studenten – nachzuholen. In Magdeburg war er jener Häufung von Erlebnissen nicht gewachsen gewesen, die gleichzeitig eine Verpflichtung zur Berufswahl, zur Teilnahme am gesellschaftlichen Wettbewerb und zu einer psychosozialen Selbstdefinition gefordert hatten. Der Selbstmord des jungen Kretschmann hatte Raabe also in einer Phase akuter Identitätsdiffusion getroffen und eine seit der Schulzeit angelegte Psychose ausgelöst, die mit der Rückkehr nach Wolfenbüttel nur vorläufig abklang. Erst die Flucht nach Berlin, frei von familiärem Druck und beruflichen Verpflichtungen, ermöglichte Raabe jene psychosoziale Selbstorientierung, durch die er »in dem Getümmel eine eigene Welt« (BAE 2, 66) bilden konnte. Seine wiederholte Betonung einer psychischen Gefährdung in Berlin legt allerdings den Schluß nahe, daß ein Erlebnis, das vielleicht mit dem Datum des 29. November verknüpft ist, einen weiteren reaktiven Schub auslöste, der zusammen mit dem Kommunikationsdefizit des isoliert in der Großstadt Lebenden dem Schriftsteller in Raabe zum Durchbruch verhalf. Es ist für solche reaktiven Schübe kennzeichnend, daß der Kranke nach ihrem Ablauf annähernd zu seinem früheren Zustand zurückkehrt.

Was alle Interpreten bisher an Raabes Erstlingswerk besonders beeindruckt hat, ist die erstaunliche erzählerische Beherrschung der Diskontinuität des Zeitablaufs. Gerade sie aber, die als poetisches Gestaltungsmittel in den nächsten Büchern nicht auftaucht, sondern erst zehn Jahre später in »Drei Federn« wieder aufgenommen wird, gehört zu den exemplarischen Symptomen der Schizophrenie. Als Erlebnis des Zeitstillstandes oder des Ineinanderfließens der Zeiten kehrt das Motiv in allen Protokollen zumal kurzer reaktiver Schübe wieder. Typisch ist dafür in der »Chronik« folgende Situation des Erzählers: »Ich bin ein einsamer alter Mann geworden! Die bunten, ewig wechselnden, ewig neuen Bilder dieses großen Bilderbuches, *Welt* genannt, werden meinen alten Augen dunkler und dunkler; mehr und mehr verschwimmen sie, mehr und mehr fließen sie ineinander... Allein – und doch nicht allein. Aus der dämmerigen Nacht des Vergessens taucht es auf und klingt es; Gestalten, Töne, Stimmen, die ich kannte, die ich vernahm ... werden wieder wach und lebendig«; der Erzähler sieht sich als sein Doppelgänger in seiner Jugend: »ich werde jung und – fahre auf und – erwache!« (BA 1, 14). Die pathologische Erfahrung der Überwältigung durch die Vergangenheit wird bei Raabe künstlerisch glaubhaft, weil ein Greis als Erzähler auftritt, und gewiß hat Storms »Immensee« hier als Vorbild gedient. Es ist aber ebenso bekannt, daß in Fällen einer verspäteten oder verlängerten Adoleszenz eine besondere Störung des Zeiterlebens auftritt, in der sich der junge Mensch gleichzeitig sehr jung und uralt fühlt.

Eine Variation des gestörten Zeitempfindens ist das Gefühl des Stillstandes, bei dem sich der Kranke als zeitloses Wesen fühlt, andererseits aber angibt, daß um ihn herum die Zeit unmäßig rasch vergeht: »Ich weile in der Minute und springe über Jahre fort« (BA 1, 75). Mehrfach betont Raabe in der »Chronik« den selbsttherapeutischen Charakter dieser Niederschrift. Der schwierige Prozeß der Befreiung und Selbstfindung wird von ihm metaphorisch umschrieben: »Einem Wässerchen will ich diese Chronik vergleichen, einem Wässer-

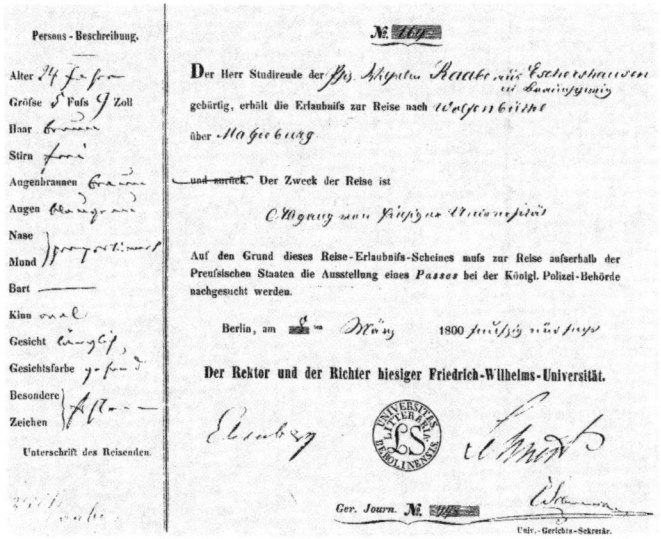

Raabes Abmeldung von der Berliner Universität

chen, welches sich aus dem Schoß der Erde mühevoll losringt und, anfangs *trübe*, noch die Spuren seiner dunklen, schmerzenvollen Geburtsstätte an sich trägt. Bald aber wird es in das helle Sonnenlicht sprudeln...« (BA 1, 25). Der Erzähler will »die aufsteigenden Kobolde und Quälgeister« verscheuchen: »Sie zu bannen schreibe ich die folgenden Blätter« (BA 1, 15) – »ich will nicht lehren, sondern ich will vergessen, ich – schreibe keinen Roman!« (BA 1, 75).

Die Beendigung der »Chronik« im Winter 1855 bedeutete für Raabe eine Selbstbefreiung. Er hatte im Schreiben seine Identität und ein Berufsziel gefunden. Das fertige Manuskript trägt er zu seinem Buchhändler und Freund August Stülpnagel, der davon so angetan ist, daß er es dem Romanautor und Redakteur der »Vossischen Zeitung« Willibald Alexis vorlegt. Das Urteil von Alexis scheint positiv ausgefallen zu sein, aber damit war noch kein Verleger gefunden. Raabe wandte sich an seinen Magdeburger Lehrherrn Kretschmann, der sich aus familiären Gründen nicht darum kümmern konnte und in einem Brief vom 28. Februar 1856 für die »Verzögerung in Betreff Ihres früher an mich ausgesprochenen Wunsches« entschuldigt. Auch Stülpnagel bemühte sich um einen Verlag, doch Raabe lief die Zeit davon – er konnte nicht länger in Berlin bleiben, weil ihm das Geld ausging. Am 8. März 1856 meldete er sich von der Universität ab und kehrte nach Wolfenbüttel zurück.

Schriftsteller in Wolfenbüttel

VIELLEICHT HATTE DIE Familie erwartet, daß Wilhelm Raabe von der Universität wenigstens ein Volksschullehrerdiplom mitbringen würde, aber es war nur ein Manuskript. Man kann sich diesen Empfang vorstellen: Der verlorene Sohn kehrt nach einer offensichtlich unnützen Anstrengung wiederum ohne greifbaren Erfolg in sein Elternhaus zurück. Selbst die Mutter läßt sich von den enttäuschten Erwartungen der Verwandtschaft beeinflussen: »Als ich jung von Berlin kam und brachte ihr das Manuskript der ›Chronik‹ mit und legte es ihr vor, da sagte sie: ›Ach, Wilhelm, es wird ja doch wieder nichts.‹« Die schwierige Situation im Hause Raabe wurde verschärft durch eine plötzliche schwere Krankheit des jüngeren Bruders Heinrich; er hatte deswegen sein Jurastudium in Göttingen unterbrechen müssen, und nun sollte die Mutter von ihrer schmalen Rente auch noch den fast 25jährigen Wilhelm miternähren, der keinerlei Anstalten machte, sich einen seriösen Beruf zu suchen oder wenigstens von Wolfenbüttel aus sich um eine Veröffentlichung seines Manuskriptes zu kümmern. Diese Arbeit überließ er dem Freund in Berlin, der tatsächlich noch im Frühjahr in Franz Stage einen Verleger fand.

Nach der geforderten Herausnahme des »Student von Wittenberg« und der Ersetzung durch die neu geschriebenen Roder-Blätter nahm Stage das Manuskript unter der Bedingung an, daß Raabe für seinen Erstling auf ein Honorar verzichtete und fünfzig Taler Druckkostenzuschuß leistete; dafür erhielt er fünfzig Freiexemplare seines Buches. Da dies bei allen Verlagen üblich war – auch der reiche Cotta ließ sich von C. F. Meyer dessen Erstlingswerk finanziell absichern – blieb Raabe nichts anderes übrig, als einzuwilligen: Vom Bruder und der Mutter lieh er sich jeweils 25 Taler und überwies Stage am 19. Juli 1856 die erbetene Summe. Weil er annahm, in seiner Heimatstadt werde sich kaum jemand für sein Werk inter-

Raabes Wohnhaus in Wolfenbüttel, Okerstraße 16

essieren, schrieb er seinem Verleger: »Höchstens 10 Exemplare würde ich mir hierher ausbitten; die anderen 40 können Sie wohl bei sich in Berlin in irgend einem Winkel aufbewahren« (BAE 2, 10).

Vorerst saß Raabe »mitten unter enttäuschten Klatschbasen und schadenfrohen Philistern«, noch dazu mit dem durch keine vorzeigbare Leistung gerechtfertigten »Lächeln des Mannes, der sich selbst gefunden« hat (BAE 4, 33), doch die unduldsam feindselige Stimmung der Verwandtschaft änderte sich bereits vor Erscheinen des Buches, wie Raabe später einem Freund erzählte: »Die ersten Korrekturbögen... waren besser als ein Doktordiplom.«

Mitte Oktober erschien dann »Die Chronik der Sperlingsgasse« in einer Auflage von 1100 Exemplaren unter dem Pseudonym Jakob Corvinus, das der angehende Autor sicher nicht allein aus Rücksicht auf seine Familie gewählt hatte, sondern weil er nicht mit dem niederdeutschen Schriftsteller Friedrich Wilhelm Raabe verwechselt werden wollte. Nach dessen Tod gab Raabe 1858 das Pseudonym wieder auf. Da als Latinisierung des Namens eigentlich »Corvus« korrekt gewesen wäre, liegt die Vermutung nahe, daß die Erweiterung zu »Corvinus« eine Reverenz an den liberalen Historiker Georg Gottfried Gervinus darstellt, der zu jenen »Göttinger Sieben«

gehört hatte, mit deren Absage an den Verfassungsbruch von König Ernst August von Hannover (1837) sich Raabe identifizierte und noch 1859 ein Gedicht (»Königseid«) zu diesem Thema schrieb. Auch die Anklage wegen Hochverrats 1853 hatte allgemeines Aufsehen erregt, so daß Raabe mit seiner Angleichung an den Namen eine dem damaligen Publikum durchaus verständliche Sympathieerklärung beabsichtigt haben könnte. Denn auch die im Todesjahr seines Lieblingsdichters Heine erschienene »Chronik«, so harmlos sentimental sie einem heutigen Leser erscheinen mag, ist ein Buch der politischen Opposition mit so zahlreichen sarkastischen Spitzen, daß man sich fragen kann, warum es nicht der preußischen Zensur zum Opfer gefallen ist. Wenn Doktor Wimmer bei einer abscheulich schmeckenden Arznei »die oktroyierte Verfassung« assoziiert und böse erklärt: »Das Volk hat sich erkältet oder erhitzt; einerlei! Schwitzen, schwitzen! Schweiß und Blut! Probatum est.« (BA 1, 63), dann war allein mit dieser Bemerkung der Tatbestand einer Staatsbeleidigung erfüllt.

Nicht nur die Resignation über die 1848 verfehlte deutsche Einheit, sondern vor allem die nach 1850 einsetzenden juristischen Maßnahmen gegen Oppositionelle und sogenannte »Hochverräter« vergifteten und lähmten das geistige Leben der Zeit, die »durch zu viele und zu verschiedenartige Anspannungen im Ganzen bei dem einzelnen ... die Apathie zur Gottheit gemacht hat« (BA 1, 35). Dieser fast beiläufige Satz des Chronik-Erzählers deckt sich mit den zeitgenössischen Analysen liberaler Historiker; so hatte Rudolf Haym in der Einleitung seines Buches »Hegel und seine Zeit« (1857) geschrieben: »Wir standen und wir stehen mitten in dem Gefühle einer großen Enttäuschung. Ohne Respekt vor den siegreichen Wirklichkeiten, vor der triumphierenden Misere der Reaktion, haben wir doch gleichzeitig den Glauben an die einst gehegten Ideale eingebüßt. Wie durch einen scharf gezogenen Strich ist die Empfindungs- und Ansichtswelt des vorigen Jahrzehnts von unserer gegenwärtigen getrennt.« Den auf politische Veränderungen drängenden Elan hatte man möglichst weit verdrängt zugunsten eines Rückzugs ins Private. Kennzeichnend für diesen Trend sind die Titel der neu entstehenden Zeitschriften, die nicht mehr wie im Vormärz politische Ideen verbreiten, sondern jetzt vorrangig der privaten Zerstreuung dienen wollten: Ab 1852 gab Gutzkow seine »Unterhaltungen am häuslichen Herd« heraus, worin er anfangs sämtliche Artikel fast allein schrieb. Der Titel war bereits das Programm. Die Zeitschrift »Telegraph« (ab 1851) von Hermann Grimm nannte sich im Untertitel »Eine Monatsschrift für das gemütliche Deutschland« und wollte »dem braven Mann ... nach des Tages Last und Müh die Zeit vertreiben.«

Solche neuen Programme zeigen zwar eine grundlegende Abkehr vom Ideal einer mündigen politischen Öffentlichkeit, doch der Rückzug bedeutete nicht gleichzeitig einen Verlust an Energie. Bereits Raabes künstlerisches alter ego Strobel widerspricht dem Chronik-Erzähler: »übrigens ist unsere Zeit durchaus nicht apathisch«, denn »der einzelne fängt an, das wahre Prinzip herauszufinden, daß nämlich die Sache durch die Sache gehen muß« (BA 1, 35). Nach dem Verlust politischer Ideale und in respektloser Anerkennung der Reaktion ist dies höchst pragmatisch gedacht und schließt an Rochaus »Grundsätze der Realpolitik« von 1853 an. Die aufstrebenden Naturwissenschaften kamen in dieser Situation zu Hilfe: Robert Mayers bereits 1842 publiziertes Gesetz von der Erhaltung der Energie, das erst nach 1848 in der Aneignung durch Helmholtz populär wurde, erlaubte die geschichtsphilosophische Spekulation, daß keinerlei Energie je verloren gehen könne, sondern sich nur umwandle wie Sonnenlicht bei Pflanzen in Wachstum. So popularisiert erscheint Mayers Theorie bei Raabe, der in einer Erzählung 1858 schreibt: »es kommt in der Welt nichts um, auch nicht *eine* Träne, auch nicht *ein* Blutstropfen!« (BA 2, 355). Auf diese Weise war auch die Erhaltung der einstigen revolutionären Energie argumentativ abgesichert; sie floß nun nicht mehr in den politischen Aufbau einer Nation, sondern in den Ausbau der deutschen Industrie.

Wenn der Erzähler die »Chronik« mit einer Mahnung an die Schriftsteller schließt, dann scheint dies bereits etwas anachronistisch zu sein: »O ihr Dichter und Schriftsteller Deutschlands, sagt und schreibt nichts, euer Volk zu entmutigen, wie es leider von euch, die ihr die stolzesten Namen in Poesie und Wissenschaften führt, so oft geschieht! Scheltet, spottet, geißelt, aber hütet euch, jene schwächliche Resignation, von welcher der nächste Schritt zur Gleichgültigkeit führt, zu befördern oder gar sie hervorrufen zu wollen« (BA 1, 166f). Durch die zunehmende Polarisierung des gebildeten und des besitzenden Bürgertums gab es aber jenes homogene Publikum nicht mehr, in dessen Interesse Raabe zu schreiben glaubte.

Sein Erstlingswerk wurde ein typischer Kritikerfolg. Das Buch bekam gute Kritiken von Intellektuellen, die hier ihre politischen Ideale bewahrt sahen, aber es verkaufte sich nicht. Im Mai 1857 starb der Verleger Stage; danach bemühten sich nacheinander drei Verlage vergeblich, eine nennenswerte Auflage zu erreichen. Bereits im März 1858 meinte Raabe: »Was nun die Chronik anbelangt, so gestehe ich offen, daß ich dieselbe eigentlich aufgegeben habe. Sie hat mir schnell in der Kritik einen kleinen Namen gemacht, und das ist mit der Mühe und dem Ärger, welchen sie mir verursacht hat, gewiß nicht zu teuer bezahlt« (BAE 2, 18). Erst als 1877 eine neue, diesmal illustrierte Ausgabe auf den Markt kam, begann aus dem Ladenhüter ein Bestseller zu werden. Das Publikum las nun das Buch ohne jeden politischen Bezug und erbaute sich, sehr zum Ärger Raabes, allein an seinen sentimentalen Szenen. Gerne hätte er deshalb seine Zustimmung zu weiteren Auflagen verweigert, aber da das Publikum seine neuen Bücher mit ihrem weitaus herberen Grundton nicht kaufte, blieb er zeitlebens auf die Honorare für sein längst nicht mehr geschätztes Jugendwerk angewiesen. Bis zu Raabes Tod 1910 erreichte die »Chronik« eine Auflage von 70000 Exemplaren; anläßlich seines 100. Geburtstages 1931 wurden allein in drei Monaten 120000 Exemplare verkauft, und heute ist die halbe

Million längst überschritten. Die Grundlage für diesen späten Erfolg bildete einzig die falsche Einschätzung Raabes als eines gemütvollen deutschen Humoristen, gegen die er sich immer und vergeblich zu wehren versuchte: »Und so ist das, was ihr meine sonnige Heiterkeit nennt, nichts als das Atemschöpfen eines dem Ertrinken Nahen« (Hoppe, 107).

Die positiven Besprechungen des Buches in der Presse, allen voran noch im Erscheinungsmonat Oktober 1856 das Lob des bekannten liberalen Kritikers Ludwig Rellstab in der wichtigen »Vossischen Zeitung«, blieben auch in Raabes Heimatort Wolfenbüttel nicht ohne Wirkung. Nach der Lektüre des Buches hatte der Onkel Justus, Rektor des Gymnasiums, zu dem Jungen jovial herablassend gesagt: »Na, man sieht doch wenigstens, daß du etwas getan hast« – nach dem Erscheinen der Rezensionen liest er selbst in der Prima aus dem Buch vor und erklärt der Klasse: »Ich bin stolz darauf, daß der Verfasser hier gesessen« (BAE 4, 37). Das Urteil des anderen Onkels, Christian, seines Lehrers in der Sekunda, fällt verknöchert kritischer aus: »sage nur ja keinem, daß ich auf dem Gymnasium Dein Lehrer im Deutschen gewesen bin« (BAE 4, 35).

Der scheinbare Erfolg der »Chronik« – tatsächlich wurden im ersten Jahr kaum 300 Exemplare verkauft – machte aus dem notorischen Versager einen in der Wolfenbütteler Honoratiorengesellschaft durchaus gefragten und geachteten Mann. Er wurde Mitglied im »Namenlosen Club«; seine einstigen Mitschüler erinnerten sich nun an den vorzeitigen Schulabgänger und luden ihn zum »Caffee« ein, einem Kreis, der sich regelmäßig reihum am Sonntagnachmittag zum Kaffeetrinken traf. Alle außer Raabe waren etablierte Juristen, und noch fast fünfzig Jahre später beschwor der greise Autor, der noch immer das Gruppenphoto von 1862 über seinem Schreibtisch hängen hatte, die einstige Gemeinschaft: »Und von den Fünfen, die wir damals in unserer Jugend so treulich zusammenhielten ... hat wohl keiner vom andern denken und sagen dürfen: ›*Der* gehörte eigentlich nicht zu Euch!‹« (BAE 2,

465). Diese Bemerkung verrät, wie sehr sich Raabe anfangs in Wolfenbüttel als Außenseiter im Kreis der Honoratioren gefühlt haben muß, und wie stark er die gesellschaftliche Integration gewünscht hatte. Vom November 1857 bis zum Juli 1862, als Raabe heiratete und den Umzug nach Stuttgart vorbereitete, hat er im Tagebuch alle Zusammenkünfte des »Caffee«-Clubs notiert. Zum Abschied schenkten ihm die

Freunde das Erinnerungsphoto – und ein Kaffeeservice. Einer aus der Runde, der spätere Konsistorialpräsident Karl Justus von Schmidt-Phiseldeck (1833 – 1895) diente Raabe als Vorbild für die Gestalt des Erzählers in den »Akten des Vogelsangs«.

Der fünfundzwanzigjährige Raabe wohnte immer noch bei der Mutter, die ihm im Haus Okerstraße 16 ein Arbeitszimmer eingerichtet hatte, von dem Raabe eine Zeichnung anfertigte. An dem gedrungenen, einfachen Sekretär hatte bereits der Großvater seine gelehrten Bücher geschrieben, darüber hingen die Bilder von Schiller und Goethe, links an der Wand ein Stich des italienischen Freiheitshelden Garibaldi. In diesem Zimmer mit den Obstbäumen vor dem Fenster enstehen bis Juli 1862 fünf Romane und dreizehn kleinere Erzählungen; hier empfängt Raabe seine Gäste und Freunde. Wieder hält er sich – wie schon in der Berliner Dachkammer – eine Katze, aber auch einen zahmen Raben, das Familientier.

Die Rückkehr aus Berlin in die Familie, die mit der Mutter und dem kranken Bruder geteilte Freude über die Annahme der »Chronik« durch einen Verlag, die Arbeit an den Korrekturbögen unter den skeptischen Augen der weiteren Verwandtschaft – diese Abfolge einer fast schon professionellen Tätigkeit innerhalb der stets kontrollierten Bedingungen

Raabes Zeichnung seines Arbeitszimmers in Wolfenbüttel

eines allerletzten Familienexperiments mit dem mißratenen Zögling manövrierte den jungen Raabe in eine Situation, in der er sich zum Beruf des Schriftstellers entschloß. Er konnte nicht ahnen, was dies bedeutete, aber in seiner Lage schien es die bequemste Lösung zu sein: er brauchte nur so weiterzuarbeiten wie bisher. Die psychische Ausnahmesituation, in der die »Chronik« entstanden war, kannte er genau, sonst hätte er das Buch wohl kaum »eine pathologische Merkwürdigkeit« (BAE 2, 66) genannt, doch die familiäre Binnenstruktur wirkte offenbar so zwingend, daß er bereits im Sommer 1856 die Arbeit an der (noch nicht erschienenen) »Chronik« einfach fortsetzt mit einem Roman, der an das Datum anschließt, mit dem die »Chronik« endete. Das Herbstbuch bekam also eine den Jahreskreis vollendende Fortsetzung: »Ein Frühling«.

Dieser Roman ist restlos mißlungen. Er spielt wieder in Berlin, aber Raabe verläßt die kleine Welt der Gassenszenen und versucht sich an der Darstellung einer großen, dämonischen Leidenschaft, die in einen tragischen Schicksalsroman eingebettet ist. Doch nichts stammt wirklich von Raabe selbst: Die Aufteilung in 27 Kapitel übernimmt er von Andersens Romanen, den Schwächling Georg aus Thackerays »Pendennis«, und die Geschichte hat er sich aus zwei Erzählungen E. T. A. Hoffmanns zusammengesucht. Denn die feindlichen Brüder, die in rücksichtsloser Leidenschaft der gleichen Frau Angela verfallen sind, kennen wir aus einer Episode des »Kater Murr«. Angelas Geschichte hat Raabe mit dem Grundmotiv aus Hoffmanns »Rat Krespel« verknüpft, der ebenso wie Raabes Held in Venedig der dämonischen Dame erliegt. Bei Hoffmann ist der Name der schlimmen Italienerin nur angedeutet: Angela -i, Raabe macht daraus Angela Viti.

Alles übrige ist Wiederholung der »Chronik«, nun aber ins Grobe banalisiert. Der Gelehrte Wachholder kehrt wieder als der verkauzte Privatdozent Ostermeier, die zarte Elise wird verkitscht zum sentimentalen Klärchen, deren verniedlichte Welt angefüllt ist mit Diminutiven: Körbchen, Tierchen, Läppchen, Spiegelchen ... Inhaltlich versucht Raabe eine Anbindung an die »Chronik«, wenn er seine Figuren, allerdings völlig unvermittelt, vor das Grab des Karikaturenzeichners Strobel führt (BA 1, 399 ff). Aber auch diese Szene wird im Stil der Intrigenromane zu einer Verschwörerbegegnung aufgebauscht und mit falschem Pathos um ihre Wirkung gebracht.

Der »Frühling« ist ein Absturz in die zeitgenössische Trivialliteratur und bedeutet für Raabe nach dem pathogenen Geniestreich der »Chronik« die Rückkehr zur Normalität. Hier schreibt er auf seinem eigentlichen Niveau. Noch ist er kein Schriftsteller; er verfügt weder über eigene Stoffe oder Motive, schon gar nicht über einen eigenen Stil. Alles ist angelesene Sentimentalität und Schwulst aus zweiter Hand. Wie weit er sich von der unbewußten Sicherheit seines Erstlings entfernt hat, zeigen die Korrekturen. Auf Anraten seines Onkels, des Deutschlehrers, setzte Raabe in Relativsätzen statt »der« nun »welcher«, und statt der einfachen Form schrieb er »derselbe«, was durchaus dem ledernen Stil der Zeit entsprach. Erst zwanzig Jahre später befreite sich Raabe endgültig vom unpersönlich steifen Kanzleideutsch seines Onkels und strich 1877 bei der Korrektur zur dritten Auflage des »Hungerpastor« aus über fünfhundert Relativsätzen das »welcher« heraus und ersetzte es durch »der«. Auch das ungelenke »derselbe« fiel bei dieser energischen Überarbeitung weg.

Mitten in diesem Sumpf stilistischer Unsicherheit und Sentimentalität findet sich jedoch ein einziger, völlig isolierter Satz, der aller feierlichen Rührseligkeit des »Frühling« widerspricht: »In den Büchern, aus welchen wir unsere Moral schöpfen, steht noch viel zu viel von *dem* Herzen, welches auch *Gemüt* heißt, noch viel zu wenig von *dem*, welches ein zuckender, pulsierender Fleischklumpen unseres Körpers ist!« (BA 1, 195). Mit diesem kritischen Selbstkommentar stellt Raabe ein Programm auf, das er erst Jahrzehnte später einlösen wird. Er weiß also, daß seine momentane Arbeit lebensfremd ist, aber er hat noch keinen Weg gefunden, sich aus diesen verlogenen Harmonien herauszuschreiben. Seine Unsicherheit überspielt er, indem er Qualität durch Quantität ersetzt. Der »Frühling« dehnt sich unter seiner Feder zu einem Buch von 462 Seiten, das er im März 1857 beendet. Für 150 Taler Honorar übernimmt der angesehene Braunschweiger Verlag Vieweg das Manuskript, mit dem er den neuen Unterhaltungsteil seiner »Deutschen Reichszeitung« eröffnet. Den Lesern wurde diese Neuerung eines Fortsetzungsromans im Feuilleton mit folgenden Sätzen begründet: »Wir glauben den Teil unseres Feuilletons, welcher der Unterhaltung gewidmet sein soll, nicht besser beginnen zu können, als mit dem neuesten Werk des Pseudonyms ›Jacob Corvinus‹, dessen vor kurzem erschienene ›Chronik der Sperlingsgasse‹ bei der Kritik und dem Publikum eine so günstige Aufnahme fand, wie sie in unseren Tagen zu den Seltenheiten gerechnet werden muß.« Der Roman erschien vom 29. Juni bis 3. August 1857 in der »Reichszeitung«, unmittelbar danach als Buch, das von der Kritik erstaunlich günstig aufgenommen wurde. Nur Levin Schücking ging auf die Schwächen ein: »In der Art der Darstellung hat Corvinus Ähnlichkeit mit der sinnigen, Idealität und Realismus mit so großer poetischer Kraft verschmelzenden Weise von Boz-Dickens; es fehlt ihm jedoch dessen Virtuosität in der Charakteristik, seine Gestalten sind sich einander ähnlicher, sind einfacher, als es gut ist, und ihre Harmlosigkeit hat mitunter etwas Kindisches« (BA 1, 480).

An Ludwig Rellstab, den ersten Kritiker der »Chronik«, hatte Raabe in einem Dankesbrief geschrieben: »Doch habe ich das Gefühl, als könne ich Bücher solcher Art, vielleicht auch bessere noch viele und vielerlei zu Tage fördern: Jesus Sirach würde sprechen: Ich bin wie der Vollmond und habe noch viel zu sagen« (BAE 2, 11). In solcher euphorischen Selbstüberschätzung erwartete er auch für sein neues Buch einen ähnlichen Erfolg, aber er wurde enttäuscht, denn nach einem halben Jahr waren noch keine hundert Exemplare verkauft. Mit dem Hinweis auf die deprimierenden Verkaufszahlen lehnte der Verleger Vieweg das nächste größere Manuskript Raabes, »Die Kinder von Finkenrode«, ab.

Drei Jahre zuvor hatte der Verlag den vierbändigen Erstlingsroman eines jungen Schweizer Autors angenommen und machte damit noch schlechtere Erfahrungen: Gottfried Kellers »Grüner Heinrich«, mit 742 Talern Honorar bezahlt, brachte in zwanzig Jahren, in denen knapp 150 Exemplare abgesetzt wurden, noch nicht einmal die Druckkosten herein. Schließlich kaufte Keller den Rest der Bestände auf und verheizte ihn im Winter 1878/79. Ganz ähnlich verfuhr Raabe: Als er sich 1865 zu einer Umarbeitung des »Frühlings« entschloß, mußte er die restliche Auflage für 175 Taler, also mehr, als sein damaliges Honorar betragen hatte, zurückkaufen. Die Bände verheizte er im Winter 1866/67; nur einige ungebundene Bögen dienten noch einige Zeit als wärmedämmende Unterlage eines abgetretenen Wohnzimmerteppichs. Auch die Umarbeitung mißlang dann, wie Raabe selbst zugeben mußte, aber bis 1913 kamen dennoch drei Auflagen zustande, bis der Roman wieder in der Erstfassung verbreitet wurde.

Noch während der Abschlußarbeit am »Frühling« hatte Raabe im März 1857 eine kleine Erzählung begonnen, um die er von der Berliner Damenzeitschrift »Bazar« gebeten worden war: »Da Sie die Chronik der Sperlingsgasse geschrieben haben, so wissen wir, daß Sie im edelsten Sinn des Wortes verstehen, was den Frauen gefällt« (BA 2, 549). In seiner Zusage macht sich Raabe darüber keine Sorgen: »Den Ton Ihrer Zeitung zu treffen, würde mir wohl nicht schwer fallen« (BAE 2, 13). Wenige Tage später schickt er den ersten Teil der Erzählung »Der Weg zum Lachen« und schreibt im Entwurf seines Begleitbriefes, daß darin »wohl genug Sentimentalität für die deutsche Damenwelt« enthalten sei (BAE 2, 13). Diese distanziert sarkastische Bemerkung enthüllt, daß sich Raabe über sein Publikum völlig im unklaren war. Zwar saßen in den Redaktionen der Verlage nur Männer, und alle seine Veröffentlichungen sind auch von Männern rezensiert worden, gelesen aber wurden seine Arbeiten fast ausschließlich von Frauen. Raabe jedoch pflegte zu Beginn seiner Laufbahn als Schriftsteller noch die Illusion eines imaginären Gesprächs mit den Gebildeten seiner Zeit, wie es folgende, allein auf das männliche Einverständnis gezielte Stelle aus dem »Frühling« zeigt, in der ein Antiquar seiner Angestellten ein klassisches Erotikon in den Katalog diktiert: »Meursii Aloysia Sigea, elegantiae latinae linguae – was ist es doch zuweilen gut, daß die Frauenzimmer kein Latein verstehen!« (BA 1, 283).

Der Weg zu höherer Schulbildung blieb deutschen Frauen lange verschlossen; erst im Jahr 1893 wurde in Karlsruhe das erste deutsche Mädchengymnasium eröffnet. Das Reifezeugnis freilich nutzte nichts, denn es fehlte die Zulassung zum Studium. Als 1891 im Deutschen Reichstag das Thema »Frauenstudium« auf die Tagesordnung gesetzt wurde, brachen die Abgeordneten in schallendes Gelächter aus. Für sie schien unvorstellbar, was in Frankreich seit 1863, in der Schweiz seit 1867, in Schweden und Holland seit den siebziger Jahren längst Realität geworden war. Erst ab 1908 durften Frauen an allen deutschen Universitäten studieren. Daß zu dieser Zeit in Bayern, wo sich die Macht des Klerus traditionell auf das niedrigere Bildungsniveau auswirkte, überhaupt erst ein Mädchengymnasium eingerichtet wurde, ist dem jahrzehntelangen Engagement des Schriftstellers Paul Heyse zu verdanken. Er hatte zu diesem Zweck eigens ein Buch geschrieben (»Martha's Briefe an Maria«), das aufklärend für »die Anerkennung des unbestreitbaren Menschenrechtes der Frauen auf die Ausbildung aller Kräfte« eintrat, und dessen Erlös er zum Bau eines Gymnasiums bestimmte.

Die zeitgenössische Raabe-Leserin zählte also nicht zu dem akademisch gebildeten Publikum, mit dem der Autor rechnete; sie konnte seine zahlreichen Zitate nicht annähernd verstehen. Es waren jedoch gerade Frauen, die überhaupt Romane lasen, und zwar nicht als Käuferinnen einzelner Bücher, sondern indem sie Leihbibliotheken benutzten und Zeitschriften abonnierten. Obwohl durch Klassiker-Taschenausgaben des Cotta-Verlags und durch Meyers »Groschenbibliothek«, in der 365 Bände erschienen, die auf jedem Titel das Motto »Bildung macht frei« trugen, der Buchpreis drastisch gesenkt wurde, galt der Besitz von Büchern weiterhin als Privileg des Adels und der Professoren. Im »Journal für Leihbibliothekare« heißt es 1859: »da aber die Anschaffung von Büchern, besonders von Romanen, im alltäglichen Leben als ein außerordentlicher Luxus betrachtet wird, so sind die Leihbibliotheken fast die einzigen Consumenten von diesem Literatur-Genre.«

Das erfuhr zu seiner Überraschung auch der Debütant Gottfried Keller von seinem Verleger Vieweg, der außer wissenschaftlichen Werken, wie Keller sich in einem Brief 1875 spöttisch erinnerte, nur »ein paar Damenromane« druckte, »wobei auf 800 Leihbibliotheken gerechnet« wurde, »die das Buch nach damaliger Mode rasch anschafften«. Vieweg drängte 1854 auf Lieferung des vierten Bandes vom »Grünen Heinrich«, weil er befürchtete, daß ein verzögertes Erscheinen den gesamten Roman für Leihbibliotheken untauglich machen würde. Keller beschwerte sich zwar, daß »heutzutage das Schicksal eines Buches und die Ehre des Verfassers gänzlich vom Standpunkte einer guten Leihbibliotheksschwarte behandelt« werden, mußte sich aber umgehend von Vieweg belehren lassen, der zwar der Ehre allen Tribut zollte, »dennoch bestimmt der Absatz an die Leihbibliotheken heutzutage das Schicksal *jedes* Romans, denn das reiche und gebildete Publikum kauft in der Regel in Deutschland sehr selten Romane«. Mit Rücksicht auf dieses Damenpublikum verlangte Vieweg auch noch ein Happy-End im »Grünen Heinrich«, was ihm der Autor freilich entrüstet verweigerte. Auch Raabe werden solche Zumutungen nicht erspart bleiben.

Dem mit den Emanzipationsidealen von 1848 geweckten Bildungsbedürfnis der Frauen, das bald mit einem rasch wachsenden Verlangen nach unpolitischer Unterhaltung korrespondierte, kamen die zahlreichen Zeitschriften-Neugründungen entgegen. Die 1853 gegründete »Gartenlaube« wollte mit »wahrhaft guten Erzählungen in die Geschichte des Menschenherzens und der Völker, in die Kämpfe menschlicher Leidenschaften und vergangener Zeiten« einführen. Die seit 1856 erscheinenden »Westermann'schen Monatshefte« versuchten laut Programm, dem »Mangel eines großen Centralorgans für die nach Volkstümlichkeit ringende Bildung unserer Zeit« abzuhelfen. Um möglichst große Verbreitung zu finden, wurden politische Beiträge strikt abgelehnt. Die niveauvolleren »Monatshefte« (Auflage 1860: ca. 8 000) konnten sich gegen volkstümliche Zeitschriften wie »Über Land und Meer« (Auflage 1867: 55 000) nicht durchsetzen. Zum auflagenstärksten Blatt entwickelte sich die anfangs fortschrittlich liberale, dann etwas konservativer werdende »Gartenlaube«, die 1853 mit einer Auflage von 6 000 Exemplaren begonnen hatte und sich bis 1875 zu einer wöchentlichen Auflage von 400 000 Exemplaren steigern konnte. Der Grund für die enorme Verbreitung des vom Dienstmädchen bis zur Gräfin gelesenen Blattes lag nicht zuletzt im Abdruck spannender Fortsetzungsromane, seit 1866 Marlitts »Goldelse« ein durchschlagender Erfolg gewesen war. In der »Gartenlaube« erschien 1885 auch Raabes anspruchsvoller Roman »Unruhige Gäste«, der bei den Leserinnen freilich zu einem Eklat führte.

Mit der kleinen Erzählung »Der Weg zum Lachen«, die Raabe im Frühjahr 1857 für die Damenzeitschrift »Bazar« schrieb, gab sich Raabe erkennbar wenig Mühe; vielleicht handelte es sich sogar um eine eilige Restverwertung aus dem »Chronik«-Material: Ein Greis, dem das Lachen vergangen ist, soll auf zwanzig Seiten mit dem Leben versöhnt werden. Zufällig erinnert ihn ein verliebtes Dienstmädchen an seine verlorene Jugendliebe – die Träne quillt, der Alte flüchtet in ein Gartenlokal und begegnet dort seiner Liebsten, die nun freilich den Ehemann, die Kinder und sämtliche Enkel im Schlepptau hat. Die Späße der Kleinen sind so reizend – sie stecken ihm Schnecken in die Taschen –, daß er mit dem Leben ausgesöhnt ist und wieder lachen kann. Mit Literatur hat das nichts zu tun, aber die Redaktion zahlte dafür 14 Taler, die Raabe für eine Fußreise mit seinem Bruder Heinrich verwendete. Sie bestiegen den Hohen Meißner, besuchten die Wartburg und wanderten auf dem Rennsteig ins Thüringer Land.

In den folgenden Sommermonaten erscheint sein Roman »Ein Frühling« im Feuilleton der »Reichszeitung«, und es sieht so aus, als hätte Raabe in dieser Zeit nichts anderes getan, als sich dafür in Wolfenbüttel bewundern zu lassen. Er beginnt kein neues Werk, sondern verbringt die Tage mit Lektüre (Fielding, Byron) und die Abende mit neuen Freunden. Aus dem jahrelang verlachten Versager ist nun endgültig ein gern gesehener Gesellschafter und geachteter Mitbürger geworden. Der Berliner Verleger Ernst Schotte, der Schwager des verstorbenen »Chronik«-Verlegers Stage, bietet ihm sogar die Redaktion einer geplanten illustrierten Zeitschrift an, und Raabe antwortet darauf mit einiger Überheblichkeit, »daß die Übernahme einer solchen Redaktion wohl in meinem Lebensplane liegt, daß aber meine jetzigen schriftstellerischen Verhältnisse hier sich so günstig gestellt haben«, weshalb er auf das Angebot momentan nicht eingehen möchte: »und werde mir auch stets soviel als möglich eine freie Lebensstellung zu bewahren suchen. Ich glaube wohl zu wissen, was das deutsche Publikum *ist* und will...« Er beendet diesen Brief mit einem Satz, der sehr deutlich sein gesteigertes Selbstbewußtsein zeigt: »Wenn Sie wieder schreiben, so bedienen Sie sich doch der Adresse ›Schriftsteller Wilh. Raabe Wolfenbüttel‹« (BAE 2, 14f).

Einer der neuen Bekannten, mit dem sich Raabe sofort ohne Vorbehalte verstand, war der fünf Jahre ältere Adolf Glaser, der einige Erfahrungen mit Raabe teilte: Glaser hatte in Berlin gelebt, bis er im Jahr 1856 als Redakteur der neugegründeten »Westermann's Illustrierten Deutschen Monatshefte« nach Braunschweig engagiert wurde. Auch er hatte eine kaufmännische Lehre ohne Neigung absolvieren müssen, ehe er auf dem neuerlichen Umweg über die Universität zu seinem eigentlichen Beruf gelangte. Vermutlich erleichterte solche Ähnlichkeit der Lebenswege die rasche Vertiefung der im Juli 1857 durch den Feuilletonredakteur der »Reichszeitung« vermittelten Bekanntschaft zu einem für Raabe seltenen freundschaftlichen Umgang.

Die Männer trafen sich jede Woche einmal im »Großen Weghaus« zwischen Braunschweig und Wolfenbüttel, wo schon Lessing sich mit seinen Braunschweiger Freunden zusammengesetzt hatte. Glaser erinnert sich: »Gewöhnlich geleitete ich den Freund, häufig in Begleitung einer seiner Bekannten, nach Wolfenbüttel, blieb sehr oft noch einige Abendstunden im Raabeschen Familienkreise und kehrte mit der Eisenbahn nach Braunschweig zurück ... Raabe war schon damals, wie er immer war, ein in sich versunkener, verschlossener Mensch. Er sprach nie über seine Arbeiten. Im Umgang war er still, zuweilen aber von ausgelassener Lustigkeit, namentlich, wenn ihm die Leute sympathisch waren. Er war ungemein reizbar« (BAE 4, 39). Glaser ahnte natürlich nichts von Raabes Krankheit. Die äußeren, positiv stabilisierenden Einflüsse verwandelten zwar die psychotische Anlage vom möglichen Übergang zum letztlichen Hindernis zur chronischen Schizophrenie, die Psychose selbst blieb jedoch erkennbar, auch wenn sie damals nur als besondere Reizbarkeit oder Nervosität auffiel. Mit der Mutter sprach Glaser auch über die somnambulen Anlagen Raabes, mit der eben jene nervöse Sensibilität sowohl belegt als auch erklärt werden sollte. Auf dem Heimweg vom Weghaus nach Wolfenbüttel kamen die beiden, in Gesprächen versunken und gern einen kleinen Umweg gebrauchend, an einem ehemaligen Hexen-Richtplatz vorbei, und möglicherweise gab der genius loci die Veranlassung für Raabe, von Plagen und Katastrophen wie Pest und Hungersnot zu sprechen, deren baldige Wiederkehr er nachdrücklich

behauptete. »Die groteskesten Prophezeiungen konnte er dann mit der Miene der Überzeugung aussprechen und förmlich darin schwelgen« (BAE 4, 40). Im »Frühling« steht solch eine Prophezeiung, vorgetragen mit pathetisch-visionärem Gestus, die eine Revolution der Hungernden und Entrechteten ankündigt (BA 1, 257). Glaser glaubte nicht an Visionen und hielt die düsteren Bilder für bloßen Geschichtspessimismus. Als er Raabe um einen Beitrag für Westermanns »Monatshefte« bat, überarbeitete dieser die im Kern schon in Magdeburg entstandene historische Erzählung »Der Student von Wittenberg«, die Glaser gerne annahm und sofort in Druck gab.

Ein Brief des Bürgermeisters Seebaß, eines Freundes der Familie, rief Raabe nach Stadtoldendorf, weil die Reste der großväterlichen Bibliothek im Holzmindener Posthaus verkauft werden sollten. Bei dieser Gelegenheit nahm Raabe die Bände des »Holzmindener Wochenblatts« an sich und überließ die weitere Regelung seinem Onkel Christian. Wenige Tage danach reiste er nach Berlin, um sich mit dem Verleger Schotte nun doch über das Projekt einer illustrierten Zeitschrift zu beraten, deren Redaktionsübernahme er ja brieflich schon recht eindeutig abgelehnt hatte. Seit dem Antritt dieser Reise am 1. Oktober 1857 führte Raabe Tagebuch: 53 Jahre lang, in lückenloser Folge bis zum 2. November 1910, zwei Wochen vor seinem Tod. Über viertausend Seiten umfassen diese pedantisch geführten Tagebücher, die im Nachlaß erhalten, aber bisher nicht veröffentlicht sind. Sie enthalten keinerlei Reflexionen über das eigene Werk, keine Betrachtungen zu Politik, Kunst oder Zeitgeschichte, sondern in stichwortartigen Notizen, die ihm als Gedächtnisstütze dienten, hielt Raabe Krankheiten, vor allem das Wetter, Lektüre, häuslichen Ärger und Stammtischbesuche fest.

»Donnerstag, 1. Oktober 1857. 8 Uhr 30 Min. Morgens Abfahrt von Wolfenbüttel. Magdeburg. Auf der Fahrt Menageriebesitzer und -besitzerinnen. Messe in Magdeburg. Creutzsche Buchhandlung, Gang nach Tische. Frankes Denkmal! Wer ist Franke? Abfahrt nach Berlin 6 1/2 Uhr abends. Mondenschein. Die See'n. Potsdam. Ankunft in Berlin 10 1/2 Uhr. Der grüne Baum.« Was Raabe hier notierte, taucht im »Hungerpastor« wieder auf, wenn im 27. Kapitel Hans Unwirrsch auf der Bahn in die nicht besonders angenehme Gesellschaft von Menageriebesitzern und ihren Kleintieren gerät. Am ersten Abend stieg Raabe im »Grünen Baum« ab (dem Treffpunkt der Neuntöter im »Hungerpastor«), mietete am nächsten Tag ein Zimmer in der Dorotheenstraße 72 und machte sich unangemeldet auf den Weg zu seinem ersten Rezensenten Ludwig Rellstab, der jedoch leider verreist war. Aber den Freund Stülpnagel trifft er an und nimmt aus der Leihbibliothek gleich ein halbes Dutzend Bücher mit: Longfellow, Poe, Bulwer, Balzac ...

Raabe liest, geht in die Oper und diskutiert mit Schotte, der seine »Chronik« übernimmt und 1858 neu herausbringt, den Plan einer Zeitschrift. Die Gespräche befriedigen ihn nicht, aber er weiß auch nicht, was er eigentlich will. Im Tagebuch vermerkt er: »Ekel, schal und unersprießlich!« (6. Okt.), »Ich imaginiere mich in mich hinein« (11. Okt.), »Ich imaginiere. Abends Gänsebraten« (13. Okt.), »Magenschmerzen« (16. Okt.). Auf Schottes Anregung schreibt er eine Weihnachtsgeschichte, und es scheint, als seien in die schon am 24. Oktober beendete Erzählung »Weihnachtsgeister« einige sarkastische Kommentare Raabes zu dem Vorschlag seines Verlegers eingeflossen. Denn die Frau Geheimrätin hatte vom Redakteur Hinkelmann in der Zeitschrift »Chamäleon« eine lobende Rezension ihres höchst dilettantischen Gedichtbandes erwartet, weil sie glaubte, der Herr Redakteur suche in ihrem Haus die geistigen Genüsse, während Hinkelmann eher wegen der reizenden Töchter kam. Und nun hat Hinkelmanns Kollege Weitenweber das Buch vernichtend besprochen; die Idylle ist zerstört und Hinkelmanns Hoffnung auf einen Weihnachtsabend im Kreise wonniger Weiblichkeit zerronnen. Solch karikierende Darstellung enthält sicherlich einen Kern begründeter Furcht, Raabe könnte als Redakteur in unangenehme Interessenkonflikte verwickelt werden, die seine Unabhängigkeit gefährden würden.

Die humoristisch beginnende Erzählung kippt plötzlich in eine Atmosphäre heruntergekommener Dämonie ab, als der ebenso zynische wie gespenstisch hagere Redakteur Weitenweber in Hinkelmanns trister Behausung auftaucht und Flasche auf Flasche aus den unergründlichen Weiten seines Mantels zieht. Die von Weitenweber ohnehin zerstörte Sentimentalität der Weihnachtsnacht wird in einer gigantischen Bowle niedergetrunken. Im Rausch erwachen, ganz nach dem Vorbild von E.T.A. Hoffmanns »Nußknacker und Mausekönig«, der Honigkuchenmann, die beschädigte Puppe, der

Zwetschgenmann und die Elfe zu eigenem Leben, und mit ihnen bricht die soziale Realität böse und kraß durch die Nebel des Rauschs. Denn der schwarze Zwetschgenmann, wohl ein Kaminkehrer, setzt seine Leiter an den Weihnachtsbaum und will in die geschmückten Zweige hinaufklettern. »›Werft ihn hinunter; er riecht so übel!‹ riefen die Marzipane, und der Lebkuchenmann« – er hat eine bittere Mandel als Herz und nennt sich »Staatsbürger erster Klasse« – »wachte plötzlich auf aus seiner Erstarrung und schnarrte: ›Schlagt ihn auf den Kopf, schlagt ihn auf den Kopf! Was will der Proletarier hier oben?‹ ›Kehren, kehren, kehren!‹, rief der schwarze Pflaumenbursche unten und faßte die ersten grünen Zweige und schwang triumphierend seinen Besen. Alles rettete sich vor ihm so hoch als möglich hinauf, und nur die kleine Bäuerin blieb auf ihrem Platze. ›Sie fürchten sich vor mir; sie wollen nichts von mir wissen; – ich will kehren, kehren, kehren!‹«

Die Elfe beruhigt ihn, und er erzählt seine Geschichte: »Aus einer dunkeln, feuchten Kellerwohnung komme ich; am hellsten Tage fällt kein Sonnenstrahl hinein. Im Sommer läuft das Wasser in Tropfen von den schwarzen Wänden, und im Winter überziehen sich dieselben mit weißem Reiffrost. Da bin ich geboren. Als ich meine Geburtsstätte verließ, lag auf dem Strohlager im Winkel unter einem Stück grober Sackleinwand eine Leiche, und viele, viele hungrige Kinder kauerten verschüchtert umher. Am Tisch saß ein starker, kräftiger, aber bleicher und hohlwangiger Mann beim Schimmer einer elenden Lampe. Die Hand, die einen Stier niedergeschlagen hätte, bog den Draht, reihte die welken, schmutzigen Früchte auf, welche meine Glieder bilden. In dem Schneewind da draußen, in der kalten Winternacht, auf den eisigen Steinen sitzt ein armes kleines Kind, und vor ihm stehen meine Brüder in Reih und Glied aufmarschiert. O kauft sie, kauft sie, sie kosten nicht viel!« (BA 2, 299f).

Die Szenerie wird nicht weniger ungemütlich, wenn man sich bei den letzten Sätzen an Andersens Märchen vom »Mädchen mit den Schwefelhölzern« erinnert fühlt. Raabe beschreibt das Großstadtelend ohne Beschönigung: Diese Familie war auf die Heimarbeit der Mutter angewiesen; nun hat der Mann kein Geld und keine Zeit, die Frau beerdigen zu lassen, denn er muß ihre Arbeit fortführen, weil die Kinder etwas zu essen brauchen. Und Raabe beläßt es nicht bei der drastischen Schilderung, sondern er malt auch das schwarze Menetekel sozialer Unruhen in die kerzenerleuchteten Weihnachtsstuben seiner Leser. Es scheint, als zwinge ihn das große Berlin zur literarischen Auseinandersetzung mit den großen Themen der Zeit, während er in der Enge Wolfenbüttels mit harmlosen historischen Erzählungen künstlerisch stagniert. Er hat das selbst gespürt, denn als er zwei Jahre später den Großstadtroman »Röschen Wolke« plante, wollte er nach Berlin umziehen, aber er konnte sich doch nicht entschließen, und der Roman blieb ungeschrieben.

Raabe entwickelte mit den Jahren eine bemerkenswerte Scheu, Stätten seines früheren Lebens nochmals aufzusuchen. Diese Eigenart hat er 1887 seinem Helden im »Alten Eisen« mitgegeben: »Probiere es nicht, rate ich. Es ist nicht anzuempfehlen, sich zu abgestandenen Krügen und altgewordenen Jugendbekanntschaften zu setzen« (BA 16, 398). Den Versuch einer Erklärung gibt er 1893: Er sei aus Berlin weggegangen, weil er dort »nie in weiteren Kreisen einen Widerhall zu finden« glaubte (BF, 294) – was angesichts seines von Berlin ausgehenden frühen Ruhmes nicht besonders glaubhaft scheint, sondern eher als Rationalisierung seiner Idiosynkrasie zu verstehen ist. Raabe hat in späteren Jahren keine Einladung nach Berlin mehr angenommen und sämtliche Angebote Berliner Redakteure, von Karl Emil Franzos bis Herwarth Walden, strikt abgelehnt.

Er verließ die Stadt am 17. November 1857 und hat sie nie wiedergesehen. Aber viele seiner folgenden Werke enthalten Hinweise und Anspielungen, sind sogar in Berlin angesiedelt, und noch im privatesten Bereich findet sich eine heimliche Verbindung zur Stadt seiner künstlerischen Selbstfindung: Er hatte in der Spreegasse wenige Schritte entfernt von der Gertrudenbrücke und der 1881 abgebrochenen Schinkelschen Gertrudenkapelle auf dem Spittelmarkt gewohnt. Als am 19. Februar 1876 seine vierte und jüngste Tochter geboren wurde, ließ er sie auf den Namen dieser Schutzheiligen des ältesten Berliner Stadtteils taufen.

Raabe kehrt unzufrieden nach Wolfenbüttel zurück und legt sich krank ins Bett. Nach wenigen Tagen, am 3. Dezember, beginnt er mit der mehrfach unterbrochenen Ausarbeitung seines dritten Romans »Die Kinder von Finkenrode«, in dem er den kürzlichen Besuch seiner Kindheitsorte Stadtoldendorf und Holzminden verarbeitet. Aber schon zwei Tage später notiert er, sichtlich selbst überrascht, im Tagebuch: *»Ich entdecke, daß ich Verse machen kann!!!!«* Die gesamte nächste Woche ist mit dieser neuen Beschäftigung, dem »Reimen«, ausgefüllt; am 10. Dezember entstehen die beiden Gedichte »Osterhas« und »Türmers Töchterlein«, wie Raabe »arbeitsselig« vermerkt. Doch die Ergebnisse sind keineswegs überzeugend; es genügt, eine Strophe zu zitieren:

»Türmers Töchterlein
Sie neigt sich herab übers Turmgeländ,
So eisig die Stirn, so glühend die Händ;
Der Vater das Sünderglöcklein zieht,
Durch die Gassen hallt das Totenlied –
Jetzt holen sie ihn aus dem Kerker.«
(BA 20, 319)

Raabes lyrische Versuche sind nicht viel schlechter als die Produkte seiner Zeitgenossen, und nichts kennzeichnet diese deutsche Rückständigkeit besser als die Erinnerung daran, daß im Erscheinungsjahr der »Chronik« Baudelaire seine »Fleurs du mal« veröffentlichte. In jenem Jahr 1857 erschien Stifters »Nachsommer«, aber eben auch Flauberts »Madame Bovary«. Frei von jeder Selbstkritik hielt Raabe seine zwischen Epigonalität und Ahnungslosigkeit schwankenden Verse für veröffentlichungswürdig. Die bisher entstandenen Stücke schickte er am 16. Dezember an Westermanns »Monatshefte«, aber Adolf Glaser lehnte sie entschieden ab: »Unfreundlicher Brief von den Monatsheften. Rückgabe der Verse« (Tgb., 1. Jan. 1858). Noch zweimal versuchte er vergeblich, seine lyrische Produktion in Zeitschriften unterzubringen, danach fand er bis zum »Hungerpastor« (1862/63) den Ausweg, einzelne Gedichte in seine Erzählprosa einzufügen. Mit dem Abschluß jenes Jugendwerks wurde er sich darüber klar, daß er sich nicht nur mit seinen Versen schriftstellerisch in einer Sackgasse befand und setzt ohne Bedauern eine Zäsur: »Man wird eben älter, und auch ich glaube, meine mehr lyrische Periode glücklich hinter mir zu haben« (BAE 2, 112).

Die »Kinder von Finkenrode« bleiben bis Januar unterbrochen durch die Arbeit an der historischen Erzählung »Lorenz Scheibenhart«, die er für 33 Taler an Westermann verkauft. Noch einmal wird der Roman im März aufgeschoben, weil Raabe ungedingt seine abgelehnten Verse gedruckt sehen will und er deshalb eine äußerst dürftige Rahmenhandlung konstruiert, die seinen Magdeburg-Zyklus »Belagerte Stadt« und den »Osterhas« aufnehmen kann. Da er mit der Einschätzung seiner Gedichte gegen die skeptisch ablehnenden Stimmen recht behalten will, verweist er am Ende dieser Erzählung auf das Datum des 15. November und damit wiederum auf jene Novelle Tiecks, in der einer sich gegen alle Ablehnungen durchsetzt. Die Stuttgarter »Hausblätter«, die schon die »Weihnachtsgeister« gedruckt hatten, nahmen die Arbeit zwar an, aber als der Text im September 1858 erschien, mußte Raabe feststellen, daß mehrere Gedichte gestrichen worden waren: »Die verstümmelte Novelle von Stuttgart. Remember! Remember! Remember!« (Tgb., 23. Sept. 1858).

Diese »Novelle«, wie Raabe seinen Kurztext irreführend nennt, trägt den Titel »Einer aus der Menge«, der nicht von Edgar Allan Poes »The Man of the Crowd« entlehnt ist, sondern aus Lessings »Nathan« (»Ist's einer aus der Menge bloß«; III, 4) stammt. Nur der erste Abschnitt der sonst banalen Geschichte ist bemerkenswert, weil auf ihn das Licht der Moderne fällt: »Ihr steht an der Ecke der belebten Straße einer großen Stadt. Hunderte von Menschen drängen sich im ununterbrochenen Strome an euch vorüber, immer neue Gesichter, daß euch ein Schwindel überkommt, wenn ihr nicht daran gewöhnt seid, in diese Fluten zu schauen. Hunderte von Gesichtern laßt ihr teilnahmslos, gleichgültig vorübergleiten, bis endlich euer Auge sich auf eines heftet – zufällig, welches euch magisch anzieht, euer Interesse mehr oder weniger anregt, ohne daß ihr euch Rechenschaft darüber geben könnt, wie das kommt. Ihr erblickt diese Züge in diesem Augenblick zum erstenmal, und doch seid ihr, wenn ihr bis jetzt geträumt, gleichgültig dreingeschaut habt, nun auf einmal wach! Ihr folgt dem Wesen, welches euch erweckt hat, mit den Augen, ihr verlaßt sogar auch wohl euern Standpunkt und schreitet ihm nach bis zur nächsten Straßenecke. Ihr sucht an die Seite jenes Unbekannten zu gelangen, sucht seine Stimme zu hören, die Farbe seiner Augen genauer zu erkennen – – da kreuzt eine Gesellschaft den Weg – der Zauber ist gebrochen, das Gesicht versunken – ein Tropfen im Meer!« (BA 2, 341).

Viel genauer als bei Poe formuliert dieser Absatz jene Großstadterfahrung, die Baudelaire in einem seiner berühmtesten Gedichte der »Fleurs du mal« festgehalten hat:

»An eine, die vorüberging

Betäubend heulte die Straße rings um mich. Hochgewachsen, schlank, in tiefer Trauer, hoheitsvoller Schmerz, ging eine Frau vorüber; üppig wog und wiegte ihre Hand des Kleides wellenhaften Saum;
Leicht und edel setzte sie wie eine Statue das Bein. Ich aber trank, im Krampf wie ein Verrückter, aus ihrem Auge, einem fahlen, unwetterschwangeren Himmel, die Süße, die betört, die Lust, die tötet.
Ein Blitz ... und dann die Nacht! – Flüchtige Schönheit, von deren Blick ich plötzlich neu geboren war, soll ich dich in der Ewigkeit erst wiedersehen?
Anderswo, sehr weit von hier! zu spät! *niemals* vielleicht! Denn ich weiß nicht, wohin du enteilst, du kennst den Weg nicht, den ich gehe, o du, die ich geliebt hätte, o du, die es wüßte!«

(Übers. Friedhelm Kemp)

Anläßlich seiner Baudelaire-Interpretation bemerkte Walter Benjamin, daß in diesem Gedicht vom ewigen Abschied auf den ersten Blick »die Stigmata zum Vorschein kommen, die das Dasein in einer Großstadt der Liebe beibringt« – und nicht der Liebe allein, sondern allen menschlichen Beziehungen, die ebenso schockhaft-flüchtig wie trügerisch und hinfällig erscheinen. In diesem Sinn fährt bei Raabe der Icherzähler fort: »Wenn euch nun im Vorübertreiben der Menschen ein Gesicht auffällt, wie eben gesagt, so wird ein Etwas darin liegen, welches es, vielleicht für euch nur, von den hundert andern, die euch gleichgültig sind, unterscheidet. Seht, dieses Etwas in den Menschen, sei es was es wolle, zu erkennen, blitzschnell es zu erfassen, es die tausend Phasen und Schattierungen, deren es fähig ist, durchlaufen zu lassen, das ist das Geschäft einer Art seltsamer Gesellen, zu denen leider auch ich gehöre. Leider! – Ach, es ist ein Geschäft, dem des Lumpensammlers, des Kehrichtdurchsuchers vergleichbar! Wie selten findet man in dem Schmutz, dem Auswurf des Lebens, einen silbernen Teelöffel, eine zertretene Schmucknadel! Lumpen und Lappen und Glasscherben fallen uns genug unter die Hände, und wenn sich auch aus Lumpen und Lappen, Fetzen und Flittern und Glasscherben mancherlei darstellen läßt, so ist es doch gar nicht angenehm, damit zu tun zu haben« (BA 2, 341 f).

Das sind sonderbare Sätze, die so gänzlich isoliert in Raabes Frühwerk stehen, als gehörten sie ihm nicht. Der Icherzähler vergleicht sich mit einem Lumpensammler, ohne daß er bereits seinen wirklichen Beruf genannt hätte. Durch den letzten Satz jedoch, in dem er betont, daß sich für ihn aus minderwertigem oder abgelegtem Material »mancherlei darstellen läßt«, wird sein Beruf als Schriftsteller klar. Aber diese Gleichsetzung von Lumpensammler und Dichter, die beide isoliert von der Gesellschaft ihrem Gewerbe nachgehen, wenn der brave Bürger schläft, die alle paar Augenblicke innehaltend das Gefundene prüfen und verwerfen oder auflesen – diesen Vergleich hatte bisher nur Baudelaire gewagt: »Alles, was die große Stadt fortwarf, alles, was sie verlor, alles, was sie verachtete, alles, was sie zertrat – er legt davon das Register an und er sammelt es.« In den »Fleurs du mal« hat Baudelaire diesem einsamen Helden der Moderne ein Gedicht gewidmet:

»Der Wein der Lumpensammler

Oft bei der roten Helle einer Straßenlaterne, deren Flamme im Winde zuckt, indes die Scheiben klirren, im Herzen einer alten Vorstadt, verwinkelt, voller Unrat, wo die Menschheit gewitterschwanger gärt und brodelt,
Sieht man einen Lumpensammler, der daherkommt, kopfschüttelnd, stolpernd und an die Mauern stoßend wie

ein Dichter; und ohne um die Spitzel, seine Untertanen, sich zu kümmern, schüttet er ungehemmt sein Herz aus, das glorreiche Taten träumt.

Er leistet Eide, diktiert erhabene Gesetze, zermalmt die Bösen, richtet die Opfer auf, und unterm Sternenhimmel, der wie ein Baldachin herabhängt, berauscht er sich am Glanz der eigenen Tugend ...«

(Übers. Friedhelm Kemp)

Hatte also Raabe Baudelaires »Fleurs du mal« gelesen? Dafür gibt es kein gesichertes Zeugnis. Für die Annahme, er habe sich mit der zeitgenössischen französischen Literatur beschäftigt, spricht außer jener bildergleichen Übereinstimmung in der Auffassung vom Dichterberuf, die Raabe in der Novelle »Wer kann es wenden« (1859) bekräftigen wird, eine zeitgleiche Bemerkung in den »Kindern von Finkenrode«: dort nennt er Frankreich »die lebendigste Nation jetziger Ära« (BA 2, 21) – das ist die einzige positive Erwähnung Frankreichs im gesamten Werk, und sie bezieht sich sicherlich nicht auf die autoritäre Herrschaft Napoleons III. Auch ein anderer Satz in den »Kindern von Finkenrode« läßt eine französische Lektüre ahnen: »Der Mond glitt rund und voll, aber verschleiert – wie eine schöne Frau auf der Umkehr – durch den geheimnisvollen Duft der Novembernacht« (BA 2, 13). Dieser Vergleich liegt dem Französischen weitaus näher als dem Deutschen, da dort der Mond weiblichen Geschlechts ist. In ihrer kühlen Eleganz entspricht diese Wendung noch so wenig dem Stil des jungen Raabe, daß man ein kryptisches Zitat annehmen darf – obwohl er gerade in diesem Roman eine erstaunliche Leichtigkeit zeigt. Fast übermütig setzt er Zitate ein und scheint dabei mit dem Leser zu spielen, der die Verweise ja doch nicht versteht, weil es sich mit der Bildung »des Publikums allzusehr gegeben hat« (BA 2, 9).

Der Icherzähler beginnt mit dem Jammer über den eigenen Geburtstag, eine Erinnerung an Schillers »Don Carlos«, gekoppelt mit dem autobiographischen Hinweis Raabes auf den

29. November, den natürlich kein Leser verstehen konnte, und er schließt das Buch mit jenen Worten, die Goethe in »Dichtung und Wahrheit« (III, 11) unter seine Friederike-Episode setzte: »Mir war sehr übel zumute.« Dieser Erzähler trägt den Namen »Bösenberg«: So hieß ein Leipziger Verleger des literarischen Vormärz, der freilich mit seinen rasch wechselnden Zeitungen, u. a. »Der Komet«, wenig Erfolg hatte. Er sitzt im Redaktionszimmer der Zeitschrift »Chamäleon«; das war auch einer der Titel von Andreas Georg Friedrich Rebmanns zahlreichen revolutionären Zeitungen, von denen eine wie der »Komet« auf den Sternenhimmel verwies: der »Niedersächsische Merkur«. Rebmanns Journale dienten der Verbreitung jakobinischer Ideen; sie informierten nicht nur über den Verlauf der Französischen Revolution, mit der sie 1799, wenige Wochen vor der Machtübernahme Napoleons, schließlich untergingen, sondern sie forderten mit der Kritik an deutschen Verhältnissen eine eigene deutsche Revolution, an deren Ende eine demokratische Verfassung stehen sollte.

Der leitende Redakteur des »Chamäleon« ist Weitenweber, den man, wie auch den kurz auftauchenden Hinkelmann, schon aus den »Weihnachtsgeistern« kennt. In ihm hat sich zwar Raabe selbst porträtiert, aber der Name enthält wahrscheinlich eine Anspielung auf Jürgen Wullenweber (1492–1537), den demokratischen Führer der Lübecker Bürgerschaft, dessen trauriges Ende zur Wolfenbütteler Lokalhistorie gehört. Wullenweber wurde nämlich in Steinbrück bei Wolfenbüttel gefangengenommen, vom Erzbischof an dessen Bruder, den Herzog Heinrich von Braunschweig ausgeliefert, und nachdem er unter der Folter den Plan der Einführung einer Republik gestanden hatte, in einem öffentlichen Gericht auf dem Tollenstein bei Wolfenbüttel am 24. September 1537 zur Vierteilung verurteilt. Das lag zwar eine gewisse Zeit zurück, aber vor und nach den Revolutionsereignissen von 1848 erinnerte man sich durchaus an diese tragisch verfrühte Gestalt: 1846 war bei Wigand in Leipzig ein 160 Seiten langes Gedicht von H. Neumann »Jürgen Wullenweber, der kühne

Demagoge« erschienen, 1848 schrieb Gutzkow ein Theaterstück über ihn, und 1855/56 untersuchte Waitz in drei Bänden die Rolle Wullenwebers in Lübeck und ihren Einfluß auf die europäische Politik. Raabe verweist also mit dem Namensspiel von Zeitung und Redakteur auf demokratische Impulse, die von seiner Zeit noch nicht eingelöst worden waren.

In der Romanhandlung wird dieser politische Aspekt nur einmal, am Sterbebett des von den Finkenroder Spießbürgern verhöhnten Künstlers Wallinger, erwähnt: Als er fragt: »Wie steht es im deutschen Land?« antwortet ihm Weitenweber aus der historischen Entfernung und Erfahrung seines Namensvetters Wullenweber: »Es ist, wie es war! Auf derselben Stelle halten wir Schule für die Völker, die da kommen und gehen. Fühlende, denkende – zweifelnde Millionen quälen sich auf derselben Stelle, gleich unfähig zum Glauben, zur Liebe wie zum Haß, unfähig deshalb, *Ein* großes Volk zu sein« (BA 2, 196). Geschichte sei, schreibt Cioran, die Aggression des Menschen gegen sich selbst – und nur selten erheben sich vereinsamte Stimmen, um gegen diese Destruktion zu protestieren oder sich gegen diese Aggression aufzulehnen, ohne freilich Erfolg zu haben. Raabes frühe Geschichten zeigen Momente einer solchen Auflehnung gegen die Geschichte, aber ihnen allen ist abzulesen, daß ihr Autor von vornherein mit dem Scheitern paktiert. Wenn in dem späteren Roman »Alte Nester« (entst. 1877/79) der autobiographische Hintergrund der Gestalt Weitenwebers noch einmal zitiert wird, dann allein um klarzustellen, daß Raabe längst vor Schopenhauers Entdeckung durch das Publikum zu einem soliden Pessimismus gelangt war.

Die »Kinder von Finkenrode« wurden von zwei Verlegern abgelehnt, bis sich Schotte im Herbst 1858 entschloß, den Roman zu übernehmen. Allerdings konnte Raabe seine Honorarvorstellung nicht durchsetzen; er forderte 200 Taler, Schotte bot ihm die Hälfte, und nach den Ablehnungen war Raabe klug genug, darauf einzugehen. Zudem plante er eine längere Reise, vor deren Antritt das Buch unbedingt erscheinen sollte, weil er sich damit bei einigen Verlegern und Schriftstellerkollegen einführen wollte. Gleichzeitig bot er Schotte an, die bisher entstandenen kurzen Erzählungen in einem Sammelband herauszubringen, womit der junge Verleger einverstanden war. Der Roman erschien Ende Januar, die Sammlung unter dem Titel »Halb Mähr, halb mehr« im Frühjahr 1859. Beide Bücher wurden vom Publikum kaum bemerkt und fanden in der Presse ein ebenso geringes wie zwiespältiges Echo. Der Freund Adolf Glaser schrieb in der »Reichszeitung« (14.2.59) seines Verlagskonkurrenten Vieweg: »Das wirklich eminente Talent, welches Corvinus als Erzähler besitzt, hat sich bereits mehrfach dokumentiert und findet auch in dem vorliegenden Werke einen neuen Ausdruck. Wir möchten jedoch wünschen, daß dieses Talent entsprechendere Stoffe zu verarbeiten fände und dadurch zur vollen Entfaltung und Geltung käme, denn solche einfachen Vorgänge, wie sie hier geschildert werden, sind demselben doch zu unbedeutend.« Solche gewiß nicht unberechtigte und durchaus wohlwollend gemeinte Kritik prägte auch die übrigen Rezensionen. Sehr viel deutlicher wurde der bekannte Kritiker und Romancier Robert Prutz bei seiner Besprechung von »Halb Mähr, halb mehr«: »Es sind Schnitzel, die der Verfasser ehedem, da er noch kein beliebter Schriftsteller war, unter seinen Arbeitstisch geworfen; es mag etwas Verführerisches haben, solche weggeworfenen Schnitzel nachträglich, nachdem man sich einen gewissen Namen erworben hat, wieder hervorzuholen – aber eben um seines Namens willen hätte der Verfasser es doch lieber nicht tun sollen« (BA 2, 551).

Mit Raabe, der ununterbrochen produzierte, dabei immer noch vom Ruhm der »pathologischen Merkwürdigkeit« seines Erstlings zehrte und daraus auch sein ganzes Selbstbewußtsein als Autor bezog, ging es nun genau so, wie Goethe es 1828 in einem durch Karl von Holtei mitgeteilten Gespräch über den Dichter der »Undine« formuliert hatte: »Das ist ein anmutiges Büchlein und trifft so recht den Ton, der einem wohltut. Später wollt' es dem armen Fouqué mit nichts mehr so gut gelingen. Und das merkte er nicht. Aber es ist nicht anders. Der liebe Gott gibt dem Dichter einen Metallstab mit zu seinem Bedarf. Von außen sieht ein solches Ding aus wie eine Goldbarre. Bei manchen ist es auch Gold, mindestens ein tüchtiges Stück lang. Bei vielen ist es das liebe, reine Kupfer, nur an den Polen des Stabes etwas Gold. Da bröckelt nun der Anfänger los, gibt aus, wird stolz, weil sein Gold im Kurse gilt und wähnt, das müsse so fortgehn. So bröckelt er immer lustig weiter. Hernach, wenn er schon längst beim Kupfer ist, wundert er sich, daß die dummen Leute es nicht mehr für Gold annehmen wollen.«

Mit neunundzwanzig Jahren war Raabe in der Gefahr, sich um seinen rasch erworbenen guten Namen zu schreiben – und er merkte es nicht. Auf die mahnenden Kritiken reagierte er mit trotzig übersteigertem Selbstbewußtsein: »Ich habe einen eigenen Weg eingeschlagen und werde denselben fortgehen, und ich habe die feste Zuversicht, das Publikum werde es mir Dank wissen. Was für gute Ratschläge habe ich schon seit Beginn meiner schriftstellerischen Laufbahn, seit dem Erscheinen der Chronik bekommen, aber glauben Sie mir, Herr Schotte, Frische und Originalität werden nicht leichter vernichtet als durch die Befolgung guter Ratschläge. Ich fühle, daß ich noch Besseres leisten kann, als ich bis jetzt geleistet habe; aber ich kann zu diesem Besseren wie gesagt nur auf meinem eigenen Wege gelangen und das ist nicht die ausgetretene Heerstraße. Einen wahren Schriftsteller erkennt man erst im Zusammenhange seiner Schöpfungen« (BAE 2, 27).

Zur kritischen Selbstbesinnung bleibt ihm keine Zeit; er wird, wie er sagt, »jetzt förmlich mit Verlagsanbietungen überstürmt« (BA 2, 615); die »Gartenlaube« hatte ihn um einen Beitrag gebeten, und aus Prag fragte der Verleger Kober für sein »Album. Bibliothek deutscher Originalromane« nach einem neuen Manuskript. Raabe schreibt an Schotte: »ich muß gestehen, ein Roman in seinem Album, der in 3000 Exemplaren abgesetzt wird, könnte der Verbreitung meines Namens nur förderlich sein« (BA 2, 615); bisher waren Raabes

Romane über die Erstauflage von tausend Exemplaren, die nicht annähernd verkauft werden konnten, nie hinausgekommen. Kobers Angebot mußte also Raabes Interesse herausfordern. Im Januar hatte er die erste Idee eines Berliner Romans im Tagebuch notiert, den er Kober nun, Ende März, verspricht und sofort mit der Ausarbeitung beginnt, die er auch in den ersten Wochen einer lange geplanten großen Reise fortsetzt.

Am 5. April verläßt Raabe Wolfenbüttel und hält sich zunächst fast drei Wochen in Leipzig auf. Er besucht Kollegen wie Gerstäcker, geht in die Oper, ins Theater und besucht die Museen. Als er Gustav Freytag erzählt, sein Reiseziel sei Italien, erntet er furiosen Widerspruch: »Was wollen Sie denn in Italien ... Dieser Hang nach dem Welschland ist ein sündiger Erbfehler der Deutschen. Nach Holland sollten Sie gehen« (BAE 4, 41). Raabe hielt Freytag dennoch für einen »netten Kerl«, mußte später allerdings erkennen, daß dieser einflußreiche Autor ihn in seiner Zeitschrift »Grenzboten« systematisch totschwieg. Der »Gartenlaube«-Verleger Ernst Keil reagierte auf Raabes Reiseziel mit einem pragmatischen Vorschlag: Da die Verbündeten Sardinien und Frankreich einen Krieg zur Vertreibung der Österreicher aus Italien vorbereiten, soll Raabe als Berichterstatter an die Front und jede Woche einen Aufsatz liefern. Er lehnt ab: »Allzu nah dem Feuer zu gehen, soll aber etwas ungesund sein!« (BAE 2, 34).

Nachdem er in Leipzig »alles genossen (hatte), was davon zu genießen war« (BAE 2, 31), fährt er weiter nach Dresden und spricht dort bei arrivierten Kollegen vor: »Gutzkow habe ich einen Besuch gemacht, und er ist auch bereits wieder bei mir gewesen ... Redakteure und Schriftsteller in Masse sind mir begegnet. Im Cafe de l'Europe, wo ich zuweilen hingehe, bin ich und der große Mime Emil Devrient mit einander bekannt gemacht worden. Auch Gutzkow ist alle Abend hier zu finden und hat mir gesagt, jedes mal, wenn er sich poetisch stimmen wolle, lese er meine Bücher« (BAE 2, 36).

Raabe genießt die Erfahrung, auch außerhalb der engen Grenzen seiner Heimatstadt als hoffnungsvoller und geachteter Autor zu gelten: »Es ist doch ganz hübsch, wenn man bloß seinen Namen zu nennen braucht, um überall freundliche Gesichter zu sehen!« (BAE 2, 34). Aber nicht allein die wohlwollende Aufnahme, die Raabe in Leipzig und Dresden findet, begründet seine gehobene Stimmung, sondern auch der bevorstehende Krieg. Es ging dabei um eine Lappalie, um die Lombardei und Venetien, auf die beide Seiten Anspruch erhoben. Österreich war jedoch auf die Waffenhilfe des verbündeten Preußen angewiesen, das aber diese Unterstützung nur gewähren wollte, wenn Österreich seine Vorherrschaft im Deutschen Bund aufgeben und Preußen als gleichberechtigten Partner akzeptieren würde, was angesichts der militärischen Überlegenheit der Gegenseite zwingend geboten schien. Preußen mobilisierte auch bereits seine Armee; wo immer Raabe hinkam, begegnete er den ausrückenden Soldaten. Weil er von einem Sieg Österreichs über die Franzosen mit der entscheidenden Hilfe Preußens überzeugt war, erwartete er durch dieses Bündnis auch eine Wiederbelebung des deutschen Reichsgedankens, den er ja auch literarisch vertreten hatte. In diesem Sinn schrieb er hochgestimmt an seine Mutter: »Du sollst einmal sehen, wie ich hoch komme, wenn der Friede 1861 geschlossen ist« (BAE 2, 35).

Durch die Sächsische Schweiz reist er weiter nach Prag, wo er am 12. Mai ankommt: »Jetzt bin ich hier in Prag, einer äußerst merkwürdigen Stadt; und zu rechter Zeit bin ich grade eingetroffen, denn morgen ist das große Nationalfest des heiligen Nepomuk, wozu alle Dörfer gestern schon mit ihren Kirchfahnen singend in die Stadt strömten. Dazu kommt der Kriegslärm, die Geschützzüge, Pferdezüge etc etc in den engen Straßen – es ist ein seltsames Durcheinander. Kober habe ich bereits aufgesucht und in seinem Hause Kaffee getrunken. Einen Teil der Stadt hat er mir bereits gezeigt – heute werden wir wieder zusammen sein« (BAE 2, 38). Bei diesem Treffen gesteht Raabe seinem Verleger, daß er seinen Großstadtroman nicht zu dem verabredeten Termin liefern könne und erreicht eine Vereinbarung, die ihm freie Hand läßt. Im Gegenzug verspricht er Kober, ihm die beiden noch vor Beginn der Reise in Westermanns »Monatsheften« erschienenen Novellen »Die alte Universität« und »Der Junker von Denow« für das »Album« zu überlassen. Die peinliche Angelegenheit scheint damit zunächst erledigt zu sein.

> Der Junker von Denow
> Historische Novellen
> von
> Jakob Corvinus.
> (Wilh. Raabe.)

Mit Kober besucht Raabe die Theater oder macht sich allein auf den Weg durch die Stadt. Am 17. Mai will er den berühmten Judenfriedhof besuchen, gerät in ein heftiges Gewitter und wird, als er den Eingang nicht finden kann, von einer Halbwüchsigen genarrt: Statt zum Friedhof führt sie ihn aus Übermut in das benachbarte Hospital eines Damenstifts, in dem zwölf entsetzte Greisinnen lautstark gegen den plötzlichen Herrenbesuch protestieren. Raabe flüchtet durch den Hagel in sein Hotel »Goldene Gans« am Wenzelsplatz und kann erst am nächsten, dem letzten Tag seines Aufenthaltes in Prag den jüdischen Friedhof besuchen. Dieses Erlebnis hat er drei Jahre später in seiner Erzählung »Holunderblüte« verarbeitet.

Am folgenden Tag reist er nach Wien, findet die Stadt voller Soldaten und sein Hotelzimmer voller Flöhe. Raabes Tagebuch verzeichnet keine Visiten bei Kollegen oder Verlegern; allein durchstreift er die Stadt, und als er das Restaurant »Drei Raben« entdeckt, muß er natürlich dort einkehren. Im Karlstheater sieht er den Schwank »Einen Jux will er sich machen« von Nestroy, im Theater am Kärntnertor Mozarts »Hochzeit des Figaro« und im Burgtheater den »Faust« mit einem Mephisto, den er nie vergessen wird. Jeden zweiten Tag geht Raabe in ein Theater; an den freien Abenden sitzt er im Wirtshaus, meist in den »Drei Raben«, und erfährt dort in mancherlei Gesprächen, daß die Bevölkerung sich weder für den Krieg, noch gar für seine Auswirkungen auf den deutschen Reichsgedanken interessiert. Am Sonntag den 5. Juni besucht er die Aufführung von Shakespeares »Was ihr wollt« im Burgtheater, am Montag ißt er mittags im Esterhazykeller und hört beim Verlassen des historischen Lokals die erste Nachricht von der Schlacht bei Magenta. Vierzig Jahre später läßt er den Geheimrat Feyerabend in »Altershausen« noch einmal diese Szene erleben: »An einem wolkenlosen Junitag stieg der Studierende der Medizin zu Wien aus der kühlen, dunkeln Tiefe des Esterhazykellers in den heißen, blendenden Mittag im Haarhof hinauf, von dem bepelzten Mann am Schenktisch, dem Pfiff Süßen und dem Pfiff Herben in diese glühenden Gassen voll Sonnenlicht, in Hast aufgerissener Fenster bis zu den höchsten Stockwerken, voll aufgeregter, angstvoller, zorniger Menschengesichter: ›Magenta!‹« (BA 20, 258).

Österreich hatte eine Schlacht verloren und mußte nun endlich Preußen um Hilfe bitten. Raabe rechnete immer noch mit einem glanzvollen Sieg der Verbündeten und einer dadurch nötigen nationalen Neuorientierung; an die Mutter schreibt er: »Ich bin drei Wochen in Wien geblieben und habe zugenommen an Weisheit und Erkenntnis in mehr als einer Beziehung. Was mir von Interesse war, habe ich gesehen – oft schnurrigste Dinge: das Burgtheater, den Esterhazykeller, den Kahlenberg, den Sperl, das Volk von Wien an Orten, wo – Damen nicht hingehen. Prozessionen, Paraden, Durchmärsche von Freiwilligen etc. etc. alles hab ich durchgemacht ... ich lebe und *lerne*! Es ist eine herrliche Zeit! ... Ich bin ungeheuer wohl und in Folge der preußischen Mobilmachung auf der Heimreise; – aber langsam!« (BAE 2, 39 ff).

Über Hallstatt, wo er in Begleitung eines englischen Ingenieurs bei ständigem Regen die Ausgrabungen besucht und dies später in »Keltische Knochen« ganz nach seinen Aufzeichnungen erzählt, Linz, Ischl und Salzburg fährt er zurück nach München und hört von der Niederlage Österreichs bei Solferino, ohne daß preußische Truppen in die Schlacht eingegriffen hätten. Offensichtlich riskiert Österreich in diesem Krieg eine Niederlage, nur um seine Vormachtstellung gegenüber Preußen nicht aufgeben zu müssen. Aber noch glaubt Raabe an einen siegentscheidenden Eintritt Preußens in den Krieg. Die vier Tage in München nutzt er zu Museumsbesuchen, hört Mozarts »Idomeneo« und geht ins Hofbräuhaus: »Münchner Bier u. Folgen« vermerkt das Tagebuch. Am 30. Juni verläßt er die Stadt mit dem Zug in Richtung Stuttgart.

Hier kam er endlich wieder in literarisch gebildete Kreise; die Herausgeber der »Hausblätter«, Edmund Hoefer und Friedrich Wilhelm Hackländer, waren bekannte und erfolgreiche Schriftsteller, die den jungen Kollegen mit selbstverständlicher Herzlichkeit aufnahmen. Er fühle sich »unbeschreiblich wohl hier«, meldete Raabe der Mutter, »Höfer ist ein prächtiger Mann und seine Frau sehr liebenswürdig. Gestern habe ich bei ihnen mit Hackländer zu Mittag gegessen. Am Abend gehen wir in irgend einen Garten, und heute wollen wir, wenn die Hitze nicht allzu groß ist, die Umgebung sehen« (BAE 2, 41). Einen kundigeren Führer als Hackländer hätte sich Raabe nicht wünschen können, denn der Autor des populären Romans »Europäisches Sklavenleben« war zugleich Direktor der königlichen Bauten und auch verantwortlich für die Anlage der Parks und Gärten. Wichtiger für Raabe waren freilich die Kontakte zu den Buchhändlern, Redakteuren und Verlegern, die sich zwanglos herstellten und Raabe in angenehmster Erinnerung blieben.

Er reiste weiter über Heidelberg, wo er im Eiltempo die Hauptstraße, das Schloß und den Philosophenweg ablief, nach Frankfurt, von dort den Rhein hinunter bis Köln. Zu Raabes großer Überraschung hatte inzwischen Österreich

mit Frankreich einen Waffenstillstand vereinbart. Preußen war neutral geblieben und konnte seine unterlegene Rolle im »Deutschen Bund« der 34 Fürstentümer und vier reichsfreien Städte nicht verbessern; die Hoffnung auf einen Nationalstaat mit Österreichs Beteiligung mußte begraben werden. »Dieses liederliche Wien – bei allem Elend konnte es einem doch noch Spaß machen durch die Art, wie es sich unter den sich häufenden Kalamitäten zu trösten suchte« (BA 9/1, 210) – aber ein Staat ließ sich darauf nicht gründen. Die auffällig zurückgehenden Tagebucheintragungen der Heimreise über Köln, Düsseldorf, Hamm und Hannover erklären sich gewiß nicht durch mangelnde Reize der Landschaft, sondern eher durch einen grüblerischen Rückzug Raabes auf die Frage, wie es nun politisch weitergehen solle. Und zugleich drängt sich ihm nach der Rückkehr in seine 10000 Seelen-Kleinstadt Wolfenbüttel die Frage auf, wie es mit ihm als Schriftsteller weitergehen könne.

Zunächst scheint sich überhaupt nichts zu ändern. Schon wenige Tage nach der Heimkehr beginnt er mit der kleinen historischen Novelle vom Schulmeister Michel Haas, für die er, weil er eine vom Großvater geerbte Quelle benutzt, nur vierzehn Tage braucht und die zu Recht vom Publikum ignoriert wurde. Ursprünglich wollte die »Gartenlaube« das Stück drucken, aber Ernst Keil schickte es zurück, weil dieser kruden Lebensskizze eines Schulmeisters um 1700 »das nötige novellistische Interesse« fehle. Raabe wandte sich daraufhin an seinen Duzfreund Adolf Glaser, der die Geschichte widerwillig für Westermanns »Monatshefte« annahm und mit 37 Talern honorierte. Raabe machte nicht wenigstens den Versuch, seinen Großstadtroman wieder aufzunehmen, sondern beschränkte sich auf die rasch erledigte und ebenso zügig verwertbare Kleinarbeit. Diese Flucht ins Kommerzielle bedeutete für den Schriftsteller Raabe eine Niederlage. Es ist kein Zufall, daß er in seiner späteren Erzählung »Holunderblüte« den angehenden Herzspezialisten Hermann gerade in Prag in eine tiefe Arbeitskrise geraten läßt, denn auf dieser Station seiner Reise muß ihm in Gesprächen mit dem Verleger Kober das Scheitern seines Projektes bewußt geworden sein. Als Kober das Manuskript im September anmahnt, erklärt Raabe entschuldigend, daß der Krieg seiner »Stimmung dafür ein Ende setzte«, kommt aber nach dieser allzu offensichtlichen Ausrede am Ende seines Briefes auf den wahren Grund: Der erste Anlauf sei mißlungen. Man könnte einwenden, daß ein zweiter Versuch, ein Neuansatz möglich sein müßte, aber Raabes Scheitern an dem Roman ist von so prinzipieller Art, daß er gezwungen ist, sein Selbstverständnis in dem Brief an Kober neu zu definieren: »Ach, glauben Sie mir, es macht mir viel Sorgen, daß es mir nicht gelingen will, den Dichter und Schriftsteller in den Literaten zu begraben. Ich glaubte, es zu können, aber ich habe erfahren, daß ich es nicht kann und kein Vermögen erwerben werde durch die Feder. Ich habe mich jetzt tief in historische Vorstudien vergraben, kann aber noch nicht wissen, was daraus wird« (BAE 2, 43 ff).

Dieses Bekenntnis ist in mehrfacher Hinsicht bemerkenswert. Nur vier Monate nach der selbstbewußten Einschätzung, das Publikum werde ihm seinen eigenen Weg honorieren (BAE 2, 27), widerruft Raabe und spricht vom Kampf des Dichters gegen den Literaten in ihm. Er wollte als erfolgsverwöhnter Literat leben, mußte aber erkennen, daß er nur als »Dichter«, d.h. ohne Rücksichten auf das Lesepublikum arbeiten kann. Dies heißt für den konkreten Fall des aufgegebenen Projekts, daß der Roman nach Raabes Einschätzung durch seine besondere Qualität unverkäuflich geblieben wäre. Worin allerdings diese Qualität bestanden hatte, ist nur rudimentär erkennbar: In der Erzählung »Wer kann es wenden?« verwertet Raabe Bruchstücke des Romanmanuskripts, die eine so depressive Grundstimmung verraten, daß es verständlich wird, warum Raabe vor einer weiteren Ausarbeitung des autobiographischen Berlin-Materials zurückschreckte. Die Wendung, er habe sich jetzt »in historische Vorstudien vergraben«, belegt den Fluchtcharakter jener Art Novellen, die er als »Literat« schreibt, bis er den Erzählstoff für den »Dichter« gefunden haben wird. Aber diese Erwartung gefällt ihm durchaus nicht, sie macht ihm »viel Sorgen«. Er betont: »Ich habe bis jetzt mit meinen schriftstellerischen Arbeiten noch nicht 500 Taler verdient und muß daher suchen, den größtmöglichsten Vorteil daraus zu ziehen« (BAE 2, 44). Diese unverblümte Erklärung vom 17. September 1859 mit dem bezeichnend verdoppelten Superlativ verschweigt freilich den aktuellen Grund für die kaufmännische Taktik des Literaten Raabe, den uns sein Tagebucheintrag vom 6. August verrät: »In Leistens Garten. Bertha!«

Er hatte eine Tochter aus begütertem Hause getroffen, sich verliebt und machte sich Gedanken, ob er als Dichter wider Willen Verantwortung für einen eigenen Hausstand übernehmen könnte. Als Literat müßte er sich, wie seine publikumsorientierten Kollegen Hoefer und Hackländer, darüber gewiß keine Sorgen machen. Da er als freier Autor, ohne die finanzielle Absicherung durch einen bürgerlichen Beruf, in jeder

Hinsicht von der Gunst des Publikums abhängig ist, wird ihm dieser Konflikt einer Spaltung lebenslang erhalten bleiben. Er beginnt nicht mit dieser Lebenssituation, da die schizoide Anlage schon vorhanden war, aber er tritt hier zum erstenmal in einer sich ökonomisch begründenden Zuspitzung auf; auch diese Verschiebung eines innerpsychischen Konflikts in das psychosoziale Gesamtbild wird sich nicht mehr rückgängig machen lassen. Plötzlich ist Raabe bewußt geworden, daß er den Kampf, den er bisher als Bürger allein gegen seine gefährdete Psyche führte, nun auch als Autor gegen seine Leser führen muß: Er ist seiner Gesundheit und dem Publikum gleichermaßen verpflichtet, eine harmonische, auf Ausgleich bedachte Grundkonzeption des Erzählens einschließlich der erwarteten Lösung aller Probleme in einem Happy End herzustellen, ohne jedoch die eigenen widerstrebenden Impulse zu verleugnen, die nach Aufklärung über das individuelle Unglück ebenso wie über die historische Misere verlangen.

Das ist eine unlösbare Aufgabe, und Raabes Schriftstellerexistenz ist an ihr schließlich im vornehmsten Sinn gescheitert. Es gibt zunächst zwei Fluchtmöglichkeiten: in die Vergangenheit einzutauchen oder in das aktuelle Tagesgeschehen auszuweichen. Raabe wählt beides gleichzeitig. Aber erst muß er noch die Fragmente des Berlin-Romans verarbeiten, in denen er eine lokale Anknüpfung an frühere Texte sucht: Röschen Wolke läuft über denselben Hof, auf den die Fenster des verknöcherten Professors Homilius (»Der Weg zum Lachen«) und des Redaktionsbüros der Zeitung »Chamäleon« (»Die Kinder von Finkenrode«) hinausgehen. Das Mädchen sollte die zentrale Figur des Romans werden, aber in der Novelle durchleidet sie nur eine konventionelle Verführungsgeschichte. Nicht die Handlung ist in »Wer kann es wenden?« wichtig, sondern die Haltung des Erzählers, der mit suggestiven Bildern von filmisch-flüchtiger Präzision in die Geschichte einführt. Der Leser begibt sich mit ihm auf eine nächtliche Fahrt, den Fluß hinunter, der großen Stadt entgegen: »Ein schlafendes Dorf – ein einsamer Wandrer mit einer

Laterne auf einem Feldwege – eine Windmühle mit ruhenden Flügeln – wieder ein Gehöft, diesmal zur linken Seite – ein bellender Hund – eine schlagende Glocke – eine Fabrik mit hohem Schornstein! Vorüber, vorüber!

Noch einmal weit ins Land hinein leise nickende Kornfelder, duftende Wiesen voll schlummernder Schmetterlinge und Vögel und aufspringender Blütenknospen – o noch einmal einen frischen Atemzug! – Vorüber, vorüber! Abermals eine Biegung – näher und heller und heißer der Atem des Ungeheuers *Stadt* – der zusammengedrängten Hunderttausende.

Unter einer Eisenbahnbrücke durch, über welche und unsere Köpfe fort eben das rasselnde, keuchende Ungetüm mit den feurigen Augen saust. – Vorüber! vorüber!

Nun allmähliches Aneinanderrücken der Menschenwohnungen – Fabriken, deren Herdfeuer nie ganz erlischt – phantastische Maschinen und Gerüste, schwärzer gegen den schwarzen Nachthimmel sich abmalend – Schutthaufen, Trümmerhaufen, wie von einer zerstörten Stadt, und doch nur Zeichen einer lebendigst sich dehnenden! Jetzt lange, unbeholfene Kähne: Holzkähne, Kohlenkähne, Apfelkähne; – Schornstein an Schornstein – weite betürmte Gefängnisse, Kasernen, Bahnhöfe – Reihen niedriger Häuser, welche allmählich immer höher und gewaltiger werden – Häusermassen – Gaslichter in langen, glänzenden Reihen die Flußufer entlang – Brücken, Paläste, Kirchen – – – hinein, hinein aus der stillen, friedlichen Sommernacht, hinein in diese große, große Stadt – hinein in diese kleine Geschichte!« (BA 2, 476f).

Ein ganz ungewöhnlicher Beginn, dem als nächster Satz die kurze Bemerkung folgt: »Röschen Wolke war tot« – der Strom des Lebens ist also am Ende angelangt. Mit der raschen und ganz modernen Bilderreihe führt Raabe den Leser in die triste Welt der Hinterhöfe und modrigen Zimmer, zu Menschen, die nie aus dem schmutzigen Sog der Großstadt hinauskommen und schließlich im Kehricht untergehen. »Wenn der große Strom eingegangen ist in die große Stadt, bleibt er nicht lange so rein und schön, wie wir ihn draußen kennen zwischen Berg und Wald, Wiese und Ackerfeld ... Da zweigt sich

ein unheimlicher Seitenkanal ab vom Hauptarm und verliert sich in eine dunkle Gasse, gebildet von himmelhohen Gebäuden, engen Höfen, Pfählen, Füllplätzen, Färbergestellen. Ein faules, elektrisches Leuchten spielt hie und da auf der breiartigen Flut, ein Duft von Moder, Verwesung und Tod erfüllt die Luft« (BA 2, 488). Und doch gilt das ganze Interesse des Ich-Erzählers dieser Welt des Auswurfs und Abfalls, diesen zerbrochenen und weggeworfenen Schicksalsscherben in den dunkelsten Tiefen des Lebensflusses. »Ich gehe gern am Abend bis tief in die Nacht an den Ufern des großen Flusses, wenn die Flut so dunkelschwarz und geheimnisvoll vorbeifließt und nur hie und da es funkelt und blitzt für einen Augenblick, um sogleich wieder in noch tieferer Finsternis zu erlöschen ... Es ist eigentlich ein verbotener Weg zwischen diesen Weiden; deshalb treffen mich auch so oft die taufeuchten Zweige ins Gesicht; lebensmüdes und gaunerisches Gesindel streicht zumeist hindurch: die einen, ihrem Leben ein Ende zu machen, die andern, ein elendes Leben zu fristen. O was schwatzt der schwarze Fluß in der schwarzen Nacht! Freilich nur bruchstückartig ist, was er erzählt, aber er erzählt gut...« (BA 2, 518).

Mit diesem Erzählerbekenntnis gelangt Raabe nochmals zur modernen Höhe Baudelaires. Wie der Lumpensammler geht hier der Künstler auf der Nachtseite des Lebens auf die Suche nach den Bruchstücken menschlicher Schicksale. Diese Auffassung vom Beruf des Dichters widerspricht allerdings so diametral dem ästhetischen Selbstverständnis von Raabes deutschen Zeitgenossen, daß sich für solch einen um dreißig Jahre verfrühten Roman, wie er sich noch im Rudiment des Erzählerkonzepts widerspiegelt, kein Verleger gefunden hätte. In diesem Sinn der raschen Verkäuflichkeit war Raabes Wort vom Mißlingen gewiß zutreffend, obwohl er uns damit vielleicht um ein epochales Werk betrogen hat. Später wird er die Radikalität dieses Ansatzes auf andere, versteckte Art fortführen. Die Erzählung, mit der Raabe zum erstenmal unter eigenem Namen auftrat, fand keine Freunde. Die Kritiker bemängelten, daß die Personen »von Anfang an dem Proletariat und damit einem verkümmerten, traurigen Dasein verfallen (sind), und wer kann es wenden?« Der Autor wurde darauf verwiesen, daß es die Aufgabe der Poesie sei, »das Leben harmonisch zu gestalten und mit dem Gemüt auszusöhnen« (BA 2, 618).

Daran zweifelte Raabe; zunächst ist er noch unschlüssig, in welcher Richtung er weiterarbeiten soll. Am 8. September 1859, seinem Geburtstag, verzeichnet das Tagebuch zwei widerstrebende Projekte: »Anfang von Weitenweber und Heiliger Born«. Also sollte der Redakteur nochmals Hauptfigur eines Zeitromans werden – aber wie verträgt sich das mit dem historischen Roman um den Herrn von Pyrmont und die Heilquellen, dem »heiligen Born«? Beide Pläne wurden zunächst nicht weiter verfolgt. Was der Verleger mit dem Blick auf gängige Publikumsware von ihm erwartete, erfuhr Raabe aus Schottes Brief vom 16. Oktober: »Ich möchte gern von Ihnen einen geschichtlichen Roman aus der Zeit des Mittelalters. Ihr Talent ist für solchen Stoff geschaffen, das sehen Sie aus allen Kritiken über den Student von Wittenberg ... und außerdem kommt noch hinzu, daß alle historischen Romane sehr viel gelesen werden, so Mühlbach, Heriberth Rauh, Brachvogel, Bacher etc. Glauben Sie, ein Roman von Ihnen in 2–3 Bänden, geschichtlich, d. h. nur über eine sehr bekannte Persönlichkeit, möglichst aus dem Mittelalter, und Sie stehen groß da« (Pongs, 146).

Raabe hat diese Empfehlung gelesen und sich nicht daran gehalten. Er muß zutiefst irritiert gewesen sein, daß er auf eine Stufe gestellt wurde mit der Vielschreiberin Luise Mühlbach, der berüchtigt-intriganten Frau des vor der Ehe noch demokratischen Publizisten Theodor Mundt. Sie lieferte mit mehrbändigen Romanen wie »Kaiser Joseph II und sein Hof« (1855) oder »Königin Hortense« (1858) die typische Leihbibliotheksware. Auch Julius Bacher (»Sophie Charlotte«, 1857) und die anderen von Schotte genannten Namen galten als Damenautoren dritten Ranges, mit denen Raabe nichts zu tun haben wollte. Dennoch nimmt er den Hinweis auf die gute Verkäuflichkeit historischer Romane ernst; am 2. November notiert er im Tagebuch »Anfang des Collaborators«, woraus später der Roman »Nach dem großen Kriege« wird. Die folgenden Tage sind ausgefüllt mit Gedichten, und erst am 2. Dezember beginnt Raabe mit der ersten von insgesamt drei Fassungen des historischen Romans »Der heilige Born«. Er hatte sich als Literat gegen den Zeitroman entschieden und wird dennoch ein Jahr später noch ein düsteres Bruchstück aus dem Berlin-Komplex gestalten: »Auf dunkelm Grunde«, denn am Ende der Erzählung »Wer kann es wenden« hieß es:

»Dann schwöre ich es wohl ab, wieder hinauszugehen zu dem fließenden Wasser; aber – aber – wer kann es wenden? – dem Zauber bin ich verfallen...« (BA 2, 518).

Vor einer Lösung des erkannten Dilemmas, langfristig als Literat nicht arbeiten, aber als Dichter nicht leben zu können, flüchtet Raabe zunächst in die Kommerzialität des historischen Stoffes – und zugleich als Dichter in die politische Tagesaktualität. Auf Anregung seines Bekannten Reinhard Otto, Redakteur der »Deutschen Reichszeitung«, beteiligte sich Raabe an der Vorbereitung der Hundertjahrfeier von Schillers Geburtstag am 10. November 1859. Nach dem Wartburgfest 1817 und der ein Jahrzehnt lang währenden Stagnation liberaldemokratischer Kräfte nach 1848 wurde diese Feier zum ersten erneuerten Ausdruck des oppositionellen republikanischen Geistes in ganz Deutschland: 440 deutsche und sogar fünfzig ausländische Städte feierten Schillers Geburtstag mit Umzügen, Theateraufführungen und festlichen Volksversammlungen. Trotz der »Neuen Ära« nach der Einsetzung des preußischen Prinzregenten mußte an vielen Orten das von der Bevölkerung selbst organisierte Fest gegen den Widerstand der Obrigkeit und des katholischen Klerus durchgesetzt werden. Den Ablauf jenes Tages in Wolfenbüttel hat Raabe stichwortartig im Tagebuch festgehalten: »Feiersonnenschein. Bei Steinweg. Aufstellung der Büste auf dem Markt. Beim Probst Apfel. Um 2 Uhr auf dem Holzmarkt. Bei Steinweg. Der Zug. Der Stadtmarkt. Cantate von F. Müller. Steinwegs Rede. Eine feste Burg ist unser Gott. Die Gesangsvereine. Zug zurück nach dem Holzmarkt. Dr. Ehrenbergs schwarzrotgoldne Fahne. Gewehr im Arm! Gesang und Musik. – Zu Haus. – Um 6 1/2 nach dem Löwen. Ouvertüre. Prolog von R. Otto. Die Damen. Hippner. Mein Gedicht. Was ist des Deutschen Vaterland?... Um 12 Uhr zuhause.«

Bereits aus diesen Stichworten wird deutlich, daß die Bevölkerung den 100. Geburtstag Schillers zum Anlaß für eine politische Demonstration nahm. Der Leiter der Samson-Schule in Wolfenbüttel, Dr. Ehrenberg, marschierte im Festzug mit der »schwarzrotgoldenen Fahne« und sogar mit einem »Gewehr im Arm«: Die Fahne der Burschenschaften erinnerte an das Wartburgfest und an die Aufstände von 1848; sie symbolisierte die deutsche Einheit, die notfalls mit dem Gewehr erkämpft werden sollte. Luthers Lied »Ein feste Burg ist unser Gott« gehörte ebenso wie Ernst Moritz Arndts »Was ist des Deutschen Vaterland?« zu den nationalen Kampfliedern der Burschenschaftler. Auch das Gedicht, das Raabe für das Schiller-Fest schrieb und selbst vortrug, hat eindeutig politischen Charakter und kennzeichnet im hier zitierten Teil die Hoffnungen des Publikums:

> »Es galt in unserem Volk einst diese Sitte:
> Ward in Gefahr ein Fürst gewählet in der Mitte
> Der Besten, hob man ihn laut jauchzend auf den Schild
> Und zeigte so in ihm dem Volk des Volkes Bild.
>
> Und so auch jetzt! In diesen bösen Tagen
> Ward neu die Art der alten Heldensagen:
> Der Freiheit Sänger auf den Schild gehoben,
> Wie hält das Vaterland so hoch, so stolz ihn droben.
>
> Um Einen Führer schaaren sich die Stämme,
> Die Schranken fallen ein, zerbrochen sind die Dämme;
> Der Franken Herz, das Herz der Schwaben, Baiern, Sachsen,
> Zum Herz des Vaterland's in ihm zusammenwachsen!
>
> Das deutsche Reich, so ist's noch nicht verloren,
> Der Deutschen König ist auf's Neue so erkoren,
> Des Geistes Reich auf's Neue fest gegründet,
> Des Geistes Volk zu Kampf und Sieg verbündet.
>
> Schwer ist die Zeit, doch gut sind ihre Zeichen,
> Wohl muß die Nacht dem Licht der Sonne weichen!
> Nicht mehr gehört die Welt den Neidern und den Hassern,
> Ja, Gottes Geist schwebt immer auf den Wassern!

Die Glocken hallen und die Banner wehen
Dem großen Feste, das wir heut begehen!
Die Herzen schlagen und die Augen glänzen
Dem stolzen Bilde, das wir heut bekränzen
Am Krönungstag des Geist's in That, in Wort, in Liedern,
Ein einig, ewig Volk, ein einzig Volk von Brüdern! –«
(BA 20, 351)

Über die Aufnahme bei den Zuhörern schrieb eine Zeitung: »Ein kurzer, aber einer jugendlich-kräftigen Dichterseele entströmender Vortrag Wilhelm Raabes (bekannter unter dem Dichternamen Jacob Corvinus) versetzte die Versammlung in eine patriotisch-begeisterte Stimmung, welche sich schließlich durch allgemeines Anstimmen des Arndt'schen Liedes: ›Was ist des Deutschen Vaterland?‹ am schönsten kund gab.« Raabe hatte also dem Auditorium aus dem Herzen gesprochen.

Mit der Schlußstrophe des Gedichts beginnt gleichsam symbolisch die neue Einheit der »Stämme«, zu deren »Führer« Schiller erkoren worden ist. Mit der Wahl des »Führers« ist der Akt bürgerlicher Selbstbestimmung schon beendet; das Gedicht sagt nichts über die Art, wie die Einigung vollzogen wird – dies bleibt dem energischen Führer überlassen, an den sich die Masse vertrauensvoll und dankbar anschließt. Solche Gedanken finden sich auch im prosaischen Frühwerk Raabes: »›Im Leben wie im Märchen, Alida, darf man sich nicht umsehen, wenn man sicher durch die Schrecknisse gelangen will. Sieh geradeaus oder nach oben, und die Schemen weichen, du gehst ungefährdet durch! Blicke zurück – du wirst zu – Stein! Alle Völker kennen die Sage.‹ ›Du hast recht. Befiehl immer; ich folge dir‹« (BA 1, 382f). Derartige Töne machten es später Raabes falschen Freunden leicht – und er hatte noch lange nach 1945 fast nur falsche Freunde –, ihn für den Nationalsozialismus zu vereinnahmen: »Was wir heute durch Adolf Hitlers große politische Schau und folgerechte Tatkraft zu erringen im Begriff sind«, schrieb ein Bewunderer 1941, »das hat

Wilhelm Raabe immer im Herzen getragen und vorahnend geschaut und verkündigt« (Mitt., 1941, S. 2). Der Satz zeugt zwar von einem Unverständnis des Raabeschen Lebenswerks, beleuchtet aber die Perspektive seiner Rezipienten: Raabe hatte in jenem Festgedicht 1859 Schiller nur zum symbolischen »Führer« zur Reichseinheit ausrufen können, dessen realer politischer Platz jedoch noch unbesetzt bleiben mußte, da die »Neue Ära« des Prinzregenten diese Erwartungen zunächst nicht erfüllte. Der Raabe für seine Evozierung einer Führerfigur dargebrachte Beifall der passiven Bürger galt einige Jahre später Bismarck, als mit den Kriegen von 1866 und 1870/71 die Reichseinheit erzwungen wurde. Und nach der unter Bismarck und dem Kaiser erfolgten Anpassung der liberaldemokratischen Ideen an ein autoritäres Muster galt er, diesmal unter wesentlicher Beteiligung der früher noch den demokratischen Idealen von 1848 verpflichteten Arbeiter und Handwerker, die auch den Bürgerfeiern für Schiller 1859 eigene Feste entgegensetzten, dem Massenidol Adolf Hitler, der nach der Parteienzersplitterung der Weimarer Republik das deutsche Volk wieder zu einigen versprach. Allerdings haben die nationalsozialistischen Vereinnahmer Raabes es nie gewagt, einen Satz aus jenem späteren Roman »Der Dräumling« (entst. 1870/71!) zu zitieren, in dem das Schillerfest von 1859 mit seiner pathetischen Führerapotheose höchst selbstironisch abgehandelt wird – dort heißt es, »daß es den übelberüchtigten Individuen am schnellsten und leichtesten gelingt, sich im gemeinen Wesen an die Spitze der aufgeregten Massen zu stellen« (BA 10, 154f).

Daß der noch nicht dreißigjährige Schriftsteller Raabe bei der für das liberale Bürgertum Wolfenbüttels außerordentlich wichtigen Feier zu Schillers 100. Geburtstag an so prominenter Stelle mitwirken und ein eigenes Gedicht vortragen durfte, beleuchtet seinen durch die Arbeit erworbenen gesellschaftlichen Rang. Der jahrelang als Versager verlachte und verspottete junge Mann war endgültig aufgerückt in den Kreis der respektablen Honoratioren. Dafür stattete er seiner eigentlichen dichterischen Geburtsstadt Magdeburg mit dem Roman »Unseres Herrgotts Kanzlei« (1861) seinen endgültigen Dank ab; noch fünfzig Jahre später betonte er, daß ihn »die brave Stadt Magdeburg davor bewahrte, ein mittelmäßiger Jurist, Schulmeister, Arzt oder gar Pastor zu werden« – »eine Fügung, für welche ich nicht dankbar genug sein kann« (BAE 2, 467). Für Wolfenbütteler Verhältnisse war er, der nie weiter als bis Wien reisen sollte, bereits welterfahren und in der Welt so bekannt, daß er selbst Besuch empfing. Der Bericht des jungen Wilhelm Dilthey vom Januar 1860 wirkt freilich etwas enttäuscht – so hatte er sich den berühmten Corvinus nicht vorgestellt: »Eine rechte Studenteneinrichtung, und auch sein Ton und Behaben ganz danach. So bestimmt er offenbar in sich ist, so gut läßt sich mit ihm reden. Er scheint sich in seiner Haut unsäglich wohl zu fühlen und teilt jedem Gast etwas von seinem realistischen Behagen mit. Den Eindruck des Bedeutenden macht er nicht. Keineswegs, daß ich verlangte, er hätte da mit allerhand Außerordentlichem auspacken sollen. Ich meine seine Erscheinung und den Eindruck der Rede. Nur den des scharfen Beobachters« (BAE 4, 44).

Trotz des enttäuschten Tons vermittelt die Notiz etwas von dem trügerisch erhöhten Selbstgefühl, in dem sich Raabe nach dem gesellschaftlichen Erfolg der Schiller-Feier befand: Er hatte Eintritt gefunden in den »Namenlosen Club« der Wolfenbütteler Honoratiorenfamilien, der seine Tanzgesellschaften im Hotel »Zum Löwen« abhielt, das im »Abu Telfan« als der »Goldene Pfau« geschildert wird. Die Geschäfte liefen hervorragend; die Stuttgarter Zeitschrift »Über Land und Meer« bat um Beiträge, aber Raabe konnte es sich leisten, den Herausgeber Edmund Zoller zu vertrösten, da er mit der letzten Fassung des »Heiligen Born« beschäftigt war. Die Arbeit wurde im März wegen eines erneuten Blutsturzes des Bruders Heinrich unterbrochen, aber Mitte Mai 1860 beendet. Zu Recht nannte der alte Raabe dreißig Jahre später anläßlich einer Neuauflage diesen historischen Roman ein »Leihbibliothek-Kinderstuben-Buch« (BAE 2, 302).

Am 26. Mai 1860 trat Wilhelm Raabe dem »Deutschen Nationalverein« bei, dessen Mitglied im Wolfenbütteler Ortsverein er bereits seit einem Jahr gewesen war. Nach einer Harzwanderung im Juli, auf der er in Hüttenrode die Baracke »mit den Faulfieberkranken« (Tgb. 14.7.60) sah, die im Roman »Unruhige Gäste« wiederkehrt, nimmt er als Wolfenbütteler Delegierter an der ersten überregionalen Tagung des »Nationalvereins« in Coburg teil. Dieser Zusammenschluß liberaler Bürger bezweckte die Förderung des deutschen Einheitsgedankens ohne Österreich und wollte verstärkt auf Verfassungsbrüche einzelner Landesregierungen aufmerksam machen. So hatte im Braunschweiger Nachbarstaat Hannover König Georg V. 1855 die Verfassung aufgehoben und durch ein antiquiertes Ständerecht ersetzt. Die sich im »Nationalverein« organisierende Opposition wurde von dem erzkonservativen Minister von Borries politisch verfolgt, der auch die Einheitsbestrebungen zu unterlaufen versuchte, indem er sie von der Zustimmung ausländischer Regierungen abhängig machen wollte. Gegen diese Haltung richtete sich Raabes 1859 entstandenes Gedicht »Königseid!«, das die Vorgänge allerdings nur in historischer Verkleidung anspricht.

Alle Teilnehmer der Versammlung wußten, daß sie polizeilich überwacht wurden und sich dem Risiko politischer Verfolgung aussetzten. Launig schloß der hannoversche Mitbegründer des Vereins, Rudolf von Bennigsen, die Tagung mit dem Satz: »Demnächst treffen wir uns also auf der Feste Coburg wieder.« Tatsächlich wurde gegen einen Bekannten Raabes, den Juristen Albert Baumgarten, wegen seiner Teilnahme eine Disziplinaruntersuchung eingeleitet und die Strafversetzung angeordnet.

Noch zweimal, 1861 in Heidelberg und 1862 wieder in Coburg, wird Raabe an Tagungen des »Nationalvereins« teilnehmen, aber der Gesinnungswandel der Teilnehmer auf der letzten Tagung von der klein- zur großdeutschen Lösung ließ ihn sein Engagement mit deutlicher Verärgerung beenden: »Machenschaften des Nationalvereins« (Tgb. 20.10.62). Mit dem Sieg Preußens über Österreich am 3. Juli 1866 bei Königgrätz wurde dann eine Entwicklung eingeleitet, die zwar nicht in den Methoden Bismarcks, wohl aber im Ergebnis eines kleindeutschen Reiches unter Preußens Führung mit Raabes politischen Vorstellungen übereinstimmte. Um so größer war seine Verbitterung, als sich Deutschland nach 1871 der moralischen Aufgabe seiner blutig errungenen Einheit nicht gewachsen zeigte und in der Gründerzeit ohne jedes historische Eingedenken einem ebenso oberflächlichen wie krisenhaften Konsumrausch verfiel.

Von Coburg aus reiste Raabe nicht unmittelbar nach Hause zurück, sondern besuchte Augsburg, Bamberg, Nürnberg und Würzburg, fuhr mit dem Schiff über Mainz und Köln bis Deutz und bestieg dort die Bahn, um in Minden die acht Jahre ältere Schriftstellerin Elise Polko zu besuchen. Sie hatte ihn in Begleitung ihres Mannes am 2. Juli 1860 zu Hause überrascht und zu einem Gegenbesuch eingeladen. Raabes begeisterter Brief vom 14. August läßt ahnen, welch tiefen Eindruck die Kollegin auf ihn gemacht hatte: »Sind wir nicht alte, alte Bekannte? O gewiß müssen wir nun einmal recht bald einen Tag lang zusammensitzen und uns erzählen, was wir in den Jahrhunderten erlebten! ... ich hoffe darauf und ich freue mich darauf wie ein Kind; – ich komme, ich komme ganz gewiß!« (BAE 2, 53 f). Seinem Brief legte Raabe das am Vortag beendete Gedicht »Vorüber« bei, das er dann in die im Herbst entstehende Erzählung »Auf dunklem Grunde« einfügt. Dem Tagebuch ist zu entnehmen, daß sich dem Besuch in Minden ein längerer, reizvoller Briefwechsel vor allem von Seiten Elise Polkos anschloß. Auf Raabes Erzählung mit den ihr geschenkten Versen antwortete sie einige Jahre später mit einem Buch, das den gleichen Titel »Auf dunkelm Grunde« trägt. Und es ist sicher auch eine Privaterinnerung, wenn Raabe im »Stopfkuchen« seinem aus Afrika zu Besuch nach Wolfenbüttel kommenden Chronisten den Namen Eduard gibt; das verweist zunächst auf die »Wahlverwandtschaften« mit ihrem komplizierten Beziehungsgeflecht und über Goethe zurück auf die gleichbetitelten Bücher, denn die Zeile »Auf dunklem Grunde« ist einem Gedicht Goethes entnommen: »Zart Gedicht, wie Regenbogen,/ Wird nur auf dunklem Grund gezogen...« Die literarische Anspielung verstärkt eine biographische: Elise Polko war die Schwester des berühmten Afrikareisenden Eduard Vogel, der seit Februar 1856 als vermißt galt – und sie war zudem mit einem Eduard verheiratet. Als Raabe sie in Minden besuchte, bereitete sie gerade ein Buch über ihren Bruder vor (»Erinnerungen an einen Verschollenen«, 1863), über das sie gewiß mit ihrem Kollegen gesprochen hat.

UNGEACHTET SEINER PUBLIZISTISCHEN Erfolge und der an Arbeit wie an Abwechslung reichen Zeit ging es Raabe seit dem Abbruch des Berlin-Romans psychisch immer schlechter, was er allerdings seiner Umgebung durch eine demonstrative Selbstzufriedenheit, wie Dilthey sie bemerkte, verbergen konnte. Die fast hektische Wahllosigkeit seiner Stoffe zeigt, daß er immer noch den Kampf des Literaten gegen den Dichter in seinem Innern austrug. Im Brief an Elise Polko vom 14. August 1860 erklärt er das melancholische Gedicht »Vorüber« mit der »Not und Qual und dem Kampf langer verworrener Tage« (BAE 2, 54). Die sonst rätselhaft bleibende Stelle im Vorwort des Romans »Gutmanns Reisen«, der die Coburger Tagung 1860 zum Thema hat, bezieht Raabe in der Erinnerung gewiß auf sich: als ein »sich selbst und seinen Weg suchender armer Teufel« (BA 18, 212) erscheint er hier, und in dem Titel »Verworrenes Leben«, den er im November 1860 einer Novellensammlung geben wollte, liegt auch ein Stück Selbstbeschreibung.

Die Sammlung sollte auch die Ende September entstandene und noch ungedruckte Erzählung »Auf dunkelm Grunde« enthalten, die von der Forschung bisher entweder ignoriert oder als völlig mißlungen abgewertet wurde. Dabei erreichte Raabe gerade in diesem Text, der ohne jede Rücksicht auf die sentimentalen Zimperlichkeiten seines Damenpublikums geschrieben ist, eine radikale Figurenzeichnung wie selten zuvor. Die Härte, mit der er tötende Rachsucht und selbstzerstörerische Lieblosigkeit seiner an ihrem Schicksal erkalteten Personen beschreibt, wird ihm erst in dem Roman »Der Schüdderump« (entst. 1867–69) wieder gelingen, auf dessen titelgebenden Totenkarren ein beiläufiger Satz in der Selbstmordszene des Advokaten schon vorausdeutet: »in der Ferne rollte ein Wagen« (BA 3, 398).

Der Stoff gehört zu den Fragmenten des Berlin-Romans um die weibliche Hauptfigur Röschen Wolke, worauf Raabe deutlich hinweist, wenn er hier eine Meta »auch ein Röschen« (BA 3, 388) nennt. Nochmals ist angesichts dieses Teilstücks die Vermutung angebracht, daß dem Dichter Raabe mit dem Roman ein Meisterwerk seiner Zeit möglich gewesen wäre, wenn der Literat Raabe ihm nicht zu früh die Feder aus der Hand genommen und sie für rasch verkäufliche Zeitschriftenware verdorben hätte. Noch einmal sehen wir aus dem Schatten der Großstadt Baudelaires trauernde Unbekannte auftauchen, in deren Blick sich das Unglück eines ganzen Lebens sammelt: »nur eine schwarzgekleidete Dame schritt langsam den Laubgang herab auf den Sitz der aufgeschreckten Träumerin zu... Sie kannte die nahende Fremde nicht, sie hatte dieselbe niemals gesehen, und doch war es ihr in diesem Augenblick, als ob eine eiskalte Hand sich auf ihr klopfendes Herz lege, als ob mit dem Näherkommen dieser unbekannten Frau über alles Grün und Licht, über Blumen und Himmelblau, Vogelstimmen und Kinderstimmen ein schwarzer Schleier sich zusammenziehe. Wie das Auge eines unselig bezauberten armen Geschöpfes an der Schlange hängt, welche es in ihre tödlichen Ringe ziehen will, so hing das Auge des jungen Weibes an dieser Fremden, die ebenfalls im Näherkommen fest und kalt herüberblickte ... Wird sie vorübergehen?« (BA 3, 381).

Sie wird nicht vorübergehen, sondern der hochschwangeren Frau ihre Geschichte erzählen: wie sie verlassen wurde von ihrem Geliebten, dem jetzigen Gatten der wie gelähmt Zuhörenden, die unter den rächenden Worten ohnmächtig zusammenbricht, im Koma einen behinderten Sohn zur Welt bringt und stirbt. Der verwitwete Vater wird sich zwölf Jahre später umbringen, und die in ihrer Rache versteinerte Frau nimmt die verkrüppelte Waise zu liebloser Erziehung bei sich auf. Eine erschreckende Geschichte, die auch mit einem konstruierten halbguten Ende nichts von der Härte und Rücksichtslosigkeit der Motive verliert.

Die ganze Handlung wird von einem kalten Egoismus bestimmt; sogar der Vater ist allein um seinen Ruf besorgt, als er sich im Bankrott umbringt und seinen halbgelähmten Sohn der öffentlichen Fürsorge überläßt – vor der ihn die freudlose Exgeliebte mit einer Pflegschaft bewahrt, die einer Strafe gleichkommt. Kälter hatte Raabe noch nie menschliche Beziehungen dargestellt. Es fehlt der Kitt glücklicher Fügungen und jener seichten Herzensfreundlichkeit, mit dem Raabe sonst seine Geschichten für die Leserinnen konsumierbar machte.

Er bemerkte das vermutlich erst, als der Verleger Kober das Manuskript umgehend zurückschickte. Nun schlug er Schotte die Aufnahme der Novelle in eine Sammlung »Verworrenes Leben« vor, zog das Angebot allerdings wenige Tage später zurück, weil der Separatdruck ihm finanziell vorteilhafter schien: »Ich bekomme dafür jetzt ungefähr 40–50 Reichstaler, wenn ich sie einem Journal gebe ... Diese Arbeiten werden mir jetzt ganz vortrefflich bezahlt und von den besten Zeitschriften eifrig verlangt« (BAE 2, 55).

Wieder hat der Literat über den Dichter gesiegt, denn um die herbe Novelle für eine Zeitschrift akzeptabel zu machen, schrieb Raabe eine kurze Rahmenhandlung, deren Zynismus offenbar als der schon bewährte Raabesche Humor angesehen wurde: Die Geschichte wird nun von einem Erzähler einer Damengesellschaft vorgetragen, und am Ende »lud man den Erzähler noch einmal zu dem Tee ein, welcher während des Erzählens mehr als einmal kalt geworden war. Der Arme war aber zu Ende mit seinen physischen und moralischen Kräften. So wandelte er denn einsam durch die Nacht, fiel in eine Weinstube und las über einer Zigarre die Nationalzeitung, der ›Abscheuliche‹!« (BA 3, 409). Mit diesem distanzierenden Schluß, der auch bereits den abwertenden Publikumskommentar in den Text aufnimmt, verrät Raabe seine Dichtung an einen philiströsen Literaten, der von »dieser rührenden Geschichte« (BA 3, 409) vermutlich ebenso wenig hält wie von ästhetischen Tees. In dieser Form konnte die Erzählung von Westermanns »Monatsheften« im Juli 1861 veröffentlicht werden. Das Honorar entsprach Raabes Erwartungen: Es betrug vierzig Taler.

Was ein Autor des Jungen Deutschland, Ludolf Wienbarg, fast dreißig Jahre zuvor prophezeit hatte, war nun mit der Journalschwemme Wirklichkeit geworden: »Ich glaube, ein großer Teil der Literatur wird künftig in die Hände der Frauen geraten ... Das Weib hat den Roman zur Verteidigung ihrer Rechte, zum Schutz ihrer Gefühle, zum Organ ihrer Ansichten über das Schöne und Unschöne im geselligen Leben und namentlich in Betreff ihres Verhältnisses zu Liebe und Ehe. Der Roman also wäre die Lebensphilosophie der Weiber, wie die Philosophie der Lebensroman der Männer ...« Allerdings hatten sich Wienbargs Hoffnungen auf eine demokratische Veränderung der Gesellschaft, in der ein eigener Anteil der Literatur der emanzipierten Frau zukommen sollte, nicht erfüllt. So schrieben und lasen zwar Frauen in vorher nicht gekanntem Umfang, aber ohne jedes Interesse an einer Änderung der gesellschaftlichen Ordnung, die auch die eigene, nach 1848 zur gemütvollen Ruhe gelangte Position gefährdet hätte. Wer in den fast ausschließlich von Damen gelesenen Journalen veröffentlichte, mußte stets berücksichtigen, daß die Leserin alle ihre heimeligen Wertvorstellungen in der Literatur wiederfinden wollte. Und sie wollte sich zugleich mit der Einsicht unterhalten lassen, daß sie erbaulich klüger werden könnte, ohne daß sich in ihrer häuslichen Welt etwas ändert – das war ihr Trost über eine Welt, die sich durch die rasant entwickelnden Naturwissenschaften ständig veränderte, ohne jedoch besser zu werden.

Wilhelm Raabe mußte sich mit dieser Situation abfinden. Hinter seiner Ironisierung der Frauen als »dem schönsten Geschlecht aller Zeiten, dem schönen Geschlecht der so äußerst gescheiten und unterrichteten Jetztzeit« (BA 5, 45) steht das Bewußtsein der Abhängigkeit, die dem Schriftsteller vom Verleger auch deutlich genug gezeigt wurde: »Nun bitte ich aber recht bald um eine neue Erzählung« schrieb ihm der Herausgeber der Zeitschrift »Daheim« im Februar 1870, »aber mit einer Liebesaffäre, denn den Mangel derselben werden viele Leserinnen in dem ›Marsch nach Hause‹ auszusetzen haben« (ungedruckt). Zwei Monate später antwortete Raabe darauf im »Dräumling« mit hilfloser Ironie: »Wir halten etwas auf unsere Leserinnen und haben uns die größte Vorsicht und Bedachtsamkeit im Verkehr mit ihnen zum Grundsatz gemacht« (BA 10, 186). So erscheint denn auch die Anrede an eine »schöne« oder »feinfühlende Leserin« im Gesamtwerk etwa viermal so häufig wie die Anrede an den Leser; pointiert im »Alten Proteus«: zwölf Anreden der Leserin gegen drei des Lesers – und bezeichnenderweise sucht gleich zu Beginn der Erzähler ein Einverständnis über die Stillage mit einer »lieben Kleinen« herzustellen.

Auffällig knüpft Raabe dabei an die avantgardistische Bilderflucht der Novelle »Wer kann es wenden?« an, diesmal in noch schnellerer Bewegung rund um den Erdball, um dann mit Rücksicht auf sein Publikum dieses Stilmittel zu verwerfen: »Da liegt die Studierstube des Philosophen, die Kinderstube des Dichters, das Schloß des Königs. Daran grenzt die Gasse, der Markt oder der Garten. Dahinter dehnt sich die Stadt oder der Stadtpark aus. Es folgen einzelne Häuser: in dem einen prügelt ein Mann seine Frau; doch ein Haus weiter stirbt eine Frau, und der Mann hat sich in Verzweiflung über das Bett seines Weibes geworfen. Es folgt das Feld – ein Wald – eine Eisenbahnlinie – eine Landstraße, auf der ein einsamer Hund trabt, der seinen Herrn verloren hat. Wieder Felder und Dörfer – das Meer – die Insel – die Gegend, die im Sonnenschein liegt, und jene, über welche der Regensturm fährt. Nächtliches Urwalddickicht mit einer Mohrenschlacht bei Fackelbeleuchtung. Ein Sumpf im haushohen Schilf und eine trinkende Elefantenherde – die Wüste – wieder die See und so weiter, so weiter – rundum! Eisenbahnstation X. X. ›Ein Billet nach Hause!‹ Das Schloß des Königs, die Kinderstube des Poeten... Nein, es geht wirklich und wahrhaftig so nicht! Versuchen wir es auf eine andere Weise« (BA 12, 199). Und da »der Autor, gehetzt mit allen Hunden der Kultur des neunzehnten Jahrhunderts« (BA 12, 220), weiß, was er seiner Leserin schuldig ist, kehrt er zu einem höchst konventionellen Erzählanfang zurück. Die weibliche Lesekultur bestimmte nicht nur die Form, sondern beeinflußte auch den Inhalt der Texte, namentlich die Darstellung weiblichen Verhaltens. Die Raabe-Leserin will von Demeter, nichts von Delila hören. Ihrem Selbstverständnis entsprechen die folgenden Anreden, die sämtlich der Erzählung »Pfisters Mühle« entnommen sind: Kind, Frauchen, Mieze, liebe Kleine, das süße Herz im weißen Küchenschürzchen, Prachtmädchen, armes Vögelchen, Weiblein, gutes kleines Mädchen, Närrchen, mein sonniges Lebensglück, dumme kleine Frau. Was heute eine emanzipierte Frau genannt wird, erscheint bei Raabe nicht. Die mit der Ausnahme Helenes (»Akten des Vogelsangs«) einzige selbständig handelnde Frau denunziert die Emanzipation bei allen

Leserinnen, denn Frau Salome ist Jüdin, reich, tatkräftig, geistvoll, gebildet und widersprüchlich – also das völlige Gegenbild zur deutschen Bürgerin. Im Vergleich zu Raabe hatte die Marlitt ein fortschrittlicheres Frauenbild; ihm jedoch blieben Gestalten wie Sues Cécily (»Geheimnisse von Paris«) oder Flauberts Marie (»November«) gänzlich unerreichbar.

Es war aber nicht allein eine nötige Konzession an die Leserinnen, daß Raabe seiner Erzählung »Auf dunkelm Grunde« für die Zeitschriftenveröffentlichung nachträglich eine Rahmenhandlung hinzufügte, sondern er betrieb damit auch eine bewußte Selbstdistanzierung. Allzu deutlich hatte er diesem Text jene psychischen Nöte anvertraut, die ihn seit dem Abbruch des Berlin-Romans, seit also der Dichter mit dem Literaten kämpfte, immer heftiger bedrängten. Die kurze Erzählung erlaubt einen Blick auf diesen Kampf: »Unter den Waffen, welche dem Menschen zum Kampfe mit dem Leben gegeben werden, sind zwei scharfe, schneidende: Verstand und Phantasie. Wie oft dienen sie anstatt zur Selbsterhaltung zum Selbstmord, zur Selbstvernichtung!« (BA 3, 398). Auf den Schriftsteller Raabe bezogen heißt das, daß die Ausübung seines Berufs ihn an die Grenze der Selbstvernichtung führen könnte, wenn er als Dichter Verstand und Phantasie gleichermaßen für sein Werk benutzt.

Um die ganze Tragweite dieses Konflikts nachvollziehen zu können, müssen wir noch einmal zu jener Eingangsszene zurückkehren, in der die Schwangere mit der schwarzen Frau zusammentrifft und plötzlich einen der »nicht seltenen Momente des Klarsehens« durchlebt, »in welchen die Welt, aller Schönheit entkleidet, mit einem Male nackt und tot vor dem geistigen Auge liegt, Abgründe sich da öffnen, wo vorhin nichts als himmlische Auen sich ausgebreitet hatten; wo die Hand sich anklammern möchte und nirgends einen Halt findet, wo die Stimme, welche die Geliebten um Hilfe rufen will, keinen Klang hat; wo die gleichgültigsten Menschengestalten sich in hassende, höhnende, drohende Wesen verwandeln; wo alles, was der andere ist und denkt, im Herzen trägt und *nicht*

ausspricht, so klar, klar, klar vor dem vernichteten Geiste daliegt, daß nur eine angebliche Ohnmacht Hilfe bringen und vor dem Wahnsinn retten kann« (BA 3, 38).
Das sind nicht nur Schriftstellerworte, das sind Raabes eigene Empfindungen. Erinnern wir uns daran, daß er sich in eine Tochter aus bestem Wolfenbütteler Hause verliebt hatte und mit ihr auch seither ein ausgedehntes Spazierverhältnis unterhielt, selbstverständlich stets sittsam in Begleitung ihrer Geschwister. Wie sollte er sich ihr erklären und die finanzielle Verantwortung für einen gemeinsamen Hausstand übernehmen, wenn er über den eigenen Weg als Dichter oder Literat mit sich noch uneins war? Würde sein Einkommen als freier Autor für eine komfortverwöhnte Frau reichen? Immer wieder muß sich Raabe diese Frage gestellt und beantwortet haben, und ebenso oft werden sich ihm dort »Abgründe« eröffnet haben, »wo vorhin nichts als himmlische Auen sich ausgebreitet hatten«. Er fürchtet die Erwartungen Berthas und muß doch der Geliebten lächelnd gegenübertreten. In einer Projektion spaltet sich seine Angst vor der Ehe auf in die Schwangere und die schwarze Unbekannte: Er würde nur noch dichterische Halbgeburten hervorbringen können, wenn er als Literat eine Familie versorgen müßte. Das Urerlebnis des jungen Raabe kehrt mit dieser Szene des »Klarsehens« wieder ins Bewußtsein zurück: Wenn er als Ernährer der Familie versagt, werden seine Bekannten über ihn höhnen; was sie angesichts seiner momentanen Erfolge nicht zu sagen wagen, aber vielleicht immer noch über ihn als ewigen Versager denken, wird dann ein so endgültiges Urteil über ihn sprechen, daß ihm wie dem bankrotten Advokaten nur die Flucht aus dieser Welt bleibt. Raabe läßt den Bankrotteur mit dem stadtbekannten guten Ruf in seiner Lebenskrise am Schreibtisch grübeln: »starr blickte er gradaus vor sich hin und schauderte zusammen, als ob ein Gespenst vor ihm durch die Dämmerung glitte« (BA 3, 396). Es ist nicht auszuschließen und sogar wahrscheinlich, daß in Raabes realer Konfliktsituation verstärkt jene psychischen Störungen wieder auftraten, die

von der Mutter ahnungslos als »somnambule Anlagen« umschrieben worden waren.

Konkreter gesagt: Raabe litt krankheitsschubbedingt unter Halluzinationen, er sah Gespenster. Am 5. März 1861 notiert er im Tagebuch: »Von jetzt an allerlei Humoristica zu sammeln für die Memoiren eines Gespenstersehers.« Die Eintragung könnte belegen, daß er über Erfahrungen psychischer

Wahrnehmungsstörungen verfügte und einen literarischen Rahmen suchte, um sie künstlerisch nutzbar zu machen. Vor dieser Notiz liegt eine langsame, aber eindringliche Verschärfung seines Entscheidungsdrucks. Raabe hatte am 12. Oktober 1860 gerade seine historische Novelle »Die schwarze Galeere« beendet, als er die Einladung zum »Familien-Club der Aristoi« erhielt, wie die im »Hotel zum Löwen« stattfindenden Bälle für die Honoratiorentöchter in Wolfenbüttel genannt wurden. Wie alle solche Veranstaltungen dienten sie zur Begutachtung der männlichen Heiratskandidaten.

Zunächst fand die Wahl des Ball-Komitees statt, bei der Raabe nicht ganz zufällig auch anwesend war: »Club. Die Comiteewahl der Damen. Tanz mit Frl. B. L. Um 12 Uhr nach Haus« (Tgb. 28.10.60). Am 2. November besucht ihn eine Dame des Komitees mit der Bitte, ihr für den Saisoneröffnungsball einen launigen Prolog zu schreiben, den sie abends vortragen könne. Raabe unterbrach also die Reinschrift des »Heiligen Born«, sah am 4. November das Fräulein Leiste wieder: »Im Club. – Bertha!« und lieferte am nächsten Tag die Auftragsarbeit pünktlich ab. Leider war jedoch am folgenden Ballsonntag die Auftraggeberin verhindert; Raabe mußte selbst auf die Bühne, um seine nicht zitierenswerten Verse vorzutragen: »Prolog gesprochen ... Tanz, Cotillon mit Bertha L.« (Tgb. 12.11.60). Noch schreibt er die Ersehnte im Tagebuch distanzierend mit der Initiale ihres Nachnamens, als ob Gefahr bestünde, daß er sie mit vielen anderen Berthas verwechseln könnte. Er begleitet sie, natürlich mit ihrer Schwester, nach Hause und schenkt ihr an diesem Abend das Manuskript des Prologs. Als er Anfang Februar 1861 die ersten Exemplare des »Heiligen Born« erhält, trägt er eines sofort zu Fräulein Leiste. Die Situation ist für alle Zuschauer eindeutig, nur der Hauptakteur leidet an Sprachhemmung: Er kann sich nicht erklären.

Wie eine letzte Flucht vor der Entscheidung zwischen Dichter und Literat erscheint Raabes plötzlicher Entschluß, sich der politischen Essayistik zuzuwenden: »Versuch einen populären politischen Aufsatz zu schreiben« (Tgb. 10.3.61). Er unterbricht dafür die gerade begonnene Arbeit an dem Magdeburg-Roman »Unseres Herrgotts Kanzlei«, aber was daraus geworden ist, wissen wir nicht. Möglicherweise hat Raabe im Hinblick auf eine Heirat seine Eignung als Journalist erproben wollen, vielleicht sogar mit dem Gedanken an eine feste Redakteursstelle, wie er das von den Kollegen Hackländer oder Gutzkow kannte, dessen »Zauberer von Rom« er gerade gelesen hatte. Aber als der Freund Glaser ihm am 13. März erzählt, daß der Dichter Jakob Corvinus in Rudolf Gottschalls Literaturgeschichte einen würdigen Platz gefunden hat, sind alle Bedenken und Selbstzweifel mit einem Schlag verflogen. Endlich geht er am nächsten Tag zu Bertha: »Ich hab's gewagt! – Der Sonnenstrahl. – Ich schwör's Euch zu, es ist mir wie ein Traum! Zu ihr! – Briefe – Glück!« (Tgb. 14.3.61). Das »Hangen und Bangen in schwebender Pein« (Tgb. 27.2.61) hatte mit der Verlobung ein glückliches Ende gefunden.

Berthas Familie gehörte zu den alteingesessenen Honoratiorengeschlechtern Wolfenbüttels. Der 1858 gestorbene Vater hatte es bis zum bestallten Anwalt am Ober-Appellationsgericht gebracht; ihr Großvater war Direktor der Großen

Schule gewesen und konnte sich der Freundschaft Lessings rühmen. Die am 12. Juli 1835 geborene Bertha, die jüngste von vier Töchtern, hatte in einem Schweizer Internat, der Familientradition entsprechend, eine Erziehung genossen, die sie weit über ihre Freundinnen hinaushob: Sie konnte besser Französisch als Hochdeutsch sprechen, war im Gesang wie im Zeichnen ausgebildet und pflegte auch in der Ehe noch ihre Konzert- und Theaterinteressen, solange sie nicht durch Mutterpflichten daran gehindert wurde. Schon bald nach der Geburt der ersten Tochter Margarethe (17. Juli 1863) warf Raabe seiner Frau »geistige Vernachlässigung« (Tgb. 22.11.63) vor, ohne jedoch die eigenen Bequemlichkeiten aufzugeben. Sie mußte allein für die Erziehung der Kinder sorgen, die Organisation des Haushalts so überwachen, daß Raabe sich nie gestört fühlen mußte, und sie durfte die Finanzen verwalten. Wenn sie sich darüber beklagte und meinte, dies sei doch Männersache, antwortete ihr der Ehemann mit einer gewissen Genugtuung: »Warum bist du eine Honoratiore? Bertha, du bist eine Bourgeoise« (BAE 4, 80) – und spielte damit auf ihre Mitgift an, die Raabe auch in späteren Geldnöten nicht anrührte.

Es gab Stimmen in der Familie, die gegen die Verlobung mit einem vermögenslosen Künstler sprachen, aber Bertha ließ sich in ihrer Entscheidung nicht beeinflussen. Sie konnte nicht ahnen, daß sie ihr Schicksal einem nervlich äußerst reizbaren und gesundheitlich labilen Mann anvertraute, der mit wenig Rücksicht auf sie und die Kinder seinen eigenen künstlerischen Weg gehen würde. Anfängliche gemeinsame Unternehmungen fanden bald nicht mehr statt, weil Wilhelm Raabe nach der Schreibtischarbeit die Stammtischrunde einem Theaterbesuch vorzog. Wenn Bertha dann von den Tagessorgen berichten wollte, stieß sie auf verständnislose Ablehnung: »Um 10 zu Haus. – Widerlich!« (Tgb. 7.12.68). Jede Störung seiner Gewohnheiten, vor allem natürlich seiner Arbeitsruhe, empfand er als Zumutung, auf die er ungemein gereizt reagierte: »Zu Haus Stupor Drama. – Kindergeschrei, schlaflose Nacht« (Tgb. 13.2.64). Von seiner Arbeit schloß er sie bald völlig aus; einmal vernichtete er ein neu begonnenes Manuskript, weil Bertha es gewagt hatte, die ersten Seiten zu lesen. Keineswegs kannte sie alle seine Bücher; er wollte auch mit ihr nicht über seine Arbeiten sprechen. Sie nahm die Rolle an, auf die sie ihr Mann verpflichtete; auf ein Hausmütterchen von knapp dreißig Jahren reduziert, kompensierte sie diese ihren Begabungen nicht gemäße Abschiebung mit einer übertriebenen Sorge um den Haushalt, die von ihrem Mann nicht gewürdigt wurde und die Dienstmädchen regelmäßig entnervt zur Aufgabe der Stellung zwang. Allein in der ersten Maihälfte 1864 gaben sich im Haushalt Raabes vier Dienstmädchen die Klinke in die Hand. Er bemerkte nicht, daß ihre häusliche Ordnungssucht eine geistige Leere überdecken sollte, die durch seine zunehmende Distanz entstand; im Gegenteil reagierte er immer spöttischer und ironischer auf Berthas vermeintliche Liebe zum Staublappen.

Mit unerbittlichem Sarkasmus hat er das Bild seiner zum Muttertier degenerierten Frau im späten Meisterwerk »Die Akten des Vogelsangs« festgehalten. Aber durch ihre geduldige Nachsicht für die Eigenheiten und Schwächen ihres Mannes ermöglichte ihm Bertha selbst in schwierigsten Jahren die kontinuierliche Arbeit. Obwohl er immer wieder im Tagebuch über Mißstimmungen und häusliche Widerwärtigkeiten klagt, oft nur verallgemeinernd mit dem Hamlet-Zitat »Ekel, schal und widerwärtig«, so scheint er doch gewußt zu haben, welche Opfer diese Frau für sein Werk brachte. Als Mann einer ausschließlich männlich bestimmten Zeit nahm er dies alles als selbstverständlich hin.

Schon zu Beginn ließ er keinen Zweifel daran, daß er künftig über ihr Leben bestimmen würde. Nach der Verlobung 1861 besucht er die Tagung des »Nationalvereins« in Heidelberg und macht einen Abstecher nach Stuttgart, weil er beabsichtigt, sich nach der Heirat dort niederzulassen. Hoefer rät ihm zwar ab, aber Raabe ist entschlossen, das provinzielle Wolfenbüttel zu verlassen und in engerem Kontakt mit den Kollegen zu leben. Im September beendet er den Heimkehrer-Roman »Unseres Herrgotts Kanzlei«, über dessen künstlerisches Mißlingen er sich im hohen Alter gegenüber Börries von Münchhausen sehr selbstkritisch äußerte: »Ist ja auch bloß Mist, die Magdeburgerei, alle Figuren wie Puppen von alten Marionettenbühnen ... ist doch alles Mist!« (Jb. 1967, 105). Der Roman war für ihn wertlos geworden, weil er eigentlich nur geschrieben worden war, um in der Figur des Markus Horn die eigene Entwicklung vom verlorenen Sohn zum siegreichen Heimkehrer abzuschließen. Da der Verleger das verlangte Honorar nicht zahlen wollte, kam es zum endgültigen Bruch mit dem ihm unzuverlässig scheinenden Schotte, der ihm 1860 versichert hatte, er werde »alles, alles ... ungelesen verlegen« (BA 4, 484). Raabe brachte das Manuskript bei Westermann unter, der es mit den geforderten 400 Talern honorierte. Die Buchausgabe nach dem Vorabdruck in Westermanns »Monatsheften« blieb ohne nennenswerte Resonanz. Erst 1889 veranstaltete die alte Magdeburger Lehrfirma Raabes, die Creutz'sche Verlagsbuchhandlung, eine Neuausgabe dieses Jugendwerkes, die zum künstlerischen Bedauern Raabes mehrere Auflagen nach sich zog. Allerdings war er zu dieser Zeit auf die Neuauflagen seiner Frühwerke finanziell angewiesen, da die anspruchsvollen Altersromane vom Publikum ignoriert wurden.

Der Hochzeitstermin war schon zu Beginn des Jahres auf den 24. Juli 1862 festgesetzt worden. Im März fährt Raabe mit Bertha und der von ihm hochgeschätzten künftigen Schwiegermutter nach Stuttgart, um eine Wohnung zu mieten und einen Tischler mit der Anfertigung der Möbel zu beauftragen. Ein neuer Romanentwurf mißlingt: das Projekt »Robert Wildhahn« endet mit dem Zerreißen der ersten sechs Kapitel. Raabe beginnt von neuem und vereinbart mit Glaser am 23. Juli, dem Vortag der Hochzeit, den Ankauf des erst zu einem Drittel geschriebenen Romans »Die Leute aus dem Walde«.

Die glücklichsten Jahre

SOFORT NACH DEM Hochzeitskaffee im »Goldenen Löwen« bestieg das junge Paar den Zug nach Stuttgart. Die Fahrt dauerte länger als erwartet, da die Königin von Preußen in einem eigenen Salonwagen mitfuhr und ihr von Bürgermeistern und Ehrenjungfrauen auf jeder Station die Honneurs gemacht werden mußten. So kamen Raabes erst am folgenden Abend um halb zehn in Stuttgart an und nahmen im Hotel »König von Württemberg« Quartier. Als sie am nächsten Morgen in ihre Wohnung wollen, stellt sich heraus, daß der im März beauftragte Tischler die Möbel noch nicht geliefert hatte. Auf dem Güterbahnhof erfährt Raabe, daß auch das Gepäck noch nicht angekommen ist. Notgedrungen bleiben sie im Hotel, erst am 2. August verbringen sie die erste Nacht in der eigenen Wohnung, Gymnasiumsstraße Nr. 13, dritter Stock. Beim Abendessen treffen sie auf Mäuse in der Küche und beim Verräumen des Gepäcks auf Wanzen, aber sonst gefällt es ihnen recht gut; »wir sehen aus jedem Fenster auf einen grünen Berggipfel, und dann auf den Turm der Hauptkirche, von welchem nach Stuttgarter Sitte morgens, mittags und abends ein Choral geblasen wird. Bertha amüsiert sich über das Leben auf den Dächern, das hierorts herrscht; es ist aber auch wirklich merkwürdig, was die Leute alles auf Balkonen, Brüstungen, platten Dächern, ja sogar Schornsteinen treiben« (BAE 2, 83). In Wolfenbüttel pflegte man nicht auf Dächern Kaffee zu trinken, Kleinkinder zu wickeln oder in der Sommerhitze zu dösen.

Stuttgart war trotz seiner 62 000 Einwohner eine sehr gemächliche Stadt. Zwischen Neckar und Nesenbach, am Rande von Wald- und Rebenhügeln hatte sich noch kaum Industrie angesiedelt; der Nachtwächter sang, wie Raabe sich in einem wehmütigen Brief an Friedrich Notter 1880 erinnert, »die Bevölkerung mit einem frommen Verse an« (BAE 2, 218),

Raabe mit seiner Braut, 1862

die Kühe wurden noch durch die Königsstraße getrieben, und den Auslauf des Kleinviehs auf den Straßen regelte eine »Straßen-Polizei-Vorschrift«. Allerdings nahm Stuttgart in den acht Jahren, die Raabe dort verbrachte, eine sprunghafte Entwicklung; die Einwohnerzahl stieg bis 1870 auf 90 000, und wo bisher die Vorzüge einer kleinen Gelehrtenrepublik lockten, überwogen schließlich die Nachteile einer Großstadt. Bei Raabes Zuzug galt die Residenzstadt wegen ihrer landschaftlichen Schönheit und der niedrigen Lebenshaltungskosten als einer der anziehendsten Orte für Fremde; die Adreßbücher der sechziger Jahre weisen erstaunlich viele ausländische Bewohner aus, vor allem Diplomaten, aber auch pensionierte englische Offiziere, die im feuchtwarmen Sommerdunst der Stadt sich an indische Klimaverhältnisse erinnert fühlen konnten. Neun Botschaften ausländischer Staaten, sogar Brasiliens, hatten hier ihren Sitz, und Raabe konnte die Sitten der von ihm wenig geschätzten Diplomatenkaste des erdienten, erdienerten und erdinierten Adels aus der Nähe beobachten.

Wichtiger für ihn war freilich die Bedeutung Stuttgarts als Zentrum der Verlage und Autoren, das sich darin mit Leipzig durchaus messen konnte. Das »Königlich-Statistisch-Topographische Bureau« verzeichnete nach der Berufszählung von 1856 bei einem Stand von rund 56000 Einwohnern 56 Buchhandlungen und 21 Buchdruckereien. In Stuttgart erschienen 55 Zeitschriften; hier lebten 244 Schriftsteller, von denen sich 43 der Belletristik zurechneten. Von Cottas »Morgenblatt« über Hackländers »Hausblätter« bis zu Hallbergers »Über Land und Meer« – es gab zahlreiche Publikationsmöglichkeiten, die von berühmten Autoren wie Mörike, Gerstäcker, Heyse und Turgenjew genutzt wurden. Für einen aufstrebenden Autor war dies der ideale Ort: »Für mich als Schriftsteller wie als Mensch könnte ich jetzt in ganz Deutschland keinen bessern Aufenthaltsort finden« (BAE 2, 99).

Von den Kollegen wurde Raabe mit offenen Armen empfangen, und während der gesamten Stuttgarter Zeit pflegte er einen so intensiven gesellschaftlichen Verkehr wie niemals später. Nicht selten besuchte er mehrmals in der Woche mit seiner Frau Theater- und Opernaufführungen oder knüpfte in der Lesegesellschaft »Museum«, die nur Männern vorbehalten war, neue Kontakte. Die Gesellschaft veranstaltete aber auch regelmäßig Bälle und Konzerte, die von Raabes gerne besucht wurden, obwohl Bertha anfangs noch Bedenken hatte: »Die Wintervergnügen und Bälle, die damit verbunden sind, werden wir wohl nicht mitmachen; denn der Luxus soll hier seinen höchsten Gipfel erreicht haben, und unser kleiner

Haushalt erfordert noch immer soviele Ausgaben, daß Hüte und Umhängsel, die ich mir hier nach neuester Facon anschaffen wollte, noch immer in meinem Schranke keinen Platz finden wollen; ich gehe hier gerade wie in Wolfenbüttel und bin sehr glücklich, daß man hier, wo uns eben noch keiner kennt, gehn kann, wie man will« (BAE 2, 90). Der im Vergleich zum ebenso engen wie steifen Norden sehr viel offenere gesellschaftliche Umgang ermöglichte so zahlreiche Kontakte, daß Raabe später sagen konnte, in Stuttgart seien in *einem* Jahr mehr Schriftsteller und Literaturfreunde durch sein Haus gegangen als in Braunschweig während der ganzen Zeit seines Aufenthalts.

Die neue, angenehme Umgebung beflügelt auch die Arbeit. Bereits am 3. August hat Raabe den Roman »Die Leute aus dem Walde« wieder vorgenommen; der zweite Band wird im September, der dritte und letzte am 1. November 1862 beendet. Das Haus Westermann läßt zwar durch Adolf Glaser mitteilen, daß es den Roman für Raabes bisher bestes Werk halte, aber es gebe ein »Mißverständnis betreffend das Verhältnis des Honorars zum Umfange« (BA 5, 446): Vereinbart war ein Roman mit dem Umfang von »Unseres Herrgotts Kanzlei«, doch das neue Manuskript zählte drei Druckbogen weniger, und es sah zunächst so aus, als wollte Westermann das Honorar entsprechend kürzen. Raabe reagierte auf diese Andeutungen zunächst überhaupt nicht, und tatsächlich erfolgte auch keine Honorarkürzung. Aber die Erfahrung, daß der Wert seiner Werke nach Seitenzahlen bemessen wurde, ärgerte ihn doch so sehr, daß er den nächsten, wiederum dreibändigen Roman »Der Hungerpastor« einem anderen Verlag überließ. Der Verleger Otto Janke kam eigens nach Stuttgart, um die Vertragsverhandlungen zu führen. Schließlich einigte man sich auf das unerwartet hohe Honorar von 750 Talern für ein unbesehenes Manuskript – »so kurz wie die ›Leute aus dem Walde‹ habe ich in den Contract aufnehmen lassen« (BAE 2, 97) –, und Raabe erhielt die Zusicherung, mit dem Roman die »Deutsche Roman-Zeitung« zu eröffnen, denn die freilich nur drucktechnisch bedingte Plazierung der »Leute aus dem Walde« in der hinteren Hälfte der »Monatshefte« hatte ihn in seinem Selbstwertgefühl als Autor vermutlich mehr gekränkt als die Androhung eines verminderten Honorars. Mit unverhohlenem Triumph erklärte er dem diesmal leer ausgegangenen Glaser, »daß ich mit demselben Recht so schnell und sicher meine Arbeitskraft zu verwerten suche wie Herr G. Westermann sein Kapital« (BAE 2, 97).

Ein Erfolg waren »Die Leute aus dem Walde« nicht; erst 1889 gab es eine zweite Auflage von 1500 Exemplaren, die aber auch erst zu Raabes 70. Geburtstag 1901 ausverkauft werden konnten. Den wenigen zeitgenössischen Rezensenten entging durchweg, wie aufschlußreich dieses Buch mißlungen ist. Die Abhängigkeit der Handlung von einem mißverstandenen »Wilhelm Meister« liegt selbst bei flüchtiger Lektüre auf der Hand, ebenso die gewaltsame Übernahme störender stilistischer Eigenheiten von Charles Sealsfield. Seine Kenntnisse über den kalifornischen Goldrausch bezog Raabe erkennbar aus Gerstäckers Roman »Gold« (1858); andere Details sind aus Reinhold Solgers Roman »Anton in Amerika« (1862) entlehnt, und vielleicht hat Raabe auch Brommes weit verbreitetes »Hand- und Reisebuch für Auswanderer« benutzt.

Es ist verständlich, daß er für den in Amerika spielenden Romanteil auf literarische Quellen zurückgreift, aber er schreibt über die Erziehung zum tüchtigen Leben und bezieht auch da seine Erfahrung aus zweiter Hand. Entsprechend lebensfremd sentenziös geraten ihm die Sätze: »Der Mensch ist zur harten Arbeit geschaffen« (BA 5, 60); »Mit harter Hand faßt das Schicksal vor allem gern seine Günstlinge« (BA 5, 61) – aber darüber ins Grübeln zu geraten, empfiehlt sich nicht: »Kinderstubengedanken, Krankenstubengedanken haben zwar auch dann und wann ihre Berechtigung, aber sie dürfen uns nicht durch das ganze Leben begleiten, wenn es ein ordentliches, wahrhaftiges, männliches Leben sein soll« (BA 5, 174).

Solche Sätze gehörten zum Erziehungsfundus von Wilhelm Raabes Vater; der Sohn wiederholt sie nun, wider seine eigene

Erfahrung, fast automatisch. Ein fest programmiertes Schema läuft hier ab, dessen Stichworte von Raabe scheinbar stereotyp aufgefüllt werden. Auch die Liebesgeschichte des Romans ist völlig dem Leistungsprinzip untergeordnet; Raabe beschreibt, bis zum Erröten abhängig von Otto Ludwigs Roman »Zwischen Himmel und Erde« (1856), eine jugendliche Liebe im Dienst der Volkswirtschaft. Robert muß sich von Helene trennen, um zunächst eine Ausbildung hinter sich zu bringen: »Laßt ihn tüchtig arbeiten, laßt ihn lernen, legt ihm eine eiserne Hand auf den Kopf und zeigt ihm jetzt das Leben so nüchtern wie möglich. Wenn in dieser Neigung die rechte Kraft ist, so wird er den Kopf schon wieder aufrichten, und die Zukunft wird das Dienliche bringen« (BA 5, 263). Da sich Lust in Leistung sublimieren muß, verbringt der Junge seine Bewährungsfrist auf der Universität, darf aber Helene nicht schreiben und sie nur selten unter Aufsicht der Erzieher sehen, bis die beiden schließlich miteinander verlobt werden. Die Erziehung Roberts besteht vor allem in der Gewöhnung an den »Kampf um das Dasein« (BA 5, 365 f) – die Übersetzung von Darwins epochalem Werk über die »Entstehung der Arten« war 1860 in Stuttgart erschienen, trug den Untertitel »Erhaltung der vervollkommneten Rassen im Kampf ums Daseyn« und lag im »Museum« aus.

Der Schriftsteller Raabe blickt auf seine Figuren wie ein moderner Naturwissenschaftler: »Wir haben eine Handvoll Leben herausgegriffen aus dem Gewimmel des Daseins ... Es ist ein großes ewiges Glänzen, aber der einzelne Funken erlischt bald! ... Wir müssen uns drein ergeben; wir betrachten zappelnde Mollusken und zappeln selbst molluskenhaft zum Vergnügen anderer, bis die kurze Stunde unserer Zeit vorbei ist« (BA 5, 278 f). Ohne Illusion und poetische Überhöhung beschreibt Raabe die eingeschliffenen Beziehungen der Menschen: »Der Kreis, den man übersieht, ist nicht sehr weit, und was man sieht, erblickt man durch die gefärbten Gläser der Gewohnheit, des angeborenen oder allzu schnell gefaßten Vorurteils. Man hat seine Art, der Welt gegenüber die Lorgnette vor die Augen zu halten, und es ist inkonventionell, von dieser Manier abzulassen – man würde sich allerlei mehr oder weniger spitze und stumpfe Bemerkungen und kleine, ganz winzige tödliche Verfeindungen dadurch zuziehen – man muß mit den andern leben, und man lebt gleich den andern« (BA 5, 169). Den wirklichen »Charakteren« zwingt also »die Gesellschaft eine Maske« auf (BA 5, 50), und Raabe fragt den Leser: »Sollte sich die Originalität in jetziger Zeit vielleicht nicht *mehr* auf die innern Teile einzelner Bevorzugter werfen?« (BA 5, 57).

Das klingt zunächst nach einer Kritik der bürgerlichen Gesellschaft, doch diese Kritik orientiert sich am Modell Darwins, das nun antidemokratische Züge bekommt: »In unserer Zeit, wo die bewegende Kraft in die Massen zurückfällt, wo selbst die Größten nur das wollen dürfen, was die Allgemeinheit will, in dieser Zeit steht der einzelne, der stets und mit aller Kraft das Edle und Gute gewollt hat, freier von Verantwortlichkeit für andere da als in irgendeiner andern Epoche. Geschlechter, Stände mögen im Lachen der Menge zugrunde gehen; der tadellose, fleckenreine Schild des einzelnen wird um so heller glänzen« (BA 5, 410) – oder noch deutlicher im Sinne eines *survival of the fittest*: »Wir leben in einem großen Gedränge; es fehlt weder an Messern noch an Männern; wer aber vom besten Stahl ist, der kommt auch am besten weg« (BA 5, 160).

Der Einfluß Darwins ist bereits in diesem frühen Roman unverkennbar und wird sich, freilich mit deutlichen Wandlungen, bis ins Spätwerk fortsetzen. Es ist erstaunlich, wie rasch Raabe diese neue naturwissenschaftliche Theorie für seine schriftstellerische Arbeit nutzbar machen konnte. Es war möglich, weil er nicht aus einer kirchlich geprägten Familie kam und der alle Traditionen umstürzenden Evolutionslehre Darwins deshalb auch keine Vorurteile entgegenbrachte. Raabe war in keiner Hinsicht fromm. Was er als Agnostiker von »Gott« hielt, notierte er in einem sarkastischen Satz zu »Stopfkuchen«, den er aus Publikumsrücksicht aber nicht in den Drucktext aufnahm: »Wenn der Mann wirklich existierte und die Welt aus Nichts erschaffen hätte, so wär's ein liebender Vater, der in einem neuerbauten Hause seine Kinder mit verbundenen Augen zwischen möglichst scharfen Ecken und Fallgruben zum Blindekuhspiel zwänge, um nachher beim ›jüngsten Gericht‹ seine Freude und Rache an ihren blutenden Nasen und zerstoßenen Schienbeinen zu haben. 27. Mai 1889« (BA 18, 420).

Doch nicht nur die unter den deutschen Schriftstellern einzigartig frühe Kenntnisnahme der Theorien Darwins ist bemerkenswert, sondern auch die offenkundige Affinität Raabes zu ihnen, die sich freilich psychologisch erklären läßt. Er erkennt hier die Notwendigkeit des Kampfs gegen die bestimmenden Vaterfiguren seiner Jugend wieder; er nimmt insbesondere aus Darwins Lehre nachträglich die Legitimation des Kampfes gegen seinen Vater, von dem er sagte: einer von uns mußte weichen. Nun kann er sozusagen im Namen der Selektionstheorie den Vater mit dessen eigenen Waffen des Leistungsprinzips endgültig besiegen. Später wird er deshalb mit der hier noch gänzlich unreflektiert benutzten Theorie sehr viel differenzierter und distanzierter umgehen können. Sie wird auch in den »Leuten aus dem Walde« keineswegs konsequent durchgehalten – im Gegenteil: Parallel zu ihr und sie unterlaufend entwickelt Raabe eine Rechtfertigung des passiven Sichbegnügens. Dazu läßt er eine der erzieherischen Leitfiguren einige Sätze aus dem »Encheiridion« des Epiktet paraphrasieren: »Bedenke immer, das Leben sei dir gegeben, wie dem Schauspieler eine Rolle im Drama vom Dichter gegeben wird. Spiele sie ab, wie sie der große Poet geschaffen hat – kurz, wenn sie kurz, lang, wenn sie lang ist. Wenn dir die Rolle eines Bettlers gegeben wurde, so agiere sie, so trefflich du irgend vermagst; ebenso, wenn du mit der Rolle eines Kranken, eines Mannes der Schmerzen bedacht wurdest. Der Fürst muß den Fürsten spielen, der Plebejer den Plebejer« (BA 5, 204f). Nur in der Anerkennung solch scheinbar unveränderlicher Lebensgrenzen läßt sich der erzwungen harmonische

Romanschluß verstehen: daß »alles gut ist, wie es ist« (BA 5, 424).

Die Metapher vom »Welttheater«, von der Welt als Bühne und Schauspiel ist seit Platon tradiert und spätestens durch Calderons Drama »Das große Welttheater« zum literarischen Topos geworden. Raabe kannte das Motiv jedoch nicht erst aus der Literatur, sondern bereits von seinem gelehrten Großvater, der Sentenzen wie »Ja – ein Schauspiel ist das Leben« gerne in Stammbuchversen verewigte. Daß dieses eher quietistische Motto mit dem allzu deutlich verteidigten, sogar geforderten »Kampf ums Dasein« kaum zu vereinbaren war, hat Raabe bereits zu Beginn des zweiten Romandrittels gemerkt; er schaltet deshalb hier eine trotzige Überlegung in eigener Sache ein: »Das Amt eines Geschichtenerzählers ist viel schwerer, als sich die Leute meistens vorstellen, und am Ende kann der beste nicht mehr tun, als seinen Apfel schälen und sprechen: Da, nehmt, oder laßt's bleiben. Kern oder Schale, wie es euch beliebt. Haltet euch lobend an das eine oder tadelnd an das andere; oder lobt und tadelt beides oder keines von beiden. Unsereiner muß auch in manch sauern Apfel beißen, und ihr Leute, die ihr euch über irgendein Buch ärgert, wißt gar nicht, wie glücklich ihr seid, daß ihr es nicht zu schreiben brauchtet« (BA 5, 149). Bei seinen historischen Erzählungen hatte sich Raabe stets möglichst eng an den überlieferten Quellen entlanggeschrieben, nicht nur Daten und Dramaturgie übernommen, sondern auch den Sprachgestus, aber nun, bei seinem ersten großen Roman, mußte er erkennen, daß er immer noch ein Anfänger war, der mit dem Eigenleben seiner Figuren Schwierigkeiten hatte.

Es ging ihm wie Jean Paul, der über seinen ersten Roman »Die unsichtbare Loge« – übrigens auch ein Erziehungsroman: die Schwäche der Anfänger – noch vor der Drucklegung an seinen Freund Otto schrieb, er tauge nichts, aber an ihm habe er »das Romanemachen« gelernt, und prompt beginnt er mit seinem größten Lesererfolg, dem »Hesperus«. So war es auch bei Raabe: »Die Leute aus dem Walde« wurden am 1. November 1862 beendet, zwei Tage später der letzte Teil zur Post gebracht, und am 6. November notierte er das erste Konzept für den »Hungerpastor«, der – leider – sein erfolgreichstes Buch werden wird. Immer wieder hat sich der reife Raabe von den Werken seiner Anfängerzeit distanziert, aber das Publikum hörte nicht auf ihn: »Das Volk ist ja völlig befriedigt mit dem mir abgestandenen Jugendquark: Chronik und Hungerpastor und läßt mich mit allem Übrigen sitzen« (BAE 2, 444).

»Der Hungerpastor« ist trotz aller Handlungswirren ein eher schlichtes Werk; seine Struktur orientiert sich deutlich an Gustav Freytags Erfolgsroman »Soll und Haben«. In diesem zuerst 1855 erschienenen Roman verlassen zwei junge Männer, einer Jude, der andere Protestant, beide Waisen, die kleine Heimatstadt, um in der Ferne einen ähnlichen Beruf zu erlernen. Das Leben trennt sie und führt sie nach einiger Zeit wieder zusammen. Der Christ erreicht sein Ziel schwerer, weil er seinem Inneren folgt und sich nicht, wie der Jude, auf die leichten Lockungen des Lebens einläßt. Nach einer schweren Enttäuschung durch seinen Jugendfreund gewinnt er aber doch noch mit der Liebe eines ihm lange bekannten Mädchens die ihm gemäße Stellung in der Gesellschaft. An dieser Handlungsstruktur hat Raabe so gut wie nichts geändert. Von seinen Figuren, Protestant und Jude, ist der eine Waise, der andere Halbwaise. Nach dem Weggang aus der Kleinstadt widmen sie sich der gleichen Beschäftigung, dem Studium: Der Protestant in der theologischen, der Jude in der philosophischen Fakultät. Sie verlieren sich aus den Augen und treffen nach langer Zeit wieder zusammen. Von der Stimme seines inneren Bewußtseins getrieben, verfehlt der Protestant die äußerlichen Würden, gewinnt aber an inneren Werten, während der Jude eine glänzende Karriere macht und Doppelspion wird.

In »Soll und Haben« endet der Jude mit dem wirklichen, im »Hungerpastor« mit dem »bürgerlichen Tod«. Da die Romanhandlung zwischen 1810 und 1845 angesiedelt ist, konnte Raabe diesen juristischen Begriff noch benutzen; als mögliche

Deutsche Roman-Zeitung.

1864. Erscheint in achttäglichen, so wie auch in halbmonatlichen Lieferungen von 5, resp. 10 großen Bogen zum Preise von 1 Thlr. vierteljährlich. — Zu beziehen durch alle Buchhandlungen und Postanstalten. № 1.

Der Hungerpastor.

Ein Roman in drei Theilen
von
Wilhelm Raabe (Jakob Corvinus).
Erster Theil.

Erstes Kapitel.

Nicht mitzuhassen, mitzulieben bin ich da. Sophokles.

Vom Hunger will ich in diesem schönen Buche handeln, von dem, was er bedeutet, was er will, und was er vermag. Wie er für die Welt im Ganzen Schiwa und Wischnu, Zerstörer und Erhalter in einer Person ist, kann ich freilich nicht auseinandersetzen; denn das ist die Sache der Geschichte; aber schildern kann ich, wie er bei Einzelnen zerstörend und erhaltend wirkt, und wirken wird, bis an der Welt Ende.

Dem Hunger, der heiligen Macht des ächten, wahren Hungers widme ich diese Blätter, und sie gehören ihm auch von rechtswegen, welches am Schluß hoffentlich vollkommen klar geworden sein wird. Mit letzterer Versicherung bin ich einer weiteren Vorrede, welche zur Gemüthlichkeit, Erregung und Aufregung des Lesers doch nur das Wenigste beitragen würde, überhoben, und beginne meine Geschichte mit unbegrenztem Wohlwollen sowohl gegen Mitwelt und Nachwelt, als auch gegen mich selber und alle mir im Lauf der Erzählung vorübergleitenden Schattenbilder des großen Entstehens, Seins und Vergehens — es sei endlichen Werdens, welches man Weltentwickelung nennt, welches freilich ein wenig interessanter und reicher als dieses Buch ist, das aber auch nicht, wie dieses Buch, in drei Theilen zu einem befriedigenden Abschluß kommen muß.

„Da haben wir den Jungen! da haben wir ihn endlich — endlich!" rief der Vater meines Helden und that einen langen erleichternden Athemzug, als ein Mann, der langes vergebliches Sehnen, schwere Arbeit, viele Mühen und Sorgen endlich gar und endlich glücklich zu einem glücklichen Ziel gekommen ist. Mit klugen, glänzenden Augen sah er herab auf das unansehnliche, kümmerliche Stück Menschenthum, welches ihm die Wehemutter in die Arme gelegt hatte, grad als die Feierabendglocke erklang. Eine Thräne stahl sich über die hagere Backe des Mannes, und die scharfe, spitze, kluge, väterliche Nase senkte sich immer tiefer gegen das unbedeutende, kaum erkennbare Näschen des Neugeborenen; bis sie plötzlich mit einem Ruck wieder empor fuhr und sich ängstlich fragend gegen die gute hülfreiche Frau, welche so viel zu seinem Entzücken beigetragen hatte, richtete:

„O Frau Gevatterin, — Gevatterin Tiebus, es ist doch wirklich, wirklich einer? sagt's noch einmal, daß Ihr Euch nicht irrt, — daß es wirklich, wirklich also ist!"

Die Wehemutter, welche bis jetzt mit selbstbewußtem, lächelndem Kopfnicken der ersten zärtlichen Begrüßung zwischen Vater und Sohn zugesehen hatte, hob jetzt ebenfalls ihre Nase sehr ruckartig, verscheuchte mit einer unnachahmlichen Bewegung beider Arme alle Geister und Geisterchen des Wohlwollens und der Zufriedenheit, von welcher sie bis jetzt umflattert wurde, stemmte die Fäuste in die Seiten und mit Hohn, Verachtung und beleidigtem Selbstgefühl sprach sie:

„Meister Unwirrsch, Ihr seid ein Narr! Laßt Euch an die Wand malen! . . . hat die Welt je so 'was gehört von solchem alten verständigen Menschen und Hausvater? . . . ob es wirklich einer ist?! Meister Unwirrsch, ich glaube, Ihr habt verlernt Ihr noch, einen Stiefel von einem Schuh zu unterscheiden. Da sieht man's recht, daß ein Leiden es ist, wenn die Gottesgabe so spät kommt. Ist das kein Junge, den Ihr da haltet? ist das wirklich kein Junge, kein richtiger, ächter Junge? Jesus, wenn die alte Kreatur nicht das arme Geschöpf in den Armen hielte, ich möchte ihr schon eine Tachtel

---

Strafe war er 1851 aus dem preußischen Gesetzbuch gestrichen worden. »Bürgerlich tot« bedeutete: Die Erbschaft des Verurteilten wurde eröffnet, als ob er physisch tot wäre; eine etwaige Ehe galt als aufgelöst, eine erneute Ehe war nicht möglich. Der Verurteilte konnte nicht, z. B. als Kläger, vor Gericht auftreten, er durfte keine Rechtsgeschäfte abschließen und keinen Beruf zum Zweck des Gelderwerbs ausüben. Für Raabes korrumpierten Juden war dies ein adäquateres Ende als der physische Tod. In das erste Konzept hatte Raabe ein Thema aufgenommen, das bei Freytag fehlt: »Collisionen mit staatlichen Gewalten. Der Hunger nach politischer Freiheit« (BA 6, 473); vermutlich sollten die Studenten als Burschenschaftler verfolgt werden, doch Raabe übernahm dieses Motiv nicht ins Manuskript. Ursprünglich sollte auch Franziska, die lang gekannte und endlich gewonnene Geliebte des protestantischen Helden am Ende sterben, aber weil die Rezensenten den Zufallstod Evas in den »Leuten aus dem Walde« heftig kritisiert hatten, ließ er Franziska am Leben und gab ihr zum glücklichen Ende den Hungerpastor als Ehemann. Ebenfalls anfangs nicht geplant war der Schiffbruch, der die unglückliche Kleophea, ein Opfer des jüdischen Intriganten, ans Land spült, wo sie in Franziskas Armen stirbt; aber im Juli 1863 las Raabe noch einmal Dickens' Roman »David Copperfield«, in dem nach einem Schiffbruch die Leiche des Schurken entdeckt wird: Hier fand er das Meer-Motiv, das dann den ganzen dritten Teil leitmotivisch durchzieht. Deswegen verlegt Raabe die Hungerpfarre aus der »Wüste« (dies im Konzept durchgestrichen und dafür eingesetzt: »die unfruchtbare Haide«, BA 6, 474) schließlich in ein Dorf an der Ostsee. Der christliche Held erreicht also in stiller Selbstbescheidung sein Lebensziel, während sein jüdischer Gegenspieler zwar für »bürgerlich tot« erklärt wird, aber wie der Ewige Jude zum ruhelosen Weiterleben verdammt ist.

Die gefährlich vereinfachende Schwarz-Weiß-Kontrastierung dieser Lebenswege hat den Erfolg des Buches nicht allein begünstigt, sondern bei einem Publikum, das die ökonomische und gesellschaftliche Konkurrenz der jüdischen Geschäftsleute und Intellektuellen zu fürchten begann, sogar bedingt. Der Roman avancierte zum Konfirmations- und Schulabgangsgeschenk, und Raabe selbst konnte noch davon sprechen, daß der »Hungerpastor« »nicht *ein* deutsches Volksbuch, sondern eben *das* deutsche Volksbuch« (BAE 2,

434) geworden ist. Der Roman wurde als Lehrbuch des jüdischen Charakters gelesen; die Raabe-Gesellschaft empfahl 1933 in ihren offiziellen Mitteilungen (Nr. 4, S. 109) das Buch als Schullektüre »wegen der klaren Sonderung jüdischen und deutschen Wesens«.

Raabe war kein wütender Antisemit, er teilte nur die gewöhnlichen Vorurteile gegen Juden mit den meisten seiner Zeitgenossen. Für den »Hungerpastor« bediente er sich eines überlieferten und höchst erfolgreichen literarischen Modells des fünfzehn Jahre älteren Autors Gustav Freytag, das durch dessen Autorität sanktioniert war, um alle umlaufenden Vorurteile zum Charakterbild eines korrupten Juden zu bündeln. Der »kleine, gelbe, kränkliche Moses« (BA 6, 41), ein Trödler, der ein »Greuel (war) für jeden, der etwas auf ein wohlgewaschenes Gesicht und reinlich beschnittene Nägel gab« (BA 6, 45) – die schon äußerlich also von der christlichen Gesellschaft distanzierten Personen werden vor allem charakterisiert durch einen klischeehaft stilisierten Judenjargon.

Es ist bisher nicht nachgewiesen, woher Raabe dieses Jiddisch eigentlich kannte: aus der Berliner Zeit oder vielleicht aus Itzig Feitel Sterns »Lexikon der Jüdischen Geschäfts- und Umgangssprache«, das 1858 in zweiter Auflage erschienen war und neben einem Wörterbuch auch eine Anleitung zum Erlernen des Jiddischen enthielt. Hinter dem jüdischen Namen des Autors verbarg sich allerdings ein bayerisch-fränkischer Antisemit namens Holzschuher, der in mehreren Werken seine Kenntnisse der jüdisch-deutschen Sprache so perfekt persiflierend dazu verwendete, vor der Konkurrenz der Juden zu warnen, daß er zeitlebens als selbstkritischer jüdischer Autor galt und erst 1928 enttarnt wurde. Wenn Raabe aus dieser Quelle geschöpft hat, beteiligte er sich, ohne es zu ahnen, an einer antisemitischen Kampagne, die mit den von ihm verwendeten Sprachklischees arbeitete: »›Und ich brauch, wenn ich lern, mich nicht lassen zu schimpfen und schlagen in der Gaß? Ich kann's ihnen heimzahlen, was sie mir tun, brauch mich nicht zu verkriechen vor ihnen?‹ – ›Wenn du hast Kunst und wenn du hast Geld, kannst du sie stecken alle in den Sack. Und wenn du jetzt sitzest im Winkel, kannst du denken: du bist die Katz, und die Mäus tanzen vor dir und pfeifen dir zum Hohn. Laß sie pfeifen und lern; wenn der jungen Katz sind gewachsen die Krallen, kann sie spielen mit der Maus, und die Maus hat das Schlimmste davon‹« (BA 6, 60).

Was hier inhaltlich seinen Anfang nimmt, konnte die spätere These stützen, einen Antisemitismus hätte es niemals gegeben, im Gegenteil: Der spezifisch jüdische Haß gegen alles Nichtjüdische hätte sich zur Weltrevolution gegen die arischen Barbaren formiert; die Juden wollten mit den Christen Katz und Maus spielen, ihr ganzer Ehrgeiz wäre, wie der »Stürmer« in seiner Sondernummer vom Mai 1934 schrieb, die Vernichtung des Ariers: »Der Jude ist der Mörder des Nichtjuden nicht nur in der Theorie. Seine Geschichte beweist, daß er auch praktisch danach handelt. Die Geschichte des jüdischen Volkes ist eine ununterbrochene Kette von Massenmorden und Massenblutbädern..., es soll das Ariertum der Welt, die Auslese der Menschheit ausgerottet werden.«

Die Entwicklung des Moses zeichnet solche Diffamierung vor: »Die schwarzen Haare zerwühlend, saß hier Moses, immer mehr beschäftigt, die bunte Mannigfaltigkeit des Lebens aufzulösen und sie in die Fächer einer unbarmherzigen Logik zu ordnen. Je mehr Wissen er aufhäufte, desto kälter wurde sein Herz; mit höhnischem Spott erdrosselte er den letzten Rest warmer Phantasie, der ihm geblieben war. Nicht Werkzeug zum Nutzen und Genuß für sich und die Welt schuf er; Waffen, nur Waffen gegen die Welt schmiedete er« (BA 6, 88). Während der naive Arier Hans auf der Universität den Lehrern »ehrfurchtsvolle Scheu« (BA 6, 127) entgegenbringt, um ihre Weisheit in sich aufzunehmen, nimmt der »vorurteilsfreie Moses« (BA 6, 127) davon nur, was er für seine Zwecke gebrauchen kann. »Moses Freudenstein stand natürlich dem deutschen Vaterland ebenso objektiv gegenüber wie allem andern, worüber sich reden ließ« (BA 6, 128) – mit diesem Satz denunziert Raabe Begriffe wie »Vorurteilslosigkeit« und

»Objektivität«; er öffnete damit den Anwälten des deutschen Gemüts die Tür und stützt mit der folgenden Rede das Klischee vom egoistischen, den deutschen Volkskörper zersetzenden Juden: »Ich habe das Recht, nur da ein Deutscher zu sein, wo es mir beliebt, und das Recht, diese Ehre in jedem mir beliebigen Augenblick aufzugeben. Wir Juden sind doch die wahren Kosmopoliten ... Wir können ruhig stehen, während ihr euch abhetzt, quält und ängstet. Die Erfolge, welche ihr gewinnt, erringt ihr für uns mit, eure Niederlagen brauchen uns nicht zu kümmern ... Wir sind Passagiere auf eurem Schiff ..., aber wenn die Barke scheitert, so ertrinkt nur ihr; – wir haben unsere Schwimmgürtel und schaukeln lustig und wohlbehalten unter den Trümmern« (BA 6, 128 f). Dem Juden Moses legt Raabe Worte in den Mund, die immer gegen die Juden gerichtet wurden, weil sie dem gängigen Vorurteil vollendet entsprachen; im Mitteilungsblatt der Raabe-Gesellschaft wurde diese Passage 1933 (Nr. 4, S. 103) zitiert und kommentiert: »Ist es nicht, als ob Alfred Kerr oder Emil Ludwig oder Albert Einstein diese Sätze geformt hätten?«

Die »Gesellschaft der Freunde Wilhelm Raabes« war nach einem Aufruf des Raabe-Verehrers Wilhelm Brandes 1911 in der Zeitschrift »Eckart« gegründet worden; Raabe wurde dort als »ethischer Führer«, »nationaler Prophet« und »praeceptor Germaniae« apostrophiert. Der Aufruf ist vor allem von jenen aufgegriffen worden, die sich selbst als »Praezeptoren« verstanden: von deutschnationalen Lehrern. Die Gesellschaft war ein Schulmännerbund, der ohne jedes wissenschaftliche Selbstverständnis die Werke lebenspraktisch und ideologisch für die eigenen Zwecke ausschlachtete und systematisch das Bild des Schriftstellers Raabe für die Nachwelt verfälschte.

Schlechtere »Freunde« hätte Raabe kaum finden können. Bruchlos überführten sie das Werk ins Dritte Reich: »Die Gesellschaft hält das Erbe Wilhelm Raabes wach und setzt es in Beziehung zur Gegenwart ... Die Gesellschaft der Freunde Wilhelm Raabes will zeigen, inwieweit Raabe das gegenwärtige Deutschland, alles Große in unserer Zeit, in der wir leben, vorbereitet hat und ihr Prophet gewesen ist« (Mitt. 1937, Nr. 1, S. 24f). Prominente Nazi-Germanisten wie Wilhelm Fehse und Hermann Pongs bestimmten nun die Richtung. Auf der Jahrestagung der Raabe-Gesellschaft 1936 wurde ein Arierparagraph durchgesetzt, nach dem Juden nicht nur nicht mehr Mitglied *werden*, sondern auch nicht mehr Mitglied *sein* durften: Verdienstvolle Raabe-Forscher wie Heinrich Spiero wurden damit ausgeschlossen. Es hat unverhältnismäßig lang gedauert, bis sich die Gesellschaft nach 1945 vom Einfluß der alten Garde befreien und erst um 1970 als ernstzunehmende Forschungsinstitution neu etablieren konnte.

Ebenso lange wurde die Aufarbeitung der eigenen Vergangenheit gescheut; man zog es vor, die Ruinen zurückzulassen, nicht hinter sich zu blicken und Raabe »in neuer Sicht« (so ein Buchtitel von 1968) zu betrachten. Die Paradoxie, daß in jenem Aufsatzband nur Texte aus den Jahren 1932 bis 1965 wiederveröffentlicht wurden, scheint niemandem aufgefallen zu sein. Es ging auch nicht um eine kritische Revision alter Positionen, sondern man stellte, als ob es die Zwischenzeit der nationalsozialistischen Inanspruchnahme nie gegeben hätte, nur dichtungsimmanente Fragen nach »Zeit und Raum« oder »Ironie und Pathos«. Das Problem des Antisemitismus im Werk Raabes blieb unerwähnt. Wer seither damit umging, hielt sich streng an eine Interpretation des »Hungerpastor« und konnte auf entlastende Stellen und Selbstaussagen Raabes verweisen. Raabe hat auf jüdische Leserkritik empfindlich reagiert, weil er sich mißverstanden glaubte: »Behandle ich nicht im ›Hungerpastor‹ das wirkliche Juda mit allem Respekt? Ist es *meine* Schuld, wenn Sie den Renegaten zu den Ihrigen rechnen?« (BAE 2, 445). Er verweist in diesem Brief aus dem Jahr 1903 darauf, daß er »nur wie unser Herrgott in seiner Welt mein Licht in meiner Kunst leuchten lasse über – Gerechte und Ungerechte.« Liest man den »Hungerpastor« daraufhin mit einem kritischen Blick auf Moses Freudenstein, so wird deutlich, daß er von seinen jüdischen Freunden wegen des Beitritts zur katholischen Kirche als »Verräter an seinem Volk« (BA 6, 119) bezeichnet wird. Er dürfte folglich vom Leser nicht als Jude beurteilt werden. Doch damit unterschlägt Raabe, daß solche Sozialisation für Juden normal war; wenn Moses Freudenstein sich nach der Konversion Theophil Stein nennen kann, bleibt von Raabe der soziologische Kausalzusammenhang von Namenswechsel, Glaubensänderung und gesellschaftlichem Aufstieg unerwähnt – aber allein die Voraussetzung der Taufe ermöglichte im deutschen Reich eine Karriere. Raabe verlangt also in seiner späten Selbstinterpretation vom Leser, für eine charakterlose Ausnahme zu halten, was nach allgemeiner Erfahrung die Regel war. Seine nachgelieferte Unterscheidung zwischen guten und schlechten Juden erlaubte jedoch auch, den Antisemitismus prinzipiell anzuerkennen und nur gelegentliche, durchaus willkürliche Ausnahmen zur Anerkennung eines »guten« Juden zu machen.

Für die zeitgenössischen Leser des »Hungerpastor« war Moses Freudenstein nicht ein Verräter am eigenen Volk, sondern ein typischer Jude, und seiner Darstellung liegt auch eine typische Karriere jener Zeit zugrunde, wie Raabe später einem Freund anvertraute (Mitt. 1912, 84): Als Vorbild diente der 1811 in Königsberg geborene und während der Niederschrift des »Hungerpastor« 1863 gestorbene Literat Joel Jacoby, der 1835 zum Katholizismus konvertierte und sich so erfolgreich von seinen liberalen Ideen distanzierte, daß er – wie wir aus Varnhagens Tagebüchern wissen – 1852 als polizeilicher Überwacher der Literatur eingesetzt, 1853 zum Kanzleirat ernannt und schließlich sogar zum »Vorstand des Druckschriften-Bureaus beim Polizei-Präsidium« befördert wurde. Als Denunziant, Spion, agent provocateur und bestochener Frömmler war seine bemerkenswerte Karriere durch die fortgesetzten Angriffe jungdeutscher Schriftsteller wie Gutzkow allgemein bekannt – Gutzkow verwendete diese Figur in seinem Roman »Seraphine« (1837), den auch Raabe vermutlich kannte. Jacobys Lebensweg war nicht die Ausnahme und kein Extremfall. Ein Freund Gutzkows, Eduard Beurmann, der mit ihm zusammen den »Telegraph« herausgegeben hatte, erwies sich als Spion Metternichs in Frankfurter Dichterkreisen. Der Jurastudent Bernhard Lizius, der am Sturm auf die Frankfurter Hauptwache teilgenommen hatte, durfte aus der lebenslänglich verhängten Festungshaft fliehen und spionierte ab 1836, wie Theophil Stein, in Pariser Exilantenkreisen für Österreich. Der Jude Heine war zum katholischen Glauben konvertiert, und Raabe bewahrte die Zeitungsmeldungen darüber in einer Mappe auf, aber er hat ihn deswegen nie als Verräter bezeichnet.

Es ist zwar richtig, daß Raabe selbst kein Antisemit war, aber man muß die Diskussion vom »Hungerpastor« ablösen, um zu erkennen, wie bereitwillig er zeitgenössische antisemitische Vorurteile bedient und befördert hat. In den »Leuten aus dem Walde« heißt es: »Auf das Haus in der Stadt hielt mehr als ein schwarzhaariger, krummnasiger Geschäftsmann die scharfen semitischen Augen gerichtet« (BA 5, 177) – es ist ein altes Adelshaus, und jüdische Gläubiger warten auf den Bankrott der Familie, um eine ihrem Selbstverständnis angemessene Stadtresidenz beziehen zu können. Der Reibach würde im System des Antisemiten den Sieg Judas über die arische Welt bedeuten; als Redensart erscheint dies im »Schüdderump«, wenn Hennig die kranke Tonie von ihrem skrupellosen Großvater befreien will: »an dieser Stelle bin ich imstande, den Pferdemarkt zu bereiten, ohne irgendeinem Juden Gelegenheit zu einem ›Israel, frohlocke!‹ über mich zu geben« (BA 8, 285). Den Dingen gleich, mit denen er handelt, ist der Jude einer menschlichen Behandlung eigentlich nicht zugänglich: »ich ersuche Dich aber dringend, dem lateinischen Juden ja scharf genug mit meinem Zorn (Verachtung hilft bei ihm nicht!) an die Nieren zu gehen« (BA 13, 271). Erweist er sich dennoch als Mensch, so ist es gegen alle Erwartung: »selbst nicht im Juden findet man im gegebenen Moment den Menschen heraus mit größerm Erstaunen« (BA 13, 203). Das sind beiläufige Sätze, Romanfiguren in den Mund gelegt und ohne Entgegnung. Vom Publikum sind sie notwendigerweise als antisemitische Parteinahme des Autors verstanden worden. Als in diesem Sinn 1883 ein Herr Schulze bei Raabe anfragte, ob er nicht für eine Anthologie eine antisemitische Novelle liefern könnte, reagierte er indigniert: »Was mich persönlich betrifft, so habe ich mir mein ganzes literarisches Leben nur Mühe gegeben, objektive Dichtungen hinzustellen ... Ich hoffe nicht, daß aus meinen Arbeiten eine solche Tendenzhaftigkeit hervorgeht, wie Sie darin zu finden meinen« (BAE 2, 243). Zu spät: Längst wurde der »Hungerpastor« als antisemitisches Manifest gelesen und ging unter diesem Vorzeichen in den Kanon deutscher Literatur ein.

DIE ARBEIT AM »Hungerpastor« bereitete Raabe so wenig Schwierigkeiten, daß er sie mehrfach für kleinere Erzählungen wie die oft überschätzte »Holunderblüte« unterbrechen konnte, ohne bei der Wiederaufnahme ins Stocken zu geraten. Das Tagebuch verrät, daß Raabe solche kurzen Erzählungen schrieb, weil es mit seiner Frau zu »Mißstimmung wegen Geldlosigkeit« (Tgb. 12.10.63) gekommen war. Das Leben der jungen Familie, in der sich Nachwuchs ankündigte, verlief sonst unbeschwert; im Tagebuch sind regelmäßige Theaterbesuche verzeichnet. Eine kleine Änderung gab es freilich dabei: Raabe schickte seine Frau immer öfter allein in die ernsten Stücke, während er sich Komödien ansah oder sich mit Bekannten im »Museum« traf. Ende Mai 1863 kam seine Schwester Emilie nach Stuttgart, um Frau Bertha vor und nach der Entbindung im Haushalt zu entlasten; unmittelbar vor der Geburt kommt auch noch Berthas Mutter.

Am 17. Juli, morgens um halb neun, kann der stolze Vater seiner Mutter melden: »Heute Morgen um 6 Uhr ist Berthchen nach einer langen und bangen Nacht glücklich von einem, wie es gottlob und unberufen scheint, recht gesunden Mädchen entbunden worden, und somit ist die Mutter Leiste, die gestern nachmittag hier ankam, grad' zur rechten Zeit gekommen. B(ertha) ist natürlich recht matt und fühlt noch

große Schmerzen; die Kleine aber schläft sehr sanft und saugt an den Pfötchen ... Einen Arzt haben wir bis jetzt noch nicht gebraucht; vielleicht gibt's das Glück, daß wir ganz ohne ihn auskommen!... Die Verwirrung, in welcher wir uns befinden, ist natürlich noch sehr groß!« (BF, 34). Einer der Taufpaten für die kleine Margarete wird Raabes Schriftstellerfreund Edmund Hoefer, und da die Frau seines Kollegen Otto Müller auch gerade ein Kind bekommen hatte, verabreden sich die Frauen – beide gebürtige Norddeutsche – zu gemeinsamen Kinderwagenausfahrten. Wenn Raabe zusammen mit dem Duzfreund Müller ausging, boten sie immer einen wunderlichen Anblick, denn Raabe war so lang und dürr wie Müller dick und klein, der Niedersachse eher zurückhaltend bedächtig, sein hessischer Freund stets agil und lebhaft. Müllers mit jährlicher Regelmäßigkeit erscheinende, meist mehrbändige Romane sind wegen ihrer epischen Breite und ledernen Zähigkeit des Stils längst unlesbar geworden und zu Recht vergessen.

Literarisch trennte ihn eine Welt von Raabe, aber politisch standen sie auf einer Linie, denn der fünfzehn Jahre ältere Müller hatte die Aufstände von 1848 miterlebt und als Redakteur einer Mannheimer Zeitung die revolutionären Ideen unterstützt. Stets steckte er voller Projekte, wollte mit Raabe einen illustrierten »Hausschatz deutscher Erzählungen« begründen, was dieser nach anfänglicher Zustimmung schließlich ablehnte, und vermutlich stammte von Müller auch der Plan, den Raabe seiner Mutter im September 1863 mitteilte: »Wenn ich übrigens im nächsten Jahr 300–400 Gulden erspare, gehe ich mit einer Gesellschaft Maler und Literaten im Herbst nach Spanien und zwarenst nach Granada, allwo man in der Alhambra sehr billig Zimmer bekommen kann; – gestern Abend ist die Sache im Cafe Reinsburg fest und fertig gemacht. Berthchen hat bereits ihre Erlaubnis dazu gegeben. Wir wollen eine humoristische Reisebeschreibung ersten Ranges daraus machen« (BAE 2, 99f) – in Anlehnung an den Reisebericht »Ein Winter in Spanien« (1855) des Kollegen Hackländer, der von dem Münchner Maler Horschelt und dem Stuttgarter Architekten Leins begleitet worden war. Aber über die beim Wein geborene Idee kam das ohnehin kaum ernstgemeinte Projekt nie hinaus.

»Meine Bekanntschaften mehren sich jetzt fast täglich«, bemerkte Raabe (BAE 2, 99), nachdem er auf einem seiner regelmäßigen ausgedehnten Spaziergänge in der Stadt den Lyriker und Dozenten Georg Scherer kennengelernt, oder wie er sagt: »aufgegabelt« hatte. Es ist auffällig, daß sich Raabes engere Bekanntschaften in Stuttgart weniger über eine literarische Wertschätzung als vielmehr über die politischen Gemeinsamkeiten vermittelten. Ludwig Seegers Lyrik wird er kaum beachtet haben, noch weniger seine Aristophanes-Übersetzung, in der die Spartaner Schweizerdeutsch reden, doch er schätzte den Politiker Seeger, der als Abgeordneter zu den Demokraten zählte und nebenbei das »Stuttgarter Literarische Wochenblatt« herausgab. Als der 21 Jahre ältere Seeger plötzlich im März 1864 an Typhus starb, stand Raabe mit den Freunden am Grab. Der Dichter Johann Georg Fischer sprach einige Verse; so lernten sie sich kennen, und Raabe hörte von dem 15 Jahre Älteren, daß dieser bereits seit 1849 die Reden auf den Schillerfesten des Stuttgarter Liederkranzes hielt. Mit solchem durch 25 Jahre nicht erlahmten Elan konnte Raabe mit seiner Wolfenbütteler Rede kaum konkurrieren. Von Fischer kursierte in unzähligen Abschriften das schon 1848 entstandene, aber erst 1865 gedruckte Gedicht »Nur ein Mann aus Millionen«, das einen plebiszitären Bonapartismus herbeisehnte, der alle parteilichen Flügelkämpfe beenden sollte: »Du letzter aller Diktatoren, / Komm mit der letzten Diktatur!« Diese politische Sehnsucht war auch dem »Deutschen Nationalverein«, dem Raabes Sympathien galten, nicht fremd.

Als Raabe 1870 liebevoll-satirisch sein Wolfenbütteler Schiller-Fest im »Dräumling« verarbeitete, hat er im Rektor Fischarth eben jenen Freund Fischer dargestellt und ihn, politisch daran anknüpfend, nochmals namentlich zitiert im Roman über die Coburger Tagung des Nationalvereins »Gutmanns Reisen«, wenn er das zwölfte Kapitel mit den Gedichtzeilen Fischers beginnen läßt »Die dritte Stunde Nachmittags / das ist die *müde* Stunde.«

Auch den verehrten Nestor des Stuttgarter Schriftstellerkreises, den dreißig Jahre älteren Friedrich Notter, hat Raabe in ein Werk einbezogen: 1871 wurde Notter in Rottweil zum Abgeordneten des Reichstages gewählt; auf der Reise nach Berlin besuchte er Raabe zweimal in Braunschweig, und aus verehrlicher Freundschaft gab Raabe in »Eulenpfingsten« seinem Kommerzienrat den Geburtsort Rottweil. Notter war vor allem berühmt durch seinen Briefwechsel (1827–29) mit Paul Pfizer, den dieser überarbeitet als »Briefwechsel zweier Deutschen« 1831 bei Cotta veröffentlicht hatte: Das Buch des Juristen und späteren Ministers hatte wegen seiner Empfehlung an die deutschen Staaten, sich unter Preußens Führung zu einigen, beträchtliches Aufsehen erregt. Mit dessen Bruder Gustav Pfizer übersetzte Notter in den vierziger Jahren die

Werke Bulwers, zusammen mit dem Freund Mörike dann griechische Lyriker, bis er Jahre einer vollständigen Übersetzung der Werke Dantes opferte. Es ist in der älteren Literatur immer wieder bedauert worden, daß Raabe durch den Kontakt mit Notter nicht mit Mörike bekannt wurde – aber diese so verschiedenen Autoren hätten sich über den sie trennenden Weltenabgrund hinweg nur die Hand reichen können und nichts zu sagen gehabt. Und sie wußten das offenbar beide, denn Notter versuchte sie anläßlich eines Vortragsabends im Mai 1865 im »Museum« zusammenzubringen, aber Raabes Tagebuch vermerkt nach dem Namen des anwesenden Mörike nur spitz »Sprachlehrer beim Adonisstift«. Zu einer Begegnung kam es nicht.

In Raabes engerem Kreis verkehrten Schauspieler wie Feodor Löwe, Maler wie Heinrich Rustige, Karl Schönhardt und Ludwig Dill als Juristen, die Buchhändler Krais und Kaiser, der bedeutungslose Schriftsteller Karl Müller mit seinem bedeutenden Pseudonym Otfried Mylius, aber auch Außenseiter und Abenteurer wie Moritz Hartmann, Albert Dulk und der unglückliche Dichter Heinrich Leuthold, der sich in seinem einzigen Jahr (1864) bei der »Schwäbischen Zeitung« für seine redaktionellen Niederlagen an Raabes Weinvorräten schadlos hielt. In Albert Dulk fand Raabe die vermutlich farbigste, vielleicht auch die am meisten gefährlich lockende Gegenfigur zu seinem vergleichsweise bürgerlichen Schriftstellerleben. Der 1819 geborene Dulk hatte in der Königsberger Apotheke seines Vaters gelernt, hatte aber auch die Universität besucht und neben Medizin und Chemie noch Philosophie, Literatur und Ästhetik studiert. 1845 war er nach einem Volksaufstand aus Leipzig ausgewiesen, später in Halle festgenommen und nach mehreren Wochen ohne Urteil entlassen worden. Nach der Breslauer Promotion in Chemie 1846 hatte er sich in Königsberg habilitieren wollen, war aber an einer Gesinnungsprüfung gescheitert. Er unterstützte die revolutionären Bestrebungen des Jahres 1848, gründete einen Arbeiterverein, gab die Zeitung »Der Handwerker« heraus und trat aus der evangelischen Kirche aus. Von der Reaktion wütend verfolgt, begann er ein Wanderleben, das ihn über Italien nach Arabien und Ägypten führte. Er erlernte die arabische Sprache und lebte ein Vierteljahr völlig zurückgezogen in einer Felshöhle am Berg Sinai. 1850 kehrte er nach Europa zurück, ließ sich nahe des Genfer Sees für acht Jahre in einer Sennhütte nieder und begann mit historischen Dramen. Seit 1858 wohnte er in Stuttgart, arbeitete für verschiedene Zeitschriften und erregte vor allem Aufsehen, weil er als Freigeist mit drei Frauen zusammenlebte. Dulk vertrat für seine Zeit außerordentlich moderne Ansichten, die im Freundeskreis immer wieder zu hitzigen Auseinandersetzungen führten, aber Raabe schätzte die Lebenserfahrungen dieses ungewöhnlichen Mannes so sehr, daß er von ihm die Grundhaltung der Auflehnung gegen alles Kleinstädtische im »Abu Telfan« auslieh.

Auch Moritz Hartmann hatte bereits ein bewegtes, wenngleich weniger exzentrisches Leben hinter sich, als er 1863 von dem Verleger Hallberger zur Leitung der Zeitschrift »Freya« nach Stuttgart geholt wurde. Wegen eines Gedichtbandes (»Kelch und Schwert«) mußte er 1845 Preußen verlassen und emigrierte nach Paris, wo er mit Heine und Musset bekannt wurde. Bei seiner Rückkehr nach Prag wurde er 1847 verhaftet und eingekerkert. Die Revolution des folgenden Jahres gab ihm die Freiheit zurück, und Hartmann zog als Delegierter der Linken in die Frankfurter Nationalversammlung ein. Im Oktober 1848 beorderte ihn Robert Blum nach Wien, um die Stadt gegen die Truppen zu verteidigen. Nach der Eroberung wurde Blum erschossen, Hartmann entkam, beteiligte sich an den Aufständen in Baden, mußte in die Schweiz fliehen und ging nach Reisen durch Frankreich, England, Irland, Schottland, Holland und Belgien schließlich als Korrespondent für die »Kölnische Zeitung« in die Türkei, um über den Krimkrieg zu berichten. Danach wirkte er an der Genfer Akademie als Professor für deutsche Literatur, bis ihn Hallberger nach Stuttgart holte.

Aus solchen wenigen, stichwortartigen Andeutungen über die Biographien seiner Bekannten wird deutlich, welche Defizite Raabe in diesem Kreis auszugleichen hatte. Er muß, ganz im Gegensatz zu seinen späteren Braunschweiger Jahren, ein ebenso anregender wie teilnehmender Gesprächspartner gewesen sein, sonst hätte er diese lebenserfahrenen Männer kaum für sich gewinnen können. Die meisten von ihnen waren Mitglieder der von Hackländer gegründeten Künstler-Gesellschaft »Das Bergwerk«, in die auch Raabe am 6. Oktober 1863 aufgenommen wurde. Das war eine sonderbare Einrichtung: Verdiente und angesehene Bürger verkleideten sich als Bergleute und befolgten kindisch anmutende Rituale. Die Zeremonie der Zusammenkünfte schrieb nicht nur die Tracht vor, sondern auch die Bergmannssprache. »Wer in die Gesellschaft eintreten wollte, war zunächst Tagewerksjunge; hatte er als solcher eine seiner Zeche, d. h. Berufsabteilung, entsprechende Probeleistung, sein Probegeding, abgelegt, so rückte er zum Knappschaftsjungen, dann zum Knappen auf, und schon als Knappschaftsjunge wurde ihm sein ›Name‹ geschöpft. Die Sitzungen selbst hießen ›Schicht‹, die darüber geführten Protokolle ›Halde‹, die regelmäßig dargebotenen Leistungen musikalischer, deklamatorischer, künstlerischer, dichterischer Art hießen ›Erzstufen‹, ihre Anerkennung erfolgte durch ›Behämmerung‹ mit einem kleinen Holzhammer, die Anrede an die Gesellschaft lautete ›Flammende Knappschaft‹« (Fricker, 22).

Am 20. Oktober legte Raabe in der 486. Schicht sein Probegeding durch den Vortrag seines Gedichts »Der Ritt des Königs« ab, bekam als Gewerkjunge den Namen »Krähe« geschöpft und durfte in der Festschicht vom 1. Dezember selbst über sein eigenes Knappschaftsexamen Protokoll führen. Darin heißt es: »Den Gefühlen, welche um diese Zeit der Nacht ihn und den größten Teil der Knappschaft bewegten, gab Bombardon (der Sänger Jakob Rauscher von der Miauzeche) dadurch Ausdruck, daß er das schöne und rührende Lied vom geilen Bergmann stehenden Fußes vortrug, wäh-

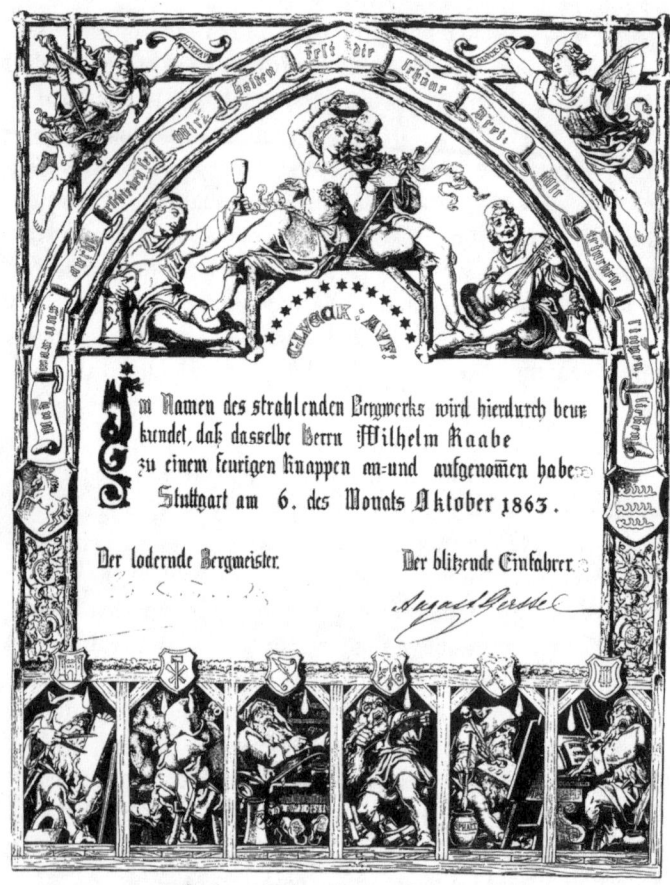

Aufnahme-Urkunde des »Bergwerks«

rend welcher Produktion sämtliche an den Wänden in Gips anwesende Damen entweder eine Maske vorhielten oder den Unterleib bedeckten, oder sich in sich zurück- und zusammenzogen; die ebenfalls in Gips gegenwärtigen höchstseligen württemberg'schen Landsväter nahmen das Ding ruhiger!« (Fricker, 146).

Ein Männerbund also war diese Gesellschaft, der sich allwöchentlich für wenige Stunden die Flucht unters eigene Niveau gönnte und sich wacker amüsierte. Freilich in genau jenen strengen Regeln, die man mit dem Ablegen der bürgerlichen Alltagskleidung hinter sich zu lassen versuchte und gleichzeitig mit einem konsequent durchgehaltenen Sitzungsritual neu aufrichtete. Raabe hatte die Philistrosität dieser Veranstaltung bald durchschaut; am 23. Oktober 1865 erklärte er schriftlich seinen Austritt aus der Gesellschaft, den er mit zu starker Arbeitsbelastung begründete. Den Mitgliedern blieb er freundschaftlich verbunden; es waren ohnehin dieselben, mit denen er sich reihum alle zwei Wochen zum »Sonntagskränzchen« traf. Hier ging es, jeweils in den Privatwohnungen, wesentlich zwangloser zu; bei Kaffee, Bier, Laugenbrezeln und kräftiger Produktion von Zigarrenqualm wurden die Tagesereignisse besprochen. Zu den alten Bekannten wie Notter, Fischer, Höfer, Dulk und Otto Müller kamen ab 1865 Wilhelm Jensen, Karl Schönhardt und 1868 auch der bewunderte Dichter aus Raabes Kindheit, Ferdinand Freiligrath, der sich ohne Erfolg in Stuttgart als Kaufmann versuchte. Niemals, mit keiner einzigen Zeile, hat Raabe eine Andeutung gemacht, welchen Triumph es für ihn, den anfänglich Ausgelachten, bedeuten mußte, nun mit dem Dichteridol seiner Jugend als gleichberechtigter Kollege am eigenen Tisch sitzen zu können.

Im November 1863 eröffnete der Verleger Janke seine »Deutsche Roman-Zeitung« mit der ersten Folge des »Hungerpastor«. Dieser Vorabdruck wird solch ein Publikumserfolg, daß Janke eine zweite Auflage der Zeitschriftennummer drucken muß. Für Raabe war das einerseits erfreulich, weil er seit Oktober wiederholt Auseinandersetzungen mit seiner Frau wegen der »Geldsorgen« (Tgb., 11.–13. 10. 63) hatte und auf das Honorar dringend angewiesen war, andrerseits geriet er damit unter Druck, denn er arbeitete noch am dritten Teil und wußte vermutlich noch nicht einmal genau, wie der Roman schließlich enden sollte. Wohl spürte er, daß sich in einigen Szenen seine dichterischen Möglichkeiten so gut wie nie zuvor entfalteten, doch plötzlich fehlte ihm im entscheidenden letzten Teil die Zeit zum überlegten Feilen am Text. »Ich darf mit Genugtuung sagen«, schrieb er an Glaser, »daß mein

*Friedrich Wilhelm Hackländer
in der Tracht des »Bergwerks«*

Streben immer ernster, und daß mir alles literarische Fabrikwesen immer verhaßter wird.« Und er ahnt auch, daß seine Fortentwicklung vom Tagesgeschäft der portionsweisen Vorabdrucke ihm keine Freunde einbringen wird: »Für die Kritik, wie sie sich jetzt manifestiert, bin ich tot und freue mich darüber« (BAE 2, 102). Dennoch bleibt er zeitlebens von den finanziell lukrativen Zeitschriftendrucken abhängig; von seinen 67 Werken sind nur sieben nicht zuerst in Fortsetzungen erschienen. Zu Beginn seiner Laufbahn, 1860, hatte er noch selbstbewußt gesagt: »Ich habe mir vorgenommen, ein Buch vor seiner Vollendung nicht zu verkaufen (BAE 2, 55), aber das war illusionär. Auch der »Schüdderump«, von dem er sagte, er sei »zu gut geraten, um in einer Zeitschrift prostituiert zu werden« (BF, 77) erschien ab Oktober 1869 in Fortsetzungen in Westermanns »Monatsheften«. Die einzige Freiheit, die dem freien Schriftsteller Raabe blieb, war, seinen Freunden von der stückweisen Lektüre abzuraten und sie auf die Buchausgabe zu vertrösten.

MITTEN IN DIE STUTTGARTER Idylle aus energischer Arbeit und lockerer Geselligkeit platzte im November 1863 die Nachricht, daß Dänemark den rechtlichen Status von Holstein verändern wollte, indem es ein gemeinsames »Grundgesetz« mit Schleswig einführte – aus heutiger Sicht eine diplomatisch leicht zu lösende Lappalie, die aber nach langen Konflikten den Grundstein zu den Kriegen von 1864 und 1866 legte. Seit dem Wiener Kongreß gehörte das vorher wie Schleswig dem Königreich Dänemark angegliederte Herzogtum Holstein zum Deutschen Bund. »Up ewig ungedeelt« hieß die dänische Devise, mit der Holstein im ersten deutsch-dänischen Krieg an Dänemark zwar zurückfiel, aber nach dem Londoner Vertrag von 1852 eine eigene Verfassung erhielt. Diesen Status wollte Dänemark nun durch eine für alle Landesteile geltende Verfassung ändern und sich damit nicht nur Schleswig, sondern auch Holstein aneignen. Der Konflikt eskalierte sehr bald zu der Forderung, daß nicht allein Holstein verteidigt, sondern auch Schleswig von den Dänen zurückerobert werden müsse.

Die Frage, ob sich deutsche Kleinstaaten zur Verteidigung nationaler Rechte gegen eine Fremdherrschaft zusammenfinden würden, beherrschte zu diesem Zeitpunkt die Diskussion – und hinter dieser Frage stand immer noch die Hoffnung, daß die deutschen Kleinstaaten endlich zum Nationalstaat zusammenwachsen würden. Offenbar waren die von der unvollendeten Revolution 1848 enttäuschten Demokraten nun auch bereit, die Regierungen zu zwingen, für die Einigung im Innern auch einen Krieg nach außen zu führen.

In Raabes Bekanntenkreis hat man das offen diskutiert: »Auch bei uns ist die Aufregung in Sachen Schleswig-Holsteins sehr intensiv und wächst von Tag zu Tage; ich glaube sogar, das Volk rührt sich mehr wie bei Euch, und von unsern demokratischen Kreisen aus wird alles getan, die Massen in Fluß zu bringen ... ich glaube, die Crisis ist zum Besten der Nation; das partikularistische Loyalitätsgefühl bekommt wieder einen gewaltigen Stoß, und das Fieber wird sich bis zur nächsten Abrechnung nicht legen. Es bleibt nichts übrig, als die Revolution und nur die Revolution; in den Kreisen, in welchen ich verkehre, fühlt und sagt das Jedermann« (BAE 2, 102f). Der Krieg von 1864 brachte allerdings eine herbe Enttäuschung: Preußen und Österreich als Verbündete befreiten zwar Schleswig und Holstein, erlaubten den Herzogtümern jedoch keine Autonomie, sondern teilten sie untereinander auf. Holstein kam unter österreichische, Schleswig unter preußische Verwaltung. Das konnte nicht die Lösung sein, aber es wird noch zwei Jahre dauern, bis die Verbündeten selbst einander bekriegen.

Am 3. Dezember 1863 beendet Raabe den letzten Teil des »Hungerpastor«. Nach dieser Anstrengung, die durch den fortschreitenden Zeitschriftenabdruck auch zu einer psychischen Belastung wurde, wollte sich Raabe eigentlich »einige Monate auf die Bärenhaut legen« (BAE 2, 102), aber genau vier Wochen später beginnt er, nach einem von vornherein zum Scheitern verurteilten Entwurf eines antikisierenden Versepos »Die Königin von Saba«, mit einem neuen Roman, dessen Entwurf zwar Ende Januar 1864 abgeschlossen ist, aber die Ausarbeitung wird sich wegen einiger Unterbrechungen hinziehen. Es ist nicht akute Geldnot, die Raabe an den Schreibtisch zwingt, denn die Familie geht, wie er an seine Mutter schreibt, »mit einem erklecklichen Überschuß in das neue Jahr hinein« (BAE 2, 104), sondern ein neues, verändertes Selbstverständnis als Schriftsteller.

Zwischen dem »Hungerpastor« und dem neuen Roman »Drei Federn« liegt die Zäsur, die Raabe zwischen seinen »Kinderbüchern« und jenen Arbeiten sah, die er später »bescheidentlich immer noch für lesenswert« hält (BAE 2, 313). Er hat auf diese Trennung zwischen seinen unreifen und den gültigen Arbeiten stets größten Wert gelegt; aber obwohl er 1881 anhand der Zusendung eines Artikels der »Deutschen Landeszeitung« mit der Überschrift »Mit dem Hungerpastor im Antisemitenkampf« (Tgb., 25. 2. 1881) sehen mußte, wie verhängnisvoll dieses »Kinderbuch« weiterwirkte, erfüllte ihn doch unzähmbarer Stolz über die Auflagenhöhe, und mit seltsamer Genugtuung sprach er von einem »deutschen Volksbuch«.

Der Versuch einer schriftstellerischen Neuorientierung bereitete Raabe erhebliche Sorgen. Zwar schrieb er dem Verleger Schotte, der eine zweite Auflage der »Chronik« vorbereitete, daß seine »nächsten Arbeiten die Teilnahme des Publikums noch mehr gewinnen werden« (BAE 2, 106), doch dies war eine rein taktische Behauptung, an die er selbst nicht glauben konnte. Er wußte ja, daß man als »freier« Autor, ohne andere Einnahmen, nur vom »literarischen Fabrikwesen« der Fortsetzungsromane eine Familie ernähren konnte. Wie eine willkommene Flucht vor dem neuen größeren Projekt auf den sicheren Boden der historischen Erzählung erscheint deshalb die rasche Wiederaufnahme des lange vorher notierten Plans zu »Else von der Tanne«, als die Zeitschrift »Über Land und Meer« um einen Beitrag bittet. Moritz Hartmann überredet Raabe einen Tag später, ihm den Text für seine Zeitschrift »Freya« zu überlassen.

Ein erster Entwurf mißlingt opernhaft sentimental in deutlicher Anlehnung an Gounods »Margarete«, aber Raabe läßt sich, im Vergleich zu seinen bisherigen Arbeitsgewohnheiten, mit der Umgestaltung erstaunlich viel Zeit. Zunächst zieht die Familie am 2. Mai 1864 um in eine moderne Neubauwohnung am Stadtrand; Hermannstraße 11, Ecke Augustenstraße, wieder dritter Stock. Raabe haßte Umzüge, weil er sich in der Unordnung selbst wie ein fortzutragendes Möbel vorkam. Meist nahm er sein weißblaues Porzellan-Tintenfaß, setzte sich demonstrativ in eine Ecke und widmete sich ausschließlich der Bewachung des unersetzlichen Gefäßes. Mit den Worten »wenn mir das kaputtgeht, kann ich meine Geschichten nicht mehr schreiben«, lehnte er weitergehende Mitarbeit ab. Er ließ sich sein Arbeitszimmer herrichten und saß nach der widerwillig erduldeten Unterbrechung – »Tag des Zorns« heißt es im Tagebuch am 2. Mai 1864 – prompt am nächsten Tag wieder über seinem Manuskript.

Vom rückwärtigen Gästezimmer und von der Küche aus

ging der Blick am Hasenberg entlang auf die »Vogelsang« genannte Villengegend. Unmittelbar hinter dem Haus lag jener Garten mit dem chinesischen Pavillon, den Raabe zu Beginn von »Theklas Erbschaft« beschreibt. Er gehörte zu den Grundstücken der Gebrüder Waldbaur, die in den Rückgebäuden der Rotebühlstraße als Hoflieferanten ihre Schokoladenfabrik betreiben. Wenn Raabe hier aus dem Fenster sah, konnte er tatsächlich den in die Erzählung eingegangenen Tertianer beobachten; es war der jüngste der Brüder aus einer zweiten Ehe des Vaters, und sogar den Namen Thekla hat sich Raabe von diesen Nachbarn geliehen, denn so hieß die Braut des zweitältesten Bruders von Hermann Waldbaur. Raabe war mit der neuen Wohnung recht zufrieden: »Unsere jetzige Wohnung läßt nach meinen Begriffen wenig zu wünschen übrig, und ich hoffe, daß wir recht lange und glücklich in derselben wohnen werden. Die Zimmer sind groß, freundlich und wohlerhalten, eines haben wir neu tapezieren lassen. Die Aussicht ist wunderschön; wir übersehen einen Teil der Stadt, viele Gärten und die ganze Bergreihe bis zum Neckar (letztern sehen wir freilich nicht) ... Augenblicklich sind wir ganz von blühenden Obstbäumen umgeben« (BF, 43).

Raabe könnte zufrieden sein; für den nächsten Roman vom Umfang des »Hungerpastor« bietet ihm Janke unaufgefordert eine Honorarerhöhung an, aber genau diese Art Arbeit wollte er ja nicht mehr, und an die Erzählung »Drei Federn« kehrt er noch nicht zurück. Aber er beendet innerhalb von vierzehn Tagen die Novelle »Else von der Tanne«, nur fünfzig Seiten lang, aber fast ein Meisterwerk. Wenn auch noch etwas melodramatisch, steht dieser Text doch als Schlüssel am Beginn einer Periode, die Raabe immer tiefer in den Konflikt um seine »freie« Schrifstellertätigkeit treibt.

Die Geschichte ist einfach, nimmt aber in der Kompromißlosigkeit der Aussage schon Motive vorweg, die Raabe dann im »Schüdderump« ausbreiten wird. Das junge Mädchen Else kann sich mit seinem Vater 1631 aus dem völlig zerstörten Magdeburg retten und lebt seither im Wald von Wallrode mit dem Vater in ärmlichster Zurückgezogenheit. Der Pfarrer hatte den beiden Flüchtlingen eine kleine Hütte überlassen; an der vom Elend der Zeit nicht berührten Freundlichkeit des Mädchens lernt er, sich mit dem eigenen zerstörten Leben auszusöhnen. Als sich die Flüchtlinge jedoch entschließen, ihre selbstgewählte Zurückgezogenheit zu verlassen und zur Weihnachtsmesse ins Dorf zu gehen, stehen sie plötzlich der Bevölkerung gegenüber, die dem »fremden Volk« (BA 9/1, 172) nichts als Haß entgegenbringt: »›Hex! Hex! Hex! In Christi Namen wollen wir sie nicht mehr dulden!‹ ... und immer wilder wurden Mienen und Gebärden. Man riß Stöcke aus den Hecken und Zäunen, man griff Steine vom Boden auf; aus den nächsten Hütten holte man Äxte, Dreschflegel und Mistgabeln ... ›Schlage tot! schlage tot! Reißt sie von der Schwelle, reißt sie vom Gottesacker – stürzt sie in den Mühlenteich!‹« (BA, 9/1, 186f).

Else wird erschlagen: »es ist keine Rettung in der Welt vor der Welt« (BA 9/1, 195). Wer aber in dieser erkalteten Welt noch existieren kann, ist selbst nicht mehr lebendig: »Sie lebt; wir aber sind tot« (BA 9/1, 193). Die Mehrheit entscheidet über das Existenzrecht einer ihr fremden Minderheit und bringt sie mit bestem Gewissen um. Man muß diese Aussage auch auf Raabes neues Selbstverständnis als Schriftsteller beziehen und nochmals den Satz zitieren, als er von seiner beginnenden Ablehnung des »literarischen Fabrikwesens« spricht: »Für die

Kritik, wie sie sich jetzt manifestiert, bin ich tot und freue mich darüber« (BAE 2, 102). Er wußte, daß die Mehrheit des Publikums ihm nicht folgen und die Kritik seine geplanten Werke vernichtend besprechen würde. Der Neuanfang auf der Höhe des Erfolgs fiel ihm schwer: Auf dem Rand des Manuskripts von »Else von der Tanne« findet sich die Notiz »Scriptum in miseriis« – geschrieben im Unglück.

Raabe ist nervös und depressiv; er leidet in diesen Wochen unter sich verstärkenden Asthmaanfällen. Nicht allein zum psychischen Ausgleich, sondern weil er weiß, daß er zunächst nicht an eine größere Arbeit gehen kann, schreibt er ohne Auftrag die leichte, humoristische Novelle »Keltische Knochen«, in der er die Erinnerung an die Regentage in Hallstadt 1859 verarbeitet und mit der Figur des Lyrikers Krautworst, den er seine eigenen Verse rezitieren läßt, die überwundene lyrische Periode verspottet. Als Glaser ihn Ende Mai 1864 nach einer Novelle fragt, kann Raabe ihm sofort diese »Knochen« anbieten; Glaser zahlt 80 Taler, und Raabe geht mit seiner Familie nebst Kindermädchen für die knapp einjährige Margarete auf die lange geplante große Reise (10. Juni – 2. September) in den heimatlichen Norden.

Die erste Zeit verbringen sie in Wolfenbüttel, absolvieren Besuche und Geburtstagsfeiern; Raabe nutzt die Bibliothek und liest, dieweil er über Husten und Schnupfen klagt, in den Werken von Lessing, Kleist und Grabbe. Es geht ihm eigentlich nicht schlecht, und doch schreibt er am 23. Juni 1864 in sein Notizbuch: »Die schrecklichen Augenblicke, in welchen man in so kalter Verzweiflung zusammenzählt, wieviel man noch aufgeben könne, ohne die letzten Bedingungen seines Daseins aufzugeben.« Ein erschreckender Satz mitten in der familiären Idylle. Was war geschehen? Seine Frau hatte ihm eröffnet, daß sie wieder schwanger war. Für Raabe bedeutete das die Aussicht, verstärkt für den Publikumsgeschmack schreiben zu müssen, anstatt ein niedrigeres Einkommen in Kauf zu nehmen, aber dafür Arbeiten abzuliefern, die er künstlerisch vertreten konnte. Er reagiert zunächst niedergedrückt und mutlos: »Das Mal der Dichtung ist ein Kainsstempel, welcher einem auch nicht gratis aufgedrückt wird.« Doch die nächste Eintragung im Notizbuch zeigt, daß er den Kampf gegen den schlechten Publikumsgeschmack aufnehmen will: »Man muß in den Dreck hineingeschlagen haben, um zu wissen, wie weit er spritzt« (Einfälle, 159).

EINEN KNAPPEN MONAT später ist der deutsch-dänische Krieg vorläufig mit der Aufteilung Schleswigs und Holsteins beendet, und Raabe fährt für zwei Wochen allein mit seiner Frau an die Nord- und Ostsee. Sie besuchen Lübeck, Travemünde, Hamburg, Cuxhaven und Kiel. Es sollte für das Ehepaar keine Bildungs-, sondern eine Vergnügungsreise sein, doch das Tagebuch verzeichnet schon am ersten Tag: »Berthas Erbrechen. – Sorgen!« (Tgb. 26./27.7.64). Dennoch genießen sie, soweit es möglich ist, den Aufenthalt am Meer: »Mit Bertha zum ersten Mal am Ufer der See. Die Meerquallen ... In der Dunkelheit am Meer: Die Lichter im Leuchtturm. Magie! Thé dansant« (Tgb. 27.7.64). In Hamburg absolvieren sie, stets mit dem Baedeker in der Hand, ein anstrengendes Stadtbesichtigungsprogramm. Als Bertha sich im Hotel ausruhen muß, geht Raabe allein: »Ich in den Straßen; Cognac, Gänsemarkt, Theater« (Tgb. 30.7.64). Von Hamburg aus erreichen sie mit einem Raddampfer Cuxhaven – Raabe hat diese Fahrt dann in »Drei Federn« beschrieben – und kehren nach einer »wunderlichen Nachtfahrt« morgens um drei wieder nach Hamburg zurück, um nach einem Besuch der Börse und einem Eis im Alsterpavillon noch am gleichen Tag nach Kiel zu fahren: »Abendessen. Bertha zu Bett. Ich durch die Vorstadt ... Nach 10 Uhr heim. Fester Schlaf« (Tgb. 1.8.64). Am nächsten Tag sehen sie das dänische Blockadeschiff die Kieler Gewässer verlassen, machen »bei starkem Wellenschlag« einen Ausflug durch die Kieler Bucht und verlassen die Stadt am nächsten Tag mit der Eisenbahn wieder in Richtung Altona. Am folgenden Tag kehren sie nach Braunschweig zurück.

Nicht nur unter den damaligen beschwerlichen Bedingungen war es eine anstrengende Reise, von der sie sich im August in Wolfenbüttel erholten. Nach den obligatorischen Verwandtenbesuchen, u. a. beim Schwager im Pfarrhaus von Hüttenrode im Harz, fahren sie am 1. September 1864 wieder nach Stuttgart. Vielleicht schrieb man es den Belastungen durch diese Reise zu, daß Bertha nun sichtlich kränkelte, immer matter und abgespannter erschien. Die Ärzte jedenfalls wissen ihr nicht zu helfen, bis sie am 23. September von einem toten Kind entbunden wird. Eine ihrer Schwestern hilft in den nächsten Wochen der ebenso erschöpften wie deprimierten Frau im Haushalt, während Raabe die Totgeburt überhaupt nicht zur Kenntnis zu nehmen scheint.

Er wirkt nach den Eindrücken der Reise etwas desorientiert, kann sich immer noch nicht entschließen, eine größere Arbeit zu beginnen und schreibt am 1. Oktober 1864 ins Tagebuch: »Heimatlose Stimmung.« Er sieht seine Erzählung »Else von der Tanne« gedruckt, hat daran jedoch keine Freude, weil selbst dieser kurze Text in zweimonatlichen Fortsetzungen erscheint. Als er endlich auf das Drängen seines »Hungerpastor«-Verlegers Janke eingeht und ihm ein weiteres Projekt anbietet, ist das eine Verlegenheitslösung: Statt des erwarteten neuen Romans für die »Deutsche Roman-Zeitung« offeriert Raabe einen Sammelband mit bereits erschienenen

Erzählungen. Widerstrebend geht Janke darauf ein und zahlt 150 Taler. Der von Raabe für diese Sammlung gewählte Titel »Ferne Stimmen« bezieht sich gewiß nicht allein auf die historischen Stoffe, sondern deutet wohl auch eine Distanz zu der früheren Arbeit an.

Wie eine böse Ironie scheint es, daß Raabe ausgerechnet für die schriftstellerische Leistung des »Hungerpastor« Ende Oktober von der Schiller-Stiftung eine Ehrengabe von 300 Talern angeboten bekommt und das Geld »mit Dank« annehmen muß. Jahrzehnte später, 1908, wird er von der Tiedge-Stiftung wiederum unter ausdrücklicher Würdigung seines ihm leidigen »Kinderbuchs« 3000 Mark erhalten. Einen deutlichen Ablenkungscharakter zeigt auch Raabes Notiz vom 11. November 1864 für ein Versdrama: »Die Geschichte des Leprosen, der das schöne Mädchen küßt, und sie somit in sein Elend hinab zieht, in Verse zu bringen.« Das wäre ein Rückfall in die überwunden geglaubte lyrische Periode, überdies literarhistorisch obsolet, denn längst gilt die Prosadichtung und nicht mehr das lyrische Epos als Ausdruck der Zeit. Raabe hat diesem hilflosen Fluchtgedanken nicht nachgegeben, wohl aber das Motiv im Gedächtnis behalten: 1870 gestaltet er daraus seine Novelle »Des Reiches Krone«. Nach dieser letzten, fast schon erniedrigenden Suche nach einem Ausweg vor der neuen künstlerischen Aufgabe einer größeren Prosadichtung ohne Konzessionen an den Geschmack des Publikums nimmt Raabe noch im November endlich die Arbeit an »Drei Federn« wieder auf.

Sein langes Zögern darf ihm nicht als Schwäche ausgelegt werden. Raabe beobachtete den Markt sehr genau und wußte, daß die Chancen für eine Anerkennung seines künstlerischen Neubeginns gerade in letzter Zeit immer geringer wurden. Im Konkurrenzkampf um das Publikum ging das Niveau der zuvor literarisch angelegten Zeitschriften stetig zurück. Nicht mehr die literarischen Stoffe, sondern die neuartigen Holzstichillustrationen fesselten die Neugier des Publikums. In jenem Jahr 1864 mußte Brockhaus die Zeitschrift seines Redakteurs Gutzkow »Unterhaltungen am häuslichen Herd« einstellen und begründete dies mit der übermächtig gewordenen Konkurrenz der bebilderten Blätter: »Nicht mehr *lesen*, die Menge will nur *sehen* und eine Augenweide haben; eine Zeitschrift, die doch ihrem Wesen nach für den Familientisch und nicht für die Gelehrtenrepublik und die Kaffeehäuser bestimmt war, stand schon äußerlich zu sehr im Schatten gegen die prächtigen Bilderbogen, welche die *Gartenlaube* oder *Daheim* ihren Abonnenten, zur Freude der Großen wie der Kleinen, bieten. Darüber klagen, würde die Tatsache nicht ändern: wir erkennen sie an.« Um so schwerer wiegt angesichts dieser sich verschlechternden Marktsituation Raabes Entschluß, von nun an ohne Rücksicht auf bloße Verkäuflichkeit und ohne Konzessionen an den Zerstückelungsmechanismus der Zeitschriften zu schreiben.

Die im November wieder aufgenommene Arbeit an »Drei Federn« geht nur äußerst mühsam voran; am 13. November verzeichnet das Tagebuch: »Die Biographie August Sonntags nach längerer Qual vollendet.« Danach stockt das Projekt, und Raabe plagt sich wieder mit Fluchtgedanken: »Grau. Der Gedanke von Stuttgart fortzugehen« (Tgb. 3.1.65). Doch der Verleger bleibt hartnäckig; für das noch nicht zur Hälfte geschriebene Werk bietet Janke am 27.1.1865 »450 Reichstaler Honorar, das höchste, was ich geben kann« und verlangt dafür »mindestens schon 20 Bogen à 16 Seiten à 24 Zeilen«. Auf dieses konkrete Angebot reagiert Raabe zügig. Er schreibt Janke am 31. Januar: »Ich habe jetzt bereits an dem Werkchen über ein Jahr gearbeitet und hoffe, etwas ganz Gutes zu Stande zu bringen; allein bin ich fest überzeugt, daß das Werk, welches sich in ziemlichen Sprüngen bewegt, in der Romanzeitung nicht die ganze Wirkung tun wird, wie eine in einem Zug fortlaufende Erzählung. Ich würde nun, wenn ich die Arbeit gleich in Buchform herausgäbe 400 Taler dafür erhalten und zugleich mir selber und dem Publikum genügen; – Sie müssen mich also für den Abdruck in der Zeitung, der diesmal nur zu meinem Schaden gereicht, entschädigen, und so biete ich Ihnen die

Drei Federn

für 500 Taler ... zum Verlag an. Das Buch erscheint in der Romanzeitung und in einem Einzelbande ... Was den Umfang des Manuskripts betrifft, so ... darf es auf etwas mehr oder weniger nicht ankommen; denn ich kann unmöglich schreiben, um noch einen fehlenden Bogen zu füllen« (BA 9/1, 491f). Das sind neue, selbstbewußte Töne, auf die Janke zwar mit der Übersendung eines Vertrages antwortet, doch das Honorar will er nicht erhöhen. Raabe lehnt unter diesen Bedingungen eine Vertragsunterzeichnung ab: »Ich habe während der letzten Jahre drei große Romane durch Zeitschriften gehen lassen ... und ich habe erfahren, wie wenig Befriedigung das dem Autor trotz alles höhern Honorars gewährt. Glücklicherweise bin ich jetzt so gestellt, daß ich des Letzteren nicht mehr so nötig, wie noch z.B. vor einem Jahre, bedarf, und so will ich, wenn ich die geforderte Entschädigung nicht erhalten kann, lieber für weniger Geld die Genugtuung haben, ein Werk, an welchem soviel Schweiß und Vergnügen hängt, einmal wieder besser ausgestattet als ›Buch‹ in die Welt zu schikken« (BA 9/1, 452). Nun lenkt Janke ein, verspricht sogar, das Buch solle »glänzend ausgestattet werden, nichts zu wünschen übrig lassen«; Raabe gibt seine Zustimmung: »Ich habe die feste Zuversicht, daß ich Ihnen ein *gutes Buch* gebe«, und sendet am 12. Februar 1865 dem Verleger den Vertrag mit den Sätzen: »Lassen Sie es sich nicht reuen, mir nachgegeben zu haben; ich fange erst jetzt an, meine Kunst so recht zu beherrschen und habe hoffentlich meine besten Lebensjahre noch vor mir; – der echte Humor hat dem Publikum gegenüber zuletzt immer Recht behalten!« (BA 9/1, 492).

Mit dieser letzten Bemerkung wollte sich Raabe von den zahllosen seichten humoristischen Tagesschriftstellern absetzen, die mehr und mehr das Gesicht der Zeitschriften prägten. Später mußte er allerdings erkennen, daß seine optimistische Einschätzung verfehlt war, weil sich die falschen Humoristen durchgesetzt hatten: »Was der Deutsche ›Humor‹ nennt, ist oft ganz und gar das Gegenteil desselben« (20.8.1877; BA 9/1, 477). Er fühlte sich den angelsächsischen Autoren wie Sterne, Dickens und Hawthorne verpflichtet, und vielleicht hat der bloße Titel »Twice-Told Tales« von Hawthorne sogar den Anstoß zu einer dreifach erzählten Geschichte gegeben.

Der Einfluß von Dickens ist, wie in anderen Werken Raabes auch, in mehreren Einzelzügen unverkennbar: Im Notar Hahnenberg und seinem Schreiber Pinnemann erkennt man unschwer den Rechtsanwalt Wickfield und seinen Schreiber Uriah Heep (»David Copperfield«) wieder – in beiden Romanen befreit sich der Diener von seinem Herrn und kann ihm schließlich den eigenen Willen aufzwingen. Auch das Verhältnis zwischen Hahnenberg und seinem Patenkind August Sonntag ist bei Dickens im »Martin Chuzzlewit« vorgezeichnet. Mit zahlreichen versteckten Anspielungen erweist Raabe dem schon in der »Chronik der Sperlingsgasse« (BA 1, 50) als Lehrmeister bewunderten Dickens seine Reverenz. Und es ist keineswegs plagiatorische Absicht, sondern eine Geste kollegialen Respekts, wenn Raabe die Stakkato-Sprache des Apothekers Spierling ganz den hektischen Satzfetzen Jingles nachgestaltet: »Hierher – hierher – Mordsspaß – Bier eimerweise – Rinderviertel – ganze Ochsen – Senf – Wagen voll – herrlicher Tag – setzen Sie sich – tun Sie, als ob Sie zu Hause wären – freut mich, Sie zu sehen – außerordentlich« (»The Pickwick-Club«, 8. Kap.) – und zum Vergleich Raabes Apotheker: »Eh, eh, Herr Notarius, – große Achtung – sehr große Zuneigung – freut mich ebenfalls, Sie so wohl zu sehen. Ihr Herr Vater – eh, eh, sehr guter Freund von mir – angenehmer Nachbar ...« (BA 9/1, 259).

Nach Jankes Initiative brachte Raabe die »Drei Federn« in der erstaunlich kurzen Zeit von drei Monaten zu Ende. Später wird er das Buch als sein »erstes selbständiges Werk« bezeichnen (BAE 4, 205). Es ist tatsächlich ein für Raabe und seine Zeit ungewöhnliches Werk. Drei Personen erzählen in großen Zeitabständen eine Geschichte, und jedesmal wird ein Stück Wahrheit verschwiegen. Erst der Leser kann die Teile gegeneinander abwägen und zu einem Ganzen zusammensetzen. Es gibt weder einen ordnenden Erzähler noch einen »Helden«, und die Frage, wer am Ende eigentlich recht behält, muß ebenfalls der Leser für sich entscheiden. Raabe betreibt hier eine völlige Rücknahme aller Prinzipien, die er z. B. in den »Leuten aus dem Walde« propagiert hatte; besonders das darwinistisch begründete Leistungsethos wird in der Person Hahnenbergs scharf kritisiert. Da er das Leben ausschließlich als Konkurrenzkampf ansieht und sein eigenes Verhältnis zu Menschen nur sozialdarwinistisch orientiert ist, gibt er solche egoistische Deformierung als Erziehungsideal an seinen Paten weiter, der sich davon erst spät befreien kann. Hahnenberg gesteht am Ende des Buches, dreißig Jahre nach seinem ersten Bericht, seine Fehler ein und nennt sogar Epiktets »Encheiridion«, aus dem der frühe Raabe seine stoischen Sentenzen von der Welt als Bühne zitiert hatte, ein »törichtes Buch« (BA 9/1, 394). Raabe kritisiert jedoch nicht die wissenschaftlichen Grundlagen des Darwinismus, sondern allein dessen populäre Inanspruchnahme für die ideologische Verbrämung opportunistischen Verhaltens, wie es die Person Pinnemanns erfolgreich bis ins Kriminelle verkörpert. Er ist, was Raabe später »die Kanaille« nennen wird: das schlechthin Böse der Gesellschaft, das alles mit seinem Gift der Vorteilsberechnung infiziert: »Wo steht Pinnemann nicht neben uns und den Dingen? Wo tritt er uns nicht entgegen? Wo folgt er uns nicht auf den Fersen? Muß man ihm nicht alles abkämpfen, um zuletzt, selbst im Siege, mit der eigenen Persönlichkeit für den Sieg zu büßen?« (BA 9/1, 304f). Da bleibt nicht mehr viel an Trost und Versöhnung, auch wenn die Geschichte halbwegs gut ausgeht.

Raabe hatte mit »Drei Federn« einen bedeutenden Fortschritt in seiner schriftstellerischen Entwicklung erreicht. Der Verzicht auf eine lineare Romanhandlung geht einher mit der Verweigerung konventioneller Inhaltsschemata. Daß Raabe die üblichen Liebesgeschichten mit dem obligaten guten Ende für nicht mehr erzählbar hielt, wird auch aus einer ironischen Bemerkung im Notizbuch aus dem Jahr 1864 deutlich: »Es ist doch eine schöne Zeit, in welcher der Mensch noch meint, daß das endliche und glückliche Zusammenkommen des Liebhabers und seines Mädchens das Letzte und Höchste ist, mit welchem das Drama oder der Roman sich abgeben können« (Einfälle, 159). Raabe hatte andere Vorstellungen, die sich jedoch mit den Erwartungen der Leser nicht deckten. »Drei Federn« wurde ein eklatanter Mißerfolg; erst 1895 kam eine zweite Auflage heraus.

Auch die Kritik reagierte ablehnend. Rudolf Gottschall hielt das Ganze für eine »unbedeutende Geschichte« und kritisierte in den »Blättern für literarische Unterhaltung« (1865, Nr. 39) gerade die neue Form als vermeintlich mißlungene Kopie: »Diese jeanpaulisierende Methode, welche unserm großen Humoristen das Räuspern und Spucken abguckt, hat nicht einmal für die humoristische Darstellungsweise ein vollgültiges Recht.« Die unter der Überschrift »Humoristische Erzählungen« erschienene Rezension Gottschalls widmete sich übrigens nicht nur dem neuen Buch Raabes, sondern galt vor allem dem heute vergessenen, schon damals recht peripheren Autor Woldemar Nürnberger, der unter dem

Pseudonym M. Solitaire einige absonderliche Bücher veröffentlichte. Soeben waren seine »Erzählungen bei Mondschein« (Leipzig 1865) erschienen, und Gottschall nutzte die ausführliche Besprechung dieses Buches für eine allgemein vergleichende Gegenüberstellung beider Autoren, die am Ende jenes beiläufige Mißverständnis über Raabes »Drei Federn« zutage förderte.

Der Vergleich mit dem ihm unbekannten Solitaire mußte für Raabe ebenso irritierend wie aufschlußreich sein, denn Gottschall lobte einiges an Solitaires Werken, was Raabe zu Recht für sich reklamieren konnte. So apostrophierte er den düster-wirren Autor als »Nachfolger von Amadeus Hoffmann« und übersah dabei, daß Raabe in »Drei Federn« gerade die Nähe zu Motiven E. T. A. Hoffmanns gesucht hatte. Er erwähnt nicht nur dessen »Sandmann« (BA 9/1, 365), sondern er gestaltet auch eine gespenstische Sinnestäuschung nach Hoffmanns Vorbild: »Das Rasiermesser wird zu einer Schicksalsmacht, welche es auf etwas anderes abgesehen hat als auf die grauen Stoppeln unseres Bartes, und der Nagel hinter der Tür, an welchem der Schlafrock hängt, bekommt einen sehr dicken Kopf und eine sehr ungemütliche Fratze, welche die Zunge herausstreckt gleich einem Gehängten« (BA 9/1, 379) – hier stand Hoffmanns Märchen »Der goldene Topf« Pate, wo es in der Zweiten Vigilie heißt: Als er »den Türklopfer ergreifen wollte, da verzog sich das metallene Gesicht im ekelhaften Spiel... zum grinsenden Lächeln. Die Klingelschnur senkte sich herab und wurde zur weißen durchsichtigen Riesenschlange.« Nach Gottschalls Urteil aber war Solitaire der weitaus abgründigere Autor, während Raabe behaglich auf den »Mittelstraßen des bürgerlichen Lebens« wandelt, und sein Humor »hat einen oft zu schleppenden Gang und sucht ohne innere Nötigung bizarre Formen der Darstellung«. Gottschall hatte von Raabes »Drei Federn« also nichts begriffen.

Da er an Solitaire lobte, was nach Raabes Überzeugung für sein jüngstes Werk gelten mußte, wollte sich Raabe über den ihm unbekannten Autor informieren, und zufälligerweise war gerade von dem Literaturhistoriker Adolf Stern eine Broschüre über Solitaire erschienen (Adolf Stern: Solitaire. Eine kritische Skizze. Leipzig 1865), die sich Raabe kaufte und die noch heute in seiner Bibliothek erhalten ist. Hier fand er Gottschalls vergleichendes Urteil wiederholt: »Gewisse Ähnlichkeiten sind unverkennbar, obschon offenbar auf Solitaires Seite die größere Tiefe und Ursprünglichkeit liegt.« Er kann der Skizze auch einige Bemerkungen zur Biographie Solitaires entnehmen, der als Armen- und Landarzt in Landsberg an der Warthe lebt und als »den einzigen Lichtblick« seines einsamen Lebens eine große Reise nennt, die ihn bis nach Afrika geführt hatte, und deren Erlebnis ihn in seinem Lebenskreis nie wieder heimisch werden ließ. Als sich Raabe nun ein Buch Solitaires besorgt, die »Erzählungen bei Nacht«, stößt er auf ein »arabisches Sprichwort«, das einer Geschichte als Motto vorangestellt ist: »Muhamed pflegte zu sagen: Wüßtet Ihr, was ich weiß, hättet Ihr gesehen, was ich gesehen habe, Ihr würdet nicht mehr lachen, Ihr würdet wenig mehr tun als weinen.« Der Raabeleser kennt diesen Satz; wenig verändert dient er als Motto des Romans »Abu Telfan«: »Wenn Ihr wüßtet, was ich weiß, sprach Mahomet, so würdet Ihr viel weinen und wenig lachen.« Tatsächlich sieht es so aus, als hätte Raabe hier nicht nur einen zufällig passenden Satz übernommen, sondern mit der Figur des Afrikaheimkehrers, der sich in seiner Heimat nicht mehr zurechtfindet, auch eine literarische Auseinandersetzung mit seinem vermeintlichen Geistesverwandten angestrebt. Hat er deshalb aus Solitaires Erzählungsband die »Hungermühle« übernommen, die im »Abu Telfan« dann »Katzenmühle« heißt? Die Frage muß ohne Antwort bleiben, denn Raabe hat die vielleicht zu Beginn des Romans noch geplante Konfrontation während der Arbeit beiseitegeschoben. Erst ein Vierteljahrhundert später wird er im »Lar« diesen Faden wieder aufnehmen.

Der lange Abschied
von Stuttgart

DER ERFOLGREICHE SCHRIFTSTELLER Wilhelm Raabe stand 1865 vor einem Neubeginn. Nach zehn Berufsjahren mußte er einsehen, daß er erst jetzt sein Metier gelernt hatte. Mit einer »pathologischen Merkwürdigkeit« hatte er debütiert und sich dann mangels jeder anderen Berufsaussicht in die Rolle eines Autors hineingeschrieben. Nun füllte er sie aus und erkannte, daß sie ihm nicht gefiel. Bedenkenlos hatte er jahrelang idealisierte Figuren, seichte Handlungen und lebensfremde Dialoge erfunden, um dem Geschmack eines überwiegend weiblichen Publikums entgegenzukommen. Er hatte in seinen Texten viel gelogen, ohne sich dessen bewußt zu werden, denn alle seine Kollegen logen sich ihre Zeitschriftenromane mehrbändig zusammen. Wie sie hätte er so weiterarbeiten können, einen Fortsetzungsroman nach dem anderen abliefern, selbstverständlich mit steigenden Honoraren, die ein bequemes Auskommen ermöglichten – die erste Gesamtausgabe der Werke seines Bekannten Friedrich Wilhelm Hackländer umfaßte zu seinen Lebzeiten immerhin schon sechzig Bände, und er schrieb immer noch.

Raabe wollte das nicht, weil er für seine Begabung einen anderen Weg sah, doch diese Entscheidung bedeutete einen Bruch mit allen zeitgenössischen Marktgesetzen, die dem konventionellen Lesergeschmack folgten. Er wußte nicht, ob er künftig noch Leser finden würde, aber er mußte dafür sorgen, daß die Familie von seiner Arbeit ernährt werden konnte. Diese quälende Ungewißheit über die Zukunft, die ihm aus ökonomischen Gründen nicht erlaubt, sich eindeutig zwischen dem Dichter und dem Literaten zu entscheiden, treibt ihn in eine Krise, die sich im Asthma ein psychosomatisches Ventil sucht. Wie jemand mundtot gemacht wird, indem man ihn erstickt, hatte er als autobiographische Parabel vom

Sperling und den Schwalben bereits in einem Schulaufsatz beschrieben – nun leidet er wirklich an nächtlichen Atemkrämpfen, die ihm »oft wochenlang den Schlaf rauben« (7. 1. 1865; BF, 49). Die Beschwerden nehmen ab, als er die schon gewohnte Flucht in zwei historische Erzählungen (Sankt Thomas, Die Gänse von Bützow) antritt, und sie treten sofort wieder auf, als er die letzten Korrekturen für jenen Roman »Drei Federn« lesen muß, der seinen schriftstellerischen Neubeginn bedeutet: »Die schauerliche Gewißheit, daß das Elend vom vorigen Jahr wieder angefangen hat« (Tgb. 3. 5. 1865).

Am 14. April, auf einem Spaziergang am Hasenberg, hatte Raabe die Idee zu einem neuen großen Roman »Die Heimkehr«, aber seit April wußte er auch, daß seine Frau wieder schwanger war. Er konnte also den Bruch mit seinen Verlegern und den Verlust seines Publikums nicht riskieren, durfte mithin keinen allzu radikalen gesellschaftskritischen Roman schreiben. »Doch vitam impendere vero ist / Das Wort der Helden und Weisen«, schrieb er in diesem Frühjahr 1865 in einem Gedicht für die Freunde des »Bergwerks« (BA 20, 403) und gab mit diesem Juvenal-Zitat, das er aus seiner Lektüre der »Parerga und Paralipomena« Schopenhauers kannte, auch der eigenen Arbeit ein Programm: Das Leben der Wahrheit opfern. Die Entscheidung war also getroffen, aber der Kampf wird weitergehen.

Am 6. August 1865 wird Frau Bertha von einem toten Knaben entbunden. Erst jetzt – und so hart es klingt: vermutlich erleichtert – beginnt Raabe mit der Ausarbeitung von »Abu Telfan«. Bis zum 17. Oktober hat er drei Kapitel geschrieben, dann unterbricht er die Arbeit für die kleine Erzählung »Gedelöcke«. Wie er selbst im ersten Kapitel erzählt, bezog er den Stoff aus einem zufällig auf dem Stuttgarter Trödelmarkt gefundenen Buch aus dem Jahr 1731, das vom sonderbaren Leben und noch weit kurioseren Nachleben des dänischen Kurators Gedelöcke berichtete. Der Herr war nämlich in Kopenhagen dreimal beerdigt worden, weil niemand die Gebeine des Freigeistes auf dem eigenen Gottesacker dulden wollte. Zuerst setzte ein Freund die Leiche in aller Stille auf dem Garnisonsfriedhof bei, worauf die orthodoxen Protestanten durch einen Erlaß des Königs und Androhung von Polizeigewalt die jüdische Gemeinde zwangen, den Leichnam wieder auszugraben und auf dem Judenfriedhof zu bestatten. Aber Gedelöcke war keiner der ihren, und für einhundert Dukaten erkaufte sich die Gemeinde vom König das Recht, ihn wiederum auszugraben und schließlich irgendwo vor der Stadt auf freiem Feld zu verscharren.

Für den antikirchlich eingestellten Freigeist Raabe bot dieser Zufallsfund der historischen Quelle die willkommene Gelegenheit, eine giftige Satire gegen die kirchliche Orthodoxie und gegen die über den Tod hinaus währende Intoleranz zu schreiben – das burleske Gegenstück zur tragischen Geschichte »Else von der Tanne« und diesmal mit einem deutlichen Blick auf die Gegenwart. Ironisch bemerkt er, daß jetzt kein Schriftsteller mehr in der Lage wäre, solch einen Stoff zu erfinden, denn »der heutige lichte Tag, so über alle Maßen duldsam und ohne Vorurteile, würde es nicht gelitten haben« (BA 9/2, 168). Solch unverhohlener Sarkasmus ist durchaus nicht unbemerkt geblieben; so schrieb Adolf Glaser, der die Erzählung für Westermanns »Monatshefte« annahm, nach der Lektüre mit Bedauern an Raabe: »Ich habe mich seiner Zeit zu sehr in den eigentümlichen Zauber der ›Scheibenhart‹,

›Junker von Denow‹, ›Heiliger Born‹ u.s.w. eingelebt, um so ganz mit dieser neueren Gattung befriedigt zu sein – es fehlt die wehmütige Saite ...« (BA 9/2, 456). Raabe antwortete umgehend: »Deine Bemerkungen über die Veränderung, die in meiner Schriftsteller-Anschauungsweise allmälig sich vollzieht, erkenne ich als begründet an; – man wird eben älter, und auch ich glaube, meine mehr lyrische Periode glücklich hinter mir zu haben. So putze ich denn meine epische Rüstung und gedenke, als deutscher Sitten-Schilderer noch einen guten Kampf zu kämpfen. Es ist viel Lüge in unserer Literatur, und ich werde auch für mein armes Teil nach Kräften das Meinige dazu tun, sie herauszubringen, obgleich ich recht gut weiß, daß meine Lebensbehaglichkeit dabei nicht gewinnen wird« (BAE 2, 112).

Mit aller Deutlichkeit teilen sich hier für Raabe die Bereiche Leben und Arbeit; »Dichter« und »Bürger« sind von ihm unvermittelt gegeneinandergesetzt, und er weiß, daß der Bürger in ihm unter der Arbeit des Dichters Raabe leiden wird. Zu Beginn seiner Laufbahn, 1857, hatte er noch die Einheit von Leben und Kunst als Ideal der Dichterexistenz gepriesen: »Über den Marktplatz zu schweifen, / Durch die Gassen zu streifen, / Licht aus Schatten zu greifen, / Das ist Dichterberuf!« (BA 20, 337). Inzwischen hatte er als Berufsschriftsteller erfahren müssen, daß »des Lebens ep'sche Breite an dem Honorar gemessen« (BA 20, 407) wurde, und er entzieht sich nun dieser Übereinkunft, mit der seine Kollegen gut leben können. Er kündigt den Kompromiß, den mittelmäßigen Geschmack des Publikums für gutes Geld zu beliefern und will von jetzt an lieber für weniger Geld gute Bücher schreiben. Allerdings wird er bald empfindlich mit dem Desinteresse der Leser konfrontiert und merkt, daß der Dichter den Bürger Raabe nicht ernähren kann.

Da seine Romane vom Publikum abgelehnt werden, muß er dann wieder für Zeitschriften Erzählungen schreiben, »eine nach der anderen ad infinitum oder wenigstens bis zum Ende ...« (BAE 2, 177). Als er Paul Heyse 1874 eine Liste seiner

Veröffentlichungen schickt, fügt er an, daß sie mehr als ein Werk enthält, »das nicht entstanden wäre, wenn der Verfasser nicht die schlimme Faust im Nacken gefühlt hätte« (BAE 2, 176). Eine Bemerkung im Notizbuch (1. November 1865) hält noch seine Bedenken über die momentane Unsicherheit der Situation fest: »Der Himmel ist grau und ich bereits ein gelesener Schriftsteller. Es liegt schwer auf der Hirnschale, unter der sich wenig Merkwürdiges und Neues bewegen will. Man haßt die Schwärze der Tinte, die Weiße des Papiers und findet selbst in den Wolken der Zigarre nicht den Trost wie sonst... Man drückt die Stirn an die Scheiben und starrt hinaus.«

Es ist vielleicht kein Zufall, daß Raabe sich zu seiner Entscheidung für eine von Wahrheit geprägte Literatur gerade zu dem Zeitpunkt durchringt, als auch der bislang schwelende Konflikt um Schleswig-Holstein einer Lösung entgegengetrieben wird, die auch, wie Raabe hofft, mit dem Anachronismus der deutschen Kleinstaaterei ein Ende machen soll. Aus anfänglichen Verwaltungsunstimmigkeiten waren diplomatische Krisen entstanden, die Verbündeten Preußen und Österreich hatten sich entzweit und für den Fall eines Krieges Verträge mit neuen Verbündeten geschlossen. Als Preußen im April 1866 eine Reform des Deutschen Bundes verlangt und im Juni sogar dessen Auflösung erklärt, macht Österreich mobil, zu dessen Partnern auch Württemberg gehört.

Als Befürworter einer kleindeutschen Reichslösung, wie sie Preußens Initiative bedeutete, stand Raabe in der Hauptstadt Stuttgart zwar nicht allein, aber das gesellschaftliche Leben wurde spürbar schwieriger. »Hier geht ein Tag nach dem andern in großer Aufregung vorüber«, schrieb er Ende Juni an seine Mutter, »und wir mit unsern norddeutschen Anschauungen sitzen schon ganz in Feindesland« (BAE 2, 112). Raabe überwirft sich mit alten Bekannte wie dem Österreicher Moritz Hartmann, doch er gewinnt auch überraschend mit dem dreißig Jahre älteren Friedrich Notter einen neuen Freund. Mit diesem Liberalen, der schon 1831 im »Briefwechsel zweier Deutschen« die deutsche Einigung unter Preußens Führung propagiert hatte, verstand er sich ausgezeichnet, und auch Notter bemerkte: »Schade, daß wir im Alter allzu weit voneinander stehen, um im eigentlichen Sinne Vertraute werden zu können. Politisch hat selten jemand so ganz mit mir eingestimmt als er« (BAE 4, 63). Durch Notter lernte Raabe zwar nicht Mörike persönlich kennen, dessen ganzes Wesen ihm ohnehin so zuwider war, daß er ihn als »quabblige, faule Natur« (BAE 4, 46) bezeichnete, wohl aber Friedrich Theodor Vischer, den berühmtesten Ästhetikprofessor jener Zeit, der 1866 aus Zürich in seine schwäbische Heimat zurückkehrte, um in Stuttgart und Tübingen seine stark besuchten Vorlesungen zu halten. Auf einer Einladung Notters geriet Vischer sofort mit Frau Bertha aneinander, weil er als ihr Tischherr in breitestem Schwäbisch erklärte, ihr Braunschweiger Dialekt höre sich geradezu scheußlich an.

Vischer war ein demagogischer Preußenhasser und Gegner Bismarcks, der nichts so sehr fürchtete wie das Aufgehen seines württembergischen Königreichs in einem von Preußen dominierten deutschen Staat. Sein politisches Glaubensbekenntnis legte er 1866 ab, als er in den »Kritischen Gängen« (Neue Folge II, 5. Heft) schrieb, »daß die Bevölkerung Preußens und wer mit ihr stimmt, unser Rechtsbewußtsein nicht teilt. Wir stehen uns gegenüber wie zwei fremde Völker, die sich nicht kennen... Das Vorurteil höherer Bildung und Intelligenz dort im Norden konnten wir Süddeutschen in seiner Einfalt ruhig belächeln und uns dafür um unserer ländlichen Unschuld willen ebenso ruhig belächeln lassen... Es ist anders geworden, seitdem wir wissen, daß für die Preußen das Wort Deutschwerden schlechterdings nur gleichbedeutend ist mit: uns beherrschen – denn an die Redensart Aufgehen in Deutschland wird doch niemand mehr glauben!«

Man kann sich vorstellen, welche erregten Diskussionen es in Raabes Bekanntenkreis gegeben hat. Der Sieg der preußischen Truppen bei Königgrätz am 3. Juli 1866 ließ die politischen Gegensätze um so stärker aufeinanderprallen. Auf einer Volksversammlung in der Stuttgarter Liederhalle am 12. Juli forderten einige Redner einen selbständigen süddeutschen Staat ab der Mainlinie, andere, wie Notter, propagierten die politische Anbindung an Preußen. Zu den Rednern zählten auch Raabe und der erst seit 1865 in Stuttgart ansässige Literat Wilhelm Jensen, deren Beiträge aber den Unmut so sehr schürten, daß man beide zusammen aus der Versammlung warf und sie sich in der Tür unfreiwillig in die Arme fielen. In der traditionellen Raabeforschung bedeutet dieses Ereignis den Beginn einer lebenslangen Männer- und Schriftstellerfreundschaft. In Wahrheit jedoch verachtete Raabe die längst vergessene literarische Fließbandproduktion Jensens, schätzte zwar dessen politische Überzeugung, aber er hielt die Verbindung nur aufrecht, weil er sich zu Jensens schöner Frau Marie hingezogen und von ihr als Autor verstanden fühlte.

Auch Jensen war Norddeutscher, Sohn eines Sylter Landvogts, der früh verwaist von Verwandten in ein ungeliebtes Medizinstudium gedrängt worden war. Eine frühe Bekanntschaft mit dem Dichter Emanuel Geibel rettete ihn nach München, wo er Literatur studierte und mit einer Arbeit über das Nibelungenlied promoviert wurde. Literarisch stand er ganz unter dem Einfluß Storms, nachdem »Immensee« sein bestimmendes Lektüreerlebnis gewesen war. Raabe hatte die Bekanntschaft des Ehepaars Jensen übrigens schon am 20. Januar 1866 bei einer abendlichen Einladung seines Verlegers Hallberger gemacht, doch diese kurze Begegnung blieb folgenlos; erst nach dem gemeinsamen Rausschmiß kam es zu einer engeren Verbindung, die vordergründig zwar durch die politischen Interessen begründet war, im Grunde jedoch ihre Intensität der 1866 erst zwanzigjährigen Marie Jensen verdankte, die wie Raabe am 8. September ihren Geburtstag feierte, obwohl es eigentlich ihr Namenstag war – der Tag von Mariae Geburt und zugleich der Geburtstag des Dichters Ariost, worauf Raabe in seinen regelmäßigen Glückwunschbriefen ironisch anzuspielen pflegte.

Nach der Niederlage der Süddeutschen bei Königgrätz fürchtete man in Stuttgart die Einquartierung preußischer

Marie Jensen

Truppen; die Stimmung in der Stadt war giftig, Frau Bertha wurde auf offener Straße als »Preußenkopp« (Tgb. 1.8.66) beschimpft. Eigentlich möchte sie in ihre vertraute norddeutsche Umgebung zurück, muß aber irritiert zur Kenntnis nehmen, daß ihr Mann gerade mit seinen Freunden eine neue Partei in Stuttgart gegründet hat. Diese »Deutsche Partei« verfolgte die Ziele des »Nationalvereins« und richtete sich gegen die Modalitäten des österreichisch-preußischen Friedensvertrages, der zwar eine Trennung Österreichs von Deutschland enthielt, aber einen Staatenbund nördlich der Mainlinie unter Preußens Führung etablierte – Raabe und seine Freunde strebten jedoch immer noch eine Reichsgründung mit Einschluß Süddeutschlands an. Auf der Gründungsversammlung am 7. August erfährt er, daß er bei der Polizei als »Spötter über Schwaben, Verräter an Heer und Vaterland denunziert und zur Ausweisung empfohlen sei« (Tgb.), aber das kümmert ihn nicht. Mit ganzer Energie widmet er sich den Forderungen der Politik, versäumt keine der wöchentlichen

Wilhelm Jensen

Parteiversammlungen und schreibt an die Mutter: »Wir haben hier jetzt eine *deutsche* Partei gegründet, welche gegen die Mainlinie gerichtet ist, und von der Regierung so wie der partikularistischen Demokratie mit allen Waffen angegriffen und bekämpft wird.« Der Friedensvertrag mit Württemberg schließt einen gemeinsamen Krieg gegen Frankreich nicht aus, aber auch darüber macht sich Raabe in jenem Brief wenig Gedanken: »Der französische Krieg macht mir keine Sorgen, ich hoffe sogar auf ihn als auf das beste Mittel, um den letzten Narren die Augen zu öffnen« (BAE 2, 114f. Dort falsche Lesart: »letzte« Mittel statt Handschrift »beste«).

Als die seit Ende März, unterbrochen von einem Kuraufenthalt im Sommer, bei der Familie gastierende Schwiegermutter Karoline Leiste Anfang September wieder abfährt, gibt ihr Raabe einen Brief an den Schwager Karl mit, der nicht nur von den politischen Querelen handelt, sondern auch zeigt, daß Bertha für ihre Rückkehrpläne in der Mutter eine Verbündete gefunden hatte. Zunächst scheint er hier alle politischen Gründe für ein Verlassen Schwabens zu sammeln: »Wenn wo das Deutschtum, die Zusammengehörigkeit der Stämme, der Interessen etc. etc. eine Phrase gewesen ist, so ist das diesseits des Mains und vor allem in diesem jämmerlichen Württemberg, wo ... allem frühen konstitutionellen Leben zum Trotz, der politische Weltverstand selbst bei den bekanntesten Führern auf Null steht. Dieses ›Schwaben‹ (der Name ist mir schon widerlich, weil er nichts bedeutet und nichts bedeuten soll) zehrt von einem Ruf und Ruhm, auf den es durchaus keinen Anspruch hat. Wir haben eine Partei gründen müssen, um es nur wagen zu können, öffentlich auszusprechen, daß wir keine Trennung Deutschlands wollen« (BAE 2, 115). Aber dann fügt er diesen Sätzen ein in der Braunschweiger Briefausgabe weggelassenes Postscriptum an: »Über unsere Übersiedlungsgedanken mag die Mama das Weitere mitteilen. Jedenfalls sind ihre Umrisse noch sehr unbestimmt und schwankend. Es ist hier eben doch ›zu hübsch‹!« (BF, 55). In solch abwiegelndem Ton schreibt er im September auch an seine Mutter: »Was unsere einstige Rückkehr nach Norddeutschland betrifft, so ist's damit noch dunkel und unbestimmt« (BAE 2, 116). Während Bertha sich bei ihrem Bruder Karl Leiste darüber ausklagte, daß Wilhelm die Tochter Margarete geradezu zu einer Schwäbin werden lasse, beharrt Raabe mit einem etwas sonderbaren Argument darauf, den Umzug verschieben zu müssen: »aber am liebsten wär's mir, wenn wir Gretchen hier am Geburtsort erst fünf Jahre alt werden lassen könnten. Eine Auswanderung in ein doch so verschiedenartiges Klima ist für ein Kind unter diesem Alter ein gefährliches Experiment« (BAE 2, 116). Im Oktober kommt die Mutter Raabe selbst zu Besuch und dürfte die Diskussionen um eine möglichst baldige Rückkehr im Sinne Berthas neu belebt haben, aber gerade zu diesem Zeitpunkt verstärkt sich der zuvor nur gelegentliche Verkehr mit Jensens, der sich rasch so intensiv entwickelt, daß Raabe alle Umzugspläne zurückstellt und dafür ständige, sich verstärkende Auseinandersetzungen mit seiner Frau in Kauf nimmt.

Das Tagebuch vermerkt am 12. Oktober 1866 zum erstenmal: »Besuch bei Dr. Wilhelm Jensen und Frau.« Mit Maries graziöser Unbefangenheit kam ein neuer Ton in die Runde, wie ihn Raabe so herzlich noch nie gehört hatte und später auch nie wieder erleben wird. Ihr unbefangener Witz ist noch den kleinsten Billetts abzulesen, die nun von Wohnung zu Wohnung wandern; als Raabe wegen Ohrenschmerzen eine Einladung absagen mußte, schreibt sie: »Also Sie wollen nicht kommen? Auch gut! Es gibt *weiches* Beefsteak mit Spiegeleiern, dreierlei Käse, Anjovis, Salat, Mettwurst, Wilhelm setzt seinen neuen Panama-Hut auf und ich habe heute mein apfelblütfarbenes Kleid an – wenn Sie nicht kommen wollen, schadet's auch nichts! – Ich ließe mir an Ihrer Stelle die dummen Ohren abschneiden. Bis jetzt noch mit aller Achtung M.J.« (BAE 3, 10). Gegen solche übersprudelnde, aber nie aufdringliche Lebendigkeit wirkt Frau Bertha schwerfällig und lang-

weilig. Zudem ist die zwar katholisch erzogene, aber dem Kirchenglauben schon als Jugendliche entwachsene Marie musisch hochbegabt: Sie singt, malt wesentlich besser als Raabe und kennt die Literatur. Von ihr leiht sich Raabe die Werke Heines aus, der auch ihr Lieblingsdichter ist, und auf ihre Anregung hin liest er Börne, George Sand, Varnhagens »Denkwürdigkeiten«, Wienbarg, Grabbe und Hebbel. Sie hat ein rasches, sicheres Urteil, und Raabe genießt diese unbeschwerten Gespräche, während er zu Hause von seiner Frau meist mit Kindersorgen und Dienstmädchenproblemen belästigt wird. Im Tagebuch notiert er dann »Häusliche Verstimmung« oder »Verstörung des Hauswesens« und »Bei Jensens Aufatmen« (Tgb., 18.8.68). Dort ist er, wie Bertha etwas pikiert schreibt, »heiter, wie Ihr ihn zuweilen bei Euch, wie ihn sonst aber die Sterblichen selten sehn« (BAE 3, 52). Wäh-

Die Familie Raabe mit den Töchtern Margarete und Elisabeth

rend Marie sich als geistvolle Gesellschafterin immer attraktiver macht, zieht sich Bertha allmählich resignierend in die Rolle der stillen Hausfrau zurück: »Außer der Pflege der Kinder komme ich eigentlich zu nichts; sie sind aber auch meine ganze Freude, und ich bin von Herzen vergnügt, wenn sie wohl und munter sind. Interessanter wird man aber dabei nicht: wenn man ein gutes Hausmütterlein sein will, so ist man recht häufig eine langweilige dumme Frau und das tut mir des Mannes wegen leid« (Pongs, 201).

Auch bei Jensens tritt mit der Zeit eine gewisse Entfremdung ein, weil Marie offen zeigt, daß sie die Werke Raabes sehr viel höher schätzt als die Arbeiten ihres Mannes. Spöttisch zitiert sie einmal das neueste Beispiel »folgender klassischer Verse: ›Denn du denkst, Dido, dir das Dümmste doch!‹« (BAE 3, 87). Sie wünschte, ihr Mann »schriebe so nachdenklich wie Du« (BAE 3, 255), aber Wilhelm Jensen ließ sich von seiner höchst erfolgreichen Fließbandproduktion – am Ende rund 150 Titel – nicht abbringen. Kein einziges dieser Bücher bekam einen Platz in Maries Zimmer; dort standen ausschließlich die Werke ihres Freundes. Wegen solcher Differenzen schrieb ihr Raabe: »Daß Ihr in Euren Kunstanschauungen ein bißchen auseinander geht, schadet nichts, das trägt, wenn der Krakeel mäßig betrieben wird, nur zur Erhöhung der Unterhaltung bei. Ich habe übrigens immer auf *Deiner* Seite gestanden...« (BAE 3, 463). Raabe hat, wenn er gefragt wurde, schon früh Jensens Arbeit kritisiert: »Mir gefallen Deine Sachen ausgezeichnet, lieber Freund; ob sie aber nach fünf Jahren Dir auch noch so gefallen werden, das ist die Frage. Du schreibst gut; aber Du läßt bis jetzt noch nicht Deine *eigenen* Figuren tanzen« (BAE 3, 46) – aber auch acht Jahre später hat sich Jensens Oberflächlichkeit, mit der er sein »Vergnügen an den Dingen«, aber »nicht die Dinge selbst« (BAE 3, 46) zu Papier bringt, überhaupt nicht geändert. Zu diesem Zeitpunkt muß Raabe seine erste Jugendsünde für eine Neuauflage vorbereiten: »Ich habe jetzt die alte Chronik wieder mal korrigieren müssen, und ich versichere Euch, mir ist manchmal körperlich im hohen Grade übel dabei geworden.« Diese Distanz zu den eigenen Anfängen läßt ihn nach dem mitleidig-verzweifelten Ausruf: »O, W. J., weshalb schreibst Du Prosa?« das neueste Buch von Jensen kurz und knapp beurteilen: »Das Ganze ist nicht wahr« (BAE 3, 279).

Der Roman, mit dem Raabe, nach »Drei Federn« jetzt im großen Umfang von drei Bänden, gegen die Unwahrheit in der Literatur auftreten wollte, war am 30. März 1867 beendet und erhielt den Titel »Abu Telfan oder Die Heimkehr vom Mondgebirge«. An die Mutter schrieb Raabe: »Ich habe mir vorgenommen, grade *dieses* Manuskript nicht zu leicht loszuschlagen, da ich – eigentlich zum erstenmal – einen wirklichen Wert darauf lege« (BA 7, 397). Selbstbewußt verlangte er doppelt soviel Honorar wie für den »Hungerpastor«, nämlich 1 500 Taler für den Vorabdruck und die Buchausgabe; die Rechte sollten nach acht Jahren an ihn zurückfallen. Der Stuttgarter Verleger Hallberger akzeptierte diese Bedingungen, und so erschien der Roman vom 12. Mai bis 22. September in der Zeitschrift »Über Land und Meer« (Auflage: 60000) – er ziehe sich »bandwurmartig«, wie Raabe zu Jensens meinte. Angenehmer wäre es, wenn sich seine Freunde bis zur Buchausgabe im Oktober gedulden würden; das schreibt er auch nach Hause: »Ich hoffe, das Buch soll uns auf die Höhe unseres Rufes heben; doch wäre es mir grade darum lieber, daß Ihr Euch geduldetet und es auch nur als *Buch* leset« (BAE 2, 124).

Die hohen Erwartungen, die Raabe an »Abu Telfan« knüpfte, erfüllten sich nicht. Noch im Alter erinnerte er sich an die »Briefschreiberei wütender und gelangweilter Abonnenten« (BAE 2, 352), die »Über Land und Meer« kurzerhand abbestellten. Auch die Buchausgabe war ein krasser Mißerfolg; die 1 500 Exemplare konnten nur abgesetzt werden, weil Hallberger nach dem minimalen Anfangsverkauf den Rest 1870 »in einem bunten Umschlag billigst zur ›Eisenbahnlektüre‹« (BAE 2, 251) anbot. Es dauerte danach zwanzig Jahre, bis eine echte zweite Auflage zustandekam, deren Absatz sich wiederum elf Jahre lang hinzog.

Der Roman schildert nicht nur den versuchten Neuanfang des Afrika-Heimkehrers Leonhard Hagebucher, sondern er war auch von Raabe als literarischer Neuanfang seines Schriftstellerlebens gedacht: »Zwischen Goethe und Schiller ist ein Stuhl frei; Jean Paul hätte ihn einnehmen können; er hat es nicht getan – nun will ich's tun« (BAE 4, 54). Offensichtlich wollte Raabe Versäumnisse und Fehler früherer Arbeiten revidieren und holte insbesondere eine politische Zeitkritik nach, die bei Erscheinen des Buches vom Publikum als längst überholt angesehen wurde. Der Roman spielt zwar um 1860, aber alle Anspielungen auf polizeistaatliche Maßnahmen weisen in die unmittelbare Reaktionszeit nach 1848 oder mit der Lebensgeschichte des Vetters Wassertreter sogar bis zum Wartburgfest (1817), das schon fünfzig Jahre zurücklag. Als der Roman 1867 erschien, wurde gerade die Verfassung des »Norddeutschen Bundes« angenommen und Bismarck zum Kanzler ernannt – da interessierte sich niemand mehr für düstere Erinnerungen.

Raabe erging es wie Ludwig Steub, der schon 1858 mit seinem zu Unrecht von der Literaturgeschichte vergessenen Roman »Deutsche Träume« gescheitert war, weil das Publikum von den jungdeutschen Ideen nichts mehr wissen wollte. Zudem stimmte auch das Bild nicht mehr, das Raabe vom braven Bürger zeichnete, der mit »einem warmen Schlafrocke, einem Paar wunderschöner weicher Pantoffeln, einer langen Pfeife und einer singenden Teemaschine« (BA 7, 276) vollauf zufrieden wäre. Das ist ein Klischee vom verschlafenen Herrn Biedermeier; in Wahrheit nahmen Handel und Industrie einen so großen Aufschwung, daß man kaum von einer zeitgenössischen Darstellung sprechen kann. Vollends ins Abseits schrieb sich Raabe mit dem quietistischen Ende des Romans, mit dem Bekenntnis zu Selbstbescheidung und philiströser Genügsamkeit, dem Verzicht auf die Durchsetzung der Lebensträume, wie ihn Nikola artikuliert: »Mein Herz habe ich begraben und die Welt angenommen, wie sie ist; ich habe das Buch meiner Hoffnungen und Träume abgeschlossen und mich in das Unabänderliche ergeben!« (BA 7, 106). Der Widerspruch zur ökonomischen und politischen Aufbruchstimmung, die sich nach 1870/71 noch vehement steigerte, hätte nicht größer ausfallen können, und das Publikum quittierte die unzeitgemäße Aussage jahrzehntelang mit verständlicher Nichtbeachtung des Romans.

Auch literarisch schien Raabe nicht gerade Neuland betreten zu haben, denn die Grundidee vom in Afrika gefangenen Hagebucher stammt aus Hildreths Erfolgsroman »Der weiße

Sklave oder Die Lebensgeschichte eines Flüchtlings« (Wien 1853), die Raabe vordergründig mit dem durch die neueren, erst 1864 veröffentlichten Forschungsergebnisse geweckten Interesse an Afrika und dem als Nilquelle entdeckten sagenhaften Mondgebirge verband. Daß hinter dieser äußerlichen Konstruktion allerdings eine ständig auf Goethe verweisende Binnenstruktur steht, die mit versteckten Anspielungen und Zitaten den Roman von innen her aufbaut, haben damals weder das Publikum noch die Kritik bemerkt. Auch die moderne Forschung hat sich der Dechiffrierung des Romans noch nicht angenommen, obwohl Vetter Wassertreter im 15. Kapitel deutlich genug auf Goethes Spuren hinweist. Nicht erst im »Dräumling« (1870) distanzierte sich Raabe von seiner eigenen Schiller-Begeisterung, sondern hier, im »Abu Telfan«, legte er den verdeckten Grundstein für die künftige Arbeit der Desillusionierung, für die er nicht allein in Schopenhauer, sondern auch in Goethe einen Gleichgesinnten gefunden hatte. Die bereits im ersten Entwurf vom 14. April 1865 festgeschriebene Entscheidung des Hagebucherschen Kampfes mit den Verhältnissen: »Der Heimgekehrte wird so zufrieden, als er *werden kann*« (BA 7, 386), hat eine Entsprechung in der späten Notiz, daß Goethes Werke zeigen, wie einer »sich in dem großen Kampfe zurechtgefunden« hat (18.6.80; Einfälle, 192).

Die »lyrische Periode« war überwunden. Raabe hatte zu einem eigenen Realismus gefunden, der seiner Zeit, die Schiller verehrte und Goethe als amoralischen Skeptiker verurteilte, völlig entgegen stand. Von den Lesern konnte er dafür keinen Beifall erwarten, aber diese Erfahrung hatte ihm ebenfalls Goethe im Brief an Wilhelm von Humboldt vom 3. Dezember 1795 vorformuliert: »Weit darf man nicht ins deutsche Publikum hineinhorchen, wenn man Mut zu arbeiten behalten will.«

Es scheint, als hätte Raabe selbst gemerkt, daß seine Zeitkritik nicht mehr die tatsächlichen Verhältnisse traf, denn bereits am 10. März 1867 notierte er im Tagebuch die Idee, »in 3 Bänden eine Fortsetzung« zu schreiben, mit der er tatsächlich am 7. April begonnen hat. Davon ist nichts erhalten; vermutlich hat ihm Hallberger, mit dem er am 21. April darüber sprach, von der Erweiterung abgeraten, doch als er die Buchausgabe bekam, notierte er nochmals im Tagebuch »Bewegte Stimmung und Nachdenken über Abu Telfan« (Tgb., 8.1.68). Dabei blieb es; der Roman war endgültig abgeschlossen.

Das hohe Honorar von 1500 Talern, mit dessen diskussionsloser Bewilligung er selbst nicht gerechnet hatte, ermöglichte Raabe nach Abgabe des Manuskripts eine auf drei Monate ausgedehnte Sommerreise zu seiner Familie in den Norden Deutschlands. »Gestern fuhren wir dann die Weser hinab, und ich kann wohl sagen, daß ich selten in meinem Leben so gerührt und erregt gewesen bin, als bei diesem allmäligen Auftauchen der alten Berge und Ortschaften« (BAE 2, 123). Auf dem Bahnhof von Holzminden sieht er den König von Preußen in Begleitung Moltkes und Bismarcks und findet ihn »recht munter und frech« aussehend. Die Mutter trifft er leberkrank und bettlägerig an; er besucht den Schwager in seiner Pfarrei Hüttenrode, feiert in Wolfenbüttel die Hochzeit seines Bruders Heinrich, reist über Altona, wo er Klopstocks Grab besucht und Husum – Storm ist nicht zu Hause, aber Raabe hinterläßt seine Karte – nach Tinnum auf Sylt. »Gestern haben Bertha und ich zum erstenmal gebadet. Heute ist Gretchen im Meer gewesen und hat sich sehr tapfer gehalten. Ich erfreute mich eines Zahngeschwürs und blieb am Strande. Wir wohnen bei einer Bäckersfrau, die ihren Ofen mit Treibholz, den Trümmern eines gestrandeten Schiffes heizt... Luft, Menschen, Wasser und Land sind originell genug, die Badeanstalten noch sehr primitiv, und wir Drei sind bereits zu Zigeunern verbrannt. 300 Badegäste und mehr leben auf einem sehr weiten Raum zerstreut und genieren einander nur bei Tisch« (BAE 2, 124f). In der Erzählung »Deutscher Mondschein« wird er fünf Jahre später von diesem Ferienaufenthalt erzählen und damit einen schon 1864 in Travemünde notierten Einfall verwirklichen.

Auf der Rückreise, in Tondern, sitzt die Familie einem preußischen General gegenüber, der sich scherzhaft mit Raabes Tochter unterhält. Diese freilich, geprägt durch den Umgang mit ihrem schwäbischen Kindermädchen, belehrt den Herrn: »Man nennt Euch Schweinepreuße« (BAE 4, 64). Das ist ein Vorgeschmack auf die süddeutschen Streitereien, denen die Familie gemächlich, von Düsseldorf bis Mainz den Rhein hinauf, entgegenfährt. Auf dem Dampfer »Loreley« feiert Raabe am 8. September seinen 36. Geburtstag. Zwei Tage später wird zu Hause mit Jensens nochmals ausgiebig gefeiert, weil Marie darauf besteht, ihren Namenstag mit Raabe zusammen zu begehen – er hat vermutlich zeitlebens nicht gewußt, daß sie nur seinetwegen immer diesen Tag als ihren Geburtstag ausgab.

Im engeren Lebenskreis Raabes deutet nichts voraus auf den Roman, dessen ersten Entwurf er am 2. Oktober 1867 im Tagebuch verzeichnet. Die Stimmung unter den Freunden ist unverändert gut, das Verhältnis zu Frau Bertha noch erträglich, nur die Nachrichten über die ablehnenden Reaktionen einiger Zeitschriften-Abonnenten wegen des »Abu Telfan« trüben etwas die Laune, aber noch kann Raabe auf die Durchsetzung der Buchausgabe hoffen. Und doch konzipiert er bereits mit dem »Schüdderump« ein Buch, das unerbittlich vom Sieg des Pöbels, der »Canaille«, in der Welt handeln wird. Die einzige wirkliche Sorge, die auf der Familie lastet, ist Frau Berthas erneute Schwangerschaft. Zunächst gibt es wieder beunruhigende Anzeichen für eine Fehlgeburt; Bertha kann keine Einladung mehr annehmen und liegt oft allein zu Hause, wenn Raabe sich mit Jensens trifft und die aktuellen politischen Probleme diskutiert.

Die Wahl der süddeutschen Abgeordneten in das »Zollparlament« des Norddeutschen Bundes trägt in diesem Frühjahr 1868 erhebliche Unruhe in die Bevölkerung. Die von Raabe und Jensen mitgegründete »Deutsche Partei« unterliegt schließlich mit 46000 gegen 154000 Stimmen ihrer antipreußischen Gegner, die besonders aus katholischen Kreisen kamen. Der ungewohnt heftige Wahlkampf hatte, wie Raabe seinem Bruder berichtet, tiefe Gräben aufgerissen. »Die ältesten Freunde schlagen einander am Kneiptisch die Faust in's Gesicht und speien mit Grimm vor einander aus. Die ältesten Whistspieler fordern einander auf, einander an einer gewissen Stelle zu reinigen. Gesellschaften, die seit Jahrhunderten bestanden, fallen auseinander« (BAE 2, 128). Wilhelm Jensen schürt als Redakteur der »Schwäbischen Volkszeitung«, dem Organ der »Deutschen Partei«, mit seiner scharfen Feder den Konflikt und muß wegen eines zu frechen Angriffs vier Tage Arrest auf dem berüchtigten Hohenasperg absitzen – die ohnehin symbolische Strafe ist für Jensen eine Ehrensache.

Während Raabe das Konzept des ersten Bandes vom »Schüdderump« beendet (Tgb. 6.3.68), bescheinigt ihm die ärztliche Wissenschaft, daß seine zeitweiligen, mit sporadischer Schwerhörigkeit verbundenen Ohrenschmerzen einer Pilzart zu verdanken sind, von der bislang nur sechs Fälle bekannt waren. »Meiner ist der *siebente*... An allen Lotterien der Welt hätte ich setzen können, ohne das geringste zu gewinnen, und *dies* muß mir unter den Millionen und Milliarden passieren!!!!!!« (BAE 2, 129). Die Krankheit nennt sich »Myokomerengitis«, und ihre falsche Behandlung führte schließlich dazu, daß Raabe im Alter auf dem rechten Ohr taub war.

Am 17. Juni 1868 wird nach »sehr nachdenklichen Wochen« (BAE 2, 130) Raabes zweite Tochter geboren und am 12. August auf die Namen Elisabeth Ottilie getauft. Eigentlich wollte Raabe die Taufe »für jetzt ganz sein lassen, und das Fräulein später erst, mit einer Herde Widertäufer in den Nekkar gehen und untertauchen« lassen (BF, 72), aber von solchen ketzerischen Gedanken konnte er seine Frau nicht überzeugen. Ihrem Bruder, dem Pfarrer von Hüttenrode, traute er offenbar mehr Humor zu, denn dem ebenfalls zum Vater avancierten Schwager wünschte er, er möge »mit immer steigenderem Gleichmut allen folgenden Vorfällen dieser Art entgegensehen... Übrigens haben wir Männer doch das Ärgste bei diesen dummen Geschichten zu tragen, und wie gewöhnlich wird das Verdienst nicht nach seinem ganzen Wert anerkannt« (BF, 71). Die offenkundige Ironie dieser Sätze darf nicht darüber hinwegtäuschen, daß Raabe mit typisch zeitgenössisch-männlicher Ignoranz die Schwangerschaften seiner Frau tatsächlich für »dumme Geschichten« hielt, die ihn in seinem Lebenskomfort beeinträchtigten, vor allem aber in seiner Arbeitsfreiheit störten.

Zeichnung Raabes zum »Schüdderump«

Der Sommer 1868 gehört ganz der Familie und der nach einem sehr gründlichen Konzept am 7. Juli begonnenen Ausarbeitung des »Schüdderump«. Die Tage verfließen eintönig, weil Jensens, auf die sich Raabes Stuttgarter Kontakte wegen der grassierenden Preußenfeindlichkeit fast ausschließlich reduziert haben, auf Urlaub sind. Am 21. Juli jedoch kehren Jensens endlich zurück und bitten bereits am nächsten Tag zum Essen: »Natürlich Bier, Hammelbraten mit Gungummern (Gurken, W. F.) und Bohnensalat heute Abend in gewohnter Weise« (BAE 3, 19). Damit war jener vertraute Umgang mit Einladungen und witzigen Billetts wiederhergestellt, den

Frau Bertha so fürchtete, weil sie dem flirrenden Temperament Marie Jensens nur ihre matronenhafte Solidität entgegensetzen konnte. Ihrem Mann fiel das unangenehm auf; immer häufiger blieb sie deshalb zu Hause, und immer häufiger kam es darüber zu Ehekrisen, die Raabes Schreiblust lähmten und zu Depressionen führten. »Nichtigkeit und Albernheit des Lebens« heißt es am 1. August im Tagebuch, dann »Nichtigkeit und Lächerlichkeit des Lebens« (8. August), »Ekel, schal und unruhig« (11. August), und schließlich am 14. August: »Müde vom Leben.« Frau Bertha versuchte, die Aufmerksamkeit ihres Mannes von Marie Jensen abzulenken, aber sie tat es auf eine sehr ungeschickte Weise, indem sie ständig auf die eigenen Probleme mit den Dienstmädchen, auf das Ungeziefer in der Wohnung und auf die Schwierigkeiten mit den Kindern hinwies. Sie versuchte damit, den eigenen häuslichen Bereich stärker zur Geltung zu bringen, für den sich Raabe freilich nur wenig interessierte und den fortgesetzten »Krakeel« gerade während seiner Romanreinschrift als Zumutung und als Belästigung mit lächerlichen Nebensächlichkeiten empfand. Berthas plumpe Strategie erreichte genau das Gegenteil des beabsichtigten Zwecks, denn Raabe floh geradezu vor den häuslichen Problemen zu Jensens, wo ihm Marie geistvolle Unterhaltung und interessante Lektüre bieten konnte.

Seine empfindliche Psyche reagierte auf diese Krise mit erneuten Asthma-Anfällen, die meistens in der Nacht einsetzten und ihn für den folgenden Tag vor Erschöpfung fast arbeitsunfähig machten. Am 29. August schrieb er der Mutter, er bringe »wenig Vernünftiges« zustande. Dennoch geht die Arbeit zwar langsam, aber kontinuierlich weiter, bis ihm Wilhelm Jensen am 22. September vertraulich mitteilt, daß er zum 1. Januar des nächsten Jahres in Flensburg die Redaktion der »Norddeutschen Zeitung« übernehmen und deshalb mit seiner Frau Stuttgart verlassen wird.

Für Raabe war diese Ankündigung ein ungeheurer Schock. Er hatte kaum andere Freunde in Stuttgart; zum »Museum« und den Mitgliedern des »Bergwerks« bestanden nur noch lose Kontakte. Mit dem sechs Jahre jüngeren Jensen würde er einen unterhaltsamen Gesellschafter und politisch Gleichgesinnten verlieren, mit Marie jedoch die Frau, die er insgeheim liebte. Niemand würde ihm diesen Umgang ersetzen können; niemals wird er einer anderen Frau, auch nicht der eigenen, eine solch selbstverständliche Vertrautheit entgegenbringen. Wie eng auch von Maries Seite dieses Verhältnis gewesen ist, zeigt ein kleiner Zettel, auf dem sie dem Freund »4 Minuten nach der Niederkunft« die Geburt eines »gesunden Jungen« mitteilt (Tgb. 30.10.68). Zwar haben sie sich offiziell gesiezt (bis 1872), doch sie durfte ihn widerspruchslos »Willy« oder gar »Räbele« nennen. Keine andere Person hatte der spröde und schwierige Mann so nahe an sich herangelassen. Mag Bertha in einem (ungedruckten) Brief an ihre Schwester vom 6. Mai 1867 auch meinen: »Bei Wilhelm ist immer schwer das Rechte treffen, da er sich nicht entschieden ausspricht und doch unzufrieden ist, wenn man es nicht so macht, wie er es gedacht hat« – von Marie fühlte er sich auch ohne lange Erklärungen verstanden. Mit ihr verliert er die Frau, die seine Liebe zur Malerei und Literatur teilt, die ihn zum Lachen bringt und mit ihrer Fröhlichkeit seine düsteren Stimmungen vertreibt. Wenn über seinem grauen Leben je ein Glanz lag, dann in der kurzen Zeit mit Marie Jensen. Nun wird der schäbige Alltag die Oberhand behalten; die ständig nörgelnde, in Stuttgart nie wirklich heimische Bertha hat endlich gewonnen: »Entschluß nach Braunschweig zu gehen«, verzeichnet das Tagebuch sechs Tage nach dem Gespräch mit Wilhelm Jensen, aber mit Bertha spricht er darüber nicht. Es werden noch anderthalb verbitterte Jahre vergehen, bis er sie vor vollendete Tatsachen stellt.

Raabe hatte den Roman in guter Arbeitslaune begonnen. Sein Thema war der Untergang des Schönen in der Welt und der Triumph der niederträchtigen Gewöhnlichkeit; nun mußte er erfahren, wie Literatur und Leben sich überkreuzten. Die Zerstörung seines kleinen Glücks traf ihn völlig unvorbereitet; alles in ihm stürzte zusammen, aber da er versprochen hatte zu schweigen, ließ er sich äußerlich nichts anmerken, arbeiten jedoch konnte er nicht mehr. Der Mutter schrieb er am 5. Oktober, er wisse vorläufig überhaupt noch nicht, wann er das Buch beenden werde. Die Erinnerung an den unheilvollen Schicksalskarren zu Beginn des 23. Kapitels läßt den Leser etwas von dem Schock ahnen, den Jensens unerwartete Nachricht in Raabe ausgelöst hatte; der biographische Bezug stellt sich durch einen nahezu identischen Anfangssatz im Brief an Jensens vom 16. 1. 1869 zwanglos her: »Das Leben ging uns so leicht und weich ein, die Tage gingen wie auf samtnen Schuhen vorüber: weshalb auch sollten wir in der guten Stunde selbstquälerisch das aufsuchen, was seinerzeit ohne Einladung nahen und sich nicht abhalten lassen wird? Wir waren gesund und wohlauf; ja, wir konnten lachen, ohne zu wissen warum; warum sollten wir freiwillig das dunkle Bild im Winkel aufstöbern, welches uns sehr ernst stimmt, ohne daß wir behaupten könnten, wir wüßten nicht weshalb?

Horch, was war das? Vielleicht traf das Rad des widerwärtigen Karrens auf einen Stein im Wege, und so wurde die schauerliche Last ein wenig zusammengerüttelt, und den Ton vernahmen wir mitten im fröhlichen Behagen des Daseins, im Kreise der Freunde, einsam am warmen Ofen in der Winternacht, auf der Höhe des Gelags, unter den Kränzen der Hochzeitsfeier, im Theater, am Wirtshaustisch oder im tiefen traumlosen Schlaf. Das ist's! Und man fährt mit der Hand an die Stirn: so viel Lichter um uns her angezündet sein mögen, so hell die Sonne scheinen mag, auf einmal wissen wir wieder, daß wir aus dem Dunkel kommen und in das Dunkle gehen und daß auf Erden kein größeres Wunder ist, als daß wir dieses je für den kürzesten Moment vergessen konnten« (BA 8, 230). Unmittelbar nach der Lektüre antwortet Marie darauf: »O weh – lieber Raabe, mich hat es aber auch immer gewundert, daß wir dieses je für den kürzesten Moment vergessen konnten« (BAE 3, 104). Sehr deutlich zeigt sich die Verbitterung Raabes gegen das Schicksal auch in jenen, im November geschriebenen Sätzen: »O wie schön, wie friedlich und freundlich könnte unser Weg sein ohne das dumpfe Poltern in der Ferne, ohne den schwarzen Wagen, der immerfort *seinen* Weg durch die Geschlechter alles Lebendigen fortsetzt, dessen Fuhrmann so schläfrig düster mit dem Kopfe nickt und dessen Begleiter, die Leidenschaften, mit Zähneknirschen und Hohnlachen die eisernen Stangen und Haken schwingen; denn ihrer ist ja das Reich und die Herrlichkeit der Welt, und wer kann sich rühmen, daß er im Kampfe wider sie wirklich den Sieg davongetragen habe?« (BA 8, 114).

Es ist eine wahrhaft giftige Ironie, daß Raabes Romanthese beim Schreiben durch die Wirklichkeit bestätigt wurde. Sehr sonderbar ist freilich auch, daß das alles Schöne störende Geräusch jenes Wagens schon früh in seinem Werk zu hören ist: In der »Chronik« überlagert es das Liebesgeflüster eines Pärchens (»Ein in der Ferne rollender Wagen machte das übrige unhörbar«; BA 1, 23), und im »Frühling« wird durch »das Geräusch eines in der Gasse rollenden Wagens« Klärchens Gesang übertönt: »Niederträchtiger Karren!« schimpft der zuhörende Ostermeier, »Immer kommt einem doch in der Welt solch abscheuliches Gepolter zwischen alles Hübsche, Schöne, Gute!« (BA 1, 279). Hier zerstört das rumpelnde Rollen nur harmlose Idyllen, doch in der Erzählung »Auf dunkelm Grunde« ist durch die Selbstmordszene die Todessymbolik schon präsent: »In der Ferne rollte ein Wagen« (BA 3, 398).

Raabe konnte sich mit der Bestätigung seines steten, vorsichtigen Skeptizismus, den er nur ein einziges Mal bei der Begegnung mit Marie Jensen verdrängt hatte, nicht leicht abfinden. Damit er in seinem Unglück nicht zu einsam ist, kauft er die Hauptwerke Schopenhauers und läßt sich auf einen Lektüredialog mit dem großen Analytiker des Leidens ein. Seine Stimmung bezeichnend heißt es am 27. November 1868 anläßlich eines Spaziergangs im Tagebuch: »Der Blick in das nebelige Nichts.« Einen verquälten Monat zuvor hatte er bereits »den letzten erbärmlichen Rest des Honorars für Abu Telfan« (BA 8, 400) von der Bank geholt. Die trivialen Nöte des Alltags zwingen ihn wieder an die Arbeit. Sie geht nur mühsam voran, denn Jensens Abreise rückt näher.

Am 8. Dezember 1868 treffen sich die Familien zu einem letzten häuslichen Abendessen bei Raabe; am Morgen danach notiert er im Tagebuch Hamlets Klage: »Ekel, schal und unersprießlich.« Am Abend treffen sie sich noch einmal in dem Hotel, in das Jensens für die letzte Nacht gezogen sind. Seine Gefühle bei diesem langen Abschied kann Raabe aus Vorsicht gegen häusliche Mitleser nur in griechischen Worten dem Tagebuch anvertrauen: »Auf dem Heimweg und zu Hause ἀδημονία καὶ λύττα (Verzweiflung und Wut. W. F.) Bis nach 2 Uhr.« Der folgende Tag, der 10. Dezember, beginnt mit der Eintragung »ʿαδημονία« und schließt, nach dem endgültigen Abschied auf dem Bahnhof, mit den Worten »Μανία (Raserei. W. F.). Bis nach 2 Uhr.« Dann herrscht verzweifelte Stille. Nur am 14. Januar bricht die tiefe Verstörung noch einmal auf: »Abends plötzlich Mania«; alles andere macht Raabe schweigend mit sich aus. Zwar läßt er die alte Jane im Roman klagen, »was für eine gottsjämmerliche Plage man an sich selber hat« (BA 8, 151), aber er dichtet sie und wohl auch sich schließlich in eine weltverachtende Duldung des Daseins hinein, wobei ihm Schopenhauer sogar zu Silvester als Trost dient: »Auf dem Sopha in das neue Jahr hineingeschlafen. Schopenhauer.«

Die von Marie und ihrem Mann gemeinsam geschriebenen Briefe aus der neuen Heimat verbergen den Trennungsschmerz in angestrengtem Witz: »Du aber wirst nach andern Mädchen sehen – und mich armes Weib bei lebendigem Leibe vergessen... Heute vor vierzehn Tagen saßen wir noch beisammen. Ich glaube, Du aßest ein Stück Wurst und weintest.« (BAE 3, 26) Raabe will daran nicht mehr erinnert werden. Er muß den Verlust hinnehmen und erneuert seine Verbindungen zu den Stuttgarter Bekannten wie Karl Schönhardt, Edmund Hoefer, Otto Müller und Friedrich Notter. Als hätte er Angst, daß ihm die alten Freunde nicht genügen könnten, lädt er auch seinen Arzt Julius Teuffel zur häuslichen Runde ein. Alles scheint wie früher zu sein, aber für ihn stimmt nichts mehr.

Bertha schreibt über ihren Mann mit gequälter Nachsicht an Jensens: »Steht das Wetterglas hoch, so erzählt er mir Scheußlichkeiten und Unglücksfälle, die passiert sind und sucht mich zu überzeugen, daß das Leben eine Strafe sei. Ist die Temperatur minder angenehm, so höre ich gar nichts, ist Wind oder Nebel, so sind wir ein wenig asthmatisch und schimpfen, daß die Fensterriegel nicht gehörig geschlossen sind« (BAE 3, 43 f). Die Frau hat keine Chance. Im Leidenssystem ihres Mannes ist sie inzwischen eingeplant als duldsam-ignorante Lebensamateurin, die über des Lebens scharfe Klippen erst belehrt werden muß, oder sie erscheint ihm im schlimmsten Fall als furienhafte Verkünderin täglicher Plagen. Sie hätte in dieser Situation jede Hilfe brauchen können, aber nur die Zeit arbeitet für sie.

Nach über 18 Monaten beendet Raabe den Roman am 8. Juni 1869, Mittags 12 Uhr 15 Minuten. Zwischen Beginn und Abschluß des »Abu Telfan« stehen fünf andere Erzählungen, doch keine einzige beim »Schüdderump«: Raabe hat den Roman ohne Nebenarbeiten konsequent zu Ende gebracht. Die konzentrierte Arbeit merkt man dem Buch an; der Stil ist im Vergleich zu »Abu Telfan« wesentlich konziser, die Handlungsführung straffer. Einen Tag nach dem Ende des »Abu Telfan« hatte Raabe seiner Mutter geschrieben: »Nach Beendigung meines Romans gleiche ich einer Fischblase, in welche mit einer Nadel gestochen wurde und die eine geraume Zeit Pfft! pfft! pfft! machte, nun aber sehr verschrumpfelt und hohl und leer daliegt« (BA 8, 385). Von solchem Gefühl der Erschöpfung und des Ausgeschriebenseins ist hier nichts mehr zu spüren, im Gegenteil: Eine kalte Energie steigert sich von Kapitel zu Kapitel bis zum herben Ende.

Zuerst muß der Titel erklärt werden: »Schüdderump« (»Schütte runter«) ist der niederdeutsche Name für den Pestkarren, ein hohes, schwarzgestrichenes, zweirädriges Gefährt, mit dem die Leichen abtransportiert und in die Gruben gekippt wurden. Dieser Schüdderump sei ihm, schreibt Raabe zu Beginn des ersten Kapitels, »allmählich zum Angelpunkt eines ganzen, tief und weit ausgebildeten philosophischen Systemes geworden, und es würde mich recht freuen, wenn ich im Laufe dieses Buches einige Anhänger, Schüler und Apostel für mein System heranbildete« (BA 8, 10).

Der »Schüdderump« ist eigentlich kein Roman – Raabe selbst schrieb an seinen Verleger: »das Wort ›Roman‹ ist überflüssig und in diesem Fall sogar nicht angebracht« (Jb. 1980, 92). Es ist ein Traktat in Romanform. These und Antithese haben menschliche Masken bekommen; an den Fäden der Dialektik läßt sie der Erzähler ein »Schattenspiel der süßen Gegenwart« (BA 8, 16) agieren: »die Komödie des Lebens« (BA 8, 338), und diese Komödie handelt vom Sterben. Es ist eine »alte, alte Geschichte, nämlich die von der Schönheit, welche in die Welt hineingeboren wird« (BA 8, 38) und an ihrer Kälte zugrundegeht. Raabes These wird verkörpert von Dietrich Häußler, dessen Werdegang er zu Beginn erzählt. Ohne moralische Maßstäbe, einzig auf sein rasches Fortkommen bedacht und ohne jede Skrupel ist er das Sinnbild des Allgemeinen, der schlechten Welt, in der ähnlich zweifelhaft zu Geld und Titel Gekommene die »Gesellschaft« abgeben: »Jedermann schien nur zu bereit, den lieben Nächsten und noch lieber die hübsche Nächste unter allen den bedenklichen Umständen zu entschuldigen und in Schutz zu nehmen, unter welchen man demnächst selber entschuldigt und in Schutz genommen zu werden wünschte. Freundlich und heiter wurden Angelegenheiten und Verhältnisse behandelt, welche dem Moralisten wie dem Kriminalrichter Stoff zum Denken und zum Arbeiten geben konnten; und freundlich, heiter und lächelnd wurden natürlich auch die Resultate hingenommen, welche die Moralisten und Kriminalisten in einzelnen Fällen dieser fröhlichen, unbefangenen Lust des Daseins abgewonnen hatten« (BA 8, 290). Man gibt sich menschlich, weil man es nicht ist. Dieser Welt ist nichts heilig und alles käuflich; alles Tun wird nach seinem Ausgang beurteilt; der Erfolg eines Mannes entscheidet über seinen gesellschaftlichen Rang; wenn man ein Gewissen hätte, würde es vom Klirren der Orden oder des Schmucks übertönt.

Der Ort: Wien, um 1860. Mit dem tanzenden Kongreß hat man die Freuden des Tages schätzen gelernt; als die Hoheiten gegangen waren, durfte der kleine Adel bei der Schuhverkäuferin den Kaiser spielen: das Mädel als Mätreß: Jeder kennt die Rolle des andern, mit der Zeit wird sie glaubhaft real, die Maske mutiert zum Gesicht, und die Salons verwandeln sich zur Bühne, auf der man alle Tage Komödie spielt, so fidel, »daß es kein Mensch mehr aushalten kann« (BA 8, 314).

Die Antithese des Besonderen verkörpert Tonie, die Enkelin Dietrich Häußlers, idyllisch aufgewachsen und von unschuldiger Schönheit. Ihrer erinnert sich der Großvater, als er zum Wiener Adligen gesunken ist und holt sie vom Gutshof in seine Welt. Dem zweifelhaften Treiben der Geschäftemacher steht sie fremd und ablehnend gegenüber: »es ist heute doch mein einziges Glück, daß ich eine Fremde in der Welt bin; denn wie elend und nichtswürdig wäre ich, wenn ich jetzt keine Fremde in diesem Leben wäre, wenn ich nur im geringsten teil daran hätte« (BA 8, 302). Sie fühlt sich »allein in der Wüste des Lebens« und sie weiß, »daß das Leben, die Lebendigkeit immer recht behält« (BA 8, 353), also bleibt ihr angesichts dieses falschen Überlebens keine andere Wahl: Es ist »am besten, daß ich gehe und mich aus dem Leben verliere« (BA 8, 303). Nur in der Verweigerung kann sie sich noch behaupten. »Freiheit hat sich in die reine Negativität zusammengezogen«, schreibt Adorno in den »Minima Moralia«, »hat sich reduziert auf den Wunsch, die unendliche Erniedrigung des Daseins ... abzukürzen, in einer Welt, in der es längst Schlimmeres zu fürchten gibt als den Tod.«

Tonie geht langsam zugrunde. Die Wiener Gesellschaft sieht auch darin eine raffinierte Rolle: »Wir können alle Komödie spielen ..., allein dies kleine bleiche Passionsblümerl schlägt doch alles« (BA 8, 299). Der Großvater jedoch, der die

Enkelin als Äquivalent für ein profitables Geschäft einem Herrn von Conexionsky zur Ehe versprochen hat, versucht die Sterbende noch auf die Bühne zu ziehen und ihr die Einwilligung für die Heirat abzuschwatzen: »Du willst allein in der Loge sitzen, während alle andern, ich sage alle andern, auf der Bühne beschäftigt sind? ... Und wenn ich es auch zugeben wollte, daß du im Parterre dich über unsere Sprünge auf den Brettern mokiertest, die andern würden es nicht leiden – du bist verloren wie eine Herrnhuterin in einer Karnevalsnacht ... es ist nichts schlimmer, als allein zu sein in der Welt, und du bist allein ... aber zum Henker, du bist zugleich nicht allein, denn du bist mein Eigentum, hörst du, mein volles, eigenstes Eigentum, und ich dulde es nicht, daß du noch länger eine Närrin aus dir machst!« (BA 8, 338 f).

Der Gesellschaft gilt ein Spielverderber als Narr; vorm Horizont der Versöhnung durch den Tod aber erscheinen Tonie diejenigen, die Leben spielen, als die wirklichen Narren, in deren Komödie sie nun scheinbar durch Heirat einwilligt. Da sie allein jedoch vom Scheitern der Posse weiß, weil sie sich den tragischen Schluß vorbehält, verspottet sie das Spiel als Illusion und entlarvt durch ihren Tod jenes Leben als bunten Schein. Sie behält unrecht gegen die Welt, »aber auf eine Weise, die den Gegner der Unwahrheit überführt« (Adorno). Allein die Verweigerung des Lebens verletzt nicht die Identität; sich von jener Welt besiegen zu lassen, ist die einzige Möglichkeit, über sie zu richten. So heißt Raabes Lehre: »Das ist das Schrecknis in der Welt, schlimmer als der Tod, daß die Canaille Herr ist und Herr bleibt« – »unter allen Gestalten und in allen Verhältnissen, in der Tiefe und in der Höhe seit vielen, vielen tausend Jahren« (BA 8, 247, 364). Nur undialektisch ist dies als resignative Affirmation mißzuverstehen, denn – um nochmals Adornos »Minima Moralia« zu zitieren – »Die Welt ist das System des Grauens, aber darum tut ihr noch zuviel Ehre an, wer sie ganz als System denkt, denn ihr einigendes Prinzip ist die Entzweiung, und sie versöhnt, indem sie die Unversöhnlichkeit von Allgemeinem und Besonderem rein durchsetzt. Ihr Wesen ist das Unwesen; ihr Schein aber, die Lüge, kraft deren sie fortbesteht, der Platzhalter der Wahrheit.«

Raabe machte im »Schüdderump« Ernst mit Hegels Bestimmung der Kunst im prosaischen Zeitalter. Schiller war vor der Forderung der Zeit an die Kunst noch geflohen; im Brief an Herder vom 4. November 1795 hatte er dekretiert: »Es läßt sich ... beweisen, daß unser Denken und Treiben, unser bürgerliches, politisches, religiöses, wissenschaftliches Leben und Wirken wie die Prosa der Poesie entgegengesetzt ist.« Deshalb bleibe für den Dichter nur der Ausweg, »daß er sich aus dem Gebiet der wirklichen Welt zurückzieht und anstatt jener Koalition, die ihm gefährlich sein würde, auf die strengste Seperation sein Bestreben richtet.« Goethe hatte schon zehn Jahre früher entgegengesetzt argumentiert; im »Tagebuch der italienischen Reise« (5. Oktober 1786) notierte er: »Auf dieser Reise ... will ich mein Gemüt über die schönen Künste beruhigen ... Dann aber mich zu den Handwerkern wenden und, wenn ich zurückkomme, Chemie und Mechanik studieren. Denn die Zeit des Schönen ist vorüber, nur die Not (wendigkeit. W. F.) und das strenge Bedürfnis erfordern unsre Tage.« Die dann mit Schiller gemeinsam betriebene Literaturstrategie führte zwar noch zu einer gegen Jean Paul vehement verteidigten Künstlichkeit, die als deutsche Klassik definiert wurde, doch mit Hegel, zu dessen Schüler auf der Berliner Universität Raabe gehört hatte, konnte sich die Erkenntnis vom Ende der Kunstperiode durchsetzen. In seiner »Ästhetik« hatte er gesagt, daß der Widerspruch des Individuums, ein Einzelnes zu sein und von Anderen abzuhängen, nicht zu lösen sei. Die Zeiten der Gestaltung von allein durch Ideen bestimmten Verhältnissen sei vorüber; es gibt nur noch partikuläre Entschlüsse. Da die objektive Seite der Verhältnisse durch die Prosa der Welt festgelegt ist, bleibt der Kunst nur noch »die subjektive Seite der Gesinnung« – sie muß darstellen, wie die Verhältnisse in den Individuen und ihrer inneren Subjektivität erscheinen: »am Ende beschränkt es sich immer darauf zu sehen, wie es diesem Individuum ergehe.« Damit ist der Beginn der modernen Literatur markiert.

Die Tagesschriftsteller kümmerten sich freilich nicht um Hegels Satz »Die Wahrheit der Kunst darf also keine bloße Richtigkeit sein«, denn gerade diese scheinhafte Richtigkeit war das einzige Kriterium der Leser, die den Wert der Literatur nach ihren eigenen Lebensregeln maßen. Raabes Vorsatz, an Hegel anknüpfend solche Lügen aus der Literatur zu vertreiben, kann nicht hoch genug bewertet werden; der »Schüdderump« ist in dieser Hinsicht sein erster wirklich gelungener Roman, der keine Konzessionen mehr an den falschen Publikumsgeschmack macht: »Einen schönen Stil leidet unsere Aufgabe diesmal überhaupt nicht, und wir haben deshalb nicht einmal um Entschuldigung zu bitten« (BA 8, 278).

Die Reaktion der Verleger fiel entsprechend negativ aus. Noch während der Arbeit am letzten Teil hatte Raabe das Manuskript Hallberger angeboten, der jedoch im voraus erklärte: »Eine Hauptfrage ist für mich die, ob ›Der Schüdderump‹ auch für Über Land und Meer geeignet ist. Wie Ihnen bekannt, ist für diese Verwendungsweise vor Allem lebhafte, spannende Handlung nötig« (BA 8, 400). Da Raabe wußte, daß sein Roman diesen Zeitschriftenkriterien nicht entsprach, teilte er Hallberger mit, er denke »diesmal gänzlich von einer Journalausgabe abzusehen, und einmal wieder, nach Art unserer Großväter, sogleich ein ordentliches Buch zu edieren« (BAE 2, 131 f). An die Mutter und an den Bruder schreibt er am 19. April 1869 in diesem Sinn über den »Schüdderump« und gibt mit seinen Sätzen zugleich noch ein Beispiel für seinen ungenierten, alltäglichen Antisemitismus: »wenn wir Geld haben, werden (wir) diesmal die heiße Zeit wahrscheinlich am Bodensee zubringen. Das hängt aber ganz davon ab, was mir die Juden diesmal für meinen jüngstgeborenen Sohn zahlen. Er ist zu gut geraten, um in einer Zeitschrift prostituiert zu werden!« (BF, 77). Da die Familie bereits von der letzten Rate für den »Abu Telfan« lebte, hing die mögliche Flucht vor der sommerlichen Schwüle Stuttgarts einzig von dem raschen Verkauf des »Schüdderump« ab. Hallberger hatte sich trotz Raabes Zurückhaltung das Manuskript ausgebeten und ließ es nun wochenlang liegen. Als sich Raabe am 17. Mai danach erkundigt, erhält er die Antwort, daß Hallberger noch keine Zeit dafür gefunden hätte, es aber in seinem Schloß am Starnberger See lesen werde. Wiederum verstreichen zwei wertvolle Wochen mit vergeblichem Warten, dann verlangt Raabe telegraphisch das Manuskript zurück. Er muß sich einen neuen Verlag suchen und wendet sich acht Tage später, nach einer »schlaflos« und »niedergedrückt« (Tgb., 15.6.69) verbrachten Nacht an den Stuttgarter Verleger Kröner, der den Roman innerhalb weniger Tage liest und ablehnt, weil ihm bei der »tief tragischen, düsteren Grundstimmung ... ein Erfolg beim *großen Publikum* etwas fraglich wurde« (Br. v. 28.6.69; BA 8, 401). Raabes Reaktion darauf steht im Tagebuch: »elend, matt und lebensmüder denn je.« Frau Bertha bestand gerade unter diesen bedrückenden Umständen auf einem Urlaub und bezahlte schließlich die Reise aus ihrem eigenen, in die Ehe gebrachten Vermögen.

Sie hatte nicht damit gerechnet, daß zwei Tage vor der geplanten Abfahrt Jensens aus Flensburg anreisen würden und gerne bereit waren, die Familie an den Bodensee zu begleiten. Obwohl kein Nachweis dafür erhalten ist, mag man bei diesem Zusammentreffen kaum an einen Zufall glauben, eher an ein heimliches Arrangement Raabes. Obwohl Jensens nur eine knappe Woche blieben und dann nach Wien weiterfuhren, erregte dieses Wiedersehen mit Marie, vor allem jedoch die erneute Trennung, Raabe so sehr, daß er nach dem Abschied in sein Reisetagebuch quer über die ganze Seite das Wort »Schüdderump!« schrieb: Der unheilvolle Karren hatte wieder seinen Schicksalsweg gekreuzt und das Schöne aus seinem Leben entführt. Dem Verlassenen blieb nur, daß er seine »Last hinabrutschen ließ in die große, schwarze, kalte Grube, in der kein Unterschied der Personen und Sachen mehr gilt« (BA 8, 10).

In Bregenz erreicht Raabe eine Anfrage Adolf Glasers, ob er einen Beitrag für Westermanns »Monatshefte« liefern könne; Raabe schickt den laut Begleitbrief nur »für das gebildetste Publikum« bestimmten »Schüdderump« und erhält am 13. August 1869 in seinem Urlaubsort die Nachricht, daß der Roman zu dem geforderten Honorar von 1500 Taler für den Zeitschriftenabdruck und die Buchausgabe angenommen worden ist. Bereits am 31. August erhält er die ersten Korrekturfahnen des Romans, der vom Oktober 1869 bis März 1870 in Fortsetzungen erscheint. Die gleichzeitig vorbereitete Buchausgabe verzögert sich jedoch, weil der Verlag feststellt, daß der »Schüdderump« etwas kürzer ist als der von Raabe als Maßstab genannte »Abu Telfan« und daher auch das vereinbarte Honorar um ein Fünftel herabsetzen will. Raabe reagiert auf diese Ankündigung umgehend und außerordentlich heftig: »Ich bedauere es innigst, daß ich mich nach den Erfahrungen im Jahre 1863 mit den Leuten aus dem Walde zum zweitenmal durch Euere Aufforderung zur Mitarbeiterschaft an Euerm Journal habe verleiten lassen und betrachte nach diesem letzten Versuch allen geschäftlichen Verkehr mit Herrn George Westermann für abgebrochen. Ich verkaufe meine Arbeiten nicht nach der Elle, wie Du aus früheren Zeiten weißt; – ich zähle keine Zeilen und Buchstaben. Mein Manuskript des Schüdderump enthielt zufällig grade so viele Seiten desselben Formats wie das Manuskript von Abu Telfan, und wenn wirklich ein Unterschied im Umfange vorhanden ist, muß ich durch Zufall irgendwo etwas weitläufiger geschrieben haben« (BAE 2, 136). Wenn Westermann oder sein Redakteur Glaser sich das Manuskript etwas sorgfältiger angesehen hätten, wäre ihnen aufgefallen, daß sie einen Streit um ganze drei Seiten begonnen hatten, der jetzt unangenehm zu werden droht, denn Raabe verlangt die Rechte an der Buchausgabe wieder zurück. Den bereits begonnenen Zeitschriftenabdruck kann er nicht mehr verhindern. Westermann lenkt ein, doch Raabe ist so verletzt, daß er das Geld nicht mehr annehmen will: »Ich habe aber durchaus keine Lust, irgend

Handschrift des Vorwortes zur zweiten Auflage des »Schüdderump«

jemand den Grandiosen gegen mich spielen zu lassen« (BAE 2, 140). Erst weil sein als Rechtsanwalt hinzugezogener Schwager ihm zur gütlichen Beilegung der Sache rät, gibt Raabe sein Einverständnis für die Buchausgabe: »Einen Prozeß hätte (ich) vor dem Gericht vielleicht verloren; aber vor der Welt hätte ich ihn unbedingt gewonnen« (BAE 2, 144).

Das ist eine eigentümliche Rechtfertigung, die mit der Sache selbst wenig zu tun hat, denn Raabe lieferte mit dem Verweis auf »Abu Telfan« dem Verlag eine falsche Berechnungsgrundlage, und ob es ihm paßte oder nicht: Er wußte selbstverständlich, daß Autoren nach dem Umfang, nicht nach dem Wert ihrer Arbeiten bezahlt wurden. Erst wenn er ein Vierteljahrhundert später in dem Roman, der die Summe seines Lebens zieht, in den »Akten des Vogelsangs«, jenes Wort wieder aufgreift und über Veltens »siegreich gewonnenen Prozeß gegen meine, gegen *unsere* Welt« (BA 19, 295) spricht, wird deutlich, daß sich Raabes heftige Reaktion nicht allein aus dem mißlichen Verlagsvorgang erklärt, sondern in einer anderen, viel tieferen Verletzung gründet. Er hatte dem bürgerlichen Recht Genüge tun müssen und die Trennung von Marie Jensen schweren Herzens akzeptiert, obwohl er insgeheim dachte, daß er vor der Welt sein subjektives Recht an ihr doch gewonnen hätte – so wird es auch Velten mit Helene gehen. Nun sollte er schon wieder zu einem Rücktritt von seinem Recht gezwungen werden, bei einem Manuskript, an dem er mit ganzem Herzen hing. Die frühere, nicht überwundene Verlusterfahrung ließ sein Unterbewußtsein nun explosiv reagieren. Später sieht er selbst ein, daß er sich nicht angemessen verhalten hatte, aber er verschiebt unbewußt den Grund und macht nicht näher genannte Zeitumstände (Krankheit seiner Tochter, die Anfang Oktober eine Einschulung verhinderte) für seine Heftigkeit verantwortlich: »Wäre die Westermannsche Geschichte nicht grade in diese Epoche gefallen, so hätte ich meine Nerven vielleicht gleich von Anfang an besser in der Gewalt gehabt« (BAE 2, 145).

Die Abwehr der Verlustangst ist jedoch nicht der einzige

Grund für sein Verhalten. Mit dem Erreichen von Gretchens Schulalter war der Zeitpunkt gekommen, zu dem Raabe seiner Frau die Rückkehr nach Norddeutschland versprochen hatte. Unter diesem Aspekt hatte er sich bereits mit dem »Schüdderump« an den Verlag Westermann empfohlen: »Da ich mich vielleicht im nächsten Jahr schon nach Norddeutschland resp. Braunschweig zurückwende, um mein ältestes Kind von Anfang an in norddeutsche Schulbildung geben zu können, so wäre es mir auch in dieser Beziehung angenehm, wieder unter die schirmenden Flügel eines norddeutschen Verlegers zu treten« (Jb. 1980, 91). Im Gegensatz zu seiner Frau wollte Raabe jedoch Stuttgart und den angenehmen Kreis seiner Freunde nicht verlassen. Er hatte sogar gegen den Willen seiner Frau versucht, Gretchen im Katharinenstift einschulen zu lassen, mußte sie wegen eines langwierigen Katarrhs aber am 10. Oktober 1869 wieder abmelden. Zwei Tage später erreicht ihn Glasers Brief mit der Ankündigung der Honorarkürzung. Es sieht so aus, als sei seine unerwartet harte Reaktion darauf der provozierte Versuch eines totalen Bruchs mit Westermann, um vor Frau Bertha einen Grund für seine Umzugsverweigerung zu haben. Tatsächlich unternimmt er vor der Fertigstellung der Buchausgabe auch nichts, was auf Umzugspläne schließen ließe. Erst im März 1870 beauftragt er den Schwager Karl Leiste, in Braunschweig eine Wohnung zu suchen und informiert darüber Marie Jensen, die konsterniert zurückfragt: »warum geht Ihr nach Braunschweig? Warum gerade nach Braunschweig?« (BAE 3, 98). Da Raabe nicht zugeben möchte, daß es der Wille seiner Frau war, in die Stadt zu ziehen, in der ihre Familie lebt, weil sie sich davon bessere gesellschaftliche Kontakte als in Stuttgart verspricht, läßt er die Frage unbeantwortet.

In mokantem Ton berichtet Bertha über die Reaktion der Stuttgarter Freunde auf die Ankündigung des Umzugs: »Neues gibt es freilich nicht in Stuttgart, neu ist mir aber, daß man Stuttgart Lebewohl sagen muß, um bei den Leuten darin beliebt zu werden. Alles schreit und rauft sich fast die Haare aus, daß Wilhelm Raabe so bald Stuttgart verlassen will, nachdem er acht Jahre hindurch ungesehn und ungekannt täglich nach dem Museum gewandert ist. Ohne Liebeszeichen und Dankeswort schrieb er in Stuttgart ›Die Leute aus dem Walde‹, den ›Hungerpastor‹, ›Abu Telfan‹, den ›Schüdderump‹. *Die Zeit war den Leuten zu kurz, um mit ihm bekannt zu werden.* Abschiednehmen und das brüderliche ›Du‹ schwebt auf allen Lippen. Hallberger gab ein schönes Diner in Ober-Türkheim, eine Maibowle in Esslingen den Stuttgarter Schriftstellern.

Hallberger ließ die Schriftsteller leben, Hallberger den ›uns so bald verlassenden Wilhelm Raabe‹! Den ›Schüdderump‹ schickte er ihm freundlichst grüßend zurück, und jetzt will er ihm extra ein Haus bauen lassen, wenn er bleiben will« (BAE 3, 105 f). In Wahrheit bittet Hallberger nur um ein neues Manuskript; Raabe geht darauf rasch ein, weil er für den Umzug Geld braucht: »Augenblicklich schreibe ich, um noch 120 Taler zu bekommen, eine höchst tragische Erzählung, benamset: Des Reiches Krone« (BF, 94). Sie handelt zwar von der Rückkehr der Reichskleinodien nach Nürnberg im Jahr 1424, doch Raabe läßt mit dem letzten Satz den Bezug zur aktuellen politischen Situation unmittelbar vor dem lange erwarteten

Deutsch-Französischen Krieg sehr deutlich anklingen: »Des deutschen Reiches Krone lieget noch in Nürnberg – wer wird sie wieder zu Ehren bringen in der Welt?« (BA 9/2, 378).

Nach der Meldung von der französischen Mobilmachung am 15. Juli 1870 entschließt sich Raabe zu einer vorzeitigen Abreise. Während Bertha überstürzt packt, liest er noch die Druckkorrekturen für »Des Reiches Krone« und schreibt eilig seiner Mutter: »Keine Sorgen machen. Hier großer Enthusiasmus. Aller Parteischwindel zu Ende. Krieg bis zum Messer gegen die Franzosen!« (BAE 2, 151). Am frühen Abend des 17. Juli verläßt die Familie die Stadt und gerät bereits auf dem Bahnhof in die Wirren der deutschen Mobilmachung, an die sich Raabe noch 1910, in seinem letzten Brief an den Stuttgarter Freund Karl Schönhardt erinnert: »In dem Menschensturm und Gedränge am Abend Otto Müller und seine Alwine, Karoline Notter, Elisabeth Höfer und wer sich noch in den Lärm hineingewagt hatte! Und dann die Fahrt hinein in die Nacht und in's Ungewisse, denn gradaus nach Hause konnts nicht mehr gehen. Mit zwei unmündigen Kindern. Zuerst nach Nürnberg – die überfüllten Gasthöfe, das Suchen nach einer Unterkunft usw: ich habe wahrlich seelisch und körperlich mein Teil im voraus zur Gründung des Deutschen Reichs gegeben« (BF, 416).

Die Anfang April ausgelieferte Buchausgabe des »Schüdderump« erschien also zu einem höchst unglücklichen Zeitpunkt. Potentielle Käufer fielen aus, weil sie als Soldaten eingezogen waren, andere verloren in der politischen Tageserregung das Interesse an langen Romanen. Vor allem aber war die nationale Kriegsbegeisterung, die auch Raabe teilte, derart übermächtig, daß ein so desillusionierend ernstes Buch wie der »Schüdderump« in der allgemeinen Euphorie zwangsläufig untergehen mußte. Am 18. Juni 1870 konnte Jensen in der »Nationalzeitung« noch eine positive Besprechung veröffentlichen, die dem Roman durchaus gerecht wurde. Es liege in ihm »eine stumme, titanenhafte Anklage..., ein Schrei, der nicht hervorbricht, sondern nach innen gewendet die edlen

Organe des Lebens ertötet, eh er die Brust zersprengt, ein ›Kampf um's höhere Dasein‹, der seinen Lohn in dem hoffnungslosen Kampf, nicht in der Erreichung seines Zieles finden muß« (BA 8, 404). Davon wollte man seit Kriegsbeginn nichts mehr lesen; gefragt waren beim Publikum nationale Begeisterung und lebensfroher Patriotismus, möglichst in feurigen Versen. Der geschickte Jensen hatte diese Marktlücke erkannt und sofort genutzt: Am sicheren Schreibtisch dichtete er »Lieder aus Frankreich«, die künstlerisch zwar erbärmlich schlecht waren, aber vorgaben, von einem Soldaten zu stammen. Die anonyme Veröffentlichung war ein großer Erfolg, und Raabe reagierte indigniert, als ihm Jensen die Autorschaft gestand und eine zweite, vermehrte Auflage herausbrachte.

Bis zur zweiten Auflage des »Schüdderump« vergingen fünfundzwanzig Jahre, ohne daß sich in den Rezensionen der Tenor der Ablehnung nun ändern würde: »Ich kann nur raten«, schrieb ein Kritiker, »dieses Buch ... beiseite zu schieben. Ich kenne kein Raabesches Buch, das einen so unerfreulichen und unbefriedigenden Eindruck hinterläßt, als dieser Schüdderump ... Krankheit, Elend, Not und Tod spielen neben Nichtsnutzigkeit und Charakterlosigkeit die Hauptrollen ...« (BA 8, 407). Weil man nicht glauben wollte, daß der »Humorist« Raabe aus sich heraus zu einem solchen, als pessimistisch empfundenen Weltbild gekommen sein könnte, unterstellte man schon früh eine schädliche Beeinflussung durch Schopenhauer. Zwar hat Raabe zur Zeit der Niederschrift einige Werke von und über Schopenhauer gelesen, doch durch die Lektüre gelangte Raabe nicht zu einer neuen Weltsicht, sondern er fühlte sich in seiner Auffassung bestätigt. Daher wehrte er sich auch vehement gegen die Behauptung, er wäre von Schopenhauer beeinflußt: »Der Schüdderump ist *mein* Buch und nicht etwa eine Folge der Lektüre von der ›Welt als Wille und Vorstellung‹« (BF, 137). Auch im »Stopfkuchen« (1889) heißt es selbstbewußt: »(ich war) noch vor meiner Kenntnisnahme des Weisen von Frankfurts bester Table d'hôte ein Poet ersten Ranges« (BA 18, 117).

In einem Gespräch 1906 antwortete Raabe auf die Frage nach seiner in den Literaturgeschichten inzwischen obligaten »pessimistischen Epoche« der Stuttgarter Zeit: »Ja, das haben sich die Herren wohl so gedacht. Ich sprach in den Romanen ja eine ganz andere Sprache wie bisher, und Schopenhauer war gerade in Aufnahme, da liegt ja denn eine Kombination nahe. Ich habe Schopenhauer natürlich gelesen und schätze ihn sehr, beeinflußt hat er mich ganz und gar nicht« (BAE 4, 222). Noch einmal wehrt er sich in einem späten Brief vom 16. Januar 1910 (BF, 411) gegen die Einschätzung der Stuttgarter Jahre als einer Zeit pessimistischer Verdüsterung und zieht verklärend das Fazit: »Es war doch mit meine glücklichste Lebenszeit.«

Rückkehr in die Isolation

WIEDER KEHRT RAABE als scheinbar Gescheiterter in die Heimat zurück. Er ist neununddreißig Jahre alt und hat bereits eine Karriere hinter sich. Er war ein erfolgreicher Zeitschriftenautor, beliebt bei Leserinnen und Verlegern für seine angeblich humoristischen Erzählungen, die das Publikum einzig deswegen an Jean Paul erinnerten, weil niemand mehr Jean Paul las. Seit er begonnen hatte, seriöse Romane zu schreiben, hatten sich die Leser von ihm abgewandt. Mit dem »Schüdderump« schließt Raabe eine Entwicklung ab, von der er weiß, daß sie ihn in eine publizistische Sackgasse geführt hat. Im September 1869 antwortete er einem um Beiträge bittenden Verleger, er habe den Roman »Der Schüdderump« bereits verkauft und damit seine »literarische Tätigkeit für mehrere Jahre zum Abschluß gebracht« (Jb. 1989, 28). Als der Roman erschienen und seine Erfolglosigkeit absehbar war, schrieb Raabe am 6. Juni 1870 mürrisch an Jensens: »Lieber Gott ja, den Schüdderump habe ich geschrieben, aber ich will es ganz gewiß nicht wieder tun. Die Buchhändler haben auch gleich das richtige Verständnis dafür gehabt; sie bedankten sich dafür, wir Ihr wißt« (BAE 3, 105). Mit dem vorangestellten Motto des Romans, das er zwei Tage nach Beginn der Reinschrift bei der Lektüre Gottfried August Bürgers gefunden hatte, konnte er noch die auf ein obligates happy-end gerichtete Erwartungshaltung seiner Leserinnen verspotten: »Ergötztet ihr / nicht lieber euch am lächerlichen Tand / Der Torheit? Oder an dem heitern Glück, / Womit am Schluß des drolligen Romans / Die Lieb ein leichtgenecktes Paar belohnt? –/ Vielleicht! –« Nun muß er, um die Familie zu ernähren, wieder jene humoristischen Zeitschriftenbeiträge vom heiteren Glück der Liebespaare liefern, die von den Verlegern verlangt wurden.

Zwar kehrte er in die heimatliche Landschaft zurück, doch außer der Familie kannte er in Braunschweig niemanden, und selbst in Wolfenbüttel erinnerte man sich nur vage an den einst erfolgreichen Autor der »Sperlingsgasse«. Er kam als Fremder zurück, und so wurde er auch von den Behörden behandelt: Er erhält 1870 den Braunschweiger Aufenthaltsschein Nr. 424 und erst vierzehn Jahre später, 1884, den »Bürgerbrief«, der ihm die Ausübung der bürgerlichen Rechte gewährt. An diese Heimkehr in die Fremde erinnerte sich Raabe noch 1910 in einem Brief: »Vor kurzem von Stuttgart aus regem, auch literarischem Gesellschaftskreise nach Braunschweig übergesiedelt, saß ich hier völlig in der Einsamkeit ohne Freunde, ja auch ohne Bekannte – dem gebildeten, gelehrten und ungelehrten Honoratiorentum höchstens ein absonderlicher und dazu etwas verunglückter ›Romanschreiber‹« (BAE 2, 499).

Durch die Aktualität der Kriegsereignisse war das langwierige Schreiben von Romanen und seriösen Novellen von neuem so ins Zwielicht geraten, daß es wie vor seiner Ehrenrettung durch Goethe und Tieck als zeit- und realitätsferne Verführung der Leser galt. Der Ossian-Übersetzer Denis hatte 1795 in der »Neuen Deutschen Bibliothek« (Bd. 1, S. 55) programmatisch geäußert: »Übrigens wäre wohl zu wünschen, daß selbst die guten Romane nicht zahlreicher würden. Es ist unglaublich, wie viele Leser sie der wahren Geschichte ablocken.« Der Krieg unterbrach die noch nicht lange von der Schulästhetik anerkannte Epoche der Prosa und forderte zur authentischen Wiedergabe des Nationalrauschs poetische Gesänge. Zeitungen und Zeitschriften wurden überschwemmt von unverlangten Einsendungen, die allesamt in Reimen der Kriegsbegeisterung huldigten. »Ihr Poeten habt es eben in solchen Zeiten sehr gut!« schrieb Raabe angesichts der Verse seines Freundes Schönhardt (BAE 2, 159). Auch wer, wie Wilhelm Jensen, nicht im Dreck der Schützengräben gelegen hatte, beteiligte sich verseschmiedend am Sieg über Frankreich. Es schien so, als ob jeder wackere Landwehrmann eine kurze Feuerpause im flackernden Licht der Kerze nutzen würde, um den Lieben daheim seine edlen Gefühle vor dem letzten Gefecht in mindestens fünf Strophen mitzuteilen. Je holpriger die Verse waren, desto betroffener reagierten die Zeitungsleser, denn nur der fehlende Versfuß garantierte lebensbedrohliche Authentizität.

Raabe reagierte auf die plötzliche Flut solch dilettantischer Lyrik höchst verärgert: »Herrgott, was haben wir für eine Menge schlechter Dichter! Es ist doch eine Schande um diese Masse elendes Gereimsel« (BAE 2, 154). Er hat sich nicht an solchen patriotischen Gesängen beteiligt – »Der alte Goethe hatte Recht: es soll niemand Kriegslieder singen, der nicht selber mit in den Krieg zieht« (BAE 2, 154). Da für ihn vorerst nichts zu tun bleibt, schweigt er als Autor.

Einen ganzen Monat lang hatte die Familie Raabe um das Leben der zweijährigen Elisabeth bangen müssen: »Zu Hause Elisabeth recht krank. Erbrechen, Durchfall. Angst und Gram« (Tgb. 6.8.1870). Weil die von Stuttgart aus gemietete Wohnung erst Anfang Oktober frei wird, wohnt die Familie beengt bei der Mutter im mittelalterlichen Johannishof Nr. 4, den Raabe im »Meister Autor« als »Cyriacihof« liebevoll beschreiben wird. Zu Anfang September klärt sich mit der Kapitulation von Sedan nicht allein die Kriegslage, sondern auch Elisabeths Krankheit scheint überwunden: »Depeschen: Napoleon nach der Wilhelmshöhe. Eine Flasche Wein. Am Morgen Elisabeth wieder in den Kleidern« (Tgb., 4.9.1870). Bevor nun die Plackerei des Umzugs beginnt, flüchtet Raabe nach Flensburg zu Jensens und läßt seine Frau mit der Organisation des Hauswesens allein.

Er folgte einer Einladung, die auch für Bertha galt: »Liebster, wir erwarten Dich mit Deiner Liebsten unwiderruflich hier zum 8ten September« (BAE 3, 114). Raabe antwortet eine Woche später, ohne Begründung für Berthas Fernbleiben: »Ich komme an einem der nächsten Tage, wenn nichts dazwischen kommt ... Laßt die Haustür offen« (BAE 3, 115). Es ist naheliegend, daß Raabe lieber allein fuhr, weil er sich dann ungestört mit Marie Jensen unterhalten konnte, andrerseits war

Bertha froh, für einige Zeit ihren ständig mißgelaunten Mann nicht ertragen zu müssen. Sie sagt das sehr deutlich in einem Brief, den sie am Tag seiner Reise an Marie schreibt: »Die Glückwünsche zu Deinem Geburtstag wird Dir Wilhelm in schönster Form ausdrücken. Daß er sie verspätet überbringt, ist nur seine Schuld; wir haben seinen Geburtstag schon am 7. gefeiert und wünschten alle, er möchte sobald als möglich den Wanderstab in die Hand nehmen. Unsererseits hat er nun auch einen Freipaß erhalten auf solange Ihr es mit ihm aushaltet« – und das war offensichtlich nicht leicht, denn daß er »elegischer und poetischer« geworden sei, würden Jensens, wie Bertha sarkastisch hinzufügt, »hoffentlich« auch selbst bemerken. Nach Jensens Weggang aus Stuttgart habe er zunächst noch gesagt: »Ich wollt ein Zaubermantel wäre mein«, um durch die Lüfte nach Flensburg zu fliegen, aber inzwischen sei seine liebste Redensart »Die ganze Menschheit ist eine Bestie«, ergänzt um die Variante »Die ganze Welt ist Dreck!« Neuerdings freilich pflegte er zu sagen: »Ich werde nur in meiner Todesstunde glücklich sein!« – »Mit diesem Manne habt Ihr es jetzt zu tun« (BAE 3, 116f).

Wilhelm Raabe hatte weder die Trennung von Marie Jensen noch die beruflichen Niederlagen überwunden. Da er sich darüber mit seiner Ehefrau nicht aussprechen wollte, bedrängte ihn sein Unterbewußtsein mit heftigen Asthma-Anfällen und nächtlicher Atemnot. Gerade auch während seines in offensichtlich geselliger Harmonie verbrachten Besuchs in Flensburg litt er an solchen Erstickungsanfällen, denn bei dem täglichen freundschaftlichen Umgang mit dem Ehepaar Jensen mußte er seine wirklichen Gefühle für sich behalten. Dieser Besuch hätte die Gelegenheit zur großen, klärenden Aussprache bieten können, wenn nicht Marie Jensen schwanger gewesen wäre. So blieb alles ungesagt, und Maries verbales Lavieren machte für Raabe alles noch schmerzlicher: Kaum war er am 27. September 1870 wieder abgefahren, schreibt sie ihm hinterher, sie fände die Wohnung »heute viel melancholischer«, und sie wisse »keinen andern Ausweg als so bald wie möglich in Braunschweig« anzureisen (BAE 3, 117). Auch Raabe hatte schweren Herzens Abschied genommen, doch Frau Bertha erwartete dringlichst seine Rückkehr, denn inzwischen hatte die kleine Elisabeth einen Rückfall erlitten, der erneut um ihr Leben fürchten ließ. Ein zweiter Arzt mußte hinzugezogen werden; in der ersten Oktoberwoche besserte sich dann der Zustand des Kindes so weit, daß die Familie nun an den Umzug in die neue Wohnung denken konnte. »Hoffentlich haben wir nun das Schlimmste hinter uns«, schrieb Raabe nach Stuttgart an Notter; »In den nächsten Tagen beziehen wir unsere Wohnung am Salzdahlumer Weg Nr. 3. Ich bekomme meinen Schreibtisch wieder – und – vielleicht gibt es doch noch andere Gefühle in der Welt als die eines auf den Rücken gefallenen Käfers!« (BAE 2, 157).

Raabe hatte das Parterre eines neuen Zweifamilienhauses gemietet, das am Stadtrand Braunschweigs im Grünen lag, im sogenannten »Krähenfeld« – nicht zuletzt dieser Flurname dürfte den Ausschlag für die Wahl dieser Wohnung gegeben haben. Im oberen Stockwerk wohnte der Hofschauspieler Carl Schultes, der sich schon bald bei Raabes zu Besuch anmeldete und den reservierten Autor mit der Eröffnung überraschte, er habe nicht allein die »Chronik«, sondern auch den »Frühling« gelesen, und seine Lieblingslektüre sei der »Hungerpastor«. Raabe schien das nicht glauben zu wollen; nach Schultes' Erinnerungen zuckte er nur sarkastisch mit den Achseln. Zum Beweis holte Schultes sofort die genannten Bücher aus seiner Wohnung und zeigte Raabe die zerlesenen Bände. »Er beguckte sich's, bot mir die Friedenspfeife in Gestalt einer Zigarre und sagte mit hellem Lachen: ›Wahrhaftig, Bertha, das ist einer von den deutschen Narren, die nicht nur selbst Bücher schreiben, sondern sich auch welche kaufen, die andere geschrieben haben!‹« (BAE 4, 69). Durch den herzhaft unkomplizierten Schultes ließ sich Raabe beim Nachbarschaftsstammtisch der »Buern im Kreienfelde« einführen, der wie das Stuttgarter »Bergwerk« seinen Mitgliedern Vereinsnamen gab; Raabe erhielt den Namen »Sperlingsbuer«.

Die Grundsätze dieser Gesellschaft hat Raabe bündig beschrieben: »Sie ist auf das Prinzip der größtmöglichen Grobheiten und der saftigsten Geschichten gegründet und zählt einige höchst drollige Gestalten zu ihren Mitgliedern« (BAE 2, 160). Berühmt waren die kakophonischen Kunststücke des Hoftheaterkomikers Oskar Fischer, die Raabe im »Horacker« erwähnt: »Als Hund und Katze im Kampfe werden Sie immer mustergültig bleiben. Ihre Leistungen als auf den Schwanz getretener Kater sind geradezu erschütternd ... Haben Sie schon einmal meinen asthmatischen Mops, der auf Fräuleins Sofa tat, was nicht hübsch von ihm war, vernommen?« (BA 12, 314f). Bei solch derben Späßen der Runde erkennt man, daß Raabe hier im tiefsten Sumpf der Philistrosität gelandet war – in eben jenem Sumpf, den er zur gleichen Zeit im »Dräumling« spöttisch beschrieb. »Drömling« hieß ein Sumpfgebiet

im Nordosten Braunschweigs, und am Ende des Romans heißt es: »wir sitzen sehr tief darin« (BA 10, 201). Bei den »Buern« lernte Raabe den Braunschweiger Stadtarchivar Ludwig Hänselmann kennen, der ihn wenig später bei dem Stammtisch der »Kleiderseller« einführte. Anläßlich der Tausendjahrfeier Braunschweigs 1861 hatten sich einige historisch engagierte Bürger zusammengefunden, die für ein Städtisches Museum stadtgeschichtlich wertvolle Kunstwerke und dokumentarische Zeugnisse sammelten. Sie gaben sich selbstironisch den ortsüblichen Namen für Altwarentrödler: Kleiderseller. Als die Aufgabe erfüllt war, trafen sich die Männer weiterhin zu einem wöchentlichen Beisammensein am Stammtisch. Man besprach die lokale und die reichsdeutsche Politik, trank und debattierte; man war sich einig, daß es so nicht weitergehen könne und traf sich jeden Donnerstag, um darüber zu reden, daß schon wieder nichts geschehen war.

Die »Kleiderseller« bildeten einen normalen deutschen Stammtisch von Honoratioren, die sich über jedes Spießertum erhaben fühlten und dennoch ganz der philiströsen deutschen Geselligkeit verhaftet blieben. Raabe ließ keine Sitzung aus, aber er wußte, wo er sich befand: in »Banausia« (BAE 3, 456). Der Schriftsteller Raabe hat wohl »den alten romantischen Schlachtruf: ›Krieg den Philistern!‹ sehr ernst genommen« (BAE 2, 183), doch der Bürger Raabe brauchte diese Gesellschaft für sein Behagen und pflegte die Illusion, gerade in diesem Kreis der Spießerwelt enthoben zu sein. Deutlich wird dies in der Rede, die Raabe 1881 am Kleiderseller-Stammtisch aus Anlaß seines 50. Geburtstags hielt: »... eines weiß ich, daß ich immerdar seit mehr denn zehn Jahren mit jedem Körper- und Seelenteil zu dem eisernen Bestande dieses unseres wunderbaren Kleidersellertisches gehört habe und unbewegt über gute und böse Perioden, über Ebbe und Flut mit der unerschütterlichen Gewißheit: *Wir bleiben!* hingesehen habe. Ob wir heute zu zwanzig oder dreißig zu Tische sitzen oder morgen zu drei – es ist gleichgültig: Wir sind da, Wir haben in Uns alles, was es möglich macht, dann und wann (in unserm besondern Falle wenigstens alle Woche einmal!) einen gesunden Atemzug zu tun ... Unter uns hat keiner vor dem andern etwas voraus. Was gelten uns Jahre? Kennen wir nicht! Wir sind alle *eines* Alters! ... Was gehen uns Amt und Würden an? Wir sind alle des nämlichen Ranges und wissen uns allesamt mit demselben buntscheckigen Fell überzogen! – Geld tut es gar nicht unter uns! – Wir sind die Leute, die frei durchgehen durch die Philisterwelt ...« (Kleidersellerbüchlein, 43 f).

In diesen Worten steckt auch ein Stück Opposition gegen die Geschäftemacherei der Gründerzeitgesellschaft und vor allem gegen die immer stärker hervortretende gesellschaftliche Bedeutung der Militärkaste, für die der Mensch erst beim Unteroffizier begann. In diesem Sinne vermittelte der Stammtisch tatsächlich das von Raabe betonte demokratische Gemeinschaftsgefühl. Daß die Grenzlinie zwischen Spießertum und Humanität in solch einem Kreis von außen kaum sichtbar wird, hat Raabe im »Stopfkuchen« selbst bemerkt: »Ja, so ein richtiger deutscher Spießbürger in seiner Kneipe! Man zieht die Achseln nur deshalb über ihn, weil man selbstverständlich stets den unrichtigen für den richtigen nimmt« (BA 18, 12).

Die regelmäßigen Stammtischbesuche waren für Raabe außerordentlich wichtig. Nach 1871 verging kaum ein Abend, den er nicht bis Mitternacht in einer Kneipe oder einem Wirtshaus verbrachte. Sterotyp vermerkte er im Tagebuch diese Besuche und zählte die Gäste auf. Der Stammtisch diente nicht allein der Erholung von der täglichen Arbeit, über die Raabe nie sprach, sondern ermöglichte auch eine Flucht vor den häuslichen Problemen. Im »Stopfkuchen« deutet Raabe an, daß es seiner Frau wohl nicht unlieb war, wenn sie den stets unzufriedenen und mißlaunigen Gatten aus dem Hause hatte; sie pflegte ihn dann nachdrücklich an seinen »Abendweg« zu erinnern: »Und seltsamerweise geschah dies am häufigsten dann, wenn Sorge, Kummer und Verdruß unser Haus in der Stadt umkrochen ...« (BA 18, 13). In seiner Stammtischrede vor den Kleidersellern betonte Raabe aber auch die Bedeutung der Kontinuität. Er hatte für sich erkannt, daß er zum Ausgleich seiner labilen und stets gefährdeten Psyche die Regelmäßigkeit eines strukturierten Tagesablaufs brauchte. Die im Tagebuch ablesbare Monotonie durch die fast nie wechselnde Zusammensetzung der Gäste wirkte wie ein Selbstschutz Raabes vor zuviel Stimulation; sein Gefühl der Geborgenheit am Stammtisch, an dem er selten mitdiskutierte, sondern meist nur zuhörte, erwuchs aus der Sicherheit, hier nicht in emotionale Bedrängnis gebracht zu werden.

Die penibel beachtete Ordnung der Tage hatte jedoch keinen Einfluß auf sein Leiden, dessen psychosomatischen Ursprung er kannte: »eine neue ärztliche Untersuchung hat, wie ich ganz genau im Voraus wußte, das alte Resultat ergeben: ich habe mich mit dem nervösen Asthma eben abzufinden« (BAE 2, 164). Die oft tage-, später auch wochenlangen Beschwerden stehen in direktem Zusammenhang mit seinen Schreibhemmungen und den durch die Produktionskrisen hervorgerufenen Existenzängsten. Sarkastisch schreibt er an Jensens: »Ich habe wieder einige asthmatische Nächte durchgemacht; sonst aber geht es mir gut und zwar um so besser, als ich mich absolut dumm im Kopfe fühle und gar keine Ahnung mehr davon habe, wie ein Manuskript eigentlich zu Stande kommt« (BAE 3, 119). Auch der Wohnungsnachbar Schultes erinnert sich an Raabes stockende Arbeit am »Dräumling« und sein Asthma: »... ich sah auf seinem Schreibtische ... sein kleinkalibriges Manuskript liegen, auf dem nur ungefähr sechs Zeilen standen, die sich mehrere Tage lang gar nicht vermehren wollten ... Als Raabe nach Braunschweig kam, litt er an heftigem Asthma, das ihm häufig den Schlaf raubte, so daß ich ihn unter mir in seinem Studierzimmer herumgehen hörte und der Geruch von verbranntem Salpeterpapier das ganze Haus durchzog« (BAE 4, 69).

Die Anfälle begannen stets mitten in der Nacht mit starken Angst- und Beklemmungsgefühlen. Das Gefühl eines eisernen Ringes um die Lungen und die Angst zu ersticken treiben kalten Schweiß aus. Die normale Atmung geht in ein durchdringend hohes Pfeifgeräusch über, das unterbrochen ist von krampfartigem Husten. Die Furcht, nicht genug Luft zu bekommen, beschleunigt den Atemrhythmus und treibt den Anfall um so rascher voran. Wenn Raabe Glück hatte, dauerte es nur eine lange Stunde, oft aber die ganze Nacht. Die damalige Behandlung nervösen Asthmas war dürftig; der Patient sollte Terpentin- oder Ammoniakdämpfe einatmen oder den Raum mit dem von Schultes erwähnten Salpeterpapier ausräuchern. Es handelte sich dabei um in einer Salpeterlösung getränktes und getrocknetes Papier, dessen sich beim Verglimmen entwickelnde Dämpfe krampflindernd wirken sollten, indem sie die Pulsfrequenz herabsetzten. Allerdings ist Salpeter giftig, und bei den hohen Dosierungen, die Raabe gebrauchen mußte, konnte es nicht ausbleiben, daß er damit seinen Gesamtzustand beeinträchtigte. Eine andere Therapie, die Raabe ebenfalls ärztlich verordnet wurde, bestand in der Einnahme geringer Mengen Arsen. Dieses Gift wurde damals auch zur Behandlung von Tuberkulose und Diabetes verwendet, bei Tieren auch zur Erhöhung der Mastfähigkeit. Man hatte nämlich beobachtet, daß Schwerarbeiter durch die regelmäßige Einnahme von Arsen einen kräftigeren Körperbau bekamen. Allerdings machte der Genuß des Arsens auf Dauer süchtig.

Heute wirkt der therapeutische Umgang mit solch gefährlichen Stoffen befremdlich; noch zwei Generationen zuvor hatte man, wie der Maler Wilhelm von Kügelgen in seinen »Jugenderinnerungen eines alten Mannes« berichtet, all jene Krankheiten, sogar die Blattern und Epilepsie, mit einem vergleichsweise harmlosen »Medikament« behandelt – und zwar nicht selten erfolgreich: Aus der Asche verbrannter Elstern rieb man ein schwarzes Pulver, von dem man täglich eine Messerspitze voll, in Wasser gelöst, zu nehmen hatte. Kügelgens Erzieher, ein Dresdner Pfarrer, verschickte jährlich das Pulver von über hundert verkohlten Elstern in alle deutschen Lande. Dieses »Schwarzpulver« hat wohl auch die Familie Mozart benutzt; in den Briefen ist davon mehrfach die Rede.

Nach vielen Stockungen und Unterbrechungen beendete Raabe im Frühsommer 1871 seinen schon in Stuttgart begonnenen Roman »Der Dräumling«. Es ist ein schwaches Buch, geprägt nicht allein von den Widrigkeiten seiner Entstehung, sondern auch von Raabes künstlerischer Unsicherheit nach den vorangegangenen Mißerfolgen. Vielleicht hat er deshalb, wie Arno Schmidt beiläufig in »Zettels Traum« (762f) nachwies, auf die Konstruktion eines anderen Romans zurückgegriffen: Die Personenkonstellation entspricht nämlich genau dem Roman »Die Frau in Weiß« von Wilkie Collins, der 1860 erschienen war. Die Protagonisten Hartright und Häseler sind beide Maler; das Mädchen Wulfhilde soll den unangenehmen Herrn Knackstert heiraten – eine deutliche Handlungsparallele zur Werbung des sinistren Percival Glyde um Laura. Der übersensible, nervenbelastete Hofrat ist bei Collins als deren Onkel Fairlie vorgezeichnet, und sogar der Paddenauer Sumpf findet sich schon als »Blackwater« in dem englischen Erfolgsroman.

Raabe verstand sein Buch als humoristische Zeitkritik: »Ich habe den Krieg benutzt, um einmal, wenigstens auf dem Papier, so lustig als möglich zu sein« (BAE 3, 130) – »Was die Leute dazu sagen werden, kann *ich* nicht sagen; denn das Werk ist im graden Gegensatz zu der jetzt oft so widerlich hervortretenden Selbstverherrlichung des deutschen Philistertums geschrieben« (BA 10, 454). Der Stuttgarter Freund Schönhardt hatte ihm geraten, die Gunst der historischen Stunde zu nutzen, aber Raabe wollte genau dies nicht: »Einen großen Zeitroman schreibe ich nicht, wie Du mir anrätst. Ich bin entweder zu dumm oder zu klug dazu und will die Entscheidung über Letzteres *Dir* überlassen, aber erst nach Verlauf von fünfzehn Jahren« (BAE 2, 165). Raabe mußte zwar seine Bücher auf dem Tagesmarkt verkaufen, rechnete aber mit späteren, klügeren Lesern. »Man muß Bücher schreiben, die gewinnen, wenn das Geschlecht, das sie später liest, andere Röcke und Hosen trägt« (Einfälle, 162). Von Raabes ökonomischen Zwängen, aber auch seiner Unsicherheit, wie es künstlerisch unter diesen Bedingungen weitergehen soll, zeugt ebenfalls sein Versuch einer Rettung des mißglückten Jugendwerks »Ein Frühling«: Er habe das alte Ding auseinandergerissen, schreibt er an Schönhardt, »von Neuem zusammengeflickt, zusammengestrichen, überschmiert, hinten und vorn beleckt und mich natürlich in Folge davon tüchtig übergeben« (BAE 2, 165). Typisch für den Zeitgeschmack ist freilich Jensens Reaktion, der den »Frühling« gelungen findet, beim »Dräumling« jedoch »einen bedeutsamen Grundgedanken« vermißt. Raabe antwortete darauf nur: »Der Dräumling ist ein Buch und der

Frühling keins – sondern ein Gequadder« (BAE 3, 171). Raabe hatte die Erfolgschancen des »Dräumling« selbst gering eingeschätzt und behielt damit recht; eine zweite Auflage wurde erst nach zwei Jahrzehnten nötig.

Auch der anschließende, nur »ums Brot« (BAE 3, 163) geschriebene Roman »Christoph Pechlin« war mit seiner allzu vordergründigen Komik kein nennenswerter Erfolg, der Raabes Anspruch auf einen seriösen Dichterruhm hätte festigen können, aber Raabe brauchte dringend das Honorar, denn die Familie hatte sich am 14. August 1872 um eine dritte Tochter, Klara, vergrößert. Die Erzählung »Deutscher Mondschein« wird von Janke abgelehnt und an Hallberger verkauft; den Roman »Meister Autor« lehnt Hallberger ab, es kauft ihn schließlich der Verleger des »Pechlin«. In »Meister Autor« steht der bezeichnende Satz: »Ich verstehe die Welt wohl noch, aber sie versteht mich nicht mehr« (BA 11, 7). Dieses sonderbare Stück Prosa ist weithin unverstanden geblieben; erst in jüngster Zeit setzt sich die Erkenntnis durch, daß es sich um ein ebenso wichtiges wie hochverschlüsseltes und noch längst nicht hinreichend erklärtes Werk Raabes handelt. Der Titel »Meister Autor« läßt sich zunächst auf Raabe selbst beziehen, doch der Name gehört auch einem alten Schutzheiligen Braunschweigs: gemeint ist also wohl Raabes Situation in Braunschweig. Erst in Verbindung mit dem Untertitel »Die Geschichten vom versunkenen Garten« wird diese Anspielung deutlich, denn der »Meisterautor«, als der sich Raabe nach Beendigung des »Schüdderump« gefühlt hatte, sieht in der Braunschweiger Zeit die hoffnungsvoll wachsenden Ruhmessprossen verkümmern und verdorren. Die Geschichte vom »versunkenen Garten« ist das Eingeständnis, daß die Blütenträume einer fruchtbaren Dichterexistenz durch die historische Entwicklung zum Untergang bestimmt sind.

In einem späten Brief des Jahres 1910 erinnerte sich Raabe an die Entstehung des Buches in jener Zeit der künstlerischen Isolation: »Da hatte man wohl Muße und Gelegenheit, allerlei

Illusionen nachzuträumen und in Ruhe und Stille den Rauch seiner Zigarre über die versunkenen Gärten hinzublasen. Das habe ich getan, und so ist das Buch entstanden, auch aus allerhand persönlichen Anschauungen« (BAE 2, 500). Obwohl Raabe mit dem Satz: »Wir leben in Tagen, denen es auf eine genaue Einsicht in die Dinge überall im hohen Grade impertinent ankommt« (BA 11, 98) deutlich machte, daß es sich um einen aktuellen Roman handelte, blieb das Buch ohne jede Resonanz. »Weder Publikum noch Publika haben was von meinem ›Meister Autor‹ wissen wollen«, erinnerte sich Raabe 1901, »und die ganze Auflage ist zuletzt zu sechzig Pfennig das Exemplar zu haben gewesen. Auch so ohne Nachfrage!« (BAE 2, 423).

Der Roman »Meister Autor« ist der erste, kompositorisch höchst artifizielle Versuch Raabes, auf die Veränderungen durch den Fortschrittsfanatismus der Gründerzeit, die ihren trügerischen Wirtschaftsboom mit den französischen Kriegsreparationen in Höhe von umgerechnet 28 Milliarden DM finanzierte, künstlerisch zu reagieren. Seine Kritik wird vor allem an den Stellen unverschlüsselt deutlich, in denen der Untergang einer vertrauten Lebenswelt durch die vorgeblich fortschrittliche Planung der Bürokraten gezeigt wird. »Es fallen Schlösser – Luftschlösser ein; aber das hat nichts zu bedeuten: die Gärten allein, die den Menschen, den armen Menschen versinken, die waren ein jeglicher eine Wirklichkeit von dem verlorenen Paradiese an!« (BA 11, 137). Die symbolischen Wirklichkeiten verlieren ihre Unschuld, indem sie wissenschaftlich vermessen werden und sich einer Korrektur durch die neuen Realitäten unterwerfen müssen. Der Wald wird bereinigt zum Musterforst, durch den ein Bach nur deshalb noch ungeregelt fließen darf, weil ihm die Erlaubnis dazu »noch nicht von der Oberforstbehörde genommen worden war« (BA 11, 12). Das alte Forsthaus wird niedergerissen und für den neuen Forstbeamten in neogotischem Stil wieder aufgebaut.

Als der Erzähler in den mittelalterlichen Cyriacihof eintritt, trifft er auf einen Beamten der Baubehörde, der ihm seine

Vermessungsarbeit stolz erklärt: »Es hat uns noch keine Nivellierung so viele Mühe verursacht als diese hier, sagte er, aber dafür wird auch keine der neuprojektierten Straßenanlagen die Stadtbevölkerung in ihrer Vollendung so sehr überraschen und erfreuen wie diese. Den Kanal hinter den wackligen Mauern füllen wir natürlich aus, da haben wir dann noch die Rudera einer alten Stiftung, die müssen selbstverständlich weg. Die alten Damen verlegen wir vor das Tor in eine gesunde, wahrhaft idyllische Gegend, und so kommen wir hier aus dem Mittelpunkte der Stadt in gradester Linie zum Bahnhofe – ohne daß zu dieser Stunde ein Mensch in diesem hier umliegenden Gerümpel irgendeine Ahnung davon hat. Es ist wundervoll!« (BA 11, 76). Auf die Nachfrage des Erzählers: »Also wirklich, von dem, was wir jetzt hier um uns sehen, bleibt nichts aufrecht?«, antwortet der Vermessungsbeamte mit begeistertem Nachdruck: »Nichts! ... Haben sie doch jetzt angefangen, Nürnberg abzutragen; also sehe ich nicht im mindesten ein, weshalb wir grade diesen wohlkonservierten Ruinen gegenüber mit größerer Schonung vorgehen sollten« (BA 11, 77).

Raabes Zeitgenossen mußte dieses Beharren auf der Tradition als kleinbürgerliche Sentimentalität erscheinen, die sich dem unaufhaltsamen Drängen der Zeit, der Umwandlung einer in vielen Bereichen rückständigen Agrarkultur in einen modernen Industriestaat verweigerte. Was sich heute als Kritik des hemmungslosen Fortschrittsdenkens liest, war indes nur eine ästhetische Opposition. Der Bürger Raabe sah sehr genau die Notwendigkeit, allein aus sanitären Gründen die dunkel verschachtelten Altbauten abzureißen. Als ihm einige Verehrer zu seinem 70. Geburtstag ein altes Häuschen schenken wollten, lehnte er ab. Tatsächlich hat er sich immer nur in Neubauten eingemietet und größten Wert auf Helligkeit und modernen sanitären Komfort gelegt. Raabes ästhetische Opposition richtete sich nicht prinzipiell gegen den Abriß, sondern gegen einen Kahlschlag aus Gedankenlosigkeit, der nichts anderes an die Stelle des Altgewachsenen setzt als die kürzeste Verbindung zum Bahnhof. In diesem Sinn ist auch die Darstellung des Eisenbahnunglücks im »Meister Autor« nicht als Zivilisationskritik zu lesen: Sie setzt nicht die grundsätzlich technikfeindliche Polemik der Spätromantiker fort, sondern Raabe wehrt sich gegen einen Erfahrungsverlust durch das vom Reisenden unbeeinflußbare neue Tempo, das ihn gleichsam übergangslos in eine Natur transportiert, die für seine Freizeitbedürfnisse hergerichtet ist.

In »Prinzessin Fisch« wird ein kleiner Ort aus Gewinnsucht für die anreisenden Großstadtbesucher verunstaltet und auch die Natur in den Dienst des Nahverkehrstourismus genommen: »Ihre Idee, das Holzwasser und den Hummelbach zusammenzudämmen und sie über den Urbanstein zu leiten und einen perennierenden Wasserfall für den Fremdenanzug (das deutsche Wort für ›Touristenattraktion‹; W. F.) herzustellen, muß jedermann einleuchten.« Nur ein Professor wendet sich erfolglos gegen diese Pläne, die er für eine bloße »Baedeker-Reklame« hält (BA 15, 301 f). Nicht der Reiseführer macht hier also auf eine Naturschönheit aufmerksam, sondern die Natur wird von einer »Verschönerungskommission« derart umgestaltet, daß sie als Klischee einer Touristenattraktion funktioniert und deshalb in einen Reiseführer aufgenommen werden kann. Der Reisende nimmt nicht mehr die Natur selbst wahr, sondern überprüft an Ort und Stelle nur noch, ob sie sich der Beschreibung entsprechend korrekt darbietet. Als Schriftsteller hat Raabe solche Bewußtseinsveränderungen infolge des neuen technizistischen Weltbilds sehr genau registriert; als Bürger benutzte er in den achtziger Jahren fast täglich die Eisenbahn, um mit einem in Braunschweig beliebten Billigtarif Tagesbesuche zu Ausflugsorten im Harz zu machen.

Nicht allein der veränderte Umgang mit der Natur kommt in Raabes Werken zur Sprache, sondern auch die Veränderungen in der Natur. Mit »Pfisters Mühle« (1883/84) schreibt Raabe den ersten Roman über eine industrielle Gewässerverschmutzung, und in dem Fragment gebliebenen Text

»Altershausen« legt er einem Parkwächter sehr genaue Beobachtungen über den Rückzug der Kreatur aus dem Zerstörungsbereich der menschlichen Zivilisation in den Mund: »Ja, da sind die jetzigen städtischen Verhältnisse dran schuld... Das ist jetzt so bei uns hier mit die Vögels wie mit die Buttervögels, das Raupenzeug, die Käfers und was sonst so... aus dem Ei und Kokon kommen, krauchen, fressen und rumflurren und sonst sein Wesen und Unwesen haben sollte. Sie können so manches nicht mehr vertragen, was der heutige Mensch doch immer mehr zu seinem täglichen und nächtlichen Wohlsein nötig hat... Was wir nicht riechen, das riechen sie und gehen davon ein oder anderwärts hin. Selbst in den höchsten Lüften ist das so geworden über der Stadt. Bin auch ein alter Mann, Herr Geheimrat, und brauche nur aus älterer Zeit an unsere hiesigen Dohlen zu denken... Wir riechen ihnen nicht mehr gut genug, und des Nachts nehmen wir ihnen den Schlaf und die nächtliche Ruhe mit dem Gas und dem elektrischen Licht und allen anderen Erfindungen in dieser Branche bis an den hellen Morgen. Daß es bei uns in der Nacht nicht mehr Nacht und Schlafenszeit wird, das hat sie von den Hausdächern und Türmen vertrieben, wie der Geruch die Käfers und Raupen und Buttervögels hier aus dem Buschwerk und sonstiger unserer Kunstgärtnerei. Da draußen jenseits der Vorstädte möchten sie sich ja wohl noch halten; aber da kommen denn wieder die Fabriken mit ihren Schornsteinen und Gequalme und verekeln ihnen ihre Daseinslust, und es wird wohl auch nichts mehr für sie sein« (BA 20, 213).

Raabes Zeitgenossen konnten und wollten solche Worte noch nicht verstehen, aber »wenn das so weitergehe«, prognostizierte er, dann wird am Ende des 20. Jahrhunderts »eine Kinder-Naturgeschichte mit den dazugehörigen Abbildungen aus dem Anfang des neunzehnten Säkulums« ein betrachtenswerter Schatz sein (BA 20, 214). Raabe macht aber nicht monokausal die Technikentwicklung für den Artenverlust verantwortlich, sondern er sieht auch die Vernichtung des natürlichen Lebensraums durch eine rücksichtslos intensivierte Landwirtschaft. Als im »Stopfkuchen« der Erzähler Eduard seinen Jugendfreund besuchen will, wählt er einen einstmals vertrauten Weg und bemerkt nach seiner langen Abwesenheit auffällige Veränderungen: »Da war zum Beispiel bei näherer Betrachtung früher rechts vom Wege, der nach der Roten Schanze führt, ein ungefähr vier bis fünf Ar großer Teich oder eigentlich Sumpf; – der war nicht mehr da. Früher aller geheimnisvoll wimmelnden Wunder voll, hatte man ihn jetzt zu einem Stück mehr oder weniger fruchtbaren Kartoffellandes gemacht, und so nützlich das auch sein mochte, schöner war's doch früher gewesen und ›erziehlicher‹ auch. Der Lurchenteich hatte das volle Recht dazu, zu verlangen, daß ich mich mit Verwunderung nach ihm umsehe und nachher schmerzlich ihn vermisse. Solch ein guter Bekannter, ja vertrauter Freund, so voll von Kalmus, Schilfrohr, Kolben, Fröschen, Schnecken, Wasserkäfern, so überschwirrt von Wasserjungfern, so überflattert von Schmetterlingen, so weidenumkränzt und so wohlriechend ... Weiß Gott, sie hätten ihn lassen können, wo er war. Sie hätten ihn lassen sollen, wie er war ... Auf die paar Säcke voll Feldfrüchte für ihr Vieh oder sich selber brauchte es ihnen doch nicht anzukommen! Es war ihnen aber doch darauf angekommen ...« (BA 18, 31 f.).

Raabes Modernität bezeugt sich nicht allein in solchen präzisen Diagnosen, sondern auch in der Art ihrer ästhetischen Vermittlung, die einem sich für modern haltenden Publikum nur skurril und kauzig verschroben erschien. Tatsächlich steht Raabes symbolischer Realismus in krassem Gegensatz zu den poetischen Forderungen seiner Zeit, wie sie Friedrich Spielhagen formuliert hatte und in seinen heute längst zu Recht vergessenen Romanen auch programmatisch praktizierte. Spielhagen verlangte von einem zeitgemäßen Roman, daß er nur aus den handelnden Personen besteht, »hinter denen der Dichter völlig und ausnahmslos verschwindet, so, daß er auch nicht die geringste Meinung für sich selbst äußern darf: weder über den Weltlauf, noch darüber, wie er sein Werk im ganzen, oder eine spezielle Situation aufgefaßt wünscht; am wenigsten über seine Personen, die ihren Charakter, ihr Wollen, Wähnen, Wünschen ohne seine Nach- und Beihilfe durch ihr Tun und Lassen, ihr Sagen und Schweigen exponieren müssen.« (Friedrich Spielhagen: Neue Beiträge zur Theorie u. Technik der Epik und Dramatik, Leipzig 1898, S. 54f). Die Personen sollten auch in ein präzise definiertes gesellschaftliches Milieu gestellt sein, in dem sie sich bewegen und die durch einen klaren Anfang und ein solides Ende strukturierte Handlung so in Bewegung halten, daß sie nicht einen Augenblick ins Stocken gerät.

Dieser Auffassung vom »Dichter-Journalismus« (Spielhagen) widersprechen Raabes Werke in jedem Detail. Er legte meist weniger Wert auf die Handlung als auf die Kommentare eines Erzählers, der nicht nur über den Weltlauf, sondern über die einzelnen Personen und ihre möglichen Aktionen, sogar über die Möglichkeit des Erzählens dem Leser seine Meinung mitteilt. Die akkurate Milieuschilderung war Raabes Sache ebensowenig wie die eindimensionale Entwicklung eines Charakters; ihn interessierten die Lebenslügen und Irrwege, die Abgründe und Brüche einer Existenz. Daß all dies als romantisch, als Jean-Paul-Manier abgetan wurde und nicht mehr gelten sollte in den modernen Zeiten, kümmerte ihn nicht: »Euch wird auch noch einmal das Porzellan euerer rechtlichen, gefälligen ästhetischen Bedenklichkeiten um die Ohren fliegen«, schrieb er im Oktober 1874 in sein Notizbuch. Und: »Die Menschen sind nur allzuhäufig imstande, wenn das Lebendige unter dem Toten erscheint, das erstere für das Gespenst zu halten« (Einfälle, 165 u. 167). Die in ihrer Geschäftigkeit erstarrte Gesellschaft der Gründerzeit sah im Schriftsteller Raabe allenfalls noch ein liebenswürdiges Fossil mit ärgerlich altmodischen Angewohnheiten.

Raabe litt unter der Erfolglosigkeit seiner Arbeit, und die Familie bekam es zu spüren, wie sich die Tochter Klara noch spät erinnnerte: »Wochen, Monate vergingen, in denen das düster glühende Auge sich nicht aufhellen, die geballte Hand sich nicht öffnen wollte. Nun gab es für Wilhelm Raabe keinen Platz in der Welt, an dem er sich behaglich fühlen konnte, nicht daheim, nicht unter seinen Freunden, alles: ›ekel, schal und unersprießlich.‹ Das liebe Gesicht der Mutter wurde bleich, ihre Augen bekamen dunkle Ringe. Wir Kinder machten uns schmal und gingen auf Zehen ... Tag für Tag wanderte er Stunde um Stunde in seinem Zimmer auf und ab mit federndem leichtem Tritt, der den Rhythmus des unbeugsamen Willens hatte. Da ist manches unter die Füße gebracht, das einem Schwächeren Schaffensmut und Lebenslust zermürbt hätte« (BAE 4, 81). Er mußte sich mit der Frage trösten: »Gibt es nicht Völker, in denen vergessen zu werden eine Ehre ist?« (Einfälle, 171).

Unvermittelt zu den obligaten Berichten über die Gesundheit der Kinder bricht in einem Brief Raabes an Jensens plötzlich seine Verzweiflung hervor: »Sagt einmal wißt Ihr gar kein Mittel, um die Leute zu bewegen, meine Bücher zu kaufen? Zwanzig Jahre lang suche ich mich nun schon durch den Reisbrei in das Schlaraffenland hineinzufressen; – es könnte Einem zuletzt doch übel dabei werden!« (BAE 3, 214). Ein Verwandter schlägt ihm vor, die Nachfolge Hoffmanns von Fallersleben als Bibliothekar des Klosters Corvey anzutreten, aber Raabe lehnt ab. Da auch sein letztes Buch »Meister Autor« keine Käufer gefunden hatte, muß er nun wieder die zwar gut bezahlte, aber für den literarischen Ruhm unergiebige Tagesarbeit als Zeitschriftenautor übernehmen: »Ich bin augenblicklich aus verschiedenen Gründen nicht in der Lage«, schrieb er dem Berliner Verleger Grote, »mich mit umfangreicheren Arbeiten zu beschäftigen; das deutsche Publikum, beiläufig ein sehr sonderbares Publikum, kaut noch an den letzten und verlangt seine Zeit zur Verdauung, und die soll ihm werden. Ich habe wenig Freude an dem ›Hungerpastor‹, ›Abu Telfan‹ und dem ›Schüdderump‹ gehabt, und also – wollen wir nach zwanzigjährigem Treiben von Neuem anfangen und ›Erzählungen‹ schreiben, eine nach der anderen ad infinitum oder wenigstens bis zum Ende ...« (BAE 2, 176f.).

Dieser resignierte Neuanfang in der zweiten Lebenshälfte wird von Raabe als tiefgehende Zäsur noch bitterer empfunden, weil seine geliebte Mutter am 1. November 1874 starb. »Ich habe unendlich viel verloren, denn ich habe geistig ununterbrochen mit ihr gelebt«, schreibt er an Jensens, »und was ich getan habe, habe ich für sie getan.« Auf die etwas oberflächlichen Trostworte des Freundes, es werde »trotz Schopenhauer und allen Wolken des Erdballs« die Sonne wiederkehren und mit ihr die Lebensfreude, reagiert Raabe harsch: »Mit dem Schopenhauer hätte mir aber Freund Wilhelm vom Leibe bleiben sollen ... Daß die Vögel im nächsten Frühjahr wieder singen werden, weiß ich, und daß das anderen Spaß machen wird, wenn wir es gleichgültig geschehen lassen, weiß ich auch ...« (BAE 3, 233). Im Tagebuch wird Raabe diesen Todestag stets besonders hervorheben.

In den Jahren bis 1875 entstehen rasch nacheinander sechs Novellen und Erzählungen, von denen Raabe nie verheimlicht hat, daß er sie nur »ums Brot«, zur Versorgung der erneut wachsenden Familie geschrieben hat. »Bertha hat viel zu leiden; vorzüglich am Abend und in der Nacht; und das Elend nimmt nicht ab, sondern immer nur zu – ganze neun Monate lang; ich habe deshalb auch jenes neue humoristische Stück Arbeit angefangen und verhoffe, daß es gut werden soll« (BAE 3, 247). Damit ist die längere Erzählung »Horacker« gemeint, und wie gering Raabe dieses spätere Lieblingsstück deutscher Schulmänner einschätzte, läßt auch im Gegensatz zu anderen taktischen Erwähnungen der abwertende Plural im Brief an Paul Heyse erkennen: »... für's Erste schreibe ich noch meine Horacker etc. für's tägliche Brot, und bin itzt zum Exempel, um das Schuhwerk und das Schulgeld der Kinder heraus zu kriegen, an einem ›Wunnigel‹, was auch wieder ein recht netter Name und Stoff ist, jedoch auch wohl nur wenigen Leuten recht sein wird« (BAE 2, 188). Mit dem jüngsten Kind, der am 19. Februar 1876 geborenen Tochter Gertrud, verstärkte sich noch der Arbeitsdruck auf Raabe, was immer langwierigere Asthmaanfälle zur Folge hatte. »Meine Bücher gewonnen, mein Leben verloren!«, resümierte Raabe schon im April 1875 (Einfälle, 174), doch immer wieder konnte er sich in der Vergangenheit über die Depressionen hinwegsetzen und sich selbst motivieren: »Wer nicht ein widerwilliges Publikum auf seinem Wege mit sich fortziehen will, der soll das Schreiben lassen. *Mit* dem Publikum zu gehen, ist behaglich und lukrativ, freilich« (Einfälle, 176). Als sich nun aber herausstellt, daß auch »Horacker« kein Erfolg im Buchhandel wird, läßt Raabe seiner wütenden Enttäuschung freien Lauf. Für den Mißerfolg macht er »die leider so spezifisch deutsche niederträchtige Manier des Totschweigen-*Wollens*« (BF, 155) verantwortlich, aber auch den schlechten Geschmack des Publikums: »Den richtigen ›Lesepöbel‹ hat einzig und allein das ›Volk der Denker‹ aufzuweisen« (Einfälle, 180). Nicht nur in privaten Aufzeichnungen, auch in dem kurz nach Erscheinen des »Horacker« begonnenen Roman »Deutscher Adel« verhöhnt er die Ignoranz der Leser, wenn es über den Leihbibliothekar Achtermann heißt: »Daß er ein ästhetisches Gewissen besaß, konnte man nicht behaupten; aber er gab darin seiner Nation nicht das mindeste nach« –: »so billig wie die deutsche Nation ist noch keine andere auf Gottes Erdboden zu dem Rufe eines Kulturvolkes gekommen!« (BA 13, 180, 174).

Raabe schrieb jene Sätze genau zu dem Zeitpunkt, als Jensens, die ihn noch zweimal (1872/1875) besucht hatten, aus der bequemen Nähe Kiels nach Freiburg im Breisgau zogen. Daß seine Verärgerung über diese neue Distanz zusammenfiel mit der wütenden Verachtung des »Lesepöbels«, bekam ein gänzlich unschuldiger Freund in Stuttgart zu spüren, an den er zornig schrieb: »Unser Einer würgt sich hier im kimmerischen Norden ... durch die Dreckseligkeit dieses edlen deutschen Volkes ...« (BAE 2, 189).

Raabe-Porträt von Marie Jensen

FAST ZEHN KÜNSTLERISCH verlorene Jahre waren nun seit der Abfassung des »Schüdderump« vergangen. Raabe hatte zwar eine frühe Abrechnung mit dem Egoismus der Gründerzeit (»Zum wilden Mann«) geschrieben und eine herbe Künstlernovelle (»Frau Salome«), auch die bis heute in ihrer Tragik unverstanden gebliebene Katastrophengeschichte »Wunnigel«, aber die Redakteure verlangten nach heiteren Sentimentalitäten, und die Leser kauften nicht seine neueren Bücher, sondern den von ihm längst verworfenen »Jugendquark«: 1877 ging die »Chronik der Sperlingsgasse« in die sechste, der »Hungerpastor« in die dritte Auflage. »Ich habe jetzt die alte Chronik mal wieder korrigieren müssen, und ich versichere Euch, mir ist manchmal körperlich im hohen Grade übel dabei geworden. Auch eine neue Ausgabe des Hungerpastors wird Euch demnächst zugehen. Da habe ich wenigstens stilistisch etwas verbessert, und so mag es noch einmal mitlaufen« (BAE 3, 279).

In den immer seltener werdenden Rezensionen wurde er hartnäckig für einen Humoristen gehalten, und trostlos schrieb er ins Notizbuch: »– und so ist das, was ihr meine sonnige Heiterkeit nennt, nichts als das Atemschöpfen eines dem Ertrinken Nahen« (Einfälle, 186). Wie entmutigt Raabe war und von allen Kräften verlassen, zeigt seine Antwort an den Redakteur Paul Lindau, der für die neugegründete Zeitschrift »Nord und Süd« um einen Beitrag gebeten hatte: »Am liebsten hinge ich jetzt einmal alles Andere an den Nagel und schriebe ein Märchenbuch für Kinder, und das wird, ganz im Ernst, vielleicht auch der Fall sein. Die Welt rundum ist ganz darnach angetan; ihr Qualm, Blut- und Brandgeruch drückt Einen vollständig hin auf solch ein idyllisch ›Es war einmal‹. Daß Ihrem Publikum damit gedient wäre, ist mir freilich mehr als zweifelhaft! ... Sie aber werden diesen Brief sicherlich einfach ad acta legen: ›Was soll man mit dem Mann da weiter anfangen?‹« (Mitt. 1977, H. 2, S. 28).

Das ist Raabes Frage an sich selbst, und im privaten Notizbuch gibt er sich die hoffnungslose Antwort: »Dieses verdammte Leben ist wahrhaftig nicht so viel wert, daß man sein Selbstbewußtsein einen Augenblick länger festhält, als es unbedingt nötig ist« (Einfälle, 186). In solcher Stimmung der Ausweglosigkeit stellte sich Raabe der Konfrontation mit der eigenen Vergangenheit. Er war erst 46 Jahre alt, aber er fühlte sich am Ende angelangt. Das Jahrzehnt der Mißerfolge seit »Abu Telfan« hatte ihn mutlos gemacht, die Krankheit ihn geschwächt und die Novellenschreiberei ausgelaugt. Er war jetzt ein Mann in den besten Jahren und doch schon ein müder Greis, dessen Worte von seinen Zeitgenossen nicht mehr verstanden wurden, und der in seinen mürrischen Briefen fast wie ein störrisch-seniler Querulant wirkt.

Wenn man sich an Raabe erinnert, taucht im Gedächtnis stets das Bild eines alten Mannes auf, schwarzgekleidet, hager, mit hochgezogenen Schultern und ein wenig schattenhaft. Es ist dieser Schatten, der sich aus dem Hintergrund der Porträts erhebt, die der alte Fontane von der wilhelminischen Gesellschaft zeichnen wird. Er gibt den Bildern die Tiefe und deutet warnend den Untergang dieser geschäftig lauten Gesellschaft voraus. »Eine Blume, die sich erschließt, macht keinen Lärm dabei; auch das, was man von der Aloe in dieser Beziehung behauptet, halte ich für eine Fabel. Auf leisen Sohlen wandeln die Schönheit, das wahre Glück und das echte Heldentum. Unbemerkt kommt alles, was Dauer haben wird in dieser wechselnden lärmvollen Welt voll falschen Heldentums, falschen Glückes und unechter Schönheit« – so anzüglich beginnt Raabe 1877 seinen Roman »Alte Nester«.

Die erste, laut bejubelte Blütezeit der Gründerjahre war vorüber; 1875 fing selbst im ruhigen Braunschweig »die Zeit an, seltsam zu duften. Banken krachen zusammen, Fabriken stehen still, bejahrte Professoren der Geschichte rennen sich ganz nach römischer Weise den Dolch in die Brust, Giftmörder und Mörderinnen werden geköpft, und was das Kurioseste ist: sehr kopflose Menschen sind mit einemmale im Stande, den Finger an die Nase zu legen und zu bemerken: ›Ja, *so* haben wir das doch nicht *gedacht*!‹« (BAE 2, 181). Diesen Duft der Zeit wird Raabe dann seinen Lesern in »Pfisters Mühle« derart penetrant vor die Nase halten, daß sie sich entrüstet abwenden. Aber trotz Börsenkrach und Aktienschwindel, trotz rasch bankrotter Neugründungen und ruinierter Existenzen blieb die profitabel ausgekostete Freude am Triumph über Frankreich ungebrochen; das preußische Militär galt als Garant einer machtgeschützten Innerlichkeit und etablierte eine neue Gesellschaftsschicht, die bisher ungewohnte Umgangsformen in den bürgerlichen Alltag brachte. Der Unterschied zwischen »gedient« und »ungedient« riß einen Graben, wie er im Feudalzeitalter nur zwischen Lehensherrn und Leibeigenen bestanden hatte.

Dieser Riß ging nun quer durch alle Bevölkerungsschichten, setzte jeden »ungedienten« Bürger dem Spott aus, nichts für den Sieg, für das Vaterland, nichts für den neuen Wohlstand geleistet zu haben und folglich nur eine parasitäre Erscheinung zu sein. Der aus der Erfahrung nordamerikanischer Demokratie zurückgekehrte Just Everstein kommentiert diesen Zustand der zivilen Selbstentmündigung mit Verachtung: »Aber wir – das deutsche Volk im großen und ganzen, wie lange müssen wir noch selbst dem Unteroffizier dankbar sein, der uns zum Geradestehen animiert und uns das

Kinn mit der Faust in die Höhe stößt, um uns auf das stolze Blau über uns aufmerksam zu machen?!« (BA 14, 100). Erst bei Justs Erzählungen von den Erfahrungen im demokratischen Amerika merkt der über seinen Büchern altgewordene Fritz Langreuter, daß nicht Just »diese langen Jahre hindurch abwesend gewesen war..., sondern ich – ich, der ich so hübsch ordentlich zu Hause geblieben war!« (BA 14, 111).

Diesen im doppelten Wortsinn zurückgebliebenen Langreuter macht Raabe zum Erzähler seines Romans. Es ist kein Buch behaglicher Rückerinnerung, wie es vielfach mißverstanden wurde, sondern gerade durch die Konfrontation Langreuters mit der Vergangenheit ein Bericht voll bitterer Resignation. Raabe hat diese Geschichte als Rückblick auf sein Schriftstellerleben außerordentlich kunstvoll arrangiert. Er greift nämlich – das deutet bereits der Untertitel »Zwei Bücher Lebensgeschichten« an – auf seinen genau zwanzig Jahre zuvor entstandenen Jugendroman »Die Kinder von Finkenrode« zurück, dessen Figuren- und Erzählerkonstellation er hier nicht nur übernimmt, sondern den er auch insofern fortschreibt, als er den damaligen Erzähler Bösenberg hier wieder als Handlungsfigur »in die Literatur« einführt (Tgb. 22.6.1878), der nun freilich zum platten Spießer verkommen ist. Die Finkenroder Jugendträume von einer durch eine romantische Rückkehr erreichbaren Idylle sind verflogen; nichts ist mehr, wie es einst schien. »Und da sind wir wieder auf dem Wege, von dem wir erst im Anfange dieses Kapitels beim süßen Licht des Mondes und beim Lampenschimmer der Heimat zurückkehrten. Es ist wieder Sommer, und wieder steht Mondschein im Kalender. Wir gehen wieder auf Besuch zu dem Vetter Just nach dem Steinhofe; aber nicht nur, wenn zwei dasselbe tun, ist es nicht dasselbe: auch wenn man zweimal dasselbe tut, ist es gleichfalls nicht mehr dasselbige« (BA 14, 72). Zweimal war Raabe in seine Heimat zurückgekehrt: Aus Berlin als angehender freier Schriftsteller, der in der Heimat seinen Erfolg genießen kann, und aus Stuttgart als erfolgloser Autor, dem die Heimat jegliche Anerkennung verweigerte. Dieser biographische Hintergrund muß mitgedacht werden, wenn Langreuter seine Erfahrungen zusammenfaßt: »Sonderbarerweise aber dachte ich in dieser hellen, schönen Nacht, auf dieser Wanderung durch das friedliche vergessene Heimatdorf, nicht ohne ein Gefühl stiller Sicherheit an die große Stadt Berlin, meine kleine Stube und meine Tätigkeit, kurz an das Dasein, das mir dort zuteil geworden war. Es lag ein Gefühl von Wehmut darin, aber doch zugleich eine innerlichste Beruhigung: *sie, die anderen alle* konnten und durften heimkehren in das alte Leben, wann sie wollten, sie waren da zu Hause, *ich aber nicht* oder doch nie mehr so, wie sie noch zu jeder Zeit sein konnten. Resignation nennt man das mit einem Fremdwort, das wir wohl nicht so leicht aus dem deutschen Sprachgebrauch loswerden. Die deutsche Welt darf manchmal noch so süß in Mondenlicht und in weiche Redensarten gebettet liegen: wir wollen das scharfe, aber gesunde Wort festhalten und es uns durch kein anderes zu ersetzen suchen« (BA 14, 196f). Die Worte »Verzicht« oder »Entsagung« würden die Fakten durch die Suggestion aktiver Teilnahme verfälschen; hier bleibt nichts, als den Verlust hinzunehmen.

Kompensatorisch flüchtet der entwurzelte Langreuter in die Vertrautheit seiner Kinderbücher, und durch den Autor Raabe, von dem wir wissen, daß er in Phasen tiefer Ratlosigkeit zu seinen alten Schulbüchern griff und im hohen Alter nur diese überhaupt noch las, verteidigt er ausdrücklich den Fluchtcharakter solcher Lektüre: »Wehe dem, der niemals die grauen vier Wände um sich her mit diesem flimmernden, über die Stunde wegtäuschenden, segensreichen Lichtglanz überkleiden konnte! Was ist die nichtige dumme Phrase: Mein Haus ist meine Burg! gegen die so sehr unpolitische, so selten ausgesprochene und doch so tief und fest, ja manchmal mit der Angst der Verzweiflung im Herzen festgehaltene Überzeugung: Mein Luftschloß ist mein Haus!« (BA 14, 148).

Langreuter verteidigt die tägliche Selbsttäuschung aus dem Geist der Kindheit, und zur gleichen Zeit distanziert sich Raabe davon im Notizbuch: »Alles Glücklichsein ist das eines

Kindes im Theater. Das Alter weiß, wie die Dekoration von hinten aussieht und der Schauspieler zu Hause...« (Einfälle, 188). Der Bürger Raabe hat für seinen Konflikt keine Lösung gefunden, der Schriftsteller Raabe jedoch gewinnt mit der Einsetzung eines Erzählers wie Langreuter, der einerseits den allwissenden Autor früherer Werke ersetzt, andrerseits aber aufgrund seiner Mittelmäßigkeit eigentlich nicht in der Lage ist, über außerhalb der bürgerlichen Normen verlaufende Lebenslinien angemessen zu berichten, eine neue poetologische Möglichkeit. Sie kommt freilich erst Jahre später im »Stopfkuchen« und in den »Akten des Vogelsangs« zur vollen Entfaltung. Der passive Zeitschriftenleser, der an eine leicht konsumierbare Handlung gewöhnt ist, wird durch die Diskrepanz der Erfahrungshorizonte zwischen Erzähler und Protagonist dazu gezwungen, sich an die Stelle des offensichtlich inkompetenten Erzählers zu setzen und sich eine eigene Meinung über beide zu bilden. Genau dieses Angebot aber überforderte auf lange Zeit den Leser, weil es die Fähigkeit zur Selbstirritation voraussetzt. Solche Veränderung der Erzählhaltung war durch die Selbstkritik des immanenten Autors im »Horacker« bereits vorbereitet: »uns aber überkommt das bedenkliche Gefühl, als hätten wir im Laufe der Zeiten viel Worte unnütz an manch einem Orte verloren« (BA 13, 429).

Die Niederschrift der »Alten Nester« wurde nur unterbrochen, als Frau Bertha im Frühjahr 1878 meinte, die Wohnung müsse neu tapeziert werden, und Raabe vor dieser ihm ärgerlichen Störung zu seinem Bruder Heinrich floh, der als Amtsrichter nach Walkenried versetzt worden war. Eine Woche lang wanderte Raabe durch den Südharz, sah die Goldene Aue, die Porta Eichsfeldika und den Kyffhäuser, dann machte er sich wieder an die Arbeit. Auch dieser Roman ist unter ökonomischem Druck entstanden: »Ostern lassen wir Gretchen konfirmieren. Bis dahin muß ich noch ein tüchtiges Stück Manuskript schaffen, um die Kosten aufzubringen« (BAE 3, 300). Auf Paul Heyses begeisterte Reaktion nach der Lektüre, der darüber staunte, »in wie gleicher, nie absinkender Kraft und

Fülle das alles aus Ihrem lieben Gemüte quillt« (BA 14, 460),
antwortete Raabe mit entwaffnender Aufrichtigkeit: »Das
ganze Geheimnis meiner Schreiberei liegt darin, daß ich ...
aus der Not eine Tugend machen muß, um meine vier Mädchen Mlles Gretchen, Lisbeth, Clärchen und Gertrud durch
die hungrige Welt zu füttern und für ihr Schuhwerk und
Schulgeld Rat zu schaffen« (BAE 2, 201). Diese pragmatische
Erklärung ist keineswegs ironisch gemeint; das Schreiben
hatte für Raabe schon vor Jahren seine kompensatorische
Funktion des Beginns eingebüßt: Längst schrieb er nicht
mehr aus einem inneren Bedürfnis, sondern um sich und die
Familie zu ernähren. Als es ihm nach seinem 70. Geburtstag
allmählich möglich war, von den Neuauflagen seiner Werke zu
leben, pensionierte er sich selbst und legte die Feder beiseite.
Für einen Kollegen wie Storm, der seine Arbeiten gerne glorifizierte, hatte er nur Spott und Verachtung übrig. Ihm quoll es
nicht aus dem Gemüte, wie Heyse romantisierend meinte und
die frühere Raabeforschung andächtig nachbetete, sondern er
bot Produkte auf einem literarischen Markt an, über deren geringen Absatz er als »auf den ganz gemeinen ›pekuniären‹ Ertrag« (BAE 2, 428) angewiesener Autor mit Recht verärgert
war.

Das für ihn ungewöhnlich hohe Honorarangebot von 6000
Mark verleitete Raabe dazu, das Manuskript der »Alten Nester« dem Berliner Zeitungsredakteur Oskar Blumenthal zu
schicken, obwohl er wußte, daß ein Fortsetzungsabdruck der
künstlerischen Wirkung des Werkes nur schaden konnte.
Aber ästhetische Bedenken waren zweitrangig bei einem Honorar, das Raabes durchschnittliches Jahreseinkommen um
fast das Doppelte überstieg. Er wurde nach dem Umfang seiner Arbeit bezahlt, erhielt also für die Novelle »Vom alten
Proteus« nur 600 und für den »Horacker« 1200 Mark. Storm
freilich bekam 1876 für »Aquis submersus« schon 1800 Mark
und forderte von Westermann 1878 das Honorar von 1500
Mark *pro Bogen*, worauf ihm der Verleger antwortete: »Da ist
eine Forderung, die alle Honoraransprüche, die bis jetzt in

Deutschland gestellt wurden, weitaus übersteigt und die kein reeller Verlag erfüllen kann und darf.« Begehrten Autoren wie Paul Heyse wurde diese Summe ohne jede Verhandlung gewährt; für den Vorabdruck seines Romans »Kinder der Welt« erhielt er von der »Spenerschen Zeitung« in Berlin 15 000 Mark. Die Abonnenten waren freilich über dieses »unsittliche« Werk so entrüstet, daß die Abbestellungen das Blatt an den Rand des Konkurses brachten. Auch Spielhagen war ein Autor, der jede Summe fordern konnte. Für den gleichzeitigen Vorabdruck seines Romans »Sturmflut« (1876) in fünf Zeitungen erhielt er jeweils durchschnittlich 10 000 Mark.

Mit Blumenthals Angebot sah sich Raabe, der bislang eher mittelmäßig bezahlt worden war und nur durch ununterbrochene Arbeit auf das Gehalt eines mittleren Beamten kam, in den Rang eines Erfolgsautors versetzt. Er übersah dabei, daß Blumenthal, der zuvor seine sentimental-gefällige Skizze »Auf dem Altenteil« gedruckt hatte, bei seinem Angebot voraussetzte, daß der Autor einen für die Zeitung geeigneten Roman liefern würde. Blumenthal mußte das Manuskript zurückschicken und begründete die Ablehnung ebenso höflich wie sachlich: »Noch niemals habe ich ein Manuskript mit so schwerem Herzen abgelehnt wie Ihren Roman, denn ich weiß, daß ich da eine feine, liebenswürdige, fesselnde *Dichtung* aus der Hand gebe. Aber ich brauche Ihnen kein Wort über die barbarischen Forderungen des *Fortsetzungs*-Romans zu sagen. Diese Art der Veröffentlichung – vielleicht eine Mißgeburt unserer grobhäutigen Zeit – bedingt starke stoffliche Reizungen, die von Tag zu Tag das ungeduldige Interesse der Leser mit immer erneuten Sporenstichen weitertreiben. Bei Ihren ›Zwei Büchern Lebensgeschichten‹ liegt der Hauptreiz aber in den feinen Stimmungsfäden, mit welchen Sie uns leise und allmählich umspinnen – in der subtilen, scharfsinnigen Art, mit der Sie Menschen und Dinge schildern. Dies Buch ist gleichsam mit zu leiser Stimme erzählt, um in dem wirren Geräusch eines täglichen Blattes Gehör und Verständnis finden zu können« (BA 14, 459). Eine verständnisvollere Absage hatte

Raabe noch nie erhalten, gleichwohl war er wegen des entgangenen Honorars so enttäuscht, daß er ins Tagebuch mit blinder Verbitterung eintrug: »Grimm über die Berliner Judenschufte!« (Tgb., 19.3.79). Unversehens brachen hier die antisemitischen Vorurteile des Bürgers Raabe wieder hervor, die der Schriftsteller seit »Frau Salome« begraben zu haben glaubte. Westermann zahlte für den Vorabdruck schließlich nur das gewohnte Honorar von 3 000 Mark. Die Buchausgabe mit wenigen, meist negativen Rezensionen wurde kein Erfolg; eine zweite Auflage erschien erst nach siebzehn Jahren.

Am 14. Februar 1878 beglückwünschte Raabe seinen Freund Wilhelm Jensen mit einigen humorigen Sätzen zum Geburtstag und fügt mitten in den erstaunlich gutgelaunten Brief die Mitteilung ein: »Uns geht es in Erwartung des Weltkrieges bis jetzt und augenblicklich unberufen passabel« (BAE 3, 290). Wir wissen nicht, ob der Adressat Jensen sich über die Formulierung »in Erwartung des Weltkrieges« gewundert hat; die späteren Interpreten und Biographen hat sie jedenfalls nicht interessiert. Sie scheint zunächst auch nicht verständlich zu sein; zwar stand Rußland noch im Krieg gegen die Türkei um Bulgarien, aber nichts deutete auf eine globale Ausweitung dieses Konflikts, der auch rasch beigelegt wurde. Und doch klingen Raabes Worte so selbstverständlich, als hätte er sich mit einer Bedrohung des Weltfriedens bereits abgefunden. Zur Erklärung bietet sich Raabes asthmabedingter Medikamentenkonsum an, wie er ihn in einem Brief an Marie Jensen beschreibt: »Der Jacob Böhm'sche ›Salnitter‹ (Salpeter, W. F.) will wenig mehr helfen; Digitalis ist das Nächste, und zuletzt bleibt die letzte Hoffnung auf den braven Stoff Arsenik gestellt. So ist es!« (BAE 3, 279). Diese Aufstellung ist zu ergänzen durch Chlorhydrat und Fenchelwasser (BAE 3, 144). Insbesondere Chlorhydrat war eine typische Modearznei, deren Nebenwirkungen erst nach Jahrzehnten bekannt wurden. Das Medikament machte nicht nur süchtig, sondern bewirkte schon bei kurzem Gebrauch Schlaflosigkeit, Gedächtnisschwund und Halluzinationen. Raabes Bemerkung »Ich werde von Tag zu Tag dummer« (BAE 3, 291) sollte man nicht allzu ironisch verstehen, sondern vielleicht ernsthaft auf die Wirkung seiner Medikamente zurückführen. Trübsinn und Menschenscheu, akustische und optische Wahrnehmungsstörungen, zeitweiliges Verwirrtsein, aber auch rastlose geistige Produktion wurden nach der Einnahme, bzw. dem Absetzen von Chlorhydrat beobachtet.

Es scheint, als habe Raabe zumindest schubweise unter Angstvorstellungen gelitten, die sich bis zu apokalyptischen Visionen steigern konnten. Der Freund Adolf Glaser hatte dies, ohne es freilich als Zeichen einer kranken Psyche zu erkennen, bereits in der Zeit nach Raabes Rückkehr aus Berlin miterlebt; Raabe behauptete, daß Krieg, Pest und Hungersnot ausbrechen würden: »Die groteskesten Prophezeiungen konnte er dann mit der Miene der Überzeugung aussprechen und förmlich darin schwelgen« (BAE 4, 40). Wie ernst es Raabe aber meinte, zeigt nicht allein die Briefstelle an Jensen, sondern auch Tagebucheintragungen wie »Memento: Die Kinder und der Weltuntergang« (Tgb., 14. 10. 1881) und »Sonnig, wolkig. Weltuntergang?« (Tgb. 13. 11. 1899). Sein Schwiegersohn Paul Wasserfall hat dazu folgende Szene aus dem Jahr 1905 überliefert: »Als eines Tages einer seiner Enkel in des Dichters Arbeitszimmer fröhlich um ihn herumspielte, sagte er plötzlich: ›Armer Junge!‹ ›Nanu, warum denn armer Junge?‹ fragte seine Tochter, ›der hat es doch so gut.‹ ›Armer Junge!‹, wiederholte Wilhelm Raabe, ›der kommt mitten hinein‹ und ließ sich dann näher über seine dunklen Andeutungen aus, so daß erkennbar wurde, daß er den kommenden Weltkrieg und die Revolution gemeint hatte« (BAE 4, 190). Diese banale Deutung ex eventu sollte Raabe in den Rang eines Dichter-Sehers erheben, als den ihn später seine nationalsozialistischen Interpreten feierten.

In Wahrheit meinte Raabe tatsächlich den Untergang unserer Welt. An zentraler Stelle, fast genau in der Textmitte von »Pfisters Mühle«, legt er dem Poeten Lippoldes ein wildes Gedicht in den Mund, das rücksichtslos nihilistisch vom menschlichen »Kehrichtstaub des Weltenunterganges« spricht: »Einst kommt die Stunde – denkt nicht, sie sei ferne ...« (BA 16, 85 f). Raabe erlebte nicht nur derartige Visionen; er litt mit zunehmendem Alter an Halluzinationen. Möglicherweise halten die Tagebuchaufzeichnungen vom 28. November 1883 – bzw. vom 25. März 1884 solche Sinnestäuschungen fest: »M(emento). Groß(es) kosmisch(es) Phänomen« und »Das Flammen-Phänomen am südwestl. Himmel.« Zwar könnte es sich hier um Beobachtungen realer Vorgänge handeln, aber wenigstens zwei Vermerke im Tagebuch belegen, daß Raabe tatsächlich Gespenster gesehen hat. Ein halbes Jahr nach dem Tod seiner Tochter Gertrud heißt es: »Krank. Aufzug der G(e- spenster)« und wiederum sechs Monate später: »D(urch) die leere Viewegstraße; – Mittagsgespenst!« (Tgb. 13. 12. 1892 u. 26. 6. 1893). Schon zehn Jahre zuvor hatte er in dem Roman »Prinzessin Fisch« geschrieben: »Es wird wohl so sein müssen: Wenn einer Gespenster sehen soll, so sieht er sie auch am hellen, lichten Mittage« (BA 15, 246). Die Worte »müssen« und »sollen« sind aufschlußreich, denn Raabe versucht nicht, die Halluzinationen seiner Romanfigur als subjektive Phantasterei abzutun, sondern er läßt sie als unabweisbare Realität gelten. In zahlreichen Variationen sind Gespenster und andere Perzeptionsphantasmen in sein Werk eingegangen (fast 300 Belegstellen!), und es spricht alles dafür, daß Raabe an solchen Trugwahrnehmungen bis hin zu Depersonalisationserscheinungen selbst gelitten hat.

Anfänglich traten sie wohl im Zusammenhang mit einer beginnenden Schizophrenie auf, die ihm latent erhalten blieb. In den späteren Lebensjahren mit ihren verstärkten psychischen Krisen und den psychosomatisch bedingten Asthamaanfällen dürften begleitend auch die Nebenwirkungen seiner Medikamente für die Halluzinationen verantwortlich gewesen sein. So rauchte Raabe auch laut Tagebuch vom 22. Oktober 1883 Zigaretten mit Cannabis indica – er nahm also Haschisch.

Raabe lebte unter ständigem Arbeitsdruck. Am 18. Februar 1879 hatte er die Durchsicht der »Alten Nester« beendet, und schon am 16. März beginnt er mit dem nächsten Buch »Das Horn von Wanza«. Als im September eine Stockung eintritt, schreibt er resigniert an Marie Jensen: »Sonsten schreibe ich weiter und lasse drucken. Es wird mir aber immer schwerer und ich habe es herzlich satt; das kann ich Euch versichern« (BAE 3, 304). Wieder quälten ihn Asthma und eine Gesichtsneuralgie, aber er zwang sich an den Schreibtisch, denn seine Ersparnisse gingen zur Neige: »bei Bankier Meyer die letzten 500,– (abgeholt)« (Tgb., 19.1.1880). Am 16. Januar war das Buch beendet, am 24. Januar reichte Raabe das Manuskript bei Westermann ein und verlangte dafür mit 4500 Mark eine Summe, die deutlich über den bisherigen Honoraren lag. Noch am gleichen Tag fragte der Verleger irritiert zurück, ob sich Raabe nicht geirrt hätte, denn das Buch wäre sogar dünner als die »Alten Nester«. Darauf antwortete Raabe wiederum am gleichen Tag: »Was den geringeren Umfang des ›Horn von Wanza‹ gegen die ›Alten Nester‹ betrifft, so ist mir derselbe wohl bekannt, aber das neue Buch hat mich die doppelte Arbeit wie das vorige gekostet, und es steckt vor allen Dingen wiederum die volle Anstrengung eines ganzen Jahres darin« (Br. ungedruckt). Friedrich Westermann, der nach dem Tod von George Westermann im Herbst 1879 die Leitung des Verlages übernommen hatte, akzeptierte diese Erklärung und zahlte das verlangte Honorar. Drei Tage nach dem Schlußstrich unter dieses Manuskript begann Raabe am 19. Januar 1880 schon wieder mit der Arbeit an dem nächsten Roman »Fabian und Sebastian«, der am 13. Februar 1881 beendet war – drei Tage später saß Raabe wiederum über einem neuen Buch.

Die einzige Erholung, die sich Raabe zwischen dieser zermürbenden und seiner Gesundheit äußerst abträglichen Anstrengung gönnte, waren ein kurzer Sommerurlaub mit der Familie im Harz und im September 1880 eine Reise zu Jensens nach Freiburg. Endlich traf er Marie wieder, die bei dieser Gelegenheit zwei gut gelungene Ölporträts von ihm malte und ihn eines davon als Weihnachtsgeschenk auswählen ließ. Bei diesem sehr harmonisch und – anders als in Flensburg – ohne Asthmaanfälle verlaufenen Besuch lernte Raabe die Freiburger Bekannten der Familie Jensen kennen, darunter vor allem die Dichterin der »Geier-Wally«, Wilhelmine von Hillern, den beliebten Lustspielautor Gisbert von Vincke und den Maler Emil Lugo, bei dem Marie immer noch Unterricht nahm. Mit Wilhelm Jensen unternahm er Ausflüge in den Schwarzwald und in die Rheinebene; gemeinsam reisten sie nach Basel, wo Raabe im Museum besonders Holbeins Gemälde bewunderte.

Es waren glückliche und unbeschwerte Wochen wie seit langem nicht mehr, aber sogar in dieser Zeit arbeitete Raabe: Er las die Korrekturen zur Buchausgabe des »Horn von Wanza«. Es ist bezeichnend, daß er es vorgezogen hatte, seinen Geburtstag zusammen mit der Freundin und nicht mit Frau Bertha und den Kindern zu feiern. Kaum aber hatten ihn zu Hause die Alltagssorgen wieder eingeholt, schreibt er resigniert ins Notizbuch: »Das Beste, was der Mensch im Leben haben kann, ist ein Stück von dem, was er im Tode ganz haben wird – Ruhe« (Einfälle, 193). Ein wehmütiger Brief von Marie erinnerte ihn noch einmal an die sorglosen Tage: »Und Alles ist leider wieder wie zuvor! Die Uhren gehn, die Glocken schlagen, einförmig wechseln Tag und Nacht; ich aber kann es nicht ertragen, daß dort, wo sonst *Dein* Stuhl gestanden, schon andre ihre Plätze fanden ...« (BAE 3, 316). Auch Raabe fand nur mühsam in den Arbeitsalltag zurück: »Mit wenig Erfolg habe ich mich bis dato abgequält, die Fäden meines augenblicklich in Arbeit befindlichen literarischen Tisch- und Wischtuches von Neuem zusammenzuknoten und in das alte Geleise und Geleier wieder hereinzukommen. Auch ohne den Schnupfen im Kopfe kam mir das ganze Wesen entsetzlich dumm, höchst ›ekel, schal und unersprießlich‹ vor« (BAE 3, 318f).

Drei Tage nach der Beendigung von »Fabian und Sebastian« begann er mit dem Konzept einer neuen Erzählung unter dem Titel »Zu spät im Jahr«, den er später in »Prinzessin Fisch« ändern wird. Die ältere Forschung war der Meinung, daß Raabe in der ernüchternden Liebessehnsucht des jungen Theodor Rodburg zur schönen Frau Romana, die sich ein alternder Kriegszahlmeister in Mexiko eingekauft hatte, zum letzten Mal ein Motiv seiner Jugendbücher behandelt und nun endlich abschließt, das auf ein frühes, vielleicht mit dem ominösen Datum des 29. November 1854 verbundenes Erlebnis zurückgeht. Zwar scheint es auf den ersten Blick die Geschichte einer kaum erwiderten Liebe zu sein, die hier unter dem Titelsymbol aus Goethes Gedicht »Der neue Amadis« erzählt wird, aber hinter der glitzernd emaillierten »Prinzessin Fisch« verbirgt sich nicht eine reale Frauengestalt, sondern die Illusion des Erfolgs. Vermutlich las er schon Goethes Gedicht als eine Paraphrase auf den eigenen Schriftstellerweg; in der erzählerischen Aneignung versucht er nun eine symbolische Darstellung seines Scheiterns als Autor: Zwar liebt der schüchterne Theodor die verführerische Romana aus der Ferne, aber mit seiner altmodischen Zurückhaltung erreicht er nichts. Ein Spekulant aus seiner Familie, sein eigener Bruder, erobert sie leichthin, und Theodor muß sich tief verletzt von allen Illusionen über das Leben trennen.

Es ist die Geschichte eines Schriftstellers; das zeigt ein Absatz im ersten Entwurf, der von Raabe sofort wieder gestrichen worden war: »Stelle ich mich in diesen Aufzeichnungen gewissermaßen vor den Spiegel, so ist es wahrlich nicht, um Mienen und Attitüden davor zu probieren und studieren. Die Knochen tun mir allgemach zu weh dazu, um noch viel Kunst darauf zu wenden, mich den Leuten als – guten Komödianten zu zeigen. Wahrlich, ich werde keine Komödie in diesen Aufzeichnungen spielen, und wer das erwartet haben sollte, der gehe hin und lasse sich sein Eintrittsgeld an der Kasse wiedergeben. ›So schauspielern Sie doch, lieber Herr?‹ Nein. Aber ich lasse drucken und bin in den Leihbibliotheken zu haben und werde von den Buchhändlern zur Ansicht verschickt« (BA 15, 597). Nur gekauft wird sein Werk nicht, ließe sich noch hinzufügen, aber jene Sätze verweisen auch so deutlich genug auf Raabe und seinen Unwillen, sich als gelenkiger Poet dem Publikum zu präsentieren. Mit »Prinzessin Fisch« beginnt im Jahr seines 50. Geburtstags die Reihe seiner rücksichtslos subjektiven Romane. Es war Raabe gleichgültig geworden, welche Resonanz er bei der Kritik hatte; es ging ihm nur noch darum, für den Lebensunterhalt seine Manuskripte bei einer Zeitschrift unterzubringen und unter der Oberfläche der Texte möglichst viel von den eigenen künstlerischen Wertvorstellungen zu retten.

Wie er seine Niederlagen in Trotz verwandelte, zeigt eine kleine Szene aus dieser Zeit: Beim Spazierengehen sagte seine Frau angesichts einer schönen Villa: »So möchte ich auch wohnen!« Und Raabe antwortete: »Das könntest Du alles haben, wenn ich wollte. Ich will aber nicht!« (Pongs, 426). Da er nicht die »bekannten breiten Bettelsuppen« (BF, 164) anbieten wollte, nahm er die Nichtachtung der zeitgenössischen Leser verärgert hin, ohne freilich die Hoffnung auf Anerkennung ganz aufzugeben. »Es gibt zweierlei Arten von Büchern. Die einen lesen die Leute, weil sie wollen, die andern, weil sie müssen. Die letztere Art ist die wahre. Die Generation, welche nicht gewollt hat, ist hin; jetzt kommen die Geschlechter, welche müssen« (Einfälle, 197). Mit ihnen hat Raabe gerechnet, und für sie beginnt er nun zu schreiben.

Man muß Bücher schreiben, die gewinnen, wenn das Geschlecht, das sie später liest, andere Röcke und Hosen trägt.
6. Sept. 1873. Nachts 11¼ Uhr

Meisterschaft und falscher Ruhm

DAS JAHR 1881 VERGING eintönig in Arbeit und Krankheit. Auf ein erstes Anzeichen seiner späten Entdeckung als seriöser Schriftsteller durch Eduard Engel, den Redakteur des »Magazins für die Literatur des In- und Auslands« reagierte Raabe noch sehr zurückhaltend: »Ich bin so wenig an solche freundliche Anteilnahme von Seiten der Kritik an meinem literarischen Schaffen gewöhnt, daß sich wirklich allgemach ein wenig Erstaunen in das Behagen mischt, wenn ich einmal solch ein gutes Wort zu Gesicht und zu Ohren bekomme, und – ein gewisses komisch-klägliches Gefühl mischt sich auch hinein. Wenn man nämlich siebenundzwanzig Jahre nicht als Handwerker, sondern mit dem Willen und Bewußtsein, eine Kunst zu treiben, zwischen Fallen und Aufstehen seinen Weg gegangen ist, so hat man im fünfzigsten Lebensjahre wohl das Recht, ein wenig müde zu sein, und fürchtet sich dann gewissermaßen, *jetzt entdeckt* und als etwas ganz Neues und *Frisches* hingestellt und wohlmeinend aufgefordert zu werden, *nunmehr* seinen Weg zu beginnen ... Die beste Schaffenszeit liegt mit dem verflossenen Vierteljahrhundert nun doch einmal hinter mir, und ich kann nicht mehr für das Winterobst einstehen, was ich möglicherweise noch von den Bäumen schüttle« (BAE 2, 229). Eduard Engels Lob galt allerdings nicht einem problematischen Text wie »Zum wilden Mann« oder »Frau Salome«, sondern der eher gemütlich-historischen Erzählung »Das Horn von Wanza«, die auch Theodor Fontane gerne gelesen hatte. In einem Brief an seine Frau (25. Juni 1881) verglich Fontane Raabes Text mit der Erzählung »Rauch« von Turgenjew und gab Raabe den Vorzug. Sehr zu Recht hatte Fontane an Engel geschrieben: »Hätte Raabe mehr Kritik, so wäre er absolut Nr. 1« (Fontane, 222), aber die in Raabes frühen Werken häufig beklagte Vertreibung deutscher Intellektueller durch die Behörden zeigte nun in der

Wilhelm Raabe, 1882

zweiten Hälfte des Jahrhunderts ihre verheerende Wirkung: das Niveau der Literaturkritik entsprach einem Publikum, das in seiner stillosen Selbstgefälligkeit schwelgte und möglichst angenehm unterhalten werden wollte.

Der 50. Geburtstag ging von der Öffentlichkeit unbemerkt vorüber; die Braunschweiger Zeitungen hielten den Jubilar für unbedeutend und schwiegen, nur Raabes Stammtische hatten sich vorbereitet. Sein Nachbar Ludwig Hänselmann, der den »Buern vom Kreyenfelde« ebenso angehörte wie den »Kleidersellern«, ließ ihm frühmorgens um sieben Uhr im Garten ein Ständchen blasen und überbrachte drei Stunden später ein eigens auf Bütten gedrucktes Versepos der »Kleiderseller«.

Viel mehr jedoch freute sich Raabe über den Geburtstagsartikel Hans von Wolzogens im »Deutschen Tageblatt«, den er mit der Frühpost erhalten und noch zu den Klängen der Blaskapelle gelesen hatte: »Wahrhaftig, Sie haben mir eine Freude gemacht; und ich, der ich für mein literarisch Feuerwerk im deutschen Volke im Großen und Ganzen doch nur ein Publikum von Zaungästen gehabt habe, ich fasse jede Hand fest, die mir zu einem andern verhelfen und auf meinem Wege weiter

Bertha Raabe, um 1880

helfen will!« (BAE 2, 235). Dieser neuen Bekanntschaft mit dem Wagnerfreund ist es wohl zu verdanken, daß er mit Bertha am 2. April 1882 im Alstadtrathaus einen Vortrag über Richard Wagner besuchte. Als ihn der Schriftsteller Rudolf Huch um das Jahr 1886 am Stammtisch der »Kleiderseller« traf, erwähnte er, »daß Richard Wagner ihn hoch schätzte. Er war wie elektrisiert und rief mit einer bei ihm seltenen starken Stimme: ›Weiß ich!‹ Offenbar legte er großen Wert auf diese Hochschätzung. Wagner hatte geschrieben, ich weiß nicht mehr wo, mit der zeitgenössischen Literatur wäre nicht viel Staat zu machen, nur in Braunschweig säße ein kaum beachteter Dichter ...« (BAE 4, 94). Der Besuch des Vortrages war eine der höchst seltenen Gelegenheiten, an denen Raabe am offiziellen Gesellschaftsleben der Stadt teilnahm. Gewöhnlich hieß es: »Wir leben sehr still für uns; ich kann bei meiner Arbeit und Lebenstätigkeit keinen großen und weiten Verkehr mit den Menschen gebrauchen; und auch meine Frau hat sich nie viel daraus gemacht« (BAE 2, 236). Das stimmte zwar nicht, denn Frau Bertha hatte die geselligen Jahre in Stuttgart mit den häufigen Theaterbesuchen doch sehr genossen, aber in Braunschweig verschwanden die seidenen Abendkleider in einer Truhe auf dem Dachboden, bis die Eltern ab 1882 ihre älteste, inzwischen zwanzigjährige Tochter zu regelmäßigen Tanzabenden begleiten durften; Raabe berichtet darüber dem Freund Jensen: »Habe vorgestern Nacht, Morgens 2 Uhr, zum erstenmal seit einigen u. zwanzig Jahren wieder die ›Française‹ in einem Ballsaal verübt, und zwar diesmal mit ältestem Fräulein Tochter und nicht ohne Vergnügen. Wünsche Dir zu dieser Deiner demnächstigen Vaterpflicht auch allen Humor und notwendige Schwindelfreiheit« (BAE 3, 340f).

Ende Mai 1882 stirbt in Stuttgart sein Freund und Kollege Edmund Hoefer, in dessen Ende er eine schreckliche Vorahnung für sein künftiges Schicksal sieht: »Das ist denn eine wahrliche, wirkliche Tragödie, bei der Unsereinem im vollen Ernste die Haare zu Berge stehen. Drei Jahre lang ist der arme Mensch langsam mehr und mehr dem Blödsinn und vollständigen Vermögensverfall entgegengesunken. Bis zuletzt noch ist er nach seiner Art Morgens 3 Uhr zu seinem Schreibtisch gekrochen, hat aber – *nichts mehr gewußt*. Und am Tage hat er dann gesessen und Patiencekarten zusammengerollt und sie als Zigarren anzünden wollen« (BAE 3, 342f). Nichts hat Raabe seither mehr gefürchtet als solch ein Verenden, zumal er nun fortschreitend unter den Nebenwirkungen seiner regelmäßig eingenommenen Medikamente, wie partiellem Gedächtnisschwund, zu leiden begann. Nur engsten Vertrauten wagte er, diese Furcht mitzuteilen. Der Oberlehrer Wilhelm Brandes, der ab 1883 zum Stammtisch der »Kleiderseller« gehörte, erinnert sich: »Der Dichter selbst trug sich in seinen späteren Lebensjahren ... mit der Besorgnis, es würde ihm gehen wie dem im hohen Alter verblödenden Kant; er las viel über dessen Leben und beobachtete sich selbst auf alle möglichen Vorzeichen des Kindischwerdens, wozu auch er das lebhaftere Erwachen von Kindheitserinnerungen, das ›Heimweh nach der Jugend‹ rechnete« (BAE 4, 274). In dieser begründeten Angst liegt der eigentliche Grund für das Verstummen Raabes als Schriftsteller nach 1898; das Fragment »Altershausen«, an dem er für sich allein noch bis 1902 zeitweilig arbeitete, zeigte ihm mit der zwanghaften Rückkehr in die Kindheitserinnerungen, daß die Zeit reif war zum Aufhören.

Die in den Unterbrechungen ständiger Asthmaanfälle geschriebene Erzählung »Villa Schönow«, in der Raabe einen dem Gründerzeitgeist entgegengesetzten Berliner Charakter schildern wollte, sandte er im April 1883 an Westermann in der Hoffnung, sie »werde ein im besten Sinne populäres Buch werden« (Br. v. 3. 4. 83; ungedr.). Als genau ein Jahr später die erste Fortsetzung erschienen war, gingen bei der Redaktion der Westermannschen »Monatshefte« so zahlreiche Leserbriefe ein, die sich über die breite Langeweile des Textes beschwerten, daß der inzwischen vom Verlag nach Berlin versetzte Adolf Glaser eigens nach Braunschweig kam, um mit dem Autor zu sprechen. Das Ergebnis der Unterredung hat Raabe im Tagebuch lakonisch festgehalten: »Man hat genug von Raabe; – seine letzten Bücher gleichen einander zu sehr« (Tgb., 29. April 84). Dennoch gibt er einen Monat später auch die neue Erzählung »Pfisters Mühle« an Westermann, aber Glaser bringt sie ihm am 5. Juni persönlich zurück: »Ende der Verbindung mit der Verlagsbuchhandlung George Westermann«, heißt es stoisch im Tagebuch. Damit endete – vorläufig – eine fast dreißig Jahre währende Verlagsverbindung, die mit dem Abdruck des eigentlich ersten Werkes von Raabe, dem »Student von Wittenberg«, begonnen hatte und in deren Verlauf auch fast ebenso viele Arbeiten von ihm bei Westermann erschienen waren.

Raabe war von Glasers Worten, die das Urteil des Zeitschriftenpublikums wiedergaben, tief getroffen, doch für einen Rückzug in verbitterte Resignation blieb ihm keine Zeit, denn »Pfisters Mühle« mußte untergebracht werden. Das Thema war aus seiner nächsten Umgebung gekommen. Im März 1882 hatten die »Kleiderseller« ihren Stammtisch nach Riddagshausen in den »Grünen Jäger« verlegt, und der Weg dorthin führte Raabe jeden Donnerstag über den Wabebach, ein ehemals klares, fischreiches Gewässer, das aber nun zu einer milchig-weißen Brühe verkommen war, in der die Fische bauchoben schwammen. »Erfreulich war's nicht anzusehen«, meint der junge Erzähler Pfister, der noch einmal an die Stätte seiner Kindheit, zur stillgelegten Mühle seines Vaters, zurückkehrt. »Aus dem lebendigen, klaren Fluß, der wie der Inbegriff alles Frischen und Reinlichen durch meine Kinder- und ersten Jugendjahre rauschte und murmelte, war ein träge schleichendes, schleimiges, weißbläuliches Etwas geworden, das wahrhaftig niemand mehr als Bild des Lebens und des Reinen dienen konnte. Schleimige Fäden hingen um die von der Flut erreichbaren Stämme des Ufergebüsches und an den zu dem Wasserspiegel herabreichenden Zweigen der Weiden. Das Schilf war vor allem übel anzusehen ...« (BA 16, 53). Wucherungen von Beggiatoen und anderen Wasserpilzen hatten den Uferbewuchs befallen. Durch diese Pilze wurden besonders die beiden weiter unterhalb an der Schunter gelegenen Wassermühlen von Bienrode und Wenden geschädigt, denn der Pilz drang in die Turbinenkammern ein und brachte so die Mühlen zum Stillstand. Die Ursache dafür waren die in den Wabebach geleiteten Abwässer einer großen Zuckerfabrik.

Die Mühlen gehörten übrigens jenem Herrn Theodor Müller, der als Hausbesitzer die Familie Raabe im Februar 1882 aus der bequemen Krähenfelder Wohnung herausgekündigt hatte, so daß Raabe keinen Anlaß hatte, dessen geschäftlichen Verlust zu bedauern, und vielleicht hätte er diesen ersten deutschen Roman über ein ökologisches Thema nicht geschrieben, wenn nicht ein Zufall zu Hilfe gekommen wäre: An Raabes Stammtisch saß im Winter 1882/83 der junge Chemiker Heinrich Beckurts, der in dem Prozeß des Mühlenbesitzers gegen die Zuckerfabrik als Gutachter tätig war – eine Pionierleistung, denn erst mit diesem Gutachten wurde die Abwasserbiologie zur Wissenschaft. Von Beckurts ließ sich Raabe die Zusammenhänge erklären und erkannte, daß hier vielleicht »nicht die größte, aber eine von den größern Fragen der Zeit« verhandelt wurde: »Deutschlands Ströme und Forellenbäche gegen Deutschlands Fäkal- und andere Stoffe« (BA 16, 116).

Es ist für Raabes symbolischen Realismus kennzeichnend,

daß dieses naturwissenschaftlich aktuelle Thema zugleich eine poetologische Ebene besetzt. Wenn gesagt wird: »Da schwatzen die Narren immerfort über die Bitterkeit der Welt. Da können sie sie niemals süß genug kriegen, und da – stehen wir, das Leid der Erde wiederkäuend, vor dem neuen Tor« (BA 16, 99), dann ist damit nicht nur die Zuckerindustrie gemeint, sondern auch die blühende Romanfabrikation, die dem Bürger den Feierabend versüßen sollte und dem Autor Raabe mit seinen herberen Themen den Zugang zum Publikum versperrte. »Zuviel Zucker – zuviel Zucker – viel zuviel Zucker in der Welt, in der wir leben sollen« (BA 16, 65). Solche Anspielungen auf einer zweiten Ebene des Romans, die auch den Text über die Schokoladenfabrik »Fabian und Sebastian« mehrdeutig lesen lassen, wurden damals nicht verstanden.

Raabe wußte, daß schon das eigentliche Thema der Naturzerstörung durch die Industrie beim Publikum auf Schwierigkeiten stoßen würde. Niemand will sich am verdienten Feierabend mit den Problemen beschäftigen, die er mit seiner täglichen Arbeit erst verursacht. Da das Lesepublikum immer noch überwiegend weiblich und für ein spröde naturwissenschaftliches Thema schwer zu interessieren war, glaubte Raabe, eine akzeptable Lösung gefunden zu haben: Er führte mit der Frau des Erzählers eine ahnungslose junge Dame ein, die stellvertretend für die unwissenden Leserinnen stehen sollte. Unter der Hand geriet ihm aber diese Figur zu einer so hohnvollen Karikatur der Dümmlichkeit, daß sie ihren eigentlichen Vermittlungszweck verfehlen mußte und die Leserinnen eher noch in dem Glauben bestärken konnte, sie bräuchten von diesem aktuellen Thema nichts zu begreifen, da dies Männersache sei.

Nach der Ablehnung durch Westermann wandte sich Raabe an Johann Grunow vom »Grenzboten«, der ihm zwar eine Veröffentlichung in Aussicht stellte, aber noch keine finanziellen Zusagen machen wollte, so daß Raabe bei Julius Rodenberg, dem Herausgeber der »Deutschen Rundschau« anfragte. Nach einer grundsätzlich positiven Antwort folgte am 29. Juni 1884 die eindeutige Zurückweisung des Manuskripts: »Bis dahin, wo es in Pfister's Mühle übel zu riechen beginnt, war alles gut gegangen; aber über diesen Punkt konnte ich nicht fortkommen ... – ich spürte zuletzt nur noch diesen fatalen Geruch, der mir die Freude an Pfisters Mühle verdarb. Es soll damit nicht gesagt sein, daß jeder so denken und fühlen wird wie ich; andre mögen anders empfinden, da das, was Sie darstellen, unzweifelhaft eine Tatsache des wirklichen Lebens ist und als solche vielleicht das Recht hat, dargestellt zu werden. Aber in Sachen des Geschmacks ebenso wie in denen der Moral, darf, nach meiner Meinung, der verantwortliche Herausgeber einer Zeitschrift so wenig wie möglich riskieren ....« (BA 16, 521).

Obwohl Grunow schließlich an dem Werk nichts Anrüchiges fand und es druckte, war Raabe durch die doppelte Ablehnung zutiefst deprimiert: »Als *deutscher* Erzähler komme ich hoffentlich nicht wieder auf diese Welt! Ich habe an der einmaligen Inkarnation gerade genug« (BAE 2, 243). Aus dieser Niederlage heraus mußte er sich einen neuen Verleger suchen, wodurch auch die erhoffte Gesamtausgabe seiner Werke in die Ferne gerückt war. Seine geringe Motivation, überhaupt noch weiter zu arbeiten, wurde verstärkt durch ein stetig sich verschlechterndes Allgemeinbefinden. Schon zwei Jahre zuvor hatte er an Marie Jensen geschrieben: »Ohne ›krank‹ gewesen zu sein, bin ich auf einmal *alt* geworden, müde, ärgerlich und was sonst dazu gehört« (BAE 3, 350). Seine nervösen Schwächezustände und Ausfallerscheinungen häuften sich; im Juli 1883 klagte der noch nicht Zweiundfünfzigjährige über eine seit Monaten anhaltende vollständige Willenlosigkeit: »Ob ich hieran einmal ganz zu Ende gehen werde, weiß ich nicht, aber das kann ich sagen, daß mich seit längerer Zeit die kleinste Tathandlung, jeglicher Weg und vor allem jeder Brief die unsäglichste Selbstüberwindung kostet« (BAE 3, 354); und nun, ein Jahr danach, gesteht er Marie, daß er am liebsten Feder und Papier in die Ecke werfen würde –: »wenn ich's möglich machen könnte« (BAE 3, 368).

Aber Raabe mußte an den Schreibtisch zurück, um das Schulgeld für die Töchter zu verdienen. Seine sich später zur Schlafsucht steigernden Apathiezustände waren nicht allein depressiver Natur, sondern auch in einem verhängnisvollen Kreislauf die Folge der regelmäßig benötigten Medikamente gegen sein psychogenes Asthma, mit denen eine Blutdrucksenkung bei verlangsamter Herztätigkeit erreicht wurde, wodurch er – wie Proust – äußerst kälteempfindlich wurde: Jedem Besucher fiel das ständig überheizte Arbeitszimmer auf.

Dennoch begann Raabe noch während der Verlagsodyssee von »Pfisters Mühle« den nächsten Roman »Unruhige Gäste«, der aus Unkenntnis der literarischen Quellen und unter der Erzählebene verlaufenden Anspielungen auf die zeitgenössische literartheoretische Diskussion nicht selten als »christliches« Zeugnis mißverstanden worden ist – eine Interpretation, die Raabes Absichten völlig zuwiderläuft, wenngleich er mit der Ansiedlung im Pfarrhausmilieu den Anstoß zu solcher Fehldeutung gegeben hat. Die literarischen Paten jedoch sind zwei damals höchst umstrittene Autoren der Avantgarde: Ibsen und Zola. Den Skandalroman »Nana« hatte Raabe, laut Tagebuch vom 2. April 1882, in einer Nacht durchgelesen; Ibsens Schauspiel »Ein Volksfeind« war im Jahr der Uraufführung 1883 auf deutsch bei Reclam erschienen. Es geht zurück auf einen Vorfall, den der Sohn des Betroffenen, der Schriftsteller Alfred Meißner, Ibsen erzählt hat: Sein Vater arbeitete als Badearzt im böhmischen Teplitz. Als dort 1831 die Cholera auftrat, informierte Meißner die örtlichen Behörden, die jedoch kein Interesse daran hatten, die zahlreichen Kurgäste zu warnen. Als Urheber eines geschäftsschädigenden Gerüchts wurde Meißner schließlich aus der Stadt gejagt; in Böhmen starben bis 1833 über 20000 Personen an der Seuche.

Als Raabe die Dramatisierung dieser Geschichte las, mußte er sich an ein eigenes Erlebnis erinnert fühlen: Im Sommer 1860 hatte er auf einer Harzwanderung seinen Schwager in Hüttenrode besucht und im Tagebuch notiert: »Die Hütte mit den Faulfieberkranken« (Tgb., 16.7.1860). Erst jetzt, fast ein Vierteljahrhundert später, konnte er diesen Eindruck nach der Anregung durch Ibsens Drama verwerten; im ersten Kapitel des Romans findet der Leser die Quarantänehütte, in der am Rande eines Kurortes die an Flecktyphus erkrankte Frau stirbt. »Die Badeverwaltung hatte wahrlich das Ihrige getan, alle verdrießlichen Folgen des betrüblichen Zufalls und jedes böse Gerücht davon im Keime zu ersticken« (BA 16, 290). Vor dieser Hütte trifft die männliche Hauptfigur Veit Bielow auf Phoebe, die Schwester seines Jugendfreundes, der als Pfarrer in dem Dorf lebt.

Von Beginn an wird Bielow mit einem zentralen Begriff der naturalistischen Poetik als »Beobachter« (BA 16, 184) charakterisiert, und auch die Gestaltung Phoebes, deren Name für Bielow »hellenisch« klingt (BA 16, 190), also auf die Göttin des Mondes und der Liebe verweist, antwortet auf Zola, denn im ersten Kapital von »Nana« tritt die Titelheldin als blonde Venus auf. Freilich war es Raabe unmöglich, seinen Lesern eine derart durch ihre erotische Attraktion definierte Gestalt zuzumuten. Er geht den umgekehrten Weg: Phoebes Handeln wird wesentlich durch die Verdrängung ihrer Sexualität bestimmt, und Raabe kann die sublimierte Erotik in ihrer Nicht-Beziehung zu Bielow nur metaphorisch anläßlich eines gemeinsamen Spaziergangs andeuten: »Die Schmetterlinge flatterten über den Blumen und tauchten ihre Saugrüssel in einen Honigkelch nach dem andern. Ob sie sich darum neideten und stritten wie Menschen, können wir nicht sagen; aber daß sie sich wie Menschen im zierlichen Liebesspiel, aufsteigend zum Blau und niederfallend ins Grün, umtanzten in den heißen Lebenslüften, das war unzweifelhaft« (BA 16, 234). Elf Jahre später verwendet Raabe in »Hastenbeck« dieses Bild noch einmal und ebenso eindeutig: »Wo Blumen blühen, flattern auch die Schmetterlinge, und es war wahrlich ein bunt und lebhaft Geflatter um das schönste Blümlein im Boffzener Pfarrgarten. Frau Johanne Holtnicker hatte ... ihre Not, all die gespitzten Saugrüssel abzuwehren von ihrem lieben Rosenmädchen« (BA 20, 46).

Noch während der Niederschrift des Romans erhielt Raabe von der »Gartenlaube« die Bitte um einen Beitrag. Die »Gartenlaube« hatte zu dieser Zeit eine Auflage von fast 300 000 Exemplaren und wurde quer durch alle Gesellschaftsschichten von mehr als einer Million Menschen gelesen. Raabe wußte, daß sein Roman nicht für solch ein Massenpublikum taugte, deshalb bot er ihn zunächst Grunow an: »Feuilletonsfüllsel ist es (leider!) aber nicht geworden« (BA 16, 546). Da der Verleger von »Pfisters Mühle« diese neue Arbeit, in der noch deutlicher vom »bösesten Erdengeruch« (BA 16, 184) erzählt wird, nicht übernehmen wollte, gab Raabe das Manuskript an die »Gartenlaube« und betonte in der Vorahnung kommender Schwierigkeiten, daß an der Geschichte nichts zu ändern sei. Tatsächlich mußte er noch lange nach der Annahme, bis in den September des Jahres 1885 hinein, mit dem Verleger um zahlreiche Änderungswünsche streiten; selbst an seinem 54. Geburtstag mußte er zur Feder greifen, um die beabsichtigte Streichung eines Zitats aus dem »Tristram Shandy« abzuwehren, das nach Meinung des Verlegers die Leserinnen nicht verstehen würden: »die paar Sätze tun Ihrem Blatt keinen Schaden, und der, welcher es der Unruhigen Gäste wegen hat wegwerfen wollen, hat das schon vor dem letzten Kapitel getan! Aber Sie irren sich in Ihrer Befürchtung: ich habe diesmal *alle* Frauen für mich, und die lesen über eine etwas dunklere Stelle in Zustimmung und Rührung gottlob noch leicht weg. Ich bitte Sie inständig, hochverehrter Herr, verderben Sie mir nicht durch eine solche Schlußverstümmelung die Freude an meinem Werke! Ich weiß es wohl, die meisten meiner Herrn Kollegen haben bessere Nerven in dieser Hinsicht; aber ich habe auch niemals des bloßen Manuskriptverfertigens wegen geschrieben!« (BAE 2, 246).

Raabe irrte. Er war gänzlich ahnungslos in der Einschätzung seines anonymen weiblichen Publikums. Vielleicht rächte es sich hier, daß er seine Frau – oder zu diesem Zeitpunkt auch seine erwachsene Tochter – von seiner Arbeit strikt ausschloß; sie hätten ihm sagen können, ob er die Leserinnen auf seiner Seite haben würde; aber da er die zweifellos dabei notwendigen Kompromisse vermeiden wollte, mußte er schließlich die Last der Verlegerschelte auf sich nehmen: »Die Gebildeten unter unseren Lesern zollen dem Roman uneingeschränktes Lob, aber die große Mehrzahl hat Sie gegen Schluß hin nicht mehr verstanden und klagt darüber« (BA 16, 549). Mit der »Gartenlaube« hatte also Raabe nicht die erhoffte neue und dauerhafte Verlagsverbindung gefunden. Sein Versuch, mit dem Roman »Unruhige Gäste« poetologisch den Anschluß an die literarische Avantgarde des Auslands zu finden, wurde nicht bemerkt.

Er war nahe am Selbstmord. Das Tagebuch verzeichnet am
10. November 1884: »Lebensnot« und nochmals am 31. März
1885: »Der Lebensüberdruß«. Am 21. Juni erleidet er nach
einem besonders schweren Asthmaanfall einen Leistenbruch,
über den er mit etwas gequältem Humor an Jensens schreibt:
»Nachdem ich mich durch das vorige Jahr ziemlich kläglich
durchgequält hatte und dachte: Nun diesmal, Fünfundacht-
zig, geht es einmal! hat mich das Schicksal, wenn nicht vollständig unter das alte Eisen, so doch gründlich und für alle
Tage der Zeitlichkeit unter die zersprungenen Töpfe geworfen« (BAE 3, 379 f). Das Briefzitat verrät und versteckt den Titel des Romans, an dem Raabe gerade arbeitete: »Im alten
Eisen«.

Eine gewisse Entschädigung für die zahlreichen Niederlagen erfuhr Raabe, als in diesem Jahr 1885 eine Neuauflage des
»Hungerpastor« von 3000 Exemplaren veranstaltet wurde.
Mit einem durch seine Erfahrungen nicht gestützten Selbstbewußtsein schrieb Raabe an den Verleger Janke, »daß jetzt das
kommt, worauf ich lange genug gewartet habe – meine Zeit in
der deutschen Literatur« (BA 6, 490). Nur der verzweifelten
Lebens- und Arbeitssituation Raabes ist es anzurechnen, daß
er jetzt seine Hoffnungen mit einem Buch verknüpfte, von
dem er sich literarisch längst distanziert hatte. Die Bemerkung in jenem Brief, der Roman werde »viel von älteren und
alten Leuten gelesen« (BA 6, 491) deutet zudem darauf hin, daß
Raabe nicht mit einer Entdeckung durch die jüngere Generation rechnete, sondern auf Leser vertraute, die von der modernen Literatur eines Gerhart Hauptmann, Max Kretzer oder
Arno Holz, mithin von den jungen Naturalisten, abgestoßen
wurden. Wenn Raabe hier also ein ihm selbst historisch ge-
wordenes Werk zur erneuten Lektüre freigab, sprach er gegen
seine eigenen Interessen als zeitgenössischer Autor. Er mußte
auch wissen, daß das steigende Publikumsinteresse ausgerechnet am »Hungerpastor« vor allem motiviert war durch den
rasch anwachsenden Antisemitismus im Deutschen Reich.

Die preußisch-protestantisch dominierte Reichsgründung

unter Ausschluß des katholischen Österreich hatte unter den katholischen Bevölkerungsteilen eine Krisenstimmung erzeugt, die durch die Auseinandersetzung Bismarcks mit Rom im sogenannten »Kulturkampf« bis zur Angst vor einer Entrechtung gesteigert wurde und ihr Ventil in antisemitischen Angriffen gegen den als Hauptfeind erkannten »Liberalismus« fand. Der katholische Professor August Rohling brachte bereits 1871 ein aus alten antijüdischen Quellen zusammengetragenes Pamphlet »Der Talmudjude« heraus, das sofort ein breites Publikumsecho fand. Die erste größere Börsenkrise 1873 gab diesem katholischen Antisemitismus eine erweiterte, jetzt ökonomisch begründete Basis, die sich 1874 auf 75 in der »Gartenlaube« mit Otto Glagaus Artikelserie »Der Börsen- und Gründungsschwindel in Berlin« artikulierte.

Agitatoren wie Adolf Stoecker mit seiner »christlich-sozialen-Arbeiterpartei« gewannen durch die Agrarkrisen ab 1876 erneut an Zulauf, den sie ausschließlich einer judenfeindlichen Propaganda verdankten. Der Parteiname täuscht: Stoecker war ein begabter Demagoge, der keineswegs hauptsächlich Arbeiter, sondern vor allem den bürgerlichen Mittelstand, aber auch Teile der konservativen Beamtenschaft für seine antisemitischen Ideen gewinnen konnte. Sein Parteiprogramm kulminierte in der Forderung nach einer Abwehr des jüdischen Einflusses auf das Wirtschaftsleben, die Kultur und das Schulwesen; als Gegenmittel verlangte er die Stärkung eines christlich-germanischen Geistes.

Als 1879 der aus dem nationalliberalen Lager kommende Historiker Heinrich von Treitschke mit dem Aufsatz »Unsere Aussichten«, der aus Verärgerung über eine kritische Rezension des ersten Bandes seiner die Reichsgründung historisch legitimierenden »Deutschen Geschichte im 19. Jahrhundert« geschrieben worden war, die antijüdische Stimmung im Reich auf die später vom »Stürmer« aufgegriffene Formel brachte: »Die Juden sind unser Unglück«, war der Antisemitismus auch akademisch sanktioniert. Der von Treitschke inspirierte

»Verein deutscher Studenten« agitierte so erfolgreich, daß eine von einer Viertelmillion Bürgern unterzeichnete Petition an den Reichskanzler die Rücknahme bürgerlicher Rechte von deutschen Juden fordern konnte: Sie sollten vom Staatsdienst, von Lehr- und Richterämtern ausgeschlossen werden. Bismarck lehnte dies zwar ab, aber am 20. und 22. November 1880 kam es darüber im preußischen Abgeordnetenhaus zu einer Debatte, die letztlich noch aufschlußreicher verlief, als es die Petition schon gewesen war. Es zeigte sich nämlich, daß nicht nur das gesamte konservative Spektrum mit Einschluß der protestantischen »Deutsch-Konservativen Partei«, sondern auch die Nationalliberalen und die Sozialdemokraten den antisemitischen Angriffen nichts entgegensetzten und sie damit als scheinbar begründet bestätigten. Zutiefst deprimiert schrieb Berthold Auerbach, der berühmte jüdische Autor der »Schwarzwälder Dorfgeschichten«, danach an seinen Frankfurter Vetter: »Vergebens gelebt und gearbeitet! Das ist der zermalmende Eindruck, den ich von dieser zweitägigen Debatte im Abgeordnetenhaus habe«, während Raabe in seinem gewohnten Tagebuchstil nur notierte: »Erster Tag der Judendebatte.« Nicht nur diese lakonische Eintragung zeigt, daß er die Debatte zur Kenntnis nahm, sondern auch seine Leser sorgten dafür, daß er über den Fortgang der Diskussion informiert blieb: Am 25. Februar des folgenden Jahres wurde ihm die »Deutsche Landeszeitung« zugesandt, die den Artikel »Mit dem Hungerpastor im Antisemitismuskampf« enthielt. Als sich 1883, wiederum mit dem ausdrücklichen Hinweis auf den Jugendroman, ein Herr Schulze mit der Bitte um eine neue antisemitische Erzählung an ihn wandte, antwortete Raabe deutlich ablehnend: »Habe ich den ›Hungerpastor‹ geschrieben, so habe ich auch der ›Frau Salome‹ ihr Recht in der Welt zuerkannt« (BAE 2, 243). Diese Art der Abwehr erscheint etwas hilflos, denn abgesehen vom unterschiedlichen Popularitätsgrad beider Werke entkräftete die Novelle keineswegs die im Roman ausgebreiteten Vorurteile, sondern konnte sie bei den Leserinnen sogar noch verstärken, da »Frau Salome« dem zeitgenössisch weiblichen Idealbild deutlich zuwiderlief. Raabes Hinweis zielte auf die Unterscheidung zwischen »schlechten« und »guten« Juden, wie er noch 1903 (BAE 2, 445) wiederholte, und die es jedem stets leicht ermöglichte, selbstbestimmte Ausnahmen gelten zu lassen, ohne gegen die Verurteilung der Majorität Einspruch zu erheben. Es war pointiert diese Haltung, die den Antisemitismus jederzeit abrufbar im Bewußtsein verankerte und gleichzeitig das gute Gewissen beförderte, keine generellen Vorurteile gegen Juden zu haben.

In dieser zeithistorischen Situation, von der Raabe wußte, wie antisemitisch aufgeladen sie war, hätte es für ihn nur eine Entscheidungsmöglichkeit geben können: Er hätte eine Neuauflage des »Hungerpastor« durch sein Veto verhindern müssen. Er hat es nicht gewagt, weil er sich von diesen Nachauflagen finanziell abhängig glaubte, obwohl er durch das zinsträchtige Vermögen seiner Frau solide abgesichert war. Der Bürger Raabe ist durch dieses Einverständnis mit einer falschen Lesart eines Jugendwerkes des Dichters Raabe auch mitschuldig an der Rezeptionsgeschichte, die dann das gesamte Werk verfälschte und es zur ideologischen Rechtfertigung des Nationalsozialismus heranzog. Raabe erlag zu Lebzeiten der Verlockung eines falschen Ruhms, weil er keine Hoffnung auf die Anerkennung seines Spätwerks hatte; gerade seine fehlende öffentliche Distanzierung vom Frühwerk durch die mögliche Verhinderung neuer Auflagen ermöglichte die für ihn schmerzliche Ignorierung seiner späten Romane und verhinderte noch lange nach seinem Tod die Anerkennung seiner schriftstellerischen Leistung als moderner Autor.

Nichts kann Raabes Zustimmung zu einer Neuauflage des unreifen, humorig-sentimentalen Jugendwerks schärfer kontrastieren als die gleichzeitige Entstehung des Romans »Im alten Eisen«. So drastisch und alltagsnah hatte er noch nie geschrieben, und er bekräftigt dies auch im Text: »Fort mit dem Komödienlicht aus unserer Vergangenheit!« (BA 16, 471). Was Raabe hier, vielleicht in bewußter Konkurrenz zu Zola, seinem Feierabendpublikum zumutete, war bitterste Wirklichkeit; der Stoff stammt aus Zeitungsmeldungen, die Raabe ausgeschnitten und aufbewahrt hatte. Vor allem der Beginn des Buches ist ohne inhaltliche Änderungen, im Detail sogar wörtlich einer Berliner Tageszeitung entnommen.

In einem von dreißig Parteien bewohnten Mietshaus im Berliner Arbeiterviertel Kreuzberg war nach langem Krankenlager eine junge Witwe gestorben, die zuletzt von monatlich neun Mark Armenunterstützung für sich und ihre beiden Kinder gelebt hatte. Die Kinder waren minderjährig; der Junge dreizehn, das Mädchen nach ersten Berichten, denen Raabe folgte, acht, in Wahrheit jedoch erst fünfeinhalb Jahre alt. Im Haus hatte sich das Gerücht verbreitet, die Frau leide an einer ansteckenden Krankheit, deshalb ließ sich kein Mitbewohner bei ihr blicken. An einem Sonntagmorgen im Winter fanden die Kinder beim Erwachen ihre Mutter im Sterben liegend. Der Junge lief zum Armenarzt; als dieser schließlich kam, war die Frau bereits tot. Der Arzt stellte den Totenschein aus und schickte den Jungen damit zum Armenpfleger des Bezirks, der ihn wiederum mit einer Bescheinigung zu einem Tischler schickte, um einen Sarg zu bestellen. Als der Junge müde und hungrig nach Hause kam, fand er seine kleine Schwester dabei, wie sie die tote Mutter wusch und ihr das Haar glättete. Obwohl die Mitbewohner durch den Arzt vom Tod der Frau erfahren hatten, half den Kindern niemand. Nur ein Topf Kaffee und etwas Brot wurde ihnen vor die Tür gestellt.

Dem Jungen hatte der Armenpfleger gesagt, daß der Leichenwagen am Dienstag um elf Uhr kommen würde. »Den ganzen Sonntag und den Montag auch hatten die zwei Kinder nichts zu tun«, gibt Raabe den Zeitungsbericht wieder. »Es kam keiner aus dem Hause zu ihnen; aber man schob ihnen wieder Brot und Kaffee vor die Tür, und zu Mittag klopfte es sogar an derselben, und als der Junge draußen nachsah, fand er auf der Schwelle einen Napf mit warmer Suppe und einem Stück Fleisch darin. Sie lebten sowohl am Sonntag wie am Montag sehr gut. So gut wie seit lange nicht! Und der Junge sagte das auch. Es ist aber doch nicht wiederzugeben, wie diese Zeit eigentlich hinging; die beste, die sonnigste, die grimmigste Phantasie von uns Erwachsenen verliert sich da über alle Grenzen des Nachempfindens hinaus in unbestimmte Reiche des Grauens« (BA 16, 405 f).

Als am dritten Tag der Wagen kam, war der Sarg noch nicht geliefert, und der Kutscher fuhr mit dem Versprechen fort, am Nachmittag wiederzukommen. Eine Stunde später brachte der Tischlerlehrling den Sarg, lud ihn von seinem Handwagen ab, stellte ihn in den Hof und ging wieder. Da die Kinder den Sarg nicht vier Treppen hoch in die Mansarde tragen konnten, half nach vielen Bitten ein Arbeiter, der ihn aber vor der Tür abstellte. Die Kinder zogen den Sarg in die Kammer und hoben die Leiche ihrer Mutter mit großer Anstrengung hinein. Als sie den Deckel auflegten, zeigte sich, daß der Lehrling die Nägel vergessen hatte, und es war kein Geld da, um welche zu kaufen. Also kramte das Mädchen die Bekleidung der Mutter zusammen und trug sie zu einem Trödler, der zwanzig Pfennig dafür bezahlte; davon kaufte es für zehn Pfennig Sargnägel, die der Bruder einschlug, für die anderen zehn Pfennig Brot, das sie am Sarg der Mutter sitzend aßen.

Um vier Uhr nachmittags erschien erneut der Leichenwagen. Die Kinder erwarteten ihn in der Kälte vor dem Haus. Da sie den Sarg nicht heruntertragen konnten, half der Kutscher mit einigen herbeigerufenen Männern. Damit die Kinder, die den weiten Weg zum Friedhof neben dem Wagen herlaufen mußten, mitkommen konnten, fuhr er sehr langsam. Als sie am Friedhof ankamen, war es bereits dunkel. Der Totengräber erklärte ihnen, es sei zu spät, und der Sarg müsse bis zum nächsten Tag stehenbleiben. Die Kinder gingen den Weg zurück, verbrachten die Nacht allein in ihrer Mansarde und kamen am folgenden Tag zur Beisetzung ihrer Mutter wieder. Am Ende dieses Berichtes betonte die Zeitung ausdrücklich, daß von Seiten der Behörden »die vorgeschriebenen Obliegenheiten korrekt geschäftsmäßig erledigt worden sind und eine bezügliche Unterlassung nicht zu beklagen ist« (BA 16,

575). Vielleicht hat die Grausamkeit dieses den Fall abschließenden Satzes, den Raabe ebenfalls übernahm, den Anstoß zu dem Roman gegeben.

Raabe erzählt die Geschichte mit all ihren schockierenden Einzelheiten, die einen düsteren Schatten auf die pompöse Selbstdarstellung des jungen Deutschen Reiches warfen. Kunstvoll löst er die Zeitungsmeldung in Dialog und Erzählung auf und verstärkt durch die Unmittelbarkeit seiner Darstellung noch den Schrecken, den bereits die nüchternen Fakten auslösen. Vergleichbares gibt es in der deutschen Literatur jener Zeit nicht. Die ungewöhnliche Kühnheit Raabes zeigt sich aber nicht nur in der kompromißlosen Wiedergabe des Vorganges selbst, sondern auch in der Verknüpfung des Kinderschicksals mit dem geschickten Eingreifen einer Prostituierten. Sie ist noch keine achtzehn Jahre alt, ohne festen Wohnsitz und auf der ständigen Flucht vor der Polizei: »Sind Sie wohl schon einmal so in dem ersten Morgengrauen an den Hauswänden hingeschlichen mit dem kalten Tod und sonst nichts im Magen, mein Herr?« (BA 16, 452). Dieser »Gassenschmetterling« (BA 16, 450), dessen Namen der Leser nicht erfährt, wird vom Erzähler »Rotkäppchen« genannt, und nur ein ahnungsloser Interpret (Pongs, 524) konnte dies als Hinweis auf die Märchenfigur deuten. Das Mädchen stammt keineswegs aus dem deutschen Märchenwald, sondern hat schon ein recht erfahrungsreiches Leben hinter sich: »man hat doch oft genug in den allerberühmtesten Ateliers Modell gestanden, gesessen, gelegen und gehangen« (BA 16, 450) – und im Sommer fuhr es mit solventer Herrenbegleitung ins »Bad oder sonst auf Reisen« : »Als ich dann mit dem Herbst wieder hier in der Stadt ankam, ging es mal wieder abwärts... Na, wir sind das ja gewohnt« (BA 16, 451). Der sonderbare Name »Rotkäppchen« erklärt sich nach einem Blick in den »Schüdderump«; dort erwähnt Raabe »jene muntern Frauen in roter Haube« – das war der mittelalterliche Kopfputz der Prostituierten (BA 8, 35, 440).

Die männliche Gegenfigur zu »Rotkäppchen« ist Albin

Brokenkorb, ein Salonästhet mit äußerst schwachen Nerven. Raabe hatte diesen Typus schon im »Schüdderump« vorgezeichnet; dort ist es Henning von Lauen, der »jenes ekle Grauen vor den ungewaschenen, lärmenden Erscheinungen der Wirklichkeit empfand« (BA 8, 51). Brokenkorb pflegt in exklusiver Gesellschaft parfümierte Vorträge zu halten, doch angesichts der Realität einer tristen Friedhofskneipe fällt er in Ohnmacht. Die Prostituierte kennt diesen Herrn, den sie vertraulich »Hofrätchen« nennt, denn wenn sie in lebenden Bildern als »ertrunkene Verlassene Modell lag«, gab er dieser damals einzigen erlaubten Art der öffentlichen Darbietung eines nackten Körpers die höheren ästhetischen Weihen durch mythologische Verbrämung (BA 16, 466).

Ein Roman, der zwischen Mansarde und Trödelkeller spielt, in dem eine Leiche die längste Zeit unbestattet bleibt und eine polizeilich gesuchte Prostituierte mit Hofrat und Totengräber gleichermaßen erfolgreich verhandelt, so daß beim Leser der Eindruck entsteht, als gelte quer durch alle Gesellschaftsschichten nur ein Hurenwort – ein solcher Roman mußte für das bürgerliche Zeitschriftenpublikum eine außergewöhnliche Provokation darstellen, die einzig durch einen harmonischen Schluß abgemildert werden konnte. Genau diese Lesererwartung formuliert der Autor Raabe wenige Seiten vor dem Ende selbst und schlägt nach der möglichen Lösung aller offenen Probleme vor, »ein heiteres, gemütliches Schlußwort sprechen zu lassen«; er fragt sogar noch den Leser um sein Einverständnis: »Nicht wahr?« (BA 16, 507) – und dann beendet er das Buch völlig anders. Das ist nicht nur ein Bruch mit der Erzählkonvention, sondern ein kalkulierter Affront gegen den zeitgenössischen Erwartungshorizont, wie er programmatisch noch kurz zuvor, 1883, im Jahrbuch von Westermanns »Monatsheften« von Friedrich Spielhagen formuliert worden war: Er hatte literarische Werke gefordert, in denen die Welt »in ihrem festen Leben« und in »ihrer inneren Kraft und Ständigkeit« dargestellt wird, damit das Publikum »das Geschaffene behaglich genießen« könne. Dagegen opponiert Raabe; im Leben seiner Figuren, in deren »Sklavenkrieg ums Dasein« (BA 16, 402), gibt es keine Aussicht auf ein glückliches Ende. Der offene Schluß gefiel den Lesern ebensowenig wie die skandalöse Handlung. Der Redakteur schrieb ihm nach dem Fortsetzungsdruck in der Zeitschrift »Vom Fels zum Meer« tröstend: »Ich glaube fast, daß Ihr Roman für das große Publikum zu fein gewesen ist, um so größere Freude hat er mir beim wiederholten Lesen gemacht« (BA 16, 581).

SEIT GLASERS BEMERKUNG, daß die Leser genug haben von Raabes Büchern, fühlte er sich selbst zum »alten Eisen« geworfen: »Ich liege beim deutschen Volke so sehr darin, daß mir allgemach *alle* Gliedmaßen von dem saubern Bett wehtun. Und der Versuch mich auf die andere Seite zu drehen ist mir eben wieder einmal total mißlungen« (BAE 3, 415), schrieb er an Jensens, nachdem er die spärlichen Rezensionen seines Romans gelesen hatte. Am liebsten hätte er seine Laufbahn als Schriftsteller schon beendet: »Wären die Kinder nicht –« (BAE 3, 383). Während er selbst in finanzielle Bedrängnis geriet, mußte er zusehen, wie in einem Antiquariatskatalog ein Teil seines »Hungerpastor«-Manuskripts blattweise zum Verkauf angeboten wurde. Deshalb war es eine willkommene Erleichterung, als er auf Antrag Paul Heyses seit Januar 1886 für zunächst drei Jahre eine »Ehrengabe« der Deutschen Schillerstiftung von jeweils 1000 Mark erhielt. Wenn er allerdings den Antragsbrief Heyses an den Verwaltungsrat der Stiftung gekannt hätte, wäre ihm die Annahme unmöglich gewesen, denn Heyse hatte noch deutlicher als Glaser geurteilt: »Seine wärmsten Verehrer – zu denen der Unterzeichnete gehört – können sich nicht verhehlen, daß dies höchst bedeutende Talent in den letzten Jahren keine Fortschritte gemacht, sich vielmehr in eine gewisse Manier verrannt hat, die es entschuldigt, wenn das Publikum und die Verleger sich mehr und mehr befremdet von ihm abwenden« (Richter, 9) – und gerade in Heyse glaubte Raabe, einen der wenigen verständigen Leser gefunden zu haben, der seine letzten Bücher nicht nur aus Höflichkeit gelobt hatte. Nach Ablauf der Bewilligungsfrist wurde die Zahlung 1889 und 1892 auf Jensens Betreiben, das Raabe freilich unbekannt blieb, verlängert und schließlich im November 1894 in eine lebenslange Pension umgewandelt, »in dankbarer Würdigung Ihrer Verdienste um die deutsche Nationalliteratur (namentlich auf dem Gebiet des humoristischen Romans) sowie auch in Betracht Ihrer bedrängten Lebenslage« (Richter, 17). Auch hier ignorierte man also seine gegenwärtigen Arbeiten.

Nicht nur als Autor fühlte sich Raabe zum »alten Eisen« gerechnet, sondern zum Kummer seiner Frau trug er sich auch so: Beim Gang zum Stammtisch legte er ein »schon recht altersgrünes Plaid« (BAE 4, 89) über, und zu Hause traf ihn jeder Besucher in »dem reichlich abgetragenen Schlafrock« (BAE 4, 110), über den sich Frau Bertha schon in Stuttgart geärgert hatte. Sie versuchte wohl, wenn ein Besucher kam, ihm dieses Kleidungsstück wegzunehmen »und versicherte, der neue sei in Arbeit« (BAE 4, 115), aber auch weiterhin berichtete jeder Gast von dem »unbeschreiblichen Schlafrock«: »Grau war er wohl ursprünglich und mit grünen Aufschlägen, und wie war er abgetragen und ausgefranst, und er schlotterte ihm um die hageren Glieder« (BAE 4, 146). Wohl hätte ihm seine Frau längst einen neuen Hausmantel schenken können, und wir wissen nicht, welche Versuche es in dieser Hinsicht gegeben hat, aber Raabe liebte dieses alte Stück wie Brecht seinen schäbigen, durchs Exil geschleppten Ledermantel. In jenem Schlafrock hatte Raabe schon seit 1863 am Schreibtisch gesessen und wird sich noch 1892 darin porträtieren lassen.

Als 1901 in Braunschweig sein 70. Geburtstag mit einer offiziellen Feier würdig begangen werden sollte, wurde ein Stammtischbruder beauftragt, ihm die Anschaffung eines Fracks nahezubringen. »Raabe selbst stand auf dem von niemand geteilten Standpunkt, daß sein schier vierzig Jahre alter Hochzeitsfrack für die Feier genüge..., und erst nach langen Verhandlungen... erklärte Raabe sich bereit, zu seinem Schneider zu gehen.« Tatsächlich erschien Raabe an jenem Tag in einem Frack, an dem nichts auszusetzen war. »Wenige Wochen später gingen wir abends über den Wall zur Herbstschen Weinstube. Da sah mich Raabe plötzlich mit einem ganz absonderlich triumphierenden Lächeln an und sagte: ›Es war ja doch mein Hochzeitsfrack‹« (BAE 4, 157f). Er hatte ihn nur etwas auffrischen lassen.

Es scheint, als wollte Raabe mit seinem ganzen Habitus demonstrieren, daß er nicht zur Gesellschaft dieser neuen Zeit gehörte, über die er 1890 im Vorwort zur zweiten Auflage des

»Christoph Pechlin« mit bitteren Worten urteilte: »Die Wunden der Helden waren noch nicht verharscht, die Tränen der Kinder, der Mütter, der Gattinnen, der Bräute und Schwestern noch nicht getrocknet, die Gräber der Gefallenen noch nicht übergrünt: aber in Deutschland ging's schon – so früh nach dem furchtbaren Kriege und schweren Siege – recht wunderlich her. Wie während oder nach einer großen Feuersbrunst in der Gasse ein Sirupfaß platzt und der Pöbel und die Buben anfangen zu lecken, so war im deutschen Volke der Geldsack aufgegangen, und die Taler rollten auch in den Gossen, und nur zu viele Hände griffen auch dort danach ... Was blieb da dem einsamen Poeten in seiner Angst und seinem Ekel, in seinem unbeachteten Winkel übrig, als in den trockenen Scherz, in den ganz unpathetischen Spaß auszuweichen, die Schellenkappe über die Ohren zu ziehen und die Pritsche zu nehmen? Es ist übrigens immer ein Vorrecht anständiger Leute gewesen, in bedenklichen Zeiten lieber für sich den Narren zu spielen, als in großer Gesellschaft unter den Lumpen mit Lump zu sein« (BA 10, 205).

Auf Zufallsbekanntschaften wirkte er daher meist befremdend; man sah, daß »sein Hut und sein Rock stark abgetragen waren und Haar und Bart nicht sehr gepflegt«, weshalb das Fazit wohl nicht unbeabsichtigt öfter gelautet haben mag: »einen Dichter hatte ich mir anders vorgestellt« (BAE 4, 145). Auch die in Stuttgart angefertigte Wohnungseinrichtung wurde nicht mehr ausgewechselt; für Raabe wäre es eine Qual gewesen, sich an ein neues Möbel gewöhnen zu müssen. Immer noch schrieb er beim Licht einer Tranlampe, die von ihm nur widerwillig gegen eine Petroleumleuchte ausgetauscht wurde. Nach damaligem Verständnis war die Einrichtung »von größter Einfachheit« (BAE 4, 147), denn es grassierte nun der mit Schnitzwerk überladene Gründerzeitstil, aber auch hierin folgte Raabe nicht der Mode.

Im Juni 1886 waren zwanzig Jahre vergangen, seit sich Raabe und Jensens in Stuttgart kennengelernt hatten. Zur Feier dieses Datums trafen sich die Freunde für einen halben

*In alls gedultig
Sins Alter LIV Jar.
R.*

*M fec. Celle 3 Juni 1886
Gasthaus Bockstoever.*

Tag und eine halbe Nacht im Celler Gasthof Bockstöver. Marie zeichnete dort ein Profilporträt Raabes, unter das er schrieb: »In alls gedultig Sins Alter LIV Jar. R« Diese Zeile lehnt sich an Holbein d. J. Inschrift auf dem Bild Cyriakus Kales im Braunschweiger Herzog Anton-Ulrich-Museum an (»In Als Gedoltig Sis Alters«) und ist häufig als Lebensmaxime des immer noch auf den Erfolg wartenden Autors mißverstanden worden; Raabe spielte damit aber nur auf seine Geduld beim Modellsitzen an. Ein Brief an Marie nach diesem kurzen Wiedersehen zeigt seine glückliche Befriedigung über das Bleibende in dieser tiefen Freundschaft, und die Worte über sein Alter – er wird 55 Jahre – sind nicht ironisch gemeint: »Wie froh bin ich, daß ich vor meinem Eintritt in's Greisenalter, am Eingang in die richtige Torfgegend und Lüneburgerheide-Stimmung des Daseins Dich noch einmal in Deiner Jugend erblickt habe und über den trüben Grenzgraben die feste Gewißheit mitnehme: *Die ändert sich nicht!*« (BAE 3, 398).

In Celle hatte Raabe wohl nicht ganz zufällig, sondern aufgrund eines gutgemeinten Arrangements Jensens den Leipziger Verlagsbuchhändler Balthasar Elischer kennengelernt, dem er nach wiederholter Empfehlung der Freunde sein nächstes Buch »Das Odfeld« anvertraut. Diese ungemein dichte, fast nur aus indirekten Quellenzitaten, geschichtlichen Anspielungen und Verweisen auf die klassische Literatur komponierte Erzählung handelt von einer fiktiven Schlacht, die am 5. November 1761, im vorletzten Jahr des Siebenjährigen Krieges, zwischen der Armee des Braunschweiger Herzogs Ferdinand und den französischen Truppen auf dem Odfeld bei Eschershausen stattgefunden haben soll.

Die Raabe-Forschung hat sich intensiv mit der Aufdeckung des verarbeiteten Quellenmaterials und der Interpretation der überzeitlichen Symbolik des Werks beschäftigt, aber die Tatsache vernachlässigt, daß es sich bei diesem historischen Roman um einen Beitrag Raabes zur aktuellen politischen Situation seiner Zeit handelte. Die Entstehung fiel in eine Zeit großer innenpolitischer Unruhe. Am 4. Dezember 1886 hielt Generalfeldmarschall von Moltke im Reichstag eine vielbeachtete Rede über die angebliche Notwendigkeit einer Heeresverstärkung: »Man kann es ja beklagen, daß wir genötigt sind, einen großen Teil der Einnahmen des Reiches, anstatt auf den Ausbau im Innern, für die Sicherung nach außen zu verwenden; das wird aber bedingt durch allgemeine Verhältnisse, die wir abzuändern ganz außer Stande sind. Ganz Europa starrt in Waffen; wir mögen uns nach links oder rechts wenden, so finden wir unsere Nachbarn in voller Rüstung, die selbst ein reiches Land auf die Dauer nur schwer ertragen kann. Das drängt mit Naturnotwendigkeit auf baldige Entscheidungen hin, und das ist der Grund, weshalb die Regierung ... eine Verstärkung der Armee verlangt.« Unmißverständlich wurde hier unter Zuhilfenahme einer Einkreisungstheorie ein neuer Krieg angekündigt. Wenige Tage später entleiht sich Raabe aus dem Stadtarchiv zwei Bücher über die Schlachten des Herzogs Ferdinand.

Mit größter Aufmerksamkeit verfolgte er, wie das Tagebuch belegt, den Fortgang der Debatte. Am 11. Januar 1887 begann die zweite Beratung der Militärvorlage mit einer Rede des Reichskanzlers Bismarck, der die Auflösung des Reichstags ankündigte, wenn die Vorlage nicht angenommen würde. Da arbeitete Raabe bereits am zweiten Kapitel. Die Reichstagsmehrheit wollte nur eine Heeresverstärkung für drei statt der geforderten sieben Jahre bewilligen; auf kaiserlichen Beschluß wurde deshalb am 14. Januar 1887 der Reichstag aufgelöst. Es begann nun ein ungewöhnlich heftiger Wahlkampf, der am 21. Februar mit dem Sieg der konservativen Parteien endete. Am 11. März verzeichnet Raabe im Tagebuch: »Im Reichstag 3te Lesung und Annahme der Militärvorlage.« Für ihn bedeutete dieses Ergebnis die Gewißheit eines erneuten Krieges gegen Frankreich, aber im Gegensatz zu seinem unüberlegten Enthusiasmus des Jahres 1870 sah er nun Schlachten eines Vielvölkerkrieges heraufziehen, die sinnlos Leid und Verheerung über die Menschen bringen würden.

Beschwörend versuchte er in seinem Roman dem deutschen Publikum, das die Realität des Krieges offenbar schon vergessen und verdrängt hatte, die Bilder des Schreckens vor Augen zu führen: »Die Waldungen trugen überall Spuren, daß Heereszüge sich ihre Wege durch sie gebahnt hatten. Überall Spuren und Gedenkzeichen, daß schweres Geschütz und Bagagewagen mit Mühe und Not über die Straße und durch die Hohlwege geschleppt worden waren! Zerstampft lagen die Felder und Wiesen. Kochlöcher waren überall eingegraben, Äser von Pferden und krepiertem Schlachtvieh noch unheimlich häufig unvergraben in den Gräben und Büschen und an den Wassertümpeln der Verwesung überlassen« (BA 17, 22). Er erinnert an den vergangenen Krieg und läßt 1761 sagen: »Es wird wie damals im dreißigjährigen Elend; wir treiben uns alle – einer den andern in den Krieg. Den Bauer vom Pflug, den Handwerksmann aus der Werkstatt, den Studenten von dem Buch! Alle! Alle! Den Herrn und den Knecht, den Meister und den Jungen – alle, alle. Und die Fremden hohnlachen, ihre Rosse waten in unserm Blut, und ihre Räder gehen über unsere Knochen« (BA 17, 51). Wenn es zum Krieg kommt, hat die Politik versagt; der Soldat kennt keinen gerechten Krieg: »sehr vielen unter ihnen kam's überhaupt nicht drauf an, wen sie hingen, wenn sie nur jemand hatten, den sie aufhängen konnten« (BA 17, 106).

Die völlige Sinnlosigkeit kriegerischer Auseinandersetzung wird von Raabe in einer Kreisbewegung der Erzählung sichtbar gemacht: Alle Personen, mit Ausnahme des gefallenen Thedel, kehren am Ende wieder zu ihrem Ausgangspunkt zurück, und alle Leiden sind umsonst gewesen. Raabe faßt das im Bild zweier Krähenschwärme zusammen, die plötzlich über dem Odfeld auftauchen, sich zerfleischen und am Ende nur Leichen zurücklassen: »Es war ein Wirbel von Tausenden und aber Tausenden von Streitern in der Luft, hier im Knäuel geballt sich drehend, dort im Einzelkampf der Führer aufeinander stoßend und nicht voneinander lassend, bis der Unterlegene sterbend oder tot zur Erde niederflatterte oder -schoß. Wie bei Châlons-sur-Marne – über den Katalaunischen Feldern, ein spukhaft Gewoge von Leidenschaft, Grimm und Haß! ... Was der Grund war, weiß kein Mensch. Wie als wenn eine Stimme von oben ... Halt geboten hätte, war urplötzlich die Schlacht der Krähen über dem Campus Odini, dem Odfelde, zu Ende! Die streitenden Raben-Heereshaufen lösten sich voneinander, es geschah ein Aufschwirren im ganzen wie mit einem Ruck. Ein Auseinanderstieben nach allen vier Winden hin. Nach dem gespenstischen, unheimlichen Getöse, dem Gekreisch und Gekrächze des Zorns der Kreatur plötzlich die allertiefste Stille! Eben alles Grimm, Wut und Lebendigkeit, nun alles leer am Himmel und nun nur noch die Gefallenen, die Toten und Wunden am Erdboden und das volle Abenddunkel über der Welt!« (BA 17, 30ff).

Im »Odfeld« überlagern sich psychotische Katastrophenängste Raabes, die er auch den entsetzen »Kleidersellern« am Stammtisch vortrug (BAE 4, 107), mit real begründeter Kriegsfurcht. In dieser politischen Situation wollte er den Roman nicht als langwierigen Fortsetzungsdruck veröffentlichen, sondern er legte Wert darauf, wie er dem Verleger schrieb, »das Buch gerade jetzt ›schweigend in die unendliche Not‹ zu werfen und nicht auf den Oktober damit zu warten« (BA 17, 413). Doch Elischer betrog ihn und vergab die Rechte an eine Agentur, die den Text als täglichen Fortsetzungsroman unterm Strich der Berliner »Nationalzeitung« verkaufte. Dieser Handel rettete Elischer nicht vor dem Bankrott; das Buch erschien im September 1888 bei seinem Verlagsnachfolger Bruno Winckler. Es sei »nicht für den heutigen Kammerjungfer- und Ladenschwengel-Geschmack unserer Nation« geschrieben, meinte Raabe in einem Brief (BAE 2, 261); das geringe Echo konnte ihn also nicht überraschen. »Oder glaubst Du«, fragte er den Stuttgarter Freund Schönhardt, »daß es in der Welt noch ein Volk gibt, das man mit dem gleichen Recht wie das deutsche das *Volk der Surrogate* nennen dürfte?« (BAE 2, 259).

Nur zwei Tage nach Beendigung des Romans »Das Odfeld«

beginnt Raabe am 17. November 1887 mit einem neuen Manuskript. Seinen äußerlichen Anlaß hatte es in dem Brief eines Stammtischfreundes, der Raabe aufforderte, doch endlich einmal ein Buch zu schreiben, »wo sie sich kriegen! Meine Frau sagt immer: Wie der das wohl machen würde?!« (Fehse, 507). Das steht dann als ironisches Motto vor diesem Roman »Der Lar«, der auf höchst raffinierte Weise mit konventionellen Klischees spielt und gleichzeitig hinter einer scheinbar platten Handlung eine zweite Bedeutungsebene verbirgt. Zwar hatte Raabe einem Bekannten angedeutet, daß einiges »an ernsteren Dingen hinter dem Spaß liegt« (BAE 2, 267), doch die Raabe-Forschung ignorierte diesen Hinweis und konnte deshalb dem »Lar« nichts abgewinnen. Erst 1986 gelang es dem an den Mühen der Arno-Schmidt-Dechiffrierkunst geschulten Eckhardt Meyer-Krentler in einer ebenso detail- wie überraschungsreichen Darstellung, das untergründige Verweissystem dieses Textes zu entschlüsseln.

Das beginnt mit dem Namen des Kreistierarztes a.D. »Schnarrwergk«, der sich im Roman zunächst nur auf die Funktion eines »Wanduhrwerk(s)« (BA 17, 359), also im naturwissenschaftlichen Denken des Arztes auf sein anti-idealistisches Menschenbild zu beziehen scheint. Aber ein »Schnarrwerk« ist laut Brockhaus (1886) auch ein Orgelregister, das dem Instrumentenklang einen Schalleffekt hinzufügt, der einem »knarrenden Ton« gleicht, wie es in Hübners »Zeitungs- und Conversationslexikon« von 1828 heißt, das im Roman zusammen mit dem Brockhaus vom Tisch geräumt wird (BA 17, 299). Diesen musikalischen Effekt überträgt Jean Paul im »Hesperus« auf ein menschliches Leiden, das der asthmakranke Raabe nur zu gut kannte: Der Kaplan »fiel jetzt immer mehr in den Sphärengesang der Nacht mit dem Schnarrwerk seines Hustens ein« – mit diesem im Namen des pensionierten Tierarztes versteckten Jean-Paul-Zitat kann sich Raabe selbst in den Text einführen und eine chiffrierte Auseinandersetzung mit dem Literaturbetrieb beginnen. Denn mit keinem anderen Autor ist er so häufig verglichen worden wie mit Jean Paul;

besonders kritisch 1865 von Rudolf Gottschall, der in seiner Rezension des Romans »Drei Federn« die Dreiteilung der Handlungsperspektive gerügt hatte als »jeanpaulisierende Methode, welche unserm großen Humoristen das Räuspern und Spucken abguckt«. Gottschall hatte ihm den Dichter Solitaire aus Landsberg an der Warthe als überlegenes Vorbild entgegengestellt; Raabe läßt nun seinen erfolglosen Maler Blech aus diesem Ort stammen und zitiert eine Gedichtzeile aus Solitaires Buch »Bilder der Nacht« (BA 17, 256). Aber er erinnert noch weitaus raffinierter an Gottschalls Rezension: Bereits im »Vorwort« erwähnt er eine »selige Tante«, auf deren »ästhetischen Ordnungssinn« von ihm seinerzeit bei seinem »springenden Wesen« keine Rücksicht genommen worden war: »Sie war meine erste Kritikerin« (BA 17,224). Für den Leser undurchschaubar überlagert sich hier die Literaturgeschichte mit der Familienhistorie, denn Raabe hatte tatsächlich eine Tante Gottschall, deren Mann mit Vornamen Rudolf hieß (BAE 2, 235), aber mit dem Kritiker seines ersten selbständigen Buches, wie Raabe »Drei Federn« nannte, nicht verwandt war. Ihr zuliebe, das heißt durch die Namensüberlagerung dem Kritiker Gottschall zuliebe wird er sich jetzt bemühen, alles »so kurzweg und regelrecht wie möglich zu berichten« (BA 17, 224) – der »Lar« orientiert sich also an den Prämissen der ständig gegenwärtigen Rezension und nimmt deshalb die Handlungskonstellation von »Drei Federn« wieder auf. Tatsächlich ist der »Lar« nichts anderes als eine wiederholte Spiegelung des früheren Werks, dessen artifizielle Konstruktion nun in einer dezidiert publikumsgerechten Aufbereitung gebrochen wird. Die Figur Hahnenberg verschärft sich zum Charakter Schnarrwergks, und August Sonntags Lebensweg wird in Kohls Liebesgeschichte bis zur Karikatur verzerrt.

Dieser Herr Kohl lebt von der Veröffentlichung altbackener Witzgeschichten. Zwar verachtet er die mehrfache Vermarktung eines einmal von der Redaktion für gut befundenen Einfalls, »beschloß aber damals dessen ungeachtet, oder vielmehr grade darum, fürs erste nichts weiter zu tun, als ununterbrochen dergleichen zu leisten« (BA 17, 255) – so wie Raabe nach dem Mißerfolg seiner großen Romane beschlossen hatte, nur noch die beliebten humoristischen Erzählungen zu liefern. Kohl-Raabe (Gottschall hatte den »pechkohlrabenschwarzen« Humor Solitaires gerühmt) gelangt mit solcher Arbeit »untern Strich« des Feuilletons. Man gibt ihm folgenden Rat: »Wenn du es mal über dem Strich bei uns versuchen willst, Kohl, – mit Vergnügen. Aber was hast du von der Langweilerei? Bleibe du mit den übrigen Besten der Nation unterm Strich. Sieh mal, das deutsche Volk will es ja so« (BA 17, 283). Dort war nun Raabe wirklich angelangt, als »Das Odfeld« ohne seine Zustimmung als täglicher Fortsetzungsroman unter jenem schwarzen Balken erschien, der den seriösen Zeitungsteil von der Unterhaltungsware trennte. Kohl entschließt sich, »als wahrhafter Künstler in seinem Fach einzig und allein aus der Anschauung heraus zu arbeiten« (BA 17, 289) und ergreift den Beruf des Lokalreporters, der seine Brieftasche mit der jeweils »jüngsten Mordgeschichte« (BA 17, 297) füllt. Raabe wird eine solche Mordgeschichte dann im nächsten Buch »Stopfkuchen« erzählen, und mit Kohl genießt er schon jetzt die Düpierung des Publikums: »Mit grinsendem Selbstbehagen ging er vorkostend in den Gefühlen *seiner* Leser auf ...« (BA 17, 299).

Als befreundete Gegenfigur zu Kohl setzte Raabe mit dem homosexuellen Leichenphotographen Blech eine Person, deren eigentliche Bedeutung nur ein einziger Leser verstehen konnte: nämlich der als Blech Porträtierte selbst – und dies war Raabes Freund und Widersacher Adolf Glaser, der als Redakteur von Westermanns »Monatsheften« dem Autor Raabe die jahrzehntelange Zusammenarbeit mit dem Verlag aufgekündigt hatte. »Glas.(er) w(egen) § 175 d. Strafgesetzes« heißt es am 11. März 1878 in Raabes Tagebuch: Aufgrund einer später widerrufenen Zeugenaussage war der homosexuelle Glaser in Berlin verhaftet worden; wenige Tage später stand der Vorfall mit Namensnennung in der Zeitung. Dem Redakteur wurde sofort gekündigt. Ab 1882 konnte er zwar wieder für die »Monatshefte« arbeiten, ohne freilich zunächst die alte Position einzunehmen. Erst in der Zeit, als Raabe 1888 den »Lar« beendete, schien sich nach hartnäckigen Vorbehalten des Verlegers Glasers Stellung wieder zu festigen. Diese Situation nutzte der gedemütigte und von Glaser um die Kontinuität seiner künstlerischen Arbeit gebrachte Raabe für eine subtil grausame Rache. Er beschreibt in der Beziehung des Mentors Blech zu seinem Schützling Kohl, die den Literaten in den künstlerischen Abstieg unter den Feuilletonstrich treibt, sein eigenes, von Glasers Urteil abhängiges Autorenschicksal: »von der Höhe philosophischer Weltverlachung in das Lokalreportertum« (BA 17, 286). Er hält Glaser diese Lebensabrechnung vor und zeigt mit dem »Lar« gleichzeitig, welchen Zugewinn an sarkastischem Realismus er seit Glasers letztem Besuch 1884 gemacht hat.

Wie tief Raabe in die gemeinsame berufliche und private Beziehungsgeschichte zurückgreift, zeigt die von Meyer-Krentler geleistete Dechiffrierung: Am 31. Januar 1862 erhielt Raabe für seinen historisch-patriotischen Aufsatz über »Kleist von Nollendorf« 15 Taler Honorar. Er fährt, laut Tagebuch, zu Glaser nach Braunschweig und lädt ihn mit diesem Geld zum Mittagessen ein. Sie sprechen über August von Platen, dessen Gedichte ihm der Freund nachdrücklich empfiehlt und wenige Tage später bei einem Besuch als Geschenk mitbringt. Exakt diese Szene finden wir ein Vierteljahrhundert später im »Lar« geschildert: Kohl erhält das Honorar für einen abgestandenen Witz, lädt Blech zum Mittagessen ein und bekommt von ihm zu hören: »ich habe es dir nicht einmal, ich habe es dir hundertmal anempfohlen, Platen zu lesen, nichts als Platen zu lesen. Ich lese weiter nichts als Platen. Der weiß es, wie unsereinem zumute ist« (BA 17, 259).

Es versteht sich von selbst, daß Glaser bei dieser Anspielung sofort erkannt hat, wessen Geschichte hier erzählt wird. Raabe hatte ihn nach über vierjähriger Unterbrechung des persönlichen Umgangs zu sich gebeten und ihm den Roman zu lesen gegeben. Ohne weiteren Kommentar heißt es bereits am nächsten Tag im Tagebuch: »Nachm. Glaser. Abschluß über das Manuskript« (Tgb. 4. Okt. 1888). In seiner prekären beruflichen Situation mußte Glaser die zahlreichen Anspielungen auf die Homosexualität seines *alter ego* Blech als heimliche Drohung Raabes auffassen, den zehn Jahre alten Skandal jederzeit wieder in Erinnerung bringen zu können und seine Stellung bei Westermann damit endgültig zu ruinieren. Es blieb ihm nichts anderes übrig, als den Roman sofort zu kaufen und auf Raabes Honorarforderung von 4500 Mark ohne jeden Einwand einzugehen. Mit dieser späten Genugtuung war für Raabe die Angelegenheit abgetan.

Im Februar 1889 wird Raabe von der Creutzschen Buchhandlung in Magdeburg um sein Einverständnis für eine Neuauflage seines Jugendwerks »Unseres Herrgotts Kanzlei« gebeten. Nach kurzem Zögern stimmt er zu. Er läßt es sich nicht nehmen, einen endgültigen Abschiedsbrief an Adolf Glaser zu schreiben, dem er höhnisch dessen Satz, das Publikum habe genug von Raabe, entgegenhält und selbstbewußt widerspricht: »Nun scheinen aber endlich für mich die Jahre gekommen zu sein, wo die Früchte einer Arbeit von mehr als einem Menschenalter zu reifen beginnen. Die Generation, die mit mir heraufgekommen ist und wenig von mir wissen wollte, ist nicht mehr maßgebend: ein neues Geschlecht ist herangewachsen; und ich erfahre es zu meiner Freude von Tag zu Tag mehr, daß das deutsche Volk sich endlich mir zuwendet. Ich habe jetzt die jüngere Welt für mich, und dieser jüngern Welt will ich jetzt auch meine ältern Bücher vorlegen« (BA 17, 451). Damit gibt er sein Einverständnis für die von Westermann geplante zweite Auflage seines frühen Romans »Die Leute aus dem Walde«.

So kommen, nach jeweils 27 Jahren, zwei Jugendwerke Raabes wieder auf den Markt, und es ist nur natürlich, daß er sich in dieser Situation seines literarischen Anfangs erinnert. Am 13. April 1889 spricht Raabe am Stammtisch darüber, daß Schopenhauers Werk ebenfalls zunächst verkannt gewesen war, bevor der Autor berühmt wurde und nennt zum erstenmal das symbolische Datum des 15. November 1854 als Tag der eigenen Federansetzung (BAE 4, 105). Nur wenig später heißt es in einem Brief vom 22. April, er »habe bis jetzt literarisch so einsam oder vielmehr allein gelassen gelebt«, daß er über sein »Hervorziehen in die Tageshelle« ganz unsicher werde: »bedenken Sie, daß es in diesem Jahre volle fünfunddreißig Jahre her sind, seit ich zum erstenmal die Feder aufgenommen habe, und daß ich dieselbe seit dem 15. November 1854 nicht wieder niedergelegt habe!« (BAE 2, 265). Zweimal kurz hintereinander nennt der endlich vom Publikum zur Kenntnis genommene Raabe jenes fiktive Datum als Tag seines schriftstellerischen Anfangs; im Tagebuch, das sonst alle Gedenktage wie Verlobung, Hochzeit oder den Todestag der Mutter festhält, war es nie erwähnt.

In seiner Lebenssituation eines späten Triumphes verknüpft Raabe also den Beginn seiner Schriftstellerlaufbahn nicht mit dem tatsächlichen Tag, an dem er vermutlich schon in der Magdeburger Lehrbuchhandlung die ersten Schreibversuche gewagt hatte, sondern mit dem Datum aus dem Titel jener Novelle Tiecks, in der eine zunächst sinnlos erscheinende Arbeit eines Jungen von der übrigen Welt schließlich doch anerkannt wird: Das literarische Zitat, das der junge Raabe als trotzig selbstbewußten Wunsch an den Beginn der »Sperlingsgasse« gesetzt hatte, fand nun 35 Jahre später seine Erfüllung in der Anerkennung des Autors. Die Bemerkung am Stammtisch bildete den Grundstein zur Legende vom »Federansetzungstag«; am Abend des 14. November 1889 überraschten die Stammtischbrüder den Autor mit einer kleinen Feier, in deren Verlauf Reden gehalten und Gedichte vorgetragen wurden und die sich nun zu Raabes stillem Vergnügen jedes Jahr wiederholen sollte. Der Ruhm begann ihn nun einzuholen, aber obwohl er die späte Genugtuung genoß, wußte er, daß es ein falscher Ruhm war, weil er auf den harmlos-sentimentalen Jugendwerken aufbaute und damit sein Selbstverständnis als moderner zeitgenössischer Autor verfälschte.

Die Inszenierung der eigenen Vergangenheit ist auch das untergründige Thema des Romans »Stopfkuchen«, an dem Raabe gerade arbeitet, als ihn völlig überraschend Jensens am 24. Oktober 1889 auf der Durchreise für einige Stunden besuchen. Marie macht ihn wenig später auf den Briefwechsel zwischen Theodor Storm und Emil Kuh in Westermanns »Monatsheften« aufmerksam (BAE 3, 449), in dem sich Storm vor allem selbst lobt und sich von dem Literarhistoriker loben läßt. Raabe nahm das angewidert zur Kenntnis und verarbeitete es sofort im Roman. Der Titel »Stopfkuchen« ist bemerkenswert hintersinnig: Er bezeichnet ursprünglich in der Umgangssprache den Rest eines Kuchenteigs, in den alle übriggebliebenen Backzutaten hineingemengt (»gestopft«) und mit ihm verbacken werden – also am Ende der Arbeit das beste Stück. So hat Raabe sein Buch verstanden: als Resümee und Abschluß seines Lebenswerks.

Nachdem er es nach der anstrengenden Komposition des »Odfeld« nach eigenem Zeugnis nötig gehabt hatte, sich im »Lar« einmal »auf solche Weise gehen zu lassen« (BAE 2, 267), sammelt er für »Stopfkuchen« seine ganze schöpferische Kraft, den gesamten Reichtum seiner Anspielungskünste und die Fülle seiner historischen Kenntnisse. »Sie sollen merken, daß sie überall auf die Asche erlauchter Ahnen treten«, lautet eine Notiz vom 3. Januar 1889, einen Monat nach dem Beginn des aus mehreren literarischen Schichten bestehenden Romans.

Raabe war mit Selbstkommentaren zur Interpretation seiner Bücher stets sehr sparsam; diese Zurückhaltung legte er bei »Stopfkuchen« ab und verwies Freunde und Bekannte mit erstaunlicher Deutlichkeit auf die autobiographischen Parallelen zum Lebensweg seines dicken Heinrich Schaumann, genannt »Stopfkuchen«, der trotz aller Anfeindungen sein Lebensziel, sich auf der Roten Schanze einzurichten, mit Zähigkeit und List erreicht. So schrieb er seinem jungen Verehrer Edmund Sträter, der das Buch in einer Zeitschrift besprechen wollte, er könne ruhig den Leuten sagen, »wer da eigentlich

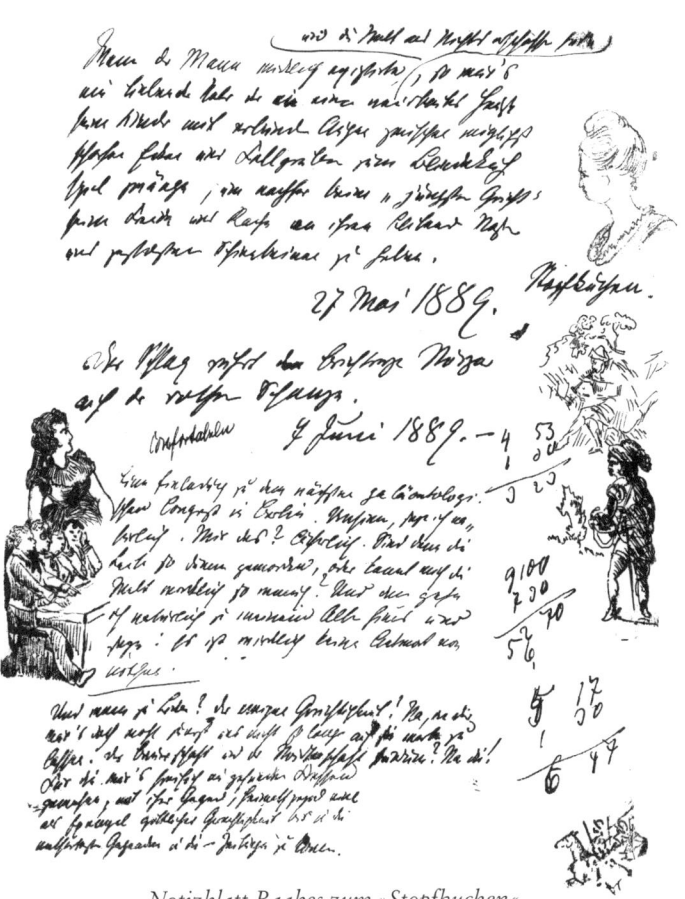

Notizblatt Raabes zum »Stopfkuchen«

unter der Hecke lag und die rote Schanze erobert hat und heute von ihr aus so die Welt um sich herumliegen sieht! Dies ist mein wirklich *subjektives* Buch und ein Kunstwerk insofern, als nur Wenige Solches aus der Schnurre herausfinden werden. Als ich den Strich unter das Ding zog, war ich in der Tat selbst ein wenig zufrieden mit meiner ironischen Symbolik ...« (BAE 2, 287). Noch deutlicher an Paul Heyse: »Nehmen Sie die rote Schanze als die deutsche humoristische Weltanschauung und den dicken Schaumann als den dürren Raabe, so haben Sie eine ganz feine Symbolik!« (Hoppe, 53).

Und abschließend an Paul Gerber, der den Roman rezensiert hatte: »Sie haben sich vortrefflich hineingelesen in die Geschichte von der Eroberung der roten Schanze; daß es sich dabei auch ein wenig allegorisch oder symbolisch um den künstlerischen Lebensweg des Autors und die Eroberung der Kunst, eine humoristische Erzählung zu schreiben, handele, konnten Sie natürlich nicht wissen« (BAE 2, 340). Derartige Selbstinterpretationen sind für Raabe höchst ungewöhnlich und legen den Verdacht nahe, er wolle die Freunde mit diesen Hinweisen auf die eher simple, weil nur äußerliche Ähnlichkeit von einer ganz anderen »feinen Symbolik« ablenken.

Tatsächlich schreibt er an Sträter, dem er das angebliche Geheimnis anvertraut hatte und der es in seiner Rezension auch wunschgemäß so an die Leser weitergab, nach der Lektüre dieser Rezension einen geradezu erleichterten Satz: »Daß der ›Stopfkuchen‹ eines der unverschämtesten Bücher ist, die jemals geschrieben worden sind«, habe der Freund »doch noch nicht genug herausgefunden« (BAE 2, 301). Es gibt also neben der Symbolik, die Raabe bereitwillig preisgab, noch eine ganz andere, »unverschämte« Lesart, von der Raabe befürchtet haben muß, daß sie so literaturkundigen Freunden wie Sträter oder Heyse sofort auffallen würde. Denn bereits mit den ersten Sätzen des Erzählers Eduard gibt Raabe einen Hinweis, wie das Buch zu lesen sei. Eduard zitiert nämlich August von Platens literaturkritisches Lustspiel »Die verhängnisvolle Gabel«, ohne daß diese Reminiszenz an einen längst vergessenen Literaturstreit näher erklärt würde. Wenn aber Stopfkuchen seinen früheren Freund Eduard auf die Rolle des Chorus verweist, der »meinetwegen so viele Begleitstrophen« zur Handlung singen möge, wie er will (BA 18, 167), dann lohnt es sich doch, diese Strophen des Chorus in Platens Komödie näher anzusehen. Sie bestehen im ersten Akt aus einer Beschimpfung des Publikums, dessen literarischer Geschmack getadelt wird: »Mittelmäß'gem klatscht ihr Beifall, duldet das Erhab'ne bloß/ Und verbannet fast schon alles, was nicht ganz gedankenlos/ ... /Dieses mark- und knochenlose Publikum beklatschet nur,/ Was verwandt ist seiner eignen Froschmolluskenbreinatur;/ Kommt ja von Berlin und Dresden ein Roman mit jeder Post,/ Bis die Deutschen kindisch werden über dieser Kinderkost!« Auch in den übrigen Aktschlüssen tadelt der Chorus das Publikum und versucht, seinen literarischen Geschmack zu ändern.

Damit ist von der ersten Seite an klar, daß Raabe im »Stopfkuchen« eine literaturkritische Auseinandersetzung führen wird, die sich gegen das Mittelmäßige und scheinbar Erhabene richtet, das er für weichlich und molluskenartig hält. Diese Attribute passen nur auf einen einzigen Schriftsteller, dessen Arbeiten er zwangsläufig jahrzehntelang zur Kenntnis nehmen mußte, weil sie nicht selten in Westermanns »Monatsheften« zusammen mit seinen eigenen Texten abgedruckt wurden. Jener Autor war also ein Konkurrent auf dem literarischen Markt und um so anstößiger, als er mit seinen sentimentalen Wehmutsstücken wesentlich erfolgreicher war als Raabe. Vor allem aber hatte er sich lange schon als äußerst unliebsames, weil ständig gegenwärtiges Ärgernis im Verkehr mit der Freundin Marie erwiesen, die diesen Autor ebenso verehrte wie ihr Mann, was bei Raabe zu berechtigten, in brieflichen Sarkasmen abgeladenen Eifersuchtsgefühlen führte.

Es handelt sich, natürlich, um Theodor Storm. Er war am 4. Juli 1888 gestorben; genau fünf Monate danach beginnt Raabe mit dem »Stopfkuchen«, der eine Widerlegung von Storms poetischem Programm beabsichtigt. Und zwar – das ist das »Unverschämte« daran – im Gewand einer der letzten Erzählungen Storms, denn Raabe übernimmt für seine Arbeit genau die Inhaltsstruktur der Novelle »Ein Doppelgänger«, die 1887 als separate Buchausgabe und gleichzeitig in einem Sammelband mit dem Titel »Bei kleinen Leuten« erschienen war. Raabe besitzt sogar die Kühnheit, auf den Titel deutlich zitierend hinzuweisen: »Bei den ›kleinen Leuten‹, wie man sich heute ausdrückt« (BA 18, 160, auch 158). Diese Bemerkung fällt auf dem Weg zum Sarg Störzers, und sie wird fortgesetzt: »... oder ›an der Mauer‹, nämlich an der Stadtmauer.« Wieder handelt es sich um ein durch Anführungszeichen kenntlich gemachtes Zitat, diesmal um eine Stelle aus einem eigentümlich indezenten Gedicht, in dem Wilhelm Jensen den eigenen Tod lyrisch vorwegnimmt und als Sterbender seiner Frau Marie den Ort seines Grabes erklärt: »Du mußt allein – da, an der Mauer – dann/ Dann links ...« Dieses Gedicht steht in Jensens Band »Im Vorherbst«, den er Raabe im November 1889 geschickt hatte und der auch das lange Gedicht »Am Sarge Theodor Storms« enthält. Es ist wahrscheinlich, daß Raabe in unmittelbarem Zusammenhang mit der Lektüre die Sargszene im »Stopfkuchen« geschrieben hat: Er beerdigt also mit Störzer zugleich auch Storm, der für ihn als Dichter zu den »kleinen Leuten« zählte, und er läßt dessen Schüler Jensen in Gestalt des Störzer-Zöglings Eduard am Sarg stehen.

Das war in der Tat eine literarische Provokation, die aber trotz der von Raabe befürchteten Bekanntheit zumindest von Storms Novelle »Ein Doppelgänger« keinem Leser auffiel – außer Wilhelm Jensen, der so verärgert war, daß er auf Raabes herausfordernde Frage »Was sagt Ihr zu Stopfkuchen?« (BAE 3, 454) neun Monate lang vielsagend schwieg.

Die literarische Auseinandersetzung mit der Raabe verlogen-versöhnlich erscheinenden Poetik Storms, die im Bild von der alles vergoldenden Sonne Homers über viele Jahre hinweg als verdeckter Zitatenkrieg geführt (Jb. 1986, 50ff) und nun, nach Storms Tod, im »Stopfkuchen« zum Abschluß gebracht wurde, ist aber nur eine von mehreren Symbolebenen dieses noch längst nicht entschlüsselten Romans. Zu verfolgen wäre auch die Identifikation Heinrich Schaumanns mit dem Amateurarchäologen Heinrich Schliemann, der im wörtlichen und übertragenen Sinn die Vergangenheit ebenso aufdeckt wie der Laienausgräber Stopfkuchen die alte Mordgeschichte wieder ans Licht bringt.

Mit den ständigen Anspielungen Stopfkuchens auf seine Noah-Rolle und die Sintflut schließt sich auch der Kreis zum ersten Buch Raabes, das mit dem wochenlangen, aus Tiecks Noah-Novelle übernommenen Regen begonnen hatte. Erst eine alle biographischen und literarischen Bedeutungsschichten zusammenfassende Interpretation könnte zeigen, mit welchem Recht Raabe diesen Roman für die Krönung und den Abschluß seines Lebenswerks hielt: »Das wäre so ziemlich das Ende. So hätten wir, nachdem man uns länger als dreißig Jahre unter der Hecke hatte liegen lassen, die Tür der roten Schanze hinter uns zugemacht!« (BAE 3, 454). Trotz freundlicher Rezensionen wurde das Buch kein Erfolg und erlebte erst nach fünfzehn Jahren eine zweite Auflage. »Müßte man nicht in der Tretmühle weiter, so würde dieses Buch mein letztes gewesen sein«, schrieb Raabe am 13. März 1892 an Paul Heyse, doch da er immer noch »von der Hand in den Mund« lebte (BAE 2, 303), erinnerte er kurz nach der Entlassung Bismarcks mit dem Roman »Gutmanns Reisen« an die Gründertage des Deutschen Nationalvereins. Er wußte, daß es »ein sehr gewagtes Experiment war, eine Parteibildung als Heldin in den Mittelpunkt einer humoristischen Dichtung zu stellen« (BAE 2, 319) und zweifelte, ob ihm das gelungen sei, aber er schob solche Unsicherheit auch auf seine sechzig Jahre: »Es ist eben doch schon ein alter Kerl, der immer noch den angenehmen Literatur-Schwerenöter spielen will und muß« (BAE 2, 312). Seine Zweifel waren berechtigt. Der Endzustand eines Bildungsprozesses, schreibt der Philosoph Jürgen Habermas (Erkenntnis und Interesse, 317), sei dann erreicht, »wenn sich das Subjekt seiner Identifikationen und Entfremdungen, seiner erzwungenen Objektivationen und seiner errungenen Reflexionen als der Wege erinnert, auf denen es sich konstituiert hat.« Das gilt für den resümierenden »Stopfkuchen«, mit dem Raabe kurz vor dem »Übertritt in's Greisenalter« (BAE 3, 456) an einen Abschluß seiner künstlerischen Entwicklung gelangt war. Die zwei Romane, die er danach beginnt, »Gutmanns Reisen« und »Kloster Lugau«, bedeuten einen Rückschritt. Allzu deutlich merkt man diesen Büchern an, daß sie nur geschrieben wurden »pour faire ma cuisine ›*um meine Küche in Gang zu halten*‹, wie der selige Honoré de Balzac das ganz vortrefflich und richtig sagte« (BAE 2, 343).

Während Raabes Arbeit an dem heiteren Roman »Kloster Lugau« trifft die Familie ein schreckliches Unglück. Am Freitag, den 24. Juni 1892, stirbt nach zehntägiger Krankheit die jüngste, kaum sechzehnjährige Tochter Gertrud an einer Hirnverletzung. »Es war anfangs ein leichtes gastrisches Fieber«, berichtet der Vater seinem Freund Sträter, »dann aber trat entsetzliches Kopfweh ein und wie der Arzt sagte ›eine Reizung des Gehirns‹. Er fragte, ob die Kranke vielleicht in der letzten Zeit eine Contusion am Kopfe erhalten habe. Ich wußte nur von einer seelischen Erschütterung. Nämlich vor einigen Wochen ertrank in der Kinder Gegenwart in dem hiesigen Schwimmbade ein junges Mädchen, und das hat selbstverständlich einen furchtbaren, lang nachhallenden Eindruck gemacht. So hat vielleicht mittelbar die Eine die Andre nach sich gezogen in die große dunkle Tiefe! Am Mittwoch (22. Juni) trat das ein, was wir Eltern glückselig für die günstige Krise hielten: tiefer Schlaf und warmer, gesunder Schweiß; aber am folgenden Morgen enttäuschten uns die Doktoren, indem sie der Sterbenden Augenlider hoben und uns dartaten, daß es schon der Schlaf der Bewußtlosigkeit sei ... Wir hatten trotz des Sturmes die Fenster offen zu halten, und so kämpfte von Mitternacht an bis 6 Uhr morgens das Kind mit seinem Todesröcheln gegen das Geheul und Brausen da draußen. Um sechs Uhr stand das junge Herz still und war die Welt für uns eine andere geworden« (BAE 2, 330f).

Raabe wird diesen Verlust seiner Tochter nie überwinden; sie war sein besonderer Liebling gewesen, weil ihr ausgeglichenes, fröhliches Wesen ihn stets an seine Mutter erinnerte. »Das ist eine Schranke, die sich nicht wieder niederlegen läßt« (BAE 2, 330). Raabe hielt eine psychogene Erklärung für plausibel, weil er sich an den eigenen Schock in der Magdeburger Lehrlingszeit und an seine daraus resultierende schwere Krankheit erinnerte. Tatsächlich aber hatte der Arzt mit seiner Vermutung recht: Als das Kind in der Schule das zu Boden gefallene Wollknäuel einer Mitschülerin aufheben wollte, waren beide mit den Köpfen so heftig zusammengestoßen, daß Ger-

trud wohl eine Gehirnerschütterung und eine nicht erkannte Gefäßverletzung erlitten hatte.

Der Vater war ein gebrochener Mann, über Nacht um Jahre gealtert, der alle Tröstungen heftig abwies und geradezu wütend erklärte, daß er niemals mehr eine Zeile schreiben könnte. Jeden Tag besuchte er mit Frau Bertha das Grab. Zum Stammtisch im »Grünen Jäger« ging er nicht mehr, weil der Weg am Friedhof vorbeiführte. Erst ein Vierteljahr später, als die »Kleiderseller« ihre Zusammenkünfte außerhalb der Stadt ins »Große Weghaus« verlegten, in dem schon Lessing sich mit seinen Braunschweiger Freunden getroffen hatte, fand er wieder Anschluß an diesen Kreis. In Herbsts Weinstube, dem Treffpunkt seiner anderen Stammtischrunde, fehlte er fast ein halbes Jahr. Aber der Roman »Kloster Lugau« mußte fortgesetzt werden. »Meine literarischen Arbeiten sind gänzlich in's Stocken geraten«, schrieb er im Dezember an den Stuttgarter Freund Schönhardt: »Wenn ich die Feder garnicht wieder aufzunehmen brauchte, wäre mir das wahrlich am angenehmsten: es wird aber leider wohl nicht angehen. Die paar neuen Auflagen älterer Werke halten mich nicht über Wasser. Also – wieder hinein in die Tinte!« (BAE 2, 339). Es widerstrebte ihm zutiefst, »von neuem den ›beliebten Autor‹ agieren zu müssen« (BF, 290), doch blieb ihm keine Wahl.

Ermutigt wurde er in dieser Situation durch die Zuschriften zahlreicher jüngerer Leser, die ihn durch die Neuauflagen der Jugendwerke eben erst als Autor entdeckt hatten und sich mit teils rührend-hilflosen, teils begeisterten Zeilen an ihn wandten. Der für jeden rettenden Strohhalm dankbare Raabe beantwortete alle diese Briefe. Nur jenes immer stärkere Echo seiner frühen, von ihm längst verworfenen Bücher ermöglichte ihm schließlich die Weiterarbeit, aber mehr als eine bittere Pflichtübung konnte aus dem Roman nicht mehr werden. Zu deutlich war dem Autor die absurde Tragik seiner Situation bewußt: »In dem Augenblick, wo sich endlich das Volk mehr zu Einem wendet und ein ›Erfolg‹ nach so langer, anscheinend ganz vergeblicher Lebensarbeit doch noch als eine Möglichkeit erscheint, so noch einmal auf die Nichtigkeit aller Erdendinge aufmerksam gemacht zu werden!« (BF, 294).

Am 10. Juni 1893 war der Roman endlich beendet, nachdem der Geburtstag Gertruds im Februar nochmals eine tiefe Krise heraufbeschworen hatte, die nur mit erzwungener Disziplin zu bewältigen war. Raabe mußte erkennen, daß der Tod Gertruds auch Frau Bertha völlig verwandelt hatte: »Da kann ich nur sagen«, antwortet er im Mai 1893 auf eine Frage nach seinem Ergehen, »daß ich mit meinem Kinde auch meine Frau verloren habe: Sie hat nur den Einen Gedanken um das kleine Grab auf dem Kirchhofe; so fließen uns die Tage dunkel und trübe vorüber, und zu ändern ist nichts daran« (BF, 296).

Eine Sommerreise sollte Ablenkung und Erleichterung schaffen. Am 14. Juli 1893 brach die Familie zu einer Reise nach Süddeutschland auf. Die zweitägige Eisenbahnfahrt führte über Magdeburg, das Raabe seit 36 Jahren nicht wiedergesehen hatte, dann über Nürnberg nach München, wo die Eltern mit der ältesten Tochter Margarete am 17. Juli ihren dreißigsten Geburtstag feierten. Sie hatte in Berlin ihr Zeichenlehrerinnenexamen bestanden und studierte nun Malerei an der Akademie für bildende Künste. Mit ihr zusammen ging es weiter nach Berchtesgaden, und Raabe sah noch einmal die alten Orte wieder, die er auf seiner Jugendreise 1859 besucht hatte: Salzburg, den Mondsee, dann Ischl und Hallstatt, wo die Familie zwei Tage blieb. Aber die Ausgrabungsstücke, die Raabe einst zu seiner Erzählung angeregt hatten, waren längst im Museum deponiert; mürrisch notiert er im Tagebuch: »Keine keltischen Knochen mehr! Auch nichts zu trinken« (Tgb. 22.7.93). Am Stammtisch trank er gewöhnlich eine Flasche Rotwein, nun fehlte ihm die abendliche Entspannung durch den Alkohol.

Am nächsten Tag führte die Reise über Salzburg zurück an den Chiemsee, wo die 1889 nach München übergesiedelten Jensens in Prien einen komfortablen Sommersitz bewohnten. Die Freude des Wiedersehens wurde etwas getrübt durch Raabes nach Gertruds Tod wieder verstärkt auftretenden nervösen Asthmaanfälle, die in den vergangenen Jahren der langsamen Anerkennung als Autor fast völlig ausgesetzt hatten. Aber Jensens mußten schon am folgenden Tag nach Breslau abreisen, deshalb kehrte die Familie Raabe nach München zurück und mietete sich für eine Woche in einer Privatpension ein.

Auch ein anderer Bekannter aus Stuttgarter Zeiten, Professor Georg Scherer, war inzwischen nach München gezogen; mit ihm zusammen besuchte Raabe das Panorama »Das alte Rom«, und in der Kunstausstellung im Glaspalast fand er sich vor dem großen Ölporträt wieder, das Professor Hanns Fechner im November des letzten Jahres von ihm gemalt hatte. Raabe war stolz auf dieses gelungene Porträt, das ihn im alten, abgetragenen Schlafrock zeigt; es galt ihm ebenso wie die auch im November erfolgte Aufnahme in die Berliner Freimaurerloge »Phosphor« als Zeichen der wachsenden Anerkennung. Am 1. August trat die Familie über Nürnberg die Rückreise nach Braunschweig an.

Die Reise mag eine willkommene Abwechslung gewesen sein, zu Hause aber wird Raabe wieder mit der Notwendigkeit konfrontiert, trotz aller Trauer und Müdigkeit mit der Feder für das Auskommen der Familie sorgen zu müssen. Die Behaglichkeit, mit der er sich noch im »Stopfkuchen« am »freiesten und sichersten *über* der Welt« (BA 18, 426) gefühlt hatte, war durch den Tod der Tochter mit einem Schlag zerstört. Jetzt will der Dichter die Anpassung an das tägliche Leben verweigern und nicht mehr den Grazioso agieren, sieht sich jedoch als Familienvater und Bürger dazu gezwungen. Endgültig wird dem mühsam Weiterarbeitenden sein Produkt zur Ware, seine Arbeit zur bloßen Funktion, er selbst zum Produktionsmittel: »Im nächsten Jahre ist die, meine, Maschine *vierzig* Jahre lang in Tätigkeit; da hat sie wohl das Recht, klapperig zu werden« (BAE 2, 343). In einem Akt äußerster, verzweifelter Willensanstrengung schreibt Raabe nun mit den »Akten des Vogelsangs« sein modernstes und radikalstes Buch, zugleich den einzigen deutschen Roman jener Zeit, der gleichberechtigt neben den Werken der europäischen Moderne steht.

Die Arbeit daran wird zum über zwei Jahre dauernden Kampf gegen den intellektuellen Verfall seiner Persönlichkeit: »Ich würge und drücke, fühle es wie einen Schraubstock ums Gehirn und wie eine heiße Faust an der Kehle« (BAE 2, 360). Raabe konstatiert »stockende Arbeitskraft und harte Notwendigkeit, weiter zu müssen« (BAE 2, 369). Auch dieser Konflikt ist in dem Roman enthalten. Der lakonische Satz: »Ich schrieb's nach dem Tode meiner Tochter. Nicht eine Spur eigenen Erlebens steckt darin« (Pongs, 430) verrät dies in der abwehrenden Verneinung. Der »recht sehr auf den ganz gemeinen ›pekuniären‹ Ertrag« (BF, 352) angewiesene Autor Raabe, der als Bürger in einer Welt der Verpflichtungen und als Familienvater im Zwang ehelicher Bindung und väterlicher Sorge lebt, schafft sich in der Figur des Velten Andres eine Sublimierung des real nicht zu befriedigenden Wunsches nach Unabhängigkeit, aber auch in der Aufspaltung der eigenen Person, die zwischen künstlerischer und familiärer Verantwortung zerrieben wird, in einen bindungslosen Protagonisten und einen zutiefst bürgerlichen Erzähler die Objektivierung der

Ölporträt Raabes im Schlafrock von Professor Hanns Fechner, 1892

eigenen Spaltung. Raabes Wunsch nach selbstbestimmter Freiheit, den er zu dieser Zeit (21.4.93) im Notizbuch festhält: »Das schönste Gefühl auf dieser Erde: Nicht mehr nötig zu sein. Nicht mehr gebraucht zu werden« (Einfälle, 203), kann nicht verwirklicht werden, doch diese Unmöglichkeit macht ihre Darstellung für ihn notwendig. Der Erzähler fühlt sich zu dem ihm gegensätzlichen Freund hingezogen; das Lessingzitat: »Ich habe ihn darum in die Welt gezogen, weil ich mit ihm nicht länger allein unter einem Dache wohnen wollte« (BA 19, 358), enthüllt die Erzähler-Motivation der Niederschrift wie die Raabes: Schreiben, um sich zu befreien.

Der unter den finanziellen Zwängen leidende Raabe schafft sich in Velten Andres die radikale Verwirklichung des Eigentumslosen, dem alles gelingt, nur das Leben nicht. In dessen Tod ersteht der Bürger Raabe; Veltens siegreicher Prozeß gegen die Welt spiegelt den siegreich verlorenen des Dichters Raabe. Dessen »Trennung seiner Eigenschaften vom Triebgrund sowohl wie vom Selbst« (Adorno, Minima Moralia, 310) ermöglicht zwar deren Darstellung, aber um den Preis der Einheit des Individuums, dessen Eigenschaften vom Sein sich ablösen. Das Leben macht unterm Zwang zur Existenz zum beschreibbaren Ding, was an ihm lebendig war; die Eigenschaften »sind nicht mehr Subjekt, sondern das Subjekt richtet sich auf sie als sein inwendiges Objekt. In ihrer grenzenlosen Gefügigkeit des Ich sind sie diesem zugleich entfremdet: als ganz passive nähren sie es nicht länger. Das ist die gesellschaftliche Pathogenese der Schizophrenie... Die im Individuum vollendete Arbeitsteilung, seine radikale Objektivation kommt auf seine kranke Aufspaltung heraus« (Adorno,

Titelblatt (links) und Beginn des ersten Kapitels der »Akten des Vogelsangs«

Minima Moralia, 309f). Das ist das Ende jenes Prozesses, dessen Fazit Raabe mit der Notiz »Meine Bücher gewonnen, mein Leben verloren« 1875 nur halb gezogen hatte, denn sein bürgerliches Leben war erkauft mit den Büchern, die er *nicht* geschrieben hat. Mit den »Akten« gelingt Raabe eine Darstellung seiner Aporie, wie sie noch im »Stopfkuchen« in gleicher Schärfe nicht möglich gewesen war, denn »nicht die kleine Rührung, die sich selbst genießt, die große der Erschütterung allein ist es«, schreibt Walter Benjamin, »in welcher der Schein der Versöhnung den schönen überwindet und mit ihm zuletzt sich selbst.« Auf ihrem höchsten Gipfel scheint die Poesie ganz äußerlich (Goethe); hier trennt den Dichter keine ästhetische Verbrämung mehr vom Gegenstand seiner Beschreibung, zu dem er nun selbst geworden ist.

Zu Beginn des Romans empfängt der Oberregierungsrat Dr. jur. Karl Krumhardt einen Brief von Helene Trotzendorff, die ihm vom Tod des gemeinsamen Freundes Velten Andres berichtet. Woran er gestorben ist, erfährt der Leser nicht, nur, daß er »in seinem Frieden noch denselben Zug um Nase und Mund« hatte wie im Leben, und erst viel später, auf den letzten Seiten des Romans wird der Leser erfahren, daß es sein weltüberwindendes Lachen war (BA 19, 405). Der Stil des Briefes ist, dem Anlaß gemäß, rauh: »Seinen Ton entschuldige« (BA 19, 213). Solches in Händen erfährt Krumhardt die Heimsuchung durch seine Ehefrau: »Hast du heute wieder mal kein Stündchen Zeit für uns übrig gehabt, armes Männchen? Großer Gott, diese Berge von Akten! Was haben wir denn eigentlich noch von dir?« (BA 19, 215). Krasser ist eine Stilwende kaum denkbar: Auf den gebrochenen Ton einer Frau, die den Tod des Geliebten mitteilt, folgt die peinliche Vertraulichkeit einer Ehefrau, die in ihrer Daseinsverwirklichung als Gattin und mehr noch als Mutter vollends charakterisiert wird, als sie nun den Brief Helenes liest: »Aber das ist ja ein entsetzlicher Brief!« Ihr erscheint er völlig unverständlich; besonders irritierend aber, daß Helene ihn in Veltens Totenzimmer – »wie es scheint, in seiner leeren Dachstube« – geschrieben hat: »Was will sie denn jetzt da? Ganz dumm und irre wird man hierbei!« Gewohnt, ihr Leben als einzig richtiges, weil mit ihrer Auffassung von Realität übereinstimmend anzusehen, betrachtet sie Helenes Situation als irreal scheinhafte: »Du lieber Gott, wie machen sich doch die Menschen aus puren Grillen das Leben schwer und das Sterben zu einem Komödienschluß!« Es trifft sich, daß die Töchter der Frau Oberregierungsrat gerade aus dem Theater nach Hause kommen. Da der Brief für die Bürgerin weder eine moralische Aufrichtigkeit besitzt, noch sein Inhalt mit ihren Prinzipien übereinstimmt, flüchtet sie sich zu den fleischgewordenen Nachweisen ihrer Existenz: Die Mädchen sind »in diesem Augenblick meine einzige Rettung nach dieser Lektüre. Der Himmel bewahre sie uns vor zu viel Einbildungskraft und erhalte ihnen einen klaren Kopf und ein ruhiges Herz« (BA 19, 215 f). Die Realität des Theaters, von dem die Töchter zu erzählen haben, erscheint dieser Frau wirklicher als die Wahrheit des Briefes; so flüchtet sie aus dessen Kälte in den Schein der Wärme, der ihr jene Werte auf der Bühne vorspielt, die sie im Leben verwirklicht. Der gegen Helene und Velten gerichtete Satz, daß die Töchter ein ruhiges Herz behalten mögen, ist die bittere Entsprechung zu den Versen Goethes über Veltens Todeslager: »Sei gefühllos / Ein leichtbewegtes Herz / Ist ein elend Gut / Auf der wankenden Erde.«

So beginnt auf den ersten vier Druckseiten dieser Roman mit einer sarkastischen Kontrastierung zweier Welten, und er wird auch so enden. Dazwischen liegt die von Krumhardt aktenmäßig aufgezeichnete Geschichte einer fragilen Freundschaft, die weit mehr ist als die beim Lesepublikum beliebte Geschichte vom Kindsein und Erwachsenwerden. »Die Akten des Vogelsangs« erzählen, drastisch gegen die im Alltag stupide abgenutzte Ehe des Protokollanten Krumhardt gesetzt, die Geschichte der unerfüllbaren Liebe zwischen Velten und Helene, in der auch Raabes ungestillte Sehnsucht nach der in den Reichtum entführten Marie Jensen ablesbar ist. Velten kennt das Mädchen seit Jugendzeiten und ist ihm für sein Leben verbunden. Als Helene von ihrem ungeklärt und überraschend reich gewordenen Vater nach Amerika geholt wird, läßt sie sich zwar komfortabel verloben, doch Velten will sie nicht verloren geben: »Sie weiß es ja aber auch, daß ich sie ihr ganzes Leben lang nicht loslasse« (BA 19, 291). Nach seinem Tod bekennt auch Helene: »Wie wir uns sträuben mochten, wir mußten einander suchen – bis in den Tod« (BA 19, 401). Es ist eine ideale Liebe, die im Zeitalter der sich aufsplitternden und widerstreitenden Interessen an ihrer Forderung nach Totalität scheitert. Wie verbunden sie sich sind: sie besitzen sich nie, im bürgerlichen Sinn einer Ehe. Velten wird ihr nach Amerika folgen; er spielt in der Komödie mit und gliedert sich auf seine Weise, als Literat der Ökonomie, in die Geldaristokratie ein. Er bietet sich an, aber diesen Besitz will sie nicht, da das erheiratete Geld ihr die Möglichkeit gibt, allein zu bleiben. Darauf entzieht er sich, Symbol auch für die Freiheit vom Tauschprinzip dieser Welt, in der er nicht zu Hause ist, weil seine Heimat bei ihr gewesen wäre. Nach langen Reisen kommt er ins Elternhaus zurück und vollzieht nach dem Tod der Mutter in einem Akt der Zerstörung seine Trennung von der Welt. Er verbrennt allen Hausrat und alles Eigentum: »Ein äußerliches Aufräumen zu dem innerlichen ... Ja, ich heize in diesem Winter mit meinem hiesigen Eigentum ... mit meinen Habseligkeiten aus dem Vogelsang« (BA 19, 370f). Der Verbrennung aller Gegenstände, an denen für ihn »eine Erinnerung gehaftet hatte« (BA 19, 374), läßt Velten eine öffentliche Plünderung des Hauses und seines nicht brennbaren Inventars folgen. Alte Bekannte und ehemalige Freunde beteiligen sich mit Eifer daran, aber auch Kellnerinnen und fremde Artisten aus dem nahen Tivoli-Garten. Es kommt hierbei zu einer merkwürdigen Begegnung mit einem Künstler namens German Fell, der als Affenmensch gastiert. Die Anregung zu dieser Szene stammt vermutlich aus Raabes eigener Anschauung: Unmittelbar nach seinem Umzug von Stuttgart nach Braunschweig gastierte eine Gruppe in »Weitzmanns Tivoli« mit dem humoristischen Einakter »Der Engländer und sein Affe«, in dem ein Schauspieler Zimmermann den Affen spielte. Vielleicht reicht die Anregung sogar zurück in die Berliner Zeit, denn dort trat 1854 der Affendarsteller Eduard Klischnigg, den diese Nummer berühmt machte, im Krollschen Theater auf.

Auch German Fell hat das Leben überwunden und darauf verzichtet, als Schauspieler Menschen zu imitieren; ebenso will Velten nach der Plünderung nicht mehr Mensch sein: Er wird fast wie ein Tier leben in der verbleibenden Zeit, reduziert auf seine Bedürfnisse, eine in sich erstarrende Anklage gegen jene Zeit, die Menschen nur als Marionetten oder Komödianten sich leisten mag. In der Prosa der Welt ist die Antinomie des Individuums, ein Einzelnes sein zu wollen und von anderen abhängen zu müssen, nicht anders zu lösen als durch

den Rückzug vom bloß scheinhaften Leben, der allein noch Identität ermöglicht.

Es fällt in diesem Roman auf, daß Velten an entscheidenden Punkten seiner Entwicklung in einen Konflikt zwischen

Kunst und Leben gerät, weil er, wie es Helene, für den Leser noch unverständlich, in ihrem Eingangsbrief schrieb, »immer Ernst aus dem Spaße machte« (BA 19, 214). Das beginnt spielerisch mit der vom Schulunterricht inspirierten Inszenierung des Todes des Alkibiades nach dem Text von Cornelius Nepos. Alkibiades verbrannte von Feinden umzingelt in seinem Haus, und es war sicher nicht Veltens Absicht, das Gartenhaus des Nachbarn tatsächlich abbrennen zu lassen, aber Velten hatte sich bei diesem ersten Versuch, die Poesie ernstzunehmen, nicht nur symbolisch die Finger verbrannt. Zu den ungezählten Goethe-Anspielungen, die dieses Buch durchziehen, gehört auch die Gestalt Helene Trotzendorff selbst: Sie ist für den von »den Müttern« erzogenen Velten eine Helena, eine unerreichbare Idealfigur. Die »Akten des Vogelsangs« sind also auch zu lesen als Fazit über das Schicksal der Poesie im bürgerlichen Zeitalter. So verstanden werden sie zum einzigen poetischen Dokument, das neben Hegels theoretischer Bestimmung vom Ende der Kunst bestehen kann: Die Absage an die Kunst geschieht hier in deren Namen. Raabe hat das literarisch sichtbar gemacht: Vermutlich gibt es keinen Roman der Weltliteratur, in dem die Negation »nicht« häufiger vorkommt als hier. Velten scheitert, da die Hegelsche Bestimmung von Kunst, »das Dasein in seiner Erscheinung als wahr aufzufassen und darzustellen«, in Raabes Zeit mit ihrem Zwang zur verfälschenden Existenz nicht realisierbar ist. Daß aber jenes Scheitern einen letzten Sieg Veltens bedeutet, erkennt am Ende, stellvertretend für das Lesepublikum, der Akten-Schreiber Krumhardt: »Was kann ich heute an seinem Grabhügel andres sein als ein nüchterner Protokollführer in seinem siegreich gewonnenen Prozeß gegen meine, gegen *unsere* Welt?« (BA 19, 295).

In einem Gespräch hat Raabe einmal das Ende Elisabeths in Goethes Epilog zu dem Trauerspiel »Graf von Essex« von John Banks als den Inbegriff des Tragischen bezeichnet: »die völlige Vereinsamung, Verödung und Entleerung unserer Welt von alledem, was uns das Leben darin lebenswert und -möglich machte, herbeigeführt durch ein Zusammenwirken eigner Willensakte, äußerer Fügung und innerer Notwendigkeit« (BAE 4, 38). Auf diesen Epilog mit seinen Zeilen »Hier ist der Abschluß! Alles ist getan / Und nichts kann mehr geschehn!« spielt Helene im Totenzimmer Veltens an, als sie dem Freund Karl Krumhardt zum letztenmal begegnet. Auf subtile Weise hat Raabe ihre Worte an Krumhardt, das letzte Vermächtnis der Poesie an den Bürger, mit der Anspielung auf sein eigenes Lebenswerk seit dem Schicksalsroman »Die Leute aus dem Walde« verknüpft: »Wie schade, daß du kein Versmacher bist«, sagt sie, »sonst solltest du über Velten Andres' und Helene Trotzendorffs Sterne, Wege und Schicksale ein Lied machen«, aber da diese Zeiten vorüber sind, lautet ihr Auftrag schließlich: »Schreib in recht nüchterner Prosa« (BA 19, 403). Für Krumhardt wie für Raabe gilt Goethes Wort aus dem Essex-Epilog: »So unerschüttert zeige dich am Licht, / Wenn dir's im Busen morsch zusammenbricht!«

Nicht eine Spur eigenen Erlebens stecke in diesem Roman? Im Gegenteil: Er war erst möglich geworden durch Raabes furchtbare Erschütterung nach dem Tod seiner Tochter, von der noch diese Textstelle zeugt: »es wird mir doch sein wie damals, wo man den Sargdeckel auf unser kleines Mädchen legen wollte und ich auch nicht glauben konnte, daß es möglich und nötig sei« (BA 19, 322). Wie der vereinsamte Velten in seine Berliner Studierkammer kehrt Raabe mit diesem Roman an den Beginn zurück; der Titel »Die Akten des Vogelsangs« ist eine deutliche Analogiebildung zu »Die Chronik der Sperlingsgasse«. Ein unscheinbares Datum verbindet Krumhardt mit Raabe, der den Tod seines Vaters 1845 als Befreiung empfand: Als Krumhardt von Helene den Auftrag zur Niederschrift der »Akten« erhält, gibt er sein Alter mit 48 Jahren an. Legt man Raabes Manuskriptbeginn am 30. Juni 1893 zugrunde, dann wäre der Erzähler und Protokollant 1845 geboren. Immer wieder hat Raabe in Briefen nach der Beendigung des Romans den Bogen geschlagen zu seinen Anfängen, so im Brief an Marie Jensen: »Jawohl, da liegt nun zwischen der

Sperlingsgasse und dem Vogelsang die ganze Bescherung. Zwischen dem 23sten und dem 65sten Lebensjahr: ein netter Haufen!« (BAE 3, 503). Das Ende ist erreicht. Der nachfolgende und letzte abgeschlossene Text Raabes, der Roman »Hastenbeck«, erscheint nur noch als verspätete und von Finanznot diktierte Erfüllung eines vor zwanzig Jahren gefaßten Novellenplans.

Mit der quälenden Arbeit an den »Akten« kehrte Raabe auch zu jenen Anfängen zurück, als er noch Maler werden wollte. Die Tochter Margarete hatte ihm zum Geburtstag 1893 einen Farbenkasten geschenkt: »Nun es mit der Schriftstellerei nicht mehr geht, male ich wieder Bilder.« Deren Motive glichen auf frappierende Weise denen seiner Jugend: »Burgen auf jähem Felsen am Wasser, ein Zug riesiger Landsknechte, ein Ritter in einer Burgruine« (BAE 4, 124). Zwar hatte Raabe nie aufgehört zu zeichnen, nur die Ölmalerei zeitweise wegen der teuren Farben vernachlässigt und im Alter schließlich aufgegeben, doch läßt die wechselnde Intensität seines bildnerischen Schaffens recht genaue Rückschlüsse auf seine psychische Verfassung zu. Er zeichnete um so mehr, je schwerer ihm das Schreiben fiel, und diese Übergänge vom Schreiben zum Zeichnen auf seinen Manuskriptblättern sind Zeichen eines psychischen Abbaus, der in Raabes Krisenzeiten besonders auffällt. Wenn er Gespenster oder Visionen zu Papier bringt, bemerkt man stets eine starke Umrißzeichnung, häufig in Verbindung mit einer Kontrastierung zum Hintergrund, der als Schraffur die übrige Fläche ausfüllt. Solche Überbetonung der Konturen ist für das zeichnerische Gestalten von Schizophrenie-Gefährdeten charakteristisch und weist »auf Störungen in der Integration des Ichs und in dem Verhältnis des Individuums zur Außenwelt hin« (Navratil, 57). Auffällig ist bei einigen Blättern Raabes die innige Verbindung von Schrift und Bild, die ihre formale Entsprechung in Zeichnungen zahlreicher Kranker hat. Es handelt sich hierbei eindeutig nicht um Zeugnisse einer Konzentrationsschwäche, da Raabe erkennbar dieses Verfahren als Stilmittel benutzt.

Typische Zeichnung Raabes mit ineinander übergehenden Perspektiven und dem Wechsel von Schrift und Bild, vgl. Seite 135

Ebenso gestaltet er auch, wie in einigen Texten, das bei Schizophrenen häufige Ineinanderfließen der Zeiten und die Simultanität verschiedener Räume. Offenbar fand Raabe in jenen Zeiten, in denen sein sprachlicher Ausdruck versagte, eine psychische Entlastung im Zeichnen; darauf deutet jedenfalls die zitierte Bemerkung zum Geschenk seiner Tochter.

Noch während der Arbeit an den »Akten des Vogelsangs« wurde Raabe an die nun vierzigste Wiederkehr des symbolischen 15. November erinnert; auch diesmal hat er das Datum nicht im Tagebuch hervorgehoben wie die Daten seiner Verlobung (»33 Jahre!«) oder des Todes der Mutter (»Zwanzig Jahre!«). Nicht zuerst sein Stammtisch, sondern süddeutsche Leser hatten ihn zum vierzigsten Geburtstag der »Chronik« beglückwünscht. In seinen Dankesbriefen scheint er sich von dem Datum wieder distanzieren zu wollen: »der Süden fing den Lärm an um diesen sonderbaren fünfzehnten November«; »den 15ten November 1854 habe *Ich* nicht aufgerührt« (BAE 2, 361, 364). Doch nun war es zu spät, die Legende überrollte ihn, und er machte sie sich in den nachfolgenden Jahren zu eigen. In einem Gespräch meinte er 1906, daß die aufgedeckte Wahrheit eine Fälschung sei und nur die Legende die eigentliche Wahrheit: »Sie macht die Weltgeschichte, nicht die Wahrheit« (BAE 4, 235). Das Jubiläum wurde mit einem Festessen im Braunschweiger Gewandhaus gefeiert, und wochenlang hatte er daran zu tun, seine Verehrerpost abzuarbeiten. Eine Kölner Karnevalsgesellschaft trug ihm als anerkannten Humoristen die Ehrenmitgliedschaft an; er stimmte zu. Der falsche Ruhm hatte ihn eingeholt, und Raabe fügte sich.

Die letzten Jahre

ZUM JAHRESABSCHLUSS 1894 hatte Raabe im Tagebuch vermerkt: »Diesjähriges Durchschnittseinkommen aus ›literarischen Arbeiten‹: 3400 Mark.+++« und die Summe dreimal grimmig unterstrichen. Zwar hatte er im November von der Schiller-Stiftung die Nachricht über die Umwandlung seiner Ehrengabe in eine jährliche Pension von 1000 Mark erhalten und sie mit den halb erleichterten, halb resignierten Worten »O Mutter Deutschland!« (Tgb., 10.11.94) kommentiert, aber im Januar kostete ihn die Hochzeit seiner Tochter Elisabeth mit dem Marinearzt Paul Wasserfall die nicht unbeträchtliche und penibel notierte Summe von 738 Mark, 65 Pfennigen. Da die Neuauflagen seiner Jugendwerke noch nicht genug einbrachten, mußte er erneut zur Feder greifen.

Bereits die Arbeit an den »Akten« war »ein jahrelanges Quälen und Würgen« gewesen (BAE 2, 370); er habe sich, bemerkte er zu Sträter, an dem Buch »konfus geschrieben« (BAE 2, 371): »Wie oft, oft habe ich vor der Versuchung gestanden, ein Streichholz unter die ganze Vogelsangsherrlichkeit zu halten!« (BAE 2, 374). Außerdem sprach es sich herum, daß Raabe müde und erschöpft sei, die Arbeit am liebsten nicht noch einmal aufnehmen würde und sich deswegen in einer finanziellen Notlage befände. Auf dem Berliner Gesindeball im Januar 1896 wurde der jüngste humoristische Roman von Julius Stinde »Wilhelmine Buchholz' Memoiren« zu Gunsten Raabes verkauft und ihm der Erlös von vierhundert Mark zugeschickt. Er nahm dieses Geld zwar mit gequältem Humor an, fühlte sich jedoch genötigt einzugreifen, als er hörte, daß ein Hilfskomitee gegründet worden sei, das sich in seiner Sache sogar mit einer Bittschrift an den Kaiser wenden wollte. Es wäre ihm höchst peinlich gewesen, wenn man ihm »das Armenrecht der deutschen Dichter öffentlich zugesprochen« hätte und er »irgendwelcher öffentlichen Mildtätigkeit anheimfallen müßte« (BAE 2, 377). Auch um solchen Gerüchten zu entgehen, mußte Raabe an eine neue Veröffentlichung denken; sie hielten sich jedoch so hartnäckig, daß Raabe noch im August von einem anonymen »alten Verehrer« 300 Mark zugeschickt bekam. Seine finanzielle Situation verbesserte sich in den folgenden Jahren allerdings ständig durch die Neuauflagen der »Chronik« und des »Hungerpastor«.

Für diese frühen, mit Sozialkritik durchsetzten, aber doch zu Versöhnung und Genügsamkeit auffordernden Werke war ein neues Publikum herangewachsen, das die Romane nun auf die zeitgenössische Situation bezogen las. Nicht der alte kaufmännische Mittelstand hatte von den 28 Milliarden Mark der französischen Reparationsleistungen in der Gründerzeit profitiert, sondern die rasch wachsenden Konzerne, die sich immer weniger darauf beschränkten, binnenwirtschaftlich zu expandieren, sondern auch innen- und außenpolitische Macht auszuüben begannen; so hatte sich beispielsweise Krupp die meinungsbildenden »Berliner Neuesten Nachrichten« gekauft.

Der um seinen politischen Einfluß gebrachte Mittelstand besann sich nun auf althergebrachte bürgerliche Ideale wie Charakter, Gemüt und Herzensreinheit, die dem neuen Materialismus der Zeit als unvergängliche Werte deutscher Innerlichkeit entgegengesetzt wurden. Man zog Raabe dabei als Nothelfer und Seelentröster heran; in seinem Frühwerk ließ sich leicht der Balsam für die Wunden finden, die von der industriellen Entwicklung geschlagen worden waren. Gerade Bücher wie der »Hungerpastor« waren es auch, die nicht nur den bedrohlich anwachsenden Antisemitismus unterstützten, in dem der bürgerliche Mittelstand ein Ventil für seine Enttäuschung über die wirtschaftliche und politische Entmachtung fand, sondern die auch der neu entstandenen Leserschaft der Arbeiter am meisten zusagten, weil sie hier eine leicht faßliche und gemütvoll verbrämte Sozialkritik fanden. So druckte 1908 Clara Zetkin in ihrer Zeitschrift »Die Gleichheit« ein Kapitel des »Hungerpastor« ab, ohne freilich die Genehmigung eingeholt zu haben. Auf ihren Entschuldigungsbrief antwortete Raabe: »Wenn ich gleich, weder als Geschichten- noch als Geschichte-Erzähler dem sozialdemokratischen Zukunftsstaate im Geringsten Vorschub zu leisten wünsche, so habe ich doch nie etwas dagegen einzuwenden gehabt, wenn man in Ihrem Lager aus meiner Lebensarbeit etwas zu Volkes Bestem literarisch gebrauchen konnte« (BAE 2, 477). Raabe wählte immer noch die Nationalliberale Partei, deren Kandidaten im Wahlbezirk Braunschweig regelmäßig (mit Ausnahme 1874) gegen die Sozialdemokraten unterlagen, dennoch bezeichnete er unter dem Eindruck immer neuer obrigkeitsstaatlicher Eingriffe in das öffentliche Leben die Sozialdemokratie als die »unternehmendste und tatkräftigste Partei im deutschen Volksleben« (BAE 2, 413). In der kleinen Industriestadt Braunschweig erlebte er zahlreiche Streiks und Arbeiteraufmärsche; im Notizbuch hielt er fest: »Die soziale Frage. Es geht nicht mehr alles so hin. Das Damoklesschwert des allgemeinen Durcheinander ist nichts. Aber daß jeder von oben bis unten sich zu sagen hat: Man achtet dir auf die Finger. Und die Finger anderer – auch unter dir haben die Macht, sich zu einer Faust zu ballen – das ist etwas, und, alles in allem genommen, etwas recht Segensreiches« (Einfälle, 210). Eine moralische oder politische Verantwortung, als Schriftsteller in den Tageskampf einzugreifen, lehnte er jedoch ab; er habe nicht das Gefühl, »als sei es grade meine Pflicht und Schuldigkeit, dem Herrgott seine verpfuschte Welt wieder einzurenken« (Einfälle, 207). Ohnehin davon überzeugt, daß die ihm vertraute Welt zum Untergang verurteilt war, sah er die Aufgabe der Literatur in der unverhüllten Darstellung des »Caput mortuum der Menschheit« (Einfälle, 204) und nicht in der Produktion tröstender Utopien.

Wenn er nun sah, daß ein »abgestandener Jugendquark« wie der »Hungerpastor« sich zum »Lieblingsbuch« der Sozialdemokraten entwickelte (BAE 2, 413), mußte ihn das trotz aller Genugtuung über den späten Erfolg ebenso ärgern wie den politisch radikaleren Flügel, der 1910 anläßlich der 34.

Auflage des Buches in der Braunschweiger Arbeiterzeitung »Der Volksfreund« (18.11.1910) vor einer Lektüre warnte: »Raabe wollte dem kleinen Mann, dem Bedrückten und Leidenden, ein Zufriedenmacher sein, damit ist er eine Gefahr für sie; denn nicht bescheiden dürfen sie sich, wenn es besser werden soll, sondern erheben müssen sie sich.« Wenn Raabe am Stammtisch oder gegenüber Besuchern die Sozialdemokraten verteidigte: »Das sind zum Teil meine besten Freunde! Die schreiben mir aus dem Gefängnis, daß meine Werke ihr einziger Trost sind« (BAE 4, 179), dann rief diese Meinung ein ebenso großes Erstaunen hervor wie das Lob Zolas oder sein Plädoyer für die Homosexuellen – es war ihm schließlich nicht verborgen geblieben, daß seine älteste Tochter Margarete sich mehr für Freundinnen als für Freunde interessierte: »die Leute wollen ihr Recht haben, so gut wie die anderen... Ganze Völker haben diese Natureigenschaft als berechtigt anerkannt, und ein Teil, so wie die Griechen, fast ihre ganze Kultur darauf begründet. Man sollte einen gewissen Paragraphen des StGB ruhig abschaffen« (BAE 4, 187).

Am 18. August 1895 hatte Raabe seinen letzten Roman »Hastenbeck« begonnen; vier Tage später wurde ihm die Wohnung gekündigt. Mehrere Bittbesuche bei dem Vermieter blieben vergeblich, also tröstete sich das Ehepaar Raabe im September mit einer Reise zur jungvermählten Tochter Elisabeth nach Wilhelmshaven, mietete im Oktober eine neue Wohnung (Am Windmühlenberg Nr. 3) und kaufte sich im Dezember, damit wenigstens dies endgültig geregelt und geordnet war, eine gemeinsame Grabstelle auf dem Braunschweiger Zentralfriedhof. Die Arbeit an dem Buch ging quälend langsam voran. Schuld daran waren nicht allein die immer zahlreicher einlaufenden und stets getreulich beantworteten Briefe von Lesern und Verehrern oder die anfallenden Korrekturen zu den jetzt häufigeren Neuauflagen, sondern vor allem ein Verfall der Kräfte. Der 66jährige Raabe beobachtete diese Zunahme seiner intellektuellen Insuffizienz sehr genau: »Literarisch werde ich täglich stupider. Selbst die Rechtschreibung gleitet mir immer mehr unter den Händen, d.h. unter der Feder, fort und ins Unbestimmte hinein« (BAE 3, 512). An Paul Gerber, der im Frühjahr 1897 die erste, verehrungsvolle und daher gänzlich unkritische Monographie über ihn veröffentlicht hatte, schreibt Raabe: »Komödianten und Literaten sollten nicht alt werden, wenn sie auf dem Seil bleiben müssen!« (BAE 2, 395) – eine Entsprechung dazu findet sich im Notizbuch: »Wie oft im Leben seufzt der Mensch: ›Ein Königreich für einen freundlich-raschen Schlagfluß!‹« (Einfälle, 213). Er wußte, daß er dem Arbeitsdruck nicht mehr gewachsen war. Es schien zwar so, als ob ihn die Lizenzhonorare entlasteten – für die 13. bis 15. Auflage der »Chronik der Sperlingsgasse« hatte er im Dezember 1896 1200 Mark erhalten – aber da sich sein Schreibpensum extrem verlangsamte, konnten ihm diese Zahlungen kaum helfen. Nachdem er am 1. April 1898 seine Miete bei dem Hausbesitzer bezahlt hatte, lief er ruhelos durch die Stadt und notierte im Tagebuch: »Vexatio anill.« – »Unzählige Sorgen.« Die Arbeit an dem Roman war immer noch nicht abgeschlossen. An den Freund Wilhelm Jensen hatte er geschrieben: »Ich würge mich nun schon seit dem August 1895 mit einer Kanaille von Manuskript herum und kriege die Bestie nicht herunter« (BAE 3, 515); auf eine Verlagsanfrage nach einer Autobiographie antwortet er ablehnend im April 1898: »Das deutsche Volk hat mich nicht so gestellt, daß ich nicht noch täglich für die Bedürfnisse des nächstliegenden Tages durch meine Federarbeit zu sorgen hätte: eine wirkliche Selbstlebensbeschreibung muß aber aus vollkommener Muße, Ruhe und Gelassenheit hervorgehen« (BAE 2, 399). Den Versuch einer romanhaften Autobiographie wird Raabe dann mit »Altershausen« beginnen und ebenso resigniert wie erschöpft abbrechen. Im Grunde weiß er, daß der historische Roman »Hastenbeck« sein endgültig letztes Werk sein würde, das die Mühe auch nicht lohnte; in dem obligaten Geburtstagsbrief an Marie Jensen schreibt er 1898 nach dem Abschluß des Manuskripts: »Mit mir will es nicht mehr...« (BAE 3, 517).

Tagsüber nahmen Korrespondenz und Korrekturen Raabe in Anspruch, abends floh er vor seiner zur weinerlichen Alten verfallenden Frau, die er in einer bösen kleinen Zeichnung als Totengespenst porträtiert hat, zum Stammtisch, an dem er immer häufiger von auswärtigen Besuchern, harmlosen Verehrern wie neugierigen Kollegen, angesprochen wurde, meistens natürlich auf die inzwischen populären Frühwerke.

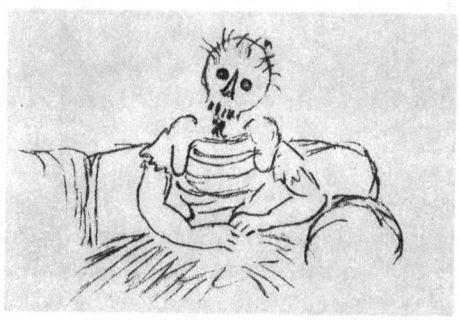

»Bitte erinnern Sie mich nicht an diese Jugendsünde ... aber, was soll ich machen, ich lebe davon«, antwortete er 1898 dem Kollegen Georg Hermann, der ihn auch zum Weiterschreiben animieren wollte: »Ich schreibe nichts mehr«, entgegnete Raabe, »man soll doch erst mal in Deutschland das lesen, was ich geschrieben habe. Ich meine, wenn man die Zeilen davon aneinanderreiht, kann man einen Papierstreifen bis zum Mond hinaufwerfen« (BAE 4, 133).

Wer ihn zu Hause besuchte, fand ihn »mürrisch und verzankt. Die Luft in seinem Hause schien ihm nicht angenehm zu sein« (BAE 4, 134). Jeden Besucher nahm er kurzerhand in Herbsts Weinstube mit; er besuchte die Gaststätte täglich, nachdem er im »Großen Club« die Zeitungen gelesen und ausliegende Neuerscheinungen durchgesehen hatte. Wenn er, meist um halb zehn, die Wirtsstube betrat, war es ihm gleichgültig, wieviele Gäste er am Stammtisch vorfand; manchmal war es nur der Weinlieferant, dessen Reden er dann schweigend zuhörte. Um halb eins verließ Raabe regelmäßig das Lokal. Als er 1899 in der Nachfolge Conrad Ferdinand Meyers zum Ritter des Bayerischen Maximiliansordens ernannt worden war, freute ihn zwar die Ehre, aber zu jedem Besucher sprach er über die fehlende Anerkennung in klingender Münze.

Im März 1901 mußte er erneut umziehen in die nunmehr letzte Wohnung, Leonhardstraße 29 a, die heute als »Raabe-Gedächtnisstätte« von der Stadt Braunschweig erhalten wird. Das Haus gefiel ihm wegen seines gründerzeitlichen Zierats nicht; er nannte es einen »abgeschmackten scheußlichen Kulissenbau« (BAE 2, 443), aber es lag damals noch mitten im Grünen, und die Wohnung im dritten Stock mit ihren sieben großen Zimmern war hell und geräumig. Die Möblierung bestand im wesentlichen immer noch aus den Stücken, die sich das frisch vermählte Paar in Stuttgart angeschafft hatte; sogar der Korbschaukelstuhl, den ihm seine Braut in Wolfenbüttel zu Weihnachten geschenkt hatte, stand noch in seinem Arbeitszimmer und diente als Besucherstuhl für die Gäste, die auf dem arg ramponierten Stück allerdings nur mit größter Vorsicht Platz nahmen.

Am 26. April 1901 veranstaltete der Berliner »Verein zur Förderung der Kunst« eine Raabe-Feier im Berliner Rathaus. Als Raabe die ihm zugesandten Zeitungsberichte darüber las, ärgerte er sich, daß wieder nur über sein Frühwerk gesprochen worden war: »Die Leute tun gerade so, als ob ich vor 25 Jahren gestorben wäre« (BAE 4, 154). Diese Identifizierung des Autors mit den Romanen seiner Jugend, vor allem mit dem nun überaus erfolgreichen »Hungerpastor«, verstellte einem jüngeren Publikum, das mit Zola und Ibsen aufwuchs, den Zugang zu seinem modernen Alterswerk und lieferte ihn sogar übermütigem Spott aus. In Clara Viebigs Roman »Rheinlandstöchter« (1897) sticheln zwei junge Mädchen über einen Pfarramtskandidaten: »Sieht er nicht aus wie der ›Hungerpastor‹ in dem gräßlich langweiligen Roman von – ach, du weißt schon – von Ra- richtig, von Raabe?! Pfui, zu greulich!« Der sozialdemokratische Reichstagsabgeordnete Wilhelm Blos erlebte bei einem Besuch in Herbsts Weinstube, wie einige Jugendliche durch das Lokal zogen, an Raabes Tisch vorbei und riefen: »Da sitzt er ja, der Hungerpastor!« (Mitt. 1976, 13).

Stammtisch in Herbsts Weinstube

Der Schriftsteller Wilhelm Raabe war schon zu Lebzeiten eine historische Gestalt geworden und mußte sich anstaunen lassen. »Und was soll ich außerdem noch alles tun?«, ärgerte er sich über eine Anfrage von Siegfried Schott, der schon zum 60. Geburtstag mehrere Artikel über ihn veröffentlicht hatte und sich nun erkundigte, was er zum Siebzigsten schreiben solle; »Photographien nach allen Himmels- und Erdrichtungen schicken, mich in meinem ›Heim‹ (das süße Wort macht Einem bald übel!) aufnehmen lassen, ohne und mit Familie! ... – und nun kommen gar Sie noch und wollen, daß ich Ihnen die Feder mitführe – natürlich alles zu meiner eigenen Glorie!!!« (BAE 2, 426). Er komme sich vor wie ein Maulwurf auf der Schaufel, sagte er, als die offizielle Feier zu seinem 70. Geburtstag vorbereitet wurde. »Ich wollte, der Klimbim wäre erst vorüber!« (BAE 4, 156f).

Der 8. September 1901 war ein leuchtender Spätsommertag, und die Feier im Braunschweiger Altstadtrathaus geriet zum Triumph für den so lange ignorierten Autor. Der Stammtischfreund Louis Engelbrecht führte den Jubilar in den Saal, die Menge hatte sich erhoben, ein Chor sang eines der Lieder aus einem Roman, und Raabe mußte in seinem aufgebügelten Hochzeitsfrack zwischen dem Kultusminister und dem Rektor der Göttinger Universität Platz nehmen. Zuerst sprach der Literarhistoriker Adolf Stern, den Raabe seit seiner Monographie über Solitaire kannte; er pries ihn vor allem als norddeutschen Dichter, wogegen sich Raabe noch lange heftig zur Wehr setzen mußte: »Ich will kein Heimatdichter sein, sondern ein deutscher Dichter!« (BAE 4, 205). Anschließend vollzog der Rektor Gustav Roethe im Namen der Göttinger Philosophischen Fakultät die Ehrenpromotion, bei der er Raabe den Text der lateinischen Laudatio erließ, wie er sagte – vermutlich glaubte er, der einst vorzeitig Schulentlassene verstünde die Rede ohnehin nicht.

Noch einmal mußte sich Raabe erheben, um die Ehrenbürgerbriefe der Stadt Braunschweig und seines Geburtsortes Eschershausen entgegenzunehmen, dann sank er wieder schweigend auf seinem Platz zusammen und schwieg sich auch durch das Festessen am Nachmittag, bei dem ihm eine große Kassette mit Widmungsblättern deutscher Schriftstellerkollegen überreicht wurde. Als er die Fülle dieser rühmenden Autographen, von Dilthey bis Wilamowitz, zu Hause durchgesehen hatte und vor dem Wäschekorb mit 900 Briefen und 216 Telegrammen stand, sagte er befriedigt nur einen Satz: »Auf der ganzen Linie gesiegt!« (BAE 4, 161). Am nächsten Tag fand die Nachfeier im engeren Kreis der Freunde am Stammtisch statt, nach der Raabe schließlich erleichtert meinte: »Gott sei Dank, daß die Geschichte vorüber ist« (BAE 4, 162). Ein verspätetes Nachspiel hatte sie allerdings doch noch: Einige Tage danach klingelte ein Bote des preußischen Gesandten bei ihm, um ihm den Königlich Preußischen Kronenorden dritter Klasse zu überbringen. »Ich habe ihm einen Taler und die Quittung gegeben. Ich denke, das genügt« (BAE 4, 163). Der Orden verschwand in einem Schrank.

»Von heute an bin ich Schriftsteller a.D.«, befand Raabe angesichts der zu seinem Geburtstag veranstalteten Neuaufla-

Raabes Dankesbrief für die Ehrenbürgerschaft

gen. Er hatte längst schon Beamte wie den Stuttgarter Freund Karl Schönhardt beneidet, die sich, »wenn der Kopf wackelt und das Knie in der Hose schlottert, cum dignitate mit vollem Gehalte pensionieren lassen« konnten (BAE 2, 402). In einem vergleichbaren Zustand sah er sich nun selbst: »Ich habe mich ausgeschrieben, und als Schriftsteller des 19. Jahrhunderts

Raabe, Horaz lesend, 1901

dem zwanzigsten gar nichts mehr zu sagen. Seit dem 8. September 1901 ist meine Muse tot« (BAE 4, 167). Raabe nutzte die Jahrhundertwende für seinen Abschied, weil er ahnte, »daß ihm das Saekulum als etwas erscheint, zu dem er nie mehr recht gehören wird, in welchem er sich unter Fremden, Unbekannten usw. herumdrücken muß, und in die Ecke geschoben, höchstens als eine interessante Kuriosität aus vergangener Zeit betrachtet wird« (BAE 2, 410). Die Prophezeiung erfüllte sich; nur wenige passionierte Leser, die vom provinziellen Chauvinismus der Freunde Raabes und seinem von ihnen verbreiteten falschen Ruhm nicht abgeschreckt wurden, von Tucholsky bis Arno Schmidt, erkannten dessen Modernität. Thomas Mann gewann immerhin aus den »Akten des Vogelsangs« die erzählerische Grundstruktur seines »Doktor Faustus«. Für das breite Publikum jedoch blieb Raabe der Dichter zweier Werke, der »Chronik der Sperlingsgasse«, die 1901 in die zwanzigste Auflage ging und des »Hungerpastor«, von dessen Schwächen er angesichts der 14. Auflage 1901 nichts mehr wissen wollte: »Das Buch ist nicht *ein* deutsches Volksbuch, sondern eben *das* deutsche Volksbuch und sein Erfolg von jetzt ab fest gesichert!« (BAE 2, 434). Auf die Kritik jüdischer Leser reagierte er deshalb zunehmend aggressiv, verbat sich in selbstverordneter politischer Blindheit jede Bemerkung, die diesen Roman mit dem grassierenden Antisemitismus in Verbindung brachte und verwies zum Nachweis seiner Unvoreingenommenheit stets auf seine unbekannte Novelle »Frau Salome«. Ebenso nachdrücklich wies er Ersuchen ab, die seine Hilfe zur »Durchdringung« der Presse »mit christlichem Geiste« (BAE 2, 439) forderten.

Nun wollte er »nicht mehr auf dem Seile tanzen«, wie er in Anlehnung an einen Vers Wilhelm Buschs sein bisheriges risikoreiches Arbeiten nannte, sondern den Lohn genießen: »Ich gehe ganz gern jetzo zu ebener Erde mit dem Teller im Kreise des lieben Publikums herum« (BAE 2, 437). Das klingt versöhnlich, doch was er von der neuen Anerkennung hielt, notierte er mit Verachtung: »Sie legen da Kränze hin, wohin sie gespuckt haben« (Einfälle, 205). Ein Stück Prosa hatte er im November 1899 noch begonnen und bis November 1900 zum zwölften Kapitel weitergeschrieben, dann nach den überstandenen Anforderungen des 70. Geburtstages im ersten Halbjahr 1902 bis zum fünfzehnten Kapitel fortgesetzt und schließlich aufgegeben – »Altershausen« : »Das so betitelte

Ding wird nicht mehr als ein Ganzes in die Erscheinung treten. Über das Fragment mag man sich später einmal wundern: es ist melancholisch-drollig genug« (BF, 398).

Raabe versuchte hier, angeregt vermutlich durch mehrfache Aufforderungen zu einer Autobiographie, einen symbolischen Rückblick auf sein Leben, der in psychische Tiefenschichten führt, vor denen jede Interpretation versagen muß. Der zu seinem 70. Geburtstag hochgeehrte Geheimrat Feyerabend, ein »Archiater und Psychiater des neunzehnten Jahrhunderts« (BA 20, 227), wagt eine letzte Reise an seinen Geburtsort. Er ist ein berühmter Seelenarzt, dessen Laufbahn mit dem Wort »Arzt, hilf dir selber!« (BA 20, 208) begonnen hatte; schon sein Erstlingswerk soll »von gelehrter Frühreife gezeugt haben« (BA 20, 208). Es handelt, meint er rückblickend, davon, »wie er selber sich gegen die toxischen und infektuösen Agenzien des Erdendaseins, auch nach zurückgelegtem siebenzigsten Lebensjahr, mit mehr oder weniger Erfolg ›immun‹ gemacht hatte« (BA 20, 208). Raabe war sich also, übersetzt man die kaum verhüllte Symbolik ins Biographische, des selbsttherapeutischen Charakters seines ersten Buches sehr wohl bewußt. Hier läßt sich die germanistisch-theoretische Differenzierung zwischen einem Erzähler und dem biographischen Ich nicht mehr aufrechterhalten, denn die Figur Feyerabend ist aus all jenen Ichpartikeln zusammengesetzt, die Raabe sonst auf verschiedene Personen seiner Texte verteilte.

Dieses Konstruktionsprinzip verriet er, als ein Bekannter über »Tristram Shandy« meinte, Sterne habe im alten Shandy den versponnenen Individualisten zeigen und ihm den Onkel Toby als quietistischen Gemütsmenschen gegenüberstellen wollen: »Ach was«, sagte Raabe ... »Er hat seine eigene Natur in ihre Bestandteile zergliedert und Menschen daraus geschaffen. So macht es ein Dichter ...« (BAE 4, 226). So ist also der Kindheitsfreund und Spielkamerad Ludchen Bock, der mit zwölf Jahren auf den Kopf fiel und seither ein Kind geblieben ist, auch eine Abspaltung Raabes, der in jenem Alter die

Literatur entdeckte, sich in Dumas und Sue festlas und diese Autoren nun im Alter wieder hervorholte: »Ich lese jetzt wieder, was mir in der Jugend gefallen hat« (BAE 4, 172). Beide, Ludchen Bock und Feyerabend, sind »zwei Jungen auf dem Wege nach Hause – beide mit dem Gefühl, *sich verspätet zu haben!* ...« (BA 20, 252). Ein Parkwächter erklärt Feyerabend die Vertreibung der Kreatur aus den Städten und die Verwandlung der Natur in »Kunstgärtnerei«. Selbst in Afrika gibt es jetzt schon Straußen-Zuchtfarmen und »Löwen-Schonzeit«. Eine harmonische Welt ist zerstört, und Feyerabend kommt zu der Erkenntnis, daß »die Erdoberfläche von ›Uns‹, d. h. seinesgleichen, reichlich, überreichlich gefüllt und es durchaus nicht notwendig sei, daß er mit seiner Person ... das Gedränge drauf noch länger vermehre« (BA 20, 214). Als er die ihm entfremdete Welt verläßt, um in sein »Traumland«, seinen Geburtsort Altershausen zurückzukehren, weckt die Eisenbahn nur Assoziationen des Untergangs, denn die Bahnlinie war »mehr zu Kriegs- als zu Friedenszwecken« (BA 20, 230) gebaut worden. Doch auch in Altershausen ist dem Reisenden alles »verbaut«: Es ist keine Rückkehr in eine unbeschädigte Kindheit möglich.

Deutlicher noch als in den übrigen Spätwerken Raabes wird hier erkennbar, daß er, anders als Storm, Heyse oder Fontane, in den literarischen Kontext des europäischen Fin de siècle gehört. Das Personal Storms und Heyses mit all seinen Konflikten war bereits historisch eingeholt und abgestorben, aber auch die Figuren Fontanes gehen ganz in ihrer Zeit auf und erschöpfen sich darin. Ein Velten Andres jedoch und Professor Feyerabend setzen sich mit Raabes Kritik des zeitgenössischen Fortschrittgedankens von der Gegenwart ab; sie gehören nicht dazu und gewinnen erst durch diesen Widerstand eine problematische Modernität, wie sie ähnlich gleichzeitig nur in der französischen oder russischen Literatur zu finden war. Raabe hat von dieser Modernität gewußt, als er über seine Kollegen süffisant notierte: »Es ist schon Verschiedenes (Literatur) tot, was noch den Namen hat, daß es lebt« (Einfälle, 216).

*Eine der letzten Aufnahmen
Raabes, ca. 1910*

RAABE WAR NUN ein berühmter Mann und hatte auch die ungeliebten Lasten dieses Ruhms zu tragen. Seit langem hätte die Katharinenkirche dringender Reparaturen bedurft, aber der Gemeinde fehlte das Geld. Da kam dem Pfarrer die zugegebenermaßen originelle Idee, literarische Vorträge zu veranstalten, deren Erlös in die Gemeindekasse zum Zweck der Kirchenreparatur fließen sollte. Den eingeladenen, meist jüngeren Autoren bot er außer den Reisespesen kein Honorar, sondern als Äquivalent einen Abend in Herbsts Weinstube mit der Gelegenheit, den berühmten Wilhelm Raabe zu treffen. Freilich wußte der Stammtischhocker nicht, daß er als Lockvogel diente und fühlte sich zunächst durch die Visiten eines Cäsar Flaischlen oder Börries von Münchhausen durchaus geehrt. Erst als auch das Publikum nach den Vorträgen eine regelrechte Wallfahrt zu Herbsts Weinstuben antrat, wurde es ungemütlich: »Von Sekunde zu Sekunde drängten sich Gäste in die enge Stube, pflanzten sich mitten vor dem Stammtisch auf, besonders die Damen, und beguckten den Alten nicht anders wie ein seltenes Wundertier« (BAE 4, 282). Solche Zudringlichkeit war ihm äußerst unangenehm, aber auf diese Weise lernte er Detlev von Liliencron, Carl Spitteler, Clara Viebig, Ludwig Ganghofer und einige heute noch unbekanntere Kollegen kennen. Wenn sie ihm mißfielen, nahm er Zuflucht zu einem vorgetäuschten Greisenschlaf, aus dem er nach dem erwarteten Rückzug des ungebetenen Gastes alsbald fröhlich erwachte. So lästig ihm auch die Neugier der Menge fiel, so sehr genoß er doch auch den späten Ruhm und beantwortete fast jeden der nahezu hundert Briefe, die ihn jetzt täglich erreichten.

Nicht selten wurde er um biographische Auskünfte gebeten, die er strikt ablehnte. Auch Veröffentlichungen über ihn, die allzu private Mitteilungen enthielten, versuchte er zu verhindern; so hatte er zwar dem jungen Literarhistoriker Hermann Anders Krüger mehrere Abende lang die Entstehungsumstände seiner Jugendwerke erläutert, doch als Krüger diese Informationen in einem Buch zusammenfassen wollte, erklärte Raabe kategorisch, er würde lieber im Hemd über den Braunschweiger Markt laufen als eine Veröffentlichung bei Lebzeiten zulassen (BAE 4, 173): »Wir Dichter geben dem Publikum unsere Werke, und das hat sich damit abzufinden« (BAE 4, 293). Krügers Buch durfte erst nach Raabes Tod erscheinen. Es fiel ihm schwer, sein Werk als Gegenstand der Literaturgeschichte und sich selbst als historische Person zu begreifen. Verärgert beschwerte er sich über die »Pseudo-Interview-Feuilleton-Schriftstellerei« eines Journalisten, der ihn besucht hatte: »Sie reden da über mich, meine Frau, meine Kinder und meine häusliche Umgebung, als ob Sie jeden Tag als Hausfreund meine Türklingel zögen. Dazu haben Sie nicht das Recht ...« (BAE 2, 505 f).

Zu seinem 75. Geburtstag veranstaltete der Stammtisch wieder eine Feier für ihn. »So wie es ist, werde ich wahrscheinlich noch mal den Jungen spielen müssen und in der Abenddämmerung hinauswandern nach unserer alten Waldschenke der Kleiderseller ... von den Alten des Kreises der Allerletzte – also ein etwas spukhaftes Vergnügen!« (BAE 3, 570). Raabe ließ die Huldigungsreden über sich ergehen und sagte dann lang-

»Der Grüne Jäger«, das Stammlokal der »Kleiderseller«

sam: »Ja, jetzt kommt das alles, wenn es bergab geht« (BAE 4, 225). Zuweilen beklagte er sich über lästige Post: »Da senden Primaner Gedichte ein, junge Schriftsteller Manuskripte, da kommen Einladungen, Bettelbriefe usw. Und so muß ich alter Mann meine Tage damit verbringen, zu antworten, wo dies angebracht ist. Zu anderem komme ich gar nicht mehr« (BAE 4, 231). Obwohl er sich als Schriftsteller selbst pensioniert hatte, schien er den Abbruch seines letzten Manuskripts zu bedauern; seine Frau hörte ihn einmal sagen: »Es ist doch schade...«, als er unschlüssig vor seinem Schreibtisch stand. Wohl konnte er zufrieden sein mit seinem Lebenswerk, aber glücklich? »Wer sei denn überhaupt wahrhaft glücklich?«, fragte er einen Freund: »Nur das Phlegma und die Dummheit. Feine Nerven könnten nicht glücklich sein« (BAE 4, 247). Als eine neue Porträtbüste von ihm angefertigt wurde, wollte er unbedingt auf dem Sockel den Satz aus dem »Schüdderump« eingraviert haben »Daß die Kanaille Herr ist und bleibt« – nur mühsam konnte ihn die Familie von dieser Idee abbringen.

Am 13. August 1909 fuhr Raabe mit Frau Bertha und der Tochter Margarete zur Familie des Schwiegersohns Paul Wasserfall nach Rendsburg. Eine Woche später erleidet er einen Zusammenbruch: »Es war ein plötzliches Zusammenfallen aller leiblichen und geistigen Kräfte – vollständige Willenslosigkeit und unüberwindliche Schlafsucht« – »und Aufhören sämtlicher körperlicher und geistiger Funktion« (BAE 3, 584; BAE 2, 495). In der Nacht zum 29. August traf ihn ein leichter Schlaganfall; er fiel aus dem Bett und brach sich das Schlüsselbein. Die rechte Seite war gelähmt, er konnte weder schreiben noch gehen. Einen Monat lang lag er im Bett und verlangte, nach Hause gebracht zu werden. Wie einem Kind brachte ihm der Marinearzt Wasserfall wieder das Gehen bei.

Als Raabe nach Braunschweig zurückkehrte, war er 78 Jahr alt, und seine Freunde, die er als rüstiger Alter verlassen hatte, fanden in ihm einen gebrechlichen Greis. Der Hausarzt hatte ihm wegen seines bedenklichen Allgemeinzustands, vor allem aber aufgrund der Befürchtung, der Patient könnte auf der Straße einen erneuten Schlaganfall erleiden, das Spazierengehen verboten. Raabe kümmerte sich darum nicht; am 6. November ging er – und von nun an bis Jahresende täglich, wie das Tagebuch bezeugt – wieder in den »Club«, um die Zeitungen zu lesen, und in Herbsts Weinstube. Am 24. Januar 1910 starb seine Schwester Emilie in einem Altersheim; bei der Beerdigung zog er sich in der Kälte des Kirchhofs einen Blasenkatarrh zu, von dem ihm eine Inkontinenz zurückblieb, deretwegen Raabe nun die Wohnung kaum noch verließ. Wer ihn besuchte, traf ihn in seinem auch noch im Sommer geheizten Zimmer; umhüllt von einer Bettdecke saß er abgemagert und zusammengesunken im Lehnstuhl, um sich herum die Lieblingsbücher aus seiner Kindheit. Gesprächen folgte er nur noch mit größter Anstrengung, die Augen meist halb geschlossen und sich nach drückendem Schweigen zur Vollendung eines begonnenen Satzes zwingend.

Der 79. Geburtstag verging in Ruhe. Einem Gratulanten antwortete er müde, seine guten Wünsche seien »an einen kranken, lebensunfrohen Greis gelangt! Das Alter hat mich in der grimmigsten Weise mit seiner unheilbaren ›Alte-Männer-Krankheit‹ überkommen, und so sitze ich seit Monaten in der geschlossenen Stube und sauge Trübsal« (4.10.1910; ungedr.). Im Oktober 1910 erlebte Raabe noch die 34. Auflage des »Hungerpastor«, dessen Erfolg ihn wieder zu bitteren Worten über sein Publikum reizte: »Meine Kinderbücher, die ›Sperlingsgasse‹ und die anderen, lesen sie, und den Dichter des ›Hungerpastors‹ nennen sie mich, als ob ich gar nichts anderes geschrieben habe; aber das, was wirklich etwas wert ist, das kauft kein Mensch« (BAE 4, 305 f). Als er noch stolz war auf die Durchsetzung des Jugendwerks, hatte er 1902 die neueste Auflage des »Hungerpastor« – und nicht etwa die »Akten des Vogelsangs« – seinem Schwiegersohn Wasserfall geschenkt; jetzt am Ende erhob er sich wieder über diese abgetanen Werke und kehrte zur Kompromißlosigkeit zurück: »Was die Leute nur wollen, ich bin weit mehr Tragiker als Humorist« (BAE 4, 306). Als er einen Brief Fontanes an Georg Friedlaender (vom 11.11.1889) in einer Zeitung abgedruckt fand, las er einem Besucher folgende Stelle mit deutlicher Ergriffenheit vor: »Ich habe, ein paar über den Neid erhabene Kollegen abgerechnet, in meinem langen Leben nicht fünfzig, vielleicht nicht fünfzehn Personen kennengelernt, denen gegenüber ich das Gefühl gehabt hätte, ihnen dichterisch und literarisch wirklich etwas gewesen zu sein« – und dann fügte er bitter hinzu: »Das unterschreibe auch ich ...« (BAE 4, 306 f). In einer Notiz aus dem März 1896 hatte er bereits das Drama seiner Schriftstellerexistenz resümiert: »Ich bin mein ganzes Leben durch die heiße Hand an der Gurgel mit der Frage: Was wird mit dir und den Deinen morgen? nicht losgeworden« (Einfälle, 204). Mit dem Ausdruck der existenziellen Angst, nicht genug Luft zum Überleben zu bekommen, schließt dieser Satz den Kreis zum Schulaufsatz des Knaben über den eingemauerten und erstickten Sperling.

»Ich habe eben kein Glück, weder in meinem Volk (außer den Besten!) noch im Buchhandel gehabt«, bekennt er dem

Angeblich drei Tage vor Raabes Tod entstandene Zeichnung

Verleger Grote im Juli 1910: »Inwiefern ich selber daran schuld gewesen bin, weiß ich recht wohl! Es ist ein Kampf ums Dasein gewesen vom dreiundzwanzigsten Lebensjahre an ...« (BAE 2, 503 f). Geprägt durch diese lebenslange Erfahrung ignorierte er am Ende, unterstützt von einem beharrlichen Altersgeiz, daß er ein wohlhabender Mann geworden war. Die nie in größerem Umfang in Anspruch genommene Mitgift seiner Frau wuchs durch Zinserträge bis 1910 auf 180000 Mark. Allein die Zinsen beliefen sich nach einer erhaltenen Abrechnung Raabes 1909 auf fast 7000 Mark; hinzu kamen 8100 Mark aus Neuauflagen und 1000 Mark Pension von der Schillerstiftung. Bei der Testamentseröffnung wurde sein Nachlaß mit 260000 Mark veranschlagt – doch Raabe war nicht mehr in der Lage, diesen späten Reichtum noch zu genießen; vermutlich hat er ihn auch nicht mehr bewußt zur Kenntnis genommen.

Auf dem Gipfel seines Erfolgs verachtete Raabe nun seinen falschen Ruhm, für den die falschen Freunde in seiner Nähe verantwortlich waren. In einer »Gesellschaft der Freunde Wilhelm Raabes« organisiert, propagierten diese Schulmänner

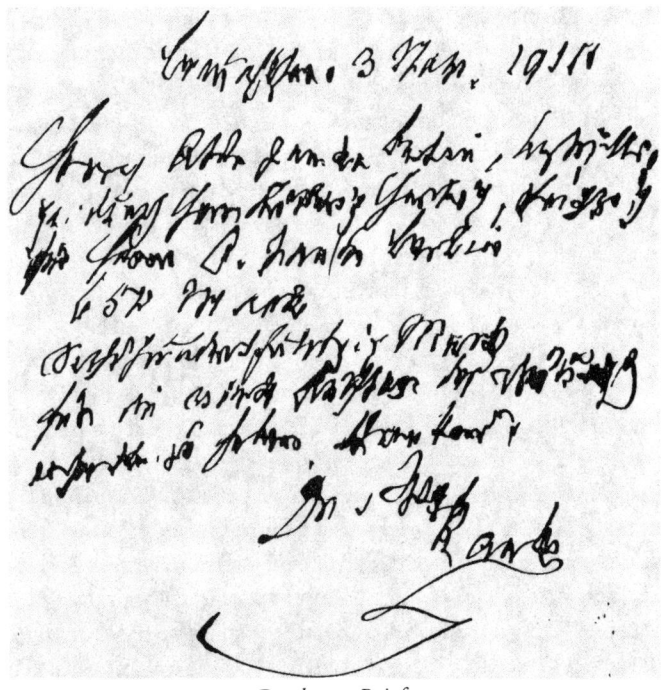

Der letzte Brief

sein Werk als Lebenshilfe und verhinderten mit solcher Fehlrezeption noch jahrzehntelang seine Anerkennung als moderner Schriftsteller. »Man hat aber noch jedesmal erlebt«, schrieb Walter Benjamin, »daß man zu einem großen Autor sich den Zugang verbaut, wenn man davon ausgeht, er sei Humorist.«

Die Freunde hatten die Legende von Raabes »Federansetzungstag« verbreitet und verklärten auch sein Ende. In fast allen biographischen Darstellungen ist zu lesen, daß er drei Tage vor seinem Tod ein altes Schreibheft seiner Tochter Klara zur Hand genommen und beim Umblättern ein leeres Blatt entdeckt hätte. »Er griff zu Tinte und Feder und zeichnete mit sicherer Hand einen Reiter, der auf seinem Roß mühselig, an einem Baum vorbei, einer Anhöhe zustrebt. Oben erhebt sich das Kreuz als Symbol der Lebensüberwindung und der ewigen Ruhe ... Er vertraute das Heft seiner Gattin an und sagte mit matter Stimme: ›Heb es gut auf!‹« (K. Hoffmeister, Wilhelm Raabes Leben und Wirken in Anekdoten. Braunschweig 1983, S. 56). Nichts davon ist wahr; die Biographen versuchten damit nur, Raabes langsames Sterben in eine trostreiche Versöhnlichkeit umzulügen. Seit Juni litt er unter Blasenschmerzen und Nierenkoliken; sein dürrer Körper hing gebeugt und gelblich verfärbt im Sessel neben dem Ofen, die Finger hatten sich verkrümmt und erschwerten ihm das Schreiben der wenigen letzten Briefe. Sein Zustand machte eine Tuschezeichnung bereits zu diesem Zeitpunkt gänzlich unmöglich. »Man muß eben zusehen, wie man nach und nach abstirbt und auf den Tod warten, wie lang, das liegt im Schoße der Götter«, sagte er einem Besucher. Am 12. Oktober konnte er noch in der Zeitung lesen, daß er zum Ehrendoktor der medizinischen Fakultät der Universität Berlin promoviert worden war; die Urkunde wurde ihm am 22. Oktober zugestellt. Raabe wartete auf den Tod und wußte, daß es nicht mehr lange dauern würde.

Der letzte Brief stammt vom 19. Oktober: »Sie müssen vorlieb nehmen. Sie sind einer von den letzten, die noch einen Brief von mir kriegen. Selbst der rechte Arm versagt seine Hilfe: der geistige und körpliche (so!) Krüppel ist vollständig bei mir in die Erscheinung getreten. Es geht eben zu Ende!« (BAE 2, 508).

Wenige Tage danach werden die Eintragungen im Tagebuch zunehmend unleserlich und kürzer; am 2. November notiert er: »Nachm. aus Lpz. E. Janke 650 Mark für 4te Auf. d. Dräumling« – dann bricht das Tagebuch ab. Am 3. November versucht er noch einen Dankesbrief an den Verleger, aber die Feder gehorcht ihm nicht mehr. Die restlichen Tage verbrachte er auf dem Sofa liegend, das Gesicht zur Wand gedreht und klagend: »Vier Tage nicht sterben zu können, welche Qual.«

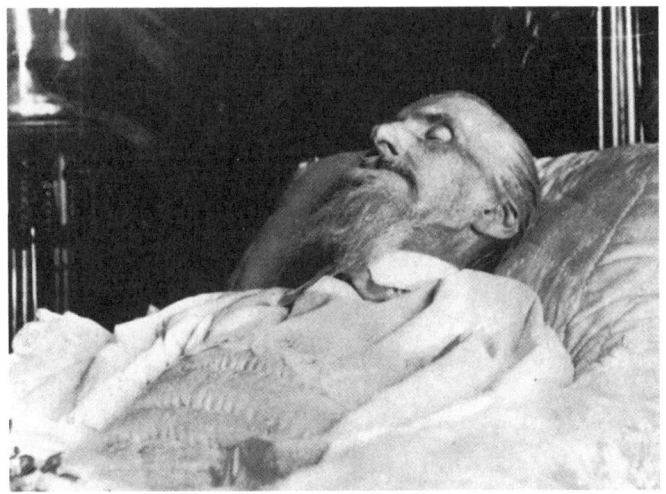

In der Nacht des 14. November hörte die bei ihm wachende Tochter Elisabeth, wie der langsam entfernende Beobachter sich ein letztes Mal zum Bürger wandte und fragte: »Ist er denn noch nicht tot?« Wilhelm Raabe starb am folgenden Abend. Der Kampf war zu Ende.

Anhang

Verzeichnis
der benutzten Literatur

Aus Wilhelm Raabes Werken, Briefen und Gesprächen wird im Text nach der von Karl Hoppe herausgegebenen »Braunschweiger Ausgabe« (BA) und deren Ergänzungsbänden (BAE) mit Zusatz von Band- und Seitenzahl zitiert; z. B.: BA 16, 188 bzw. BAE 3, 212. Bei allen Zitaten wurde die Rechtschreibung behutsam den heute gültigen Regeln angeglichen, ohne stilistische Eigenheiten des Autors zu verletzen. Die Zitate aus den unveröffentlichten Tagebüchern und Briefen erfolgen mit freundlicher Genehmigung des Stadtarchivs Braunschweig, ebenso die Wiedergabe der Zeichnungen und Dokumente. Offensichtliche Druckfehler in den Quellen wurden stillschweigend bereinigt. Einige Quellen und Sekundärtexte werden im Text abgekürzt angegeben:

BF	»In alls gedultig.« Briefe Wilhelm Raabes. Hrsg. Wilhelm Fehse. Berlin 1940
Einfälle	»Einfälle. Aphorismen in zeitlicher Folge.« In: W. Raabe: Altershausen. Hrsg. H.-J. Schrader. Werke in Einzelausgaben, Bd. 10, Frankfurt/M. 1985, S. 159 ff
Fehse	Wilhelm Fehse: Wilhelm Raabe. Sein Leben und seine Werke. Braunschweig 1937
Fontane	Theodor Fontane: Literarische Essays und Studien. Zweiter Teil. München 1974
Fricker	Karl Fricker: Wilhelm Raabes Stuttgarter Jahre im Spiegel seiner Dichtung. Stuttgart 1939
Gutzkow	»Eine Woche in Berlin. 1854«. In: Karl Gutzkows Werke. Auswahl in zwölf Teilen. Hrsg. Reinhold Gensel. Berlin-Leipzig-Wien-Stuttgart o. J. Elfter Teil, S. 261 ff
Hoppe	Karl Hoppe: Wilhelm Raabe. Beiträge zum Verständnis seiner Person und seines Werkes. Göttingen 1967
Hoppe, Zeichner	Karl Hoppe: Wilhelm Raabe als Zeichner. Göttingen 1960
Jb	Jahrbuch der Raabe-Gesellschaft. Braunschweig 1960 ff
Mitt.	Mitteilungen der Gesellschaft der Freunde Wilhelm Raabes. Braunschweig 1911 ff

Pongs	Hermann Pongs: Wilhelm Raabe. Leben und Werk. Heidelberg 1958
Richter	Helmut Richter (Hrsg.): Die Akte Wilhelm Raabe. Weimar 1963
Tgb.	Tagebücher Wilhelm Raabes. Unveröffentlicht. Stadtarchiv Braunschweig
Adorno, Theodor W.:	Minima Moralia. Frankfurt 1969
Alefeld, Ernst:	Das Düstere und Melancholische in Wilhelm Raabes Trilogie. Greifswald 1912
Arendt, Dieter:	Die Heine-Rezeption im Werk Wilhelm Raabes. In: Heine-Jahrbuch 1980, 19. Jg., Hamburg 1980, S. 188 ff
Arendt, Dieter:	»Nun auf die Juden!« Figurationen des Judentums im Werk Wilhelm Raabes. In: Tribüne. Zeitschrift zum Verständnis des Judentums. 19. Jg., Heft 74, Frankfurt/M. 1980, S. 108 ff
Arieti, Silvano:	Schizophrenie. München 1985
Bänsch, Dorothea:	Die Bibliothek Raabes. Nach Sachgebieten geordnet. In: Jb. 1970, S. 87 ff
Bauer, Constantin:	Raabe-Gedenkbuch. Berlin 1921
Beaucamp, Eduard:	Literatur als Selbstdarstellung. Wilhelm Raabe und die Möglichkeiten eines deutschen Realismus. Bonn 1968
Benjamin, Walter:	Gesammelte Schriften Bd. II, 1. Frankfurt/M. 1977
Brandes, Wilhelm:	Wilhelm Raabe. Wolfenbüttel 1906
Bröhan, Margrit:	Die Darstellung der Frau bei Wilhelm Raabe. Frankfurt/M.-Bern 1981
Conrad, Klaus:	Die beginnende Schizophrenie. Stuttgart-New York ⁵1987
Delius, F. C.:	Der Held und sein Wetter. München 1971
Denkler, Horst:	Wilhelm Raabe. Legende – Leben – Literatur. Tübingen 1989
Denkler, Horst:	Neues über Wilhelm Raabe. Tübingen 1988
Derks, Paul:	Raabe-Studien. Beiträge zur Anwendung psychoanalytischer Interpretationsmodelle. Stopfkuchen und das Odfeld. Bonn 1976
Detering, Heinrich:	Theodizee und Erzählverfahren. Göttingen 1990
Doernenburg, Emil/ Fehse, Wilhelm:	Raabe und Dickens. Magdeburg 1921

Erdmann, Gustav Adolf:	Wilhelm Jensen. Sein Leben und Wirken. Leipzig 1907
Erhorn, Walter:	Das Motiv des Auswanderers und des Heimkehrers bei Wilhelm Raabe. Diss. New York 1939
Erikson, Erik H.:	Identität und Lebenszyklus. Frankfurt/M. 1970
Fairley, Barker:	Wilhelm Raabe. Eine Deutung seiner Romane. München 1961
✗ Fehse, Wilhelm:	Raabe und Jensen. Berlin 1940
Fehse, Wilhelm:	Wilhelm Raabe. Sein Leben und seine Werke. Braunschweig 1937
Fehse, Wilhelm (Hrsg.):	In alls gedultig. Briefe Wilhelm Raabes. Berlin 1940
Folkers, Gernot:	Besitz und Sicherheit. Über Entstehung und Zerfall einer bürgerlichen Illusion am Beispiel Goethes und Raabes. Kronberg 1976
Fricker, Karl:	Wilhelm Raabes Stuttgarter Jahre im Spiegel seiner Dichtung. Stuttgart 1939
Gerber, Paul:	Wilhelm Raabe. Leipzig o. J. (1897)
Giegerich, Wolfgang:	Der verlorene Sohn. Vom Ursprung des Dichtens Wilhelm Raabes. Essen 1987
Goebel, Heinrich:	Raabe-Gedächtnisschrift. Hildesheim 1931
Greive, Hermann:	Geschichte des modernen Antisemitismus in Deutschland. Darmstadt 1983
Grohmann, Wilhelm:	Raabe-Probleme. Darmstadt 1926
Habermas, Jürgen:	Erkenntnis und Interesse. Frankfurt/M. 1968
Hahne, Franz:	Kleidersellerbüchlein. Wolfenbüttel 1939
Hartmann, Fritz:	Wilhelm Raabe. Wie er war und wie er dachte. Hannover ²1927
Heeß, Wilhelm:	Raabe, seine Zeit und seine Berufung. Berlin 1926
Heim, Karl:	Wilhelm Raabe und das Publikum. Diss. (masch.) Tübingen 1953
Helmers, Hermann:	Wilhelm Raabe. Stuttgart 1968
Helmers, Hermann:	Die bildenden Mächte in den Romanen Wilhelm Raabes. Weinheim 1960
Helmers, Hermann (Hrsg.):	Raabe in neuer Sicht. Stuttgart 1968
Henning, Hans (Hrsg.):	Ein Albumblatt August Raabes. In: Blätter der Erinnerung, Leipzig 1988, S. 106

Henzler, Rosemarie:	Krankheit und Medizin im erzählten Text. Eine Untersuchung zu Wilhelm Raabes Spätwerk. Würzburg 1990
Hoffmeister, Kurt:	Wilhelm Raabe und seine Braunschweiger Freunde. Braunschweig ²1984
Huth, Otto:	Raabe und Tieck. Essen 1985
Jaspers, Karl:	Gesammelte Schriften zur Psychopathologie. Berlin 1963
Jaspers, Karl:	Allgemeine Psychopathologie. Berlin ⁴1964
Jehmüller, Wolfgang:	Die Gestalt des Biographen bei Wilhelm Raabe. München 1975
Jensch, Fritz:	Wilhelm Raabes Zitatenschatz. Wolfenbüttel 1925
Jensen, Wilhelm:	Lieder aus Frankreich. Berlin ²1873
Kamphoefner, Walter:	Westfalen in der Neuen Welt. Eine Sozialgeschichte der Auswanderung im 19. Jahrhundert. Münster 1982
Klopfenstein, Eduard:	Erzähler und Leser bei Wilhelm Raabe. Bern 1969
Kolbe, Hans:	Wilhelm Raabe. Berlin 1981
Koll, Rolf-Dieter:	Raumgestaltung bei Wilhelm Raabe. Bonn 1977
Kosch, Wilhelm:	Menschen und Bücher. Leipzig 1912
Krüger, Hermann Anders:	Der junge Raabe. Jugendjahre und Erstlingswerke. Leipzig 1911
Krüger, Hermann Anders:	Wilhelm Raabe. Osnabrück o.J.
Lensing, Leo A. und Hans-Werner Peter:	Wilhelm Raabe. Studien zu seinem Leben und Werk. Braunschweig 1981
Liesenhoff, Carin:	Fontane und das literarische Leben seiner Zeit. Bonn 1976
Lukács, Georg:	Deutsche Realisten des 19. Jahrhunderts. Berlin 1951
Martini, Fritz:	Wilhelm Raabe und das XIX. Jahrhundert. In: Zeitschrift f. deutsche Philologie 3/4. Stuttgart 1933
Martini, Fritz:	Literarische Form und Geschichte. Stuttgart 1984
Martini, Fritz:	Deutsche Literatur im bürgerlichen Realismus 1848–1898. Stuttgart ²1964
Matschke, Günther:	Die Isolation als Mittel der Gesellschaftskritik bei Wilhelm Raabe. Bonn 1975
Mayer, Gerhardt:	Die geistige Entwicklung Wilhelm Raabes. Göttingen 1960

Meyer, Hermann:	Der Sonderling in der deutschen Dichtung. München 1963
Meyer, Joachim-Ernst (Hrsg.):	Depersonalisation. Darmstadt 1968
Meyer, Jochen:	Hie Welf! Hie Waiblingen! Wilhelm Raabe in Stuttgart. Marbach 1981
Meyer, Werner:	Die Bedeutung der Armut im Leben und Werk Wilhelm Raabes. Diss. Basel 1948
Meyer-Krentler, Eckardt:	Wir vom Handwerk. Wilhelm Raabe als Berufsschriftsteller. In: Harro Segeberg (Hrsg.): Vom Wert der Arbeit. Tübingen 1991
Meyer-Krentler, Eckardt:	Der Bürger als Freund. München 1984
Meyer-Krentler, Eckardt:	»Unterm Strich«. Literarischer Markt, Trivialität und Romankunst in Raabes »Der Lar«. Paderborn 1986
Mitscherlich, Alexander:	Krankheit als Konflikt. Frankfurt/M. 1969
Morgenthaler, Walter:	Übergänge zwischen Zeichnen und Schreiben bei Geisteskranken. In: Schweizer Archiv f. Neurologie u. Psychiatrie, Bd. 3, Heft 2, Zürich 1918
Mosse, George L.:	Ein Volk – Ein Reich – Ein Führer. Die völkischen Ursprünge des Nationalsozialismus. Königstein 1979
Navratil, Leo:	Schizophrenie und Kunst. München 1965
Oppermann, Hans:	Wilhelm Raabe in Selbstzeugnissen und Bilddokumenten. Reinbek 1970
Oppermann, Hans (Hrsg.):	Wilhelm Raabe in Hamburg. Hamburg 1967
Pongs, Hermann:	Wilhelm Raabe. Leben und Werk. Heidelberg 1958
Peter, Hans-Werner:	Wilhelm Raabe. Der Dichter in seinen Federzeichnungen und Skizzen. Rosenheim 1983
Pfizer, Paul Achatius:	Briefwechsel zweier Deutscher. Herausgeben von P. A. Pfizer. Stuttgart 1831
Prinzhorn, Hans:	Bildnerei der Geisteskranken. Berlin ²1968
Richter, Claus:	Leiden an der Gesellschaft. Vom literarischen Liberalismus zum poetischen Realismus. Königstein 1978
Richter, Harald:	Untersuchungen zum Stil Wilhelm Raabes. Stettin 1935
Richter, Helmut:	Wilhelm Raabe und das Junge Deutschland. In: Jb. 1988, S. 76 ff

Roebling, Irmgard:	Wilhelm Raabes doppelte Buchführung. Tübingen 1988
Schedlinsky, Walter:	Rolle und industriegesellschaftliche Entwicklung. Frankfurt/M. 1980
Schultz, Hans Martin:	Raabe-Schriften. Eine systematische Zusammenstellung. Wolfenbüttel 1931
Sheehan, James J.:	Der deutsche Liberalismus. München 1983
Siemann, Wolfram:	Gesellschaft im Aufbruch. Deutschland 1849–1871. Frankfurt/M. 1990
Siemann, Wolfram:	Bilder der Polizei und Zensur in Raabes Werken. In: Jb. 1987, S. 84ff
Spiero, Heinrich:	Raabe. Leben-Werk-Wirkung. Darmstadt 1924
Spiero, Heinrich:	Wilhelm Raabe und sein Lebenskreis. Berlin 1931
Spiero, Heinrich:	Schicksal und Anteil. Berlin 1929
Studnitz, Cecilia von:	Wilhelm Raabe. Eine Biographie. Düsseldorf 1989
Tieck, Ludwig:	Gesammelte Novellen. Dritter Band. Berlin 1853
Walbert, Elisabeth:	Prinzipien der Reduktion im Werk Wilhelm Raabes. Diss. Bonn 1980
Webster, William T.:	Wirklichkeit und Illusion in den Romanen Wilhelm Raabes. Braunschweig 1982
Winterscheidt, Friedrich:	Deutsche Unterhaltungsliteratur der Jahre 1850–1860. Bonn 1970

Zu einzelnen Werken

Abu Telfan

Bachmann, Doris: Die »Dritte Welt« der Literatur. In: Jb. 1979, S. 27 ff
Weßling, Hans: Beiträge zur Entstehungsgeschichte des Romans »Abu Telfan«. In: Mitt. 1921, S. 89 ff

Die Akten des Vogelsangs

Emrich, Wilhelm: Personalität und Zivilisation in Wilhelm Raabes »Die Akten des Vogelsangs«. In: Jb. 1982, S. 7 ff
Geisler, Eberhard: Abschied vom Herzensmuseum. In: Lensing, Leo (Hrsg.): Wilhelm Raabe. Studien zu seinem Leben und Werk. Braunschweig 1981, S. 365 ff
Meinerts, Hans Jürgen: »Die Akten des Vogelsangs«. Raabestudien auf Grund einer Sprachuntersuchung. Diss. Göttingen 1940
Meyer-Krentler, Eckardt: Der Bürger als Freund. München 1984, bes. S. 276 ff
Ohl, Hubert: Der Bürger und das Unbedingte bei Wilhelm Raabe. In: Jb. 1979, bes. S. 20 ff

Alte Nester

Diebitz, Stefan: »Wiederlesen im eigenen Lebensbuche«. In: Jb. 1991, S. 95 ff

Altershausen

Brandes, Wilhelm: »Altershausen«. Einführung und Kommentar. In: Mitt. 1916, S. 77 ff, 102 ff; 1917, S. 6 ff
Buck, Theo: Am Rande des inneren Monologs. In: Jb. 1987, S. 24 ff
Hoppe, Karl: Entstehung und Veröffentlichung von »Altershausen«. In: Jb. 1967, S. 72 ff
Oehlenschläger, Eckart: Erzählverfahren und Zeiterfahrung. In: Lensing, Leo (Hrsg.): Wilhelm Raabe. Studien zu seinem Leben und Werk. Braunschweig 1981, S. 381 ff

Die Chronik der Sperlingsgasse

Brand, Jürgen: Strukturelle Symmetrien in Raabes »Die Chronik der Sperlingsgasse«. In: Jb. 1983, S. 49ff

Deutscher Mondschein

Schrader, Hans Jürgen: Zur Vergegenwärtigung und Interpretation der Geschichte bei Raabe. In: Jb. 1973, bes. S. 30ff

Else von der Tanne

Beitter, Ursula: Mythologische Symbolik in Raabes »Else von der Tanne«. In: Jb. 1980, S. 43ff

Frau Salome

Müller, Joachim: Interpretation von Raabes Erzählung »Frau Salome«. In: Jb. 1970, S. 37ff

Gedelöcke

Anz, Heinrich: »Leichenbegängnisse«. Zum Verfahren der geschichtlichen Erzählung in Raabes »Gedelöcke«. In: Jb. 1982, S. 110ff

Holunderblüte

Ruprecht, Erich: Raabes Erzählung »Holunderblüte«. In: Jb. 1970, S. 72ff
Speyer, Marie: Raabes »Hollunderblüte«. Regensburg 1908

Der Hungerpastor

Hasubek, Peter: Wiederentdeckung. Ein Handschriftenfragment von Raabes »Der Hungerpastor«. In: Jb. 1992, S. 51ff
Mayer, Hans: Außenseiter. Frankfurt/M. 1981 (st 736), S. 381ff

Im alten Eisen

Jolles, Charlotte: »Im alten Eisen«. In: Jb. 1981, S. 194 ff

Der Lar

Rohse, Eberhard: »Transzendentale Menschenkunde« im Zeichen des Affen. In: Jb. 1988, bes. S. 201 ff

Das Odfeld

Haas, Rosemarie: Raabe, der Rabe, »The Raven«. In: Jb. 1992, S. 139 ff
Oppermann, Hans: Der passive Held. In: Jb. 1967, S. 31 ff
Weniger, Erich: Die Quellen zu Wilhelm Raabes »Odfeld«. In: Jb. 1966, S. 96 ff

Prinzessin Fisch

Scharrer, Walther: Wilhelm Raabes literarische Symbolik. München 1927

Der Schüdderump

Lensing, Leo: »Auch das Wort ›Roman‹ ist überflüssig«. Zwei unveröffentlichte Briefe. In: Jb. 1980, S. 91 ff

Stopfkuchen

Ahrbeck, Hans: Wilhelm Raabes Stopfkuchen. Borna-Leipzig 1926
Derks, Paul: Eduard als Kunstfigur. In: Jb. 1976, S. 60 ff
Detroy, Peer: Der Humor als Gestaltungsprinzip im »Stopfkuchen«. Bonn 1970
Graumann, Hans: Schlüssel zum Verständnis von Raabes »Stopfkuchen«. In: Mitt. 1959, S. 49 ff
Lehrer, Mark: Der ausgegrabene Heinrich Schliemann und der begrabene Theodor Storm. In: Jb. 1989, S. 63 ff
Meyer-Krentler, Eckhardt: Der Bürger als Freund, München 1984, bes. S. 266 ff
Meyer-Krentler, Eckhardt: Homerisches und wirkliches Blau. In: Jb. 1986, S. 50 ff

X Romano Guardini "Über W. Raabes Stopfkuche" Würzbg 1938

Meyer-Krentler, Eckhardt: Stopfkuchen – Ein Doppelgänger. Wilhelm Raabe erzählt Theodor Storm. In: Jb. 1987, S. 179 ff
Warnke, Gisela: Das »Sünder«-Motiv in Wilhelm Raabes Stopfkuchen. In: Deutsche Vierteljahresschrift f. Literaturwissenschaft u. Geistesgeschichte 3, 1976

Unruhige Gäste

Höhler, Gertrud: Unruhige Gäste. Das Bibelzitat in Wilhelm Raabes Romanen. Bonn 1969
Lensing, Leo: Naturalismus, Religion und Sexualität. Zur Frage der Auseinandersetzung mit Zola in Wilhelm Raabes »Unruhige Gäste«. In: Jb. 1988, S. 145 ff

Vom alten Proteus

Brandes, Wilhelm: Vom alten Proteus. In: Mitt. 1915, S. 48 ff

Zum wilden Mann

Hiata, Tatsuji: »Zum wilden Mann«. Ein Interpretationsversuch. In: Jb. 1983, S. 59 ff
Hoffmann, Volker: »Zum wilden Mann«. In: Jb. d. deutschen Schillergesellschaft, 30. Jg., Stuttgart 1986

Namenregister

Adorno, Theodor W. 235, 330
Alexander I. 24
Alexis, Willibald 54, 97
Andersen, Hans Christian 54, 85, 107, 118
Arndt, Ernst Moritz 144
Arnim, Bettine von 79
Auerbach, Berthold 297

Bacher, Julius 142
Balzac, Honoré de 55, 117, 323
Banks, John 336
Baudelaire, Charles 121, 123 f, 141, 151
Baumgarten, Albert 148
Beckurts, Heinrich 288
Beethoven, Ludwig van 20
Benjamin, Walter 123, 331, 361
Bennigsen, Rudolf von 148
Berlichingen, Götz von 25
Beselmeyer, Sebastian 58
Beurmann, Eduard 179
Bismarck, Otto von 29, 146, 149, 212, 221, 223, 296, 309, 323
Blos, Wilhelm 347
Blum, Robert 186
Blumenthal, Oskar 274 f
Börne, Ludwig 217
Brandes, Wilhelm 177, 286
Braunschweig, Karl Wilhelm Ferdinand von 7, 17, 126
Brentano, Clemens 67
Bürger, Gottfried August 247
Bulwer, Edward Lord Lytton 117, 185

Bunsen, Georg 28
Busch, Wilhelm 352
Byron, Lord George Noël Gordon 113

Calderon de la Barca, Pedro 171
Chodowiecki, Daniel 86, 90
Claudius, Matthias 86, 90
Collins, Wilkie 256
Corneille, Pierre 57
Cotta, Georg von 99, 165

Dahn, Felix 93
Dante, Alighieri 185
Darwin, Charles 168 f, 170
Dassel, Christian 9
Devrient, Emil 130
Dickens, Charles 45, 109, 174, 202
Dill, Ludwig 185
Dilthey, Wilhelm 147, 150, 349
Dulk, Albert 185, 189
Dumas, Alexandre 45 f, 353

Elischer, Balthasar 308, 311
Engel, Eduard 283
Engelbrecht, Louis 348
Epiktet 170, 203

Fechner, Hanns 327
Fehse, Wilhelm 178
Fielding, Henry 57, 113
Fischer, Johann Georg 184, 189
Fischer, Oskar 252

Flaischlen, Cäsar 355
Flaubert, Gustave 121, 156
Fontane, Theodor 93, 283, 354, 359
Fouqué, Friedrich de la Motte 128
Franzos, Karl Emil 93, 119
Freiligrath, Ferdinand 38, 45, 54, 189
Freud, Sigmund 64
Freytag, Gustav 172, 174f
Friedlaender, Georg 359
Friedrich Wilhelm IV. 52

Ganghofer, Ludwig 356
Garibaldi, Giuseppe 105
Geibel, Emanuel 213
Gentz, Friedrich 35
Georg III. 17
Georg V. 148
Gerber, Paul 320, 345
Gerstäcker, Friedrich 165, 167
Gervinus, Georg Gottfried 54, 100
Glagau, Otto 296
Glaser, Adolf 48, 61, 114f, 121, 128, 136, 159, 162, 166f, 189, 196, 209, 239, 242, 277, 287, 303, 314–316
Goethe, Johann Wolfgang von 57, 65, 105, 126, 128, 149, 220, 222, 236, 248f, 281, 336f
Gottschall, Rudolf 159, 204–206, 313f
Gounod, Charles 193
Grabbe, Christian Dietrich 196, 217
Grimm, Hermann 102
Grunow, Johann 290

Gutzkow, Karl 53f, 73, 76–79, 102, 127, 130, 159, 179, 200

Habermas, Jürgen 323
Hackländer, Friedrich Wilhelm 77, 134, 137, 159, 165, 183, 187, 207
Hahn, Heinrich Wilhelm 9, 49
Hänselmann, Ludwig 252, 284
Hallberger, Eduard 165, 220, 223, 237f, 243, 258
Hannover, Ernst August von 101
Hartmann, Moritz 185f, 193, 211
Hauff, Wilhelm 45
Hauptmann, Gerhart 295
Hawthorne, Nathaniel 202
Haym, Rudolf 101
Hebbel, Friedrich 57, 217
Hegel, Georg Wilhelm Friedrich 236f, 336
Heine, Heinrich 45, 54, 67, 101, 180, 186, 217
Hermann, Georg 346
Heyse, Paul 93, 111, 165, 210, 266, 273, 275, 303, 319f, 323, 354
Hillern, Wilhelmine von 280
Hitler, Adolf 145f
Hoefer, Edmund 134, 137, 161, 182, 189, 231, 286
Hoffmann, Ernst Theodor Amadeus 45, 107, 117, 205
Hoffmann von Fallersleben, August Heinrich 53, 265
Holtei, Karl von 128
Holz, Arno 295
Homer 322
Huch, Rudolf 285

Hugo, Victor 53
Humboldt, Wilhelm von 222

Ibsen, Henrik 291f, 347
Ilse, Leopold 25

Jacoby, Joel 179
Jahn, Friedrich Ludwig »Turnvater« 35
Janke, Otto 166, 189, 201, 203, 258, 295, 362
Jean Paul (Paul Friedrich Richter) 57, 87, 171, 204, 220, 236, 247, 312
Jensen, Marie 213, 216, 218f, 224, 226–232, 238, 241f, 249f, 255, 265–267, 276, 279, 290f, 295, 303, 306, 308, 318, 321f, 327, 333, 337
Jensen, Wilhelm 8, 189, 213, 216, 219, 224–226, 228f, 231f, 238, 244f, 248f, 255, 265–267, 276, 279f, 286, 295, 303, 306, 308, 318, 321f, 327, 345
Jeep, Christian 32f, 36, 41, 44, 47, 49, 63–65, 104, 116
Jeep, Justus 12, 32f, 36, 41, 44, 47, 49, 63–65, 104

Keil, Ernst 130, 136
Keller, Gottfried 109, 111
Kerr, Alfred 177
Kleist, Heinrich von 196
Klischnigg, Eduard 334
Klopstock, Friedrich Gottlieb 223
Kober, J. K. 132, 136, 152
Köpke, Rudolf 88
Kotzebue, August von 23f, 35

Kretschmann, Karl Gottfried 52, 58, 97f
Kretschmann, Reinhold 59
Kretschmann, Reinholds Bruder 95
Kretzer, Max 295
Kröner, Adolf 238
Krüger, Hermann Anders 356
Kügelgen, Wilhelm von 256
Kuh, Emil 318

Leiste, Karl 216, 242
Leiste, Minna 12
Lessing, Gotthold Ephraim 67, 114, 122, 160, 196, 325, 329
Leuthold, Heinrich 185
Liliencron, Detlev von 356
Lincoln, Abraham 28
Lindau, Paul 269
Lizius, Bernhard 180
Löwe, Feodor 185
Longfellow, Henry Wadsworth 117
Ludwig, Emil 177
Ludwig, Otto 168
Lugo, Emil 280
Luther, Martin 23, 144

Mann, Thomas 352
Marlitt, Eugenie 112, 156
Mayer, Robert 102
Meißner, Alfred 292
Mereau, Sophie 67
Metternich, Klemens Wenzel von 22, 24, 180
Meyer, Conrad Ferdinand 93, 99, 347
Meyer-Krentler, Eckhardt 312
Mörike, Eduard 165, 185, 212

Müchler, Karl 67
Mozart, Wolfgang Amadeus 133f
Mühlbach, Luise 142
Müller, Adam 35
Müller, Karl 185
Müller, Otto 49, 182f, 189, 231, 244
Müller, Theodor 288
Münchhausen, Börries von 162, 355
Mundt, Theodor 142
Musset, Alfred de 186

Napoleon I. 22f, 27
Napoleon III. 125
Nestroy, Johann 133
Nepos, Cornelius 336
Notter, Friedrich 184, 189, 211–213, 231, 251
Nürnberger, Woldemar (Pseudonym: M. Solitaire) 204, 314

Otto, Reinhard 143

Pfizer, Gustav 184
Pfizer, Paul 184
Platen, August von 315, 320
Platon 171
Poe, Edgar Allan 117, 122f
Polko, Elise 149f
Pomarius, Johannes und Elias 58
Pongs, Hermann 178, 301, 328
Prutz, Robert 128

Raabe, August Heinrich (Großvater) 7–10, 16, 45, 105, 116, 171
Raabe, Auguste (geb. Jeep) (Mutter) 12, 20, 29, 31–33, 41, 44, 50, 61, 63f, 65, 99, 105, 114, 216, 223, 266
Raabe, Bertha (geb. Leiste) (Ehefrau) 31, 157–162, 165, 181–183, 189, 197, 212, 214–218, 223f, 227, 232, 238, 242, 244, 249–251, 266, 273, 285, 305, 325f, 358, 362
Raabe, Elisabeth Ottilie (Tochter) 225, 249, 251, 274, 341, 344, 362
Raabe, Emilie (Schwester) 14, 181, 358
Raabe, Gertrud (Tochter) 266, 274, 278, 324, 326, 337
Raabe, Gustav (Vater) 10f, 18–21, 29, 32, 45, 47, 167, 170
Raabe, Heinrich (Bruder) 14, 19, 32, 99, 113, 223, 273
Raabe, Karl (Onkel väterlicherseits) 12, 64
Raabe, Klara (Tochter) 258, 264, 274, 361
Raabe, Margarete (Tochter) 160, 182, 196, 216, 223, 242, 273f, 326, 338, 344, 358
Racine, Jean Baptiste 57
Rebmann, Andreas Georg Friedrich 126
Rellstab, Ludwig 83, 104, 109, 116
Rochau, August Ludwig von 102
Rodenberg, Julius 290
Roethe, Gustav 349
Rohling, August 296
Rollenhagen, Georg 58
Rückert, Friedrich W. 55
Rustige, Heinrich 185
Sand, George 217
Sand, Karl Ludwig 35
Scherer, Georg 183, 327

Schiller, Friedrich 105, 125, 143, 145f, 220, 236
Schliemann, Heinrich 322
Schmidt, Arno 256, 312, 352
Schmidt-Phiseldeck, Karl Justus von 105
Schönhardt, Karl 185, 189, 231, 244, 248, 257, 325, 350
Schopenhauer, Arthur 222, 230f, 245f, 266, 316
Schott, Siegfried 348
Schotte, Ernst 113, 116f, 127, 142, 152, 162, 193
Schröder, Carl 36
Schücking, Levin 108
Schultes, Carl 251, 255
Scott, Walter 45, 55
Sealsfield, Charles 167
Seeger, Ludwig 183
Shakespeare, William 133
Solger, Reinhold 167
Solitaire, M. (siehe: Nürnberger, Woldemar)
Spazier, Richard 87
Spielhagen, Friedrich 93, 263, 275, 302
Spiero, Heinrich 178
Spitteler, Carl 356
Stage, Franz 99, 102, 113
Stern, Adolf 206, 349
Stern, Itzig Feitel (eigentl. Holzschuher) 175
Sterne, Laurence 202, 353
Steub, Ludwig 221
Stifter, Adalbert 121
Stinde, Julius 341
Stoecker, Adolf 296
Storm, Theodor 54, 86f, 213, 223, 274, 318, 321f, 354

Sträter, Edmund 318, 320, 341
Stülpnagel, Adolph 79f
Stülpnagel, August 78–80, 87, 97, 116
Sue, Eugène 45, 53, 156, 353

Taglioni, Maria 78
Teuffel, Julius 232
Thackeray, William Makepeace 55, 107
Thukydides 32
Tieck, Ludwig 88, 92, 248, 317, 322
Treitschke, Heinrich von 296
Tucholsky, Kurt 352
Turgenjew, Iwan 165, 283

Varnhagen von Ense, Karl August 179, 217
Viebig, Clara 347, 356
Vincke, Gisbert von 280
Vischer, Friedrich Theodor 212
Vogel, Eduard 150

Wagenfeld, Friedrich 49
Wagner, Richard 20, 285
Walden, Herwarth 119
Wasserfall, Paul 277, 341, 358
Westermann, Georg 167, 290, 318, 321
Wienbarg, Ludolf 54, 153, 217
Wilhelm I. 25
Wolzogen, Hans von 284
Wullenweber, Jürgen 126

Zetkin, Clara 342
Zola, Emile 291f. 298, 344, 347
Zoller, Edmund 147

Werkregister

Abu Telfan oder Die Heimkehr vom Mondgebirge 49, 63, 147, 186, 206, 209, 219f, 223f, 231f, 237, 239, 241, 243, 269
Alte Nester 13, 31, 127, 270, 273f, 278f
Altershausen 19, 43, 133, 262, 286, 345, 352
Auf dem Altenteil 34, 275
Auf dunkelm Grunde 142, 149, 151, 156, 230

Belagerte Stadt 121

Christoph Pechlin 258, 306

Das Horn von Wanza 279f, 283
Das Odfeld 15, 90, 308, 311, 314, 318
Der Dräumling 147, 154, 184, 222, 252, 255–258
Der Hungerpastor 32, 41, 46, 72, 108, 116, 121, 166, 172, 175, 178–181, 189, 192, 199, 243, 251, 268, 295, 298, 342f, 347, 352, 359
Der Junker von Denow 132
Der Lar 30, 48, 206, 312, 315, 318
Der Ritt des Königs 187
Der Schüdderump 151, 180, 190, 195, 224–226, 232f, 236–239, 242–245, 247, 258, 268, 302, 357
Der Student von Wittenberg 58, 83, 88, 99, 115, 287
Der Weg zum Lachen 110, 113, 138
Deutscher Adel 267
Des Reiches Krone 199, 243f
Deutscher Mondschein 42f, 223, 258
Die Akten des Vogelsangs 105, 155, 161, 241, 273, 328, 333, 336–338, 340f, 352, 359
Die alte Universität 132
Die Chronik der Sperlingsgasse 22, 28, 43, 50, 56–58, 68, 70, 77f, 80–88, 90–94, 96f, 100–108, 172, 193, 202, 219, 230, 248, 251, 268, 317, 337, 340, 342, 345, 352, 359
Die Einnahme Roms durch Karl von Bourbon 1527 37
Die Gänse von Bützow 10, 208
Die Kinder von Finkenrode 15, 33, 68, 70, 109, 120f, 125, 127, 138, 271
Die Königin von Saba 192
Die Leute aus dem Walde 21f, 162, 166f, 174, 180, 203, 239, 243, 316, 337
Die Schwalben und die Sperlinge 38f, 47, 85, 94, 208, 359
Die schwarze Galeere 158
Drei Federn 71, 192, 194, 198–200, 203–205, 219, 313

Ein Besuch 34
Ein Frühling 35, 42, 75, 106–110, 113, 115, 230, 251, 257

Ein Geheimnis 34
Einer aus der Menge 122
Else von der Tanne 193, 195f, 198, 209
Erklärung des Begriffes Garten 36
Eulenpfingsten 184

Fabian und Sebastian 279f, 289
Frau Salome 34, 268, 276, 283, 352

Gedelöcke 209
Gutmanns Reisen 10, 151, 184, 323

Hastenbeck 293, 338, 344f
Heiliger Born 141, 147, 158f
Holunderblüte 132, 136, 181
Horacker 17, 252, 266f, 273f

Im alten Eisen 68, 71, 119, 295, 298

Keltische Knochen 134, 196
Kleist von Nollendorf 315
Kloster Lugau 323–325
Königseid 101, 148

Lorenz Scheibenhart 121

Marsch nach Hause 154
Meister Autor 30, 249, 258f, 265

Nach dem großen Kriege 17, 142

Osterhas 120, 122

Pfisters Mühle 74, 82, 155, 261, 270, 277, 287, 290f, 293
Prinzessin Fisch 261, 278, 280, 282

Robert Wildhahn 162
Röschen Wolke 119

Sankt Thomas 208
Schulmeister Michel Haas 136
Stopfkuchen 48, 92, 149, 169, 245, 254, 263, 273, 314, 318, 320–322, 328

Theklas Erbschaft 60, 72, 82, 194
Türmers Töchterlein 121

Unruhige Gäste 112, 148, 291, 294
Unseres Herrgotts Kanzlei 46f, 56, 58, 64, 147, 159, 162, 166, 316

Verschiedene Benutzung des Holzes 36
Villa Schönow 287
Vom alten Proteus 34, 154, 274
Vorüber 149f

Weihnachtsgeister 117, 122
Wer kann es wenden? 70, 125, 137f, 142
Wunnigel 266, 268

Zum wilden Mann 42, 268, 283

28